KB068848

02

Local Politics

지방정치의 이해

강원택 편

박영사

지방정치의 이해 2

책을 펴내며

　민주화 30년을 목전에 두고 그동안의 정치적 변화를 뒤돌아보면 적지 않은 성과가 있었음을 알 수 있다. 공정하고 자유로운 선거라는 절차적 민주주의가 확립되었고 정권교체도 두 차례 이뤄냈다. 국회와 사법부의 권한과 독립성은 증대되었고 언론과 시민사회의 자유도 증진되었다. 과거 권위주의 시대와 같이 통치자 1인을 중심으로 한 행정부가 모든 권력을 장악하던 상황에서 벗어나 제도적인 측면에서 견제와 균형의 원리가 어느 정도 작동하게 된 것이다.

　중앙정치에서 분권화와 자율성이라는 민주적 원칙이 지난 30년 간 꾸준히 진전되어 온 것에 비해, 지방정치는 그동안 크게 활성화되지 못했다. 물론 지방자치 제도가 부활하면서 외형상 중앙집권적인 통치 형태로부터의 변화는 이뤄졌지만, 실제로는 과거의 틀을 유지하면서 행정적 위임을 행한 것 이상의 의미를 갖지는 못하고 있다. 지방자치의 부활에도 불구하고 여전히 서울을 중심으로 한 중앙 정부의 권한은 재정적으로, 행정적으로 지방을 압도하고 있다. 그래서 대한민국은 ‘서울공화국’이 되었고 전체 인구의 절반이 수도권에 몰리는 국토 이용의 편중과 왜곡이 나타나고 있다. 이제 지역 간 격차는 과거처럼 영남 대 호남의 구도가 아니라 서울과 나머지 지방, 혹은 수도권과 나머지 지방의 구도로 형성되었다. 이로 인해 오늘날 지방은 그 자체로 하나의 완결된 정치 공동체로 기능하지 못하고 있으며,

주민들 역시 낮은 효능감으로 인해 지방정치를 외면하는 악순환이 반복되고 있다. 이러한 중앙정치 중심의 구조는 지역 편차를 가중시킬 뿐만 아니라, 지방정치를 중앙정치에 의존하게 하고, 궁극적으로 건강한 민주주의로의 발전을 저해하고 있다. 이런 제도적 환경과는 달리, 오늘날 지방은, 지방선거와 같은 제도적 참여가 아니더라도, 정치적으로 중요한 공간이 되고 있다. 부안 방폐장, 경남도립 병원 폐쇄, 밀양 송전탑, 제주 강정마을, 성주 사드기지, 삼척 원전 주민투표, 제주 지사 주민소환투표 등 지역주민 간, 또는 지역주민과 중앙정부 간 갈등을 야기한 굵직굵직한 정치적 사건이 지방에서 발생하고 있다. 또 한편으로는 주민의 일상생활과 보다 근접한 지역 단위에서의 주민 참여, 주민 거버넌스에 대한 관심도 증대되고 있다. 이러한 현상은 지역 주민들이 이제 자신들의 삶의 공간과 관련된 주요 사안에 대해 보다 큰 관심을 갖게 되었으며 참여를 통해 의사를 표현하겠다는 의지를 보여주는 것이다. 이처럼 이제 지방은 정치적 행위의 매우 중요한 공간이자 그 출발점이 되고 있다.

이러한 지방정치의 중요성에도 불구하고 그동안 학술적으로 지역 수준에서 나타난 정치 현상에 대한 관심은 제한적이었다. 특히 지방정치를 지방정부 수준에서의 정책 이행과 효율성을 중심으로 바라봄으로써 지방의 자율성과 지방 수준에서의 민주주의에 대한 측면을 소홀히 한 문제점이 있었다. 물론 정치학을 비롯한 관

런 학계에서 지방정치를 주제로 한 연구 성과가 지속적으로 창출되고는 있지만, 종
합적으로 지방정치를 망라하여 정리한 서적은 그다지 많이 출간되지 않았던 것이
사실이다. 이런 문제의식에서 우리들은 지방정치의 의미와 중요성을 다양한 관점
에서 학문적으로 제시하면서, 동시에 지역 현장에서 활동하는 지역정치인이나 활
동가들이 실무적으로 활용할 수 있는 책을 출간하기로 하였다. 따라서 이 책은 지
방정치에 대한 학문적 연구서로서 대학 교재로 활용될 수 있지만, 지방의원 및 지
역 정치인, 지역 언론인과 지역 단위의 시민사회 활동가들의 교육 및 실무 능력을
함양하는데도 도움이 될 수 있도록 기획하고 서술했다. 그리고 일반 지역 주민들도
지방정치에 대해 쉽게 다가서고 이해할 수 있도록 가능한 평이하고 실용적으로 글
을 쓰고자 했다.

　　지방정치의 이해는 1권과 2권으로 구성되어 있다. 1권은 비교정치적 수준에서
지방정치의 일반적 이론을 다루고 있고, 2권은 우리나라의 특성과 사례에 보다 집
중했다. 먼저 1권은 민주주의와 지방정치, 지방정치 이론, 지방정치의 역사적 발
전, 지방분권 제도 등 지방정치와 관련된 다양한 제도와 이론에 대해 분석·정리했
다. 다음으로 2권은 우리나라 지방정치의 이론과 역사, 지방정치 제도, 그리고 우
리나라의 지방정치의 쟁점과 과제 등에 대해 심도 있게 설명하고 있다. 지방정치의
보편적 이론과 사례에 대한 논의 속에서 우리의 현실을 평가하고 바람직한 발전의

대안을 모색하고자 한 것이다.

이 책은 필자가 2016년 한국정치학회장으로 취임하면서 제일 먼저 추진한 프로젝트였다. 바쁜 가운데서도 그동안 이 책을 만들기 위한 수많은 편집회의와 토론 과정에 적극적으로 참여해 준 저자들에게 감사의 말씀을 드린다. 특히 책임편집위원으로 많은 노고를 아끼지 않은 정상호, 하세헌, 김영태, 강경태 교수와 간사로 애써 주신 정하윤, 김덕진 교수께 고마움의 마음을 전한다. 책을 펴내는데 수고해 주신 박영사의 많은 관계자분들, 특히 이영조 차장께 감사드린다.

세계화, 지방화의 시대에도 여전히 과거의 중앙집권적 사고에서 벗어나지 못하고 있는 우리 사회에 이 책이 진정한 지방자치, 분권화, 주민자치, 풀뿌리 민주주의의 의미와 중요성에 대해 새롭게 생각해 보는 계기를 만들 수 있기를 기대해 본다.

2016. 8.
저자들을 대표하여
강원택

차   례

PART

1

우리나라의 지방정치의 이론과 역사

L O C A L P O L I T I C S

CHAPTER

1 민주주의와 지방정치: 이론

1. 들어가며

우리는 민주주의를 너무나 당연한 것으로 생각하지만 정작 '민주주의란 무엇인가?'라는 질문을 받으면 답하기가 쉽지 않다. 민주주의는 어떤 하나의 특정한 개념으로 설명될 수 없을 정도로 다양한 형식과 내용을 포함하고 있기 때문이다. 민주주의는 국민들이 자유롭고 평등한 삶을 살도록 하기 위한 생활의 원리이면서 통치의 원리이기도 하다. 또한 보다 질적으로 높은 삶과 행복한 삶을 꿈꾸게 하는 이상이기도 하다. 민주주의는 이상, 이념, 체계, 제도 등 여러 측면에서 이해될 수 있다. 우리는 민주주의를 이해할 때 일반적으로 절차적 · 형식적 민주주의와 내용적 · 실질적 민주주의로 구분한다. 민주주의는 그 내용을 실현하는 형태에 따라 대의제 민주주의, 직접 · 참여 민주주의, 심의민주주의 등으로 구분하여 이해하기도 한다.

민주주의를 하나의 개념으로 정의하기는 어렵지만 민주주의가 담고 있는 보편타당한 속성, 특징, 내용 등에 대한 공감대는 형성되어 있다. 민주주의 개념이 형성되어 온 역사를 돌아볼 때 한 가지 중요한 사실을 발견할 수 있다. 민주주의는 어느 순간 도달하게 되는 특정한 단계를 의미하기보다는 행복한 삶을 방해하는 여러 요인이나 장애물들을 제거해 나가는 끊임없는 과정(processes)이나 운동(move-

3   제 1 장 민주주의와 지방정치: 이론

ments)이었다는 것이다. 이는 서구 사회가 시민혁명, 참정권 운동, 노동자운동 등을 통해 인간의 권리, 자유, 평등의 가치를 확대하여 오는 과정에서 나타났던 보편적인 특징이라고 할 수 있다.

　정치, 사회, 경제 등 현실의 여러 측면으로부터 제기되는 문제들이 해결되지 않고 심화되고 축적될 때, 그러한 문제들을 해결하기 위한 이론적·실천적 방안들이 제기된다. 바로 이 순간이 민주주의의 형식과 내용을 확대하고 심화하기 위한 첫걸음이라고 할 수 있다. 민주주의란 끊임없는 민주화(democratization) 과정이며 그 결과이기도 하다. 민주화란 특정한 국가, 사회, 혹은 공동체 내에서 발생하는 여러 문제들을 인식하고, 해결하기 위한 제도적·정책적 방안을 모색하는 끊임없는 과정이다. 우리가 한 걸음 더 나아간 민주주의나 민주화를 생각한다면 이는 지금보다 더 나은 삶이나 사회에 대한 열망을 갖고 있다는 것을 의미한다. 이와 같은 열망을 갖게 될 때 비로소 우리는 '우리의 민주주의는 어디까지 와있는가'에 대한 성찰을 시작하게 된다.

　우리는 '87년 민주화 이행기'를 거쳐 민주주의의 공고화, 즉 민주화 이후의 민주주의를 생각해야 할 시점에 와있다. 민주주의 형식을 넘어 그 내용에 대한 깊이 있는 인식과 보다 나은 민주화된 사회와 국가에서의 삶을 생각해볼 수 있는 시점에 와있다. '87년 이전의 고민이 '왜' 민주주의인가에 있었다면, 이제는 '어떤' 민주주의인가로의 인식전환이 필요한 시점에 와있다는 것이다. 현재 우리는 절차적 민주주의를 넘어 실질적인 민주주의로, 민주주의의 이행기를 지나 공고화(consolidation)로, 즉 '민주화 이후의 민주주의'를 향해 나아가고 있다. 한마디로 내용적인 측면에서 사회경제적, 물질적 평등이 실현되는 성숙한 민주주의를 향해 나아가고 있다는 것이다. 보다 성숙한 민주주의로 발전해 나가는 과정에서 직면하게 되는 제도적·실천적 과제들을 해결해 나가려는 끊임없는 노력이 필요하다. 오늘날 우리가 당면하고 있는 중요한 시대적 과제는 크게 두 가지로 요약될 수 있다.

　첫째, 한국 민주주의가 절차적·형식적 민주주의를 넘어서 내용적·실질적 민주주의를 이루어 나아가야 하는 과제이다. 이는 정치적 측면에서의 민주화를 넘어서 사회경제적 측면에서도 민주화를 이루어 내는 것이다. 우선 사회경제적 차원에서 공정(fairness)과 정의(justice)가 실현되어야 한다는 점에 대한 사회적 합의를 도출하고, 그러한 합의에 기초한 정책들과 제도적 장치를 만들어 가야 한다.

둘째, 균등한 삶의 환경과 높은 삶의 질이라는 민주주의의 결실을 전 국민들이 골고루 맛볼 수 있는 사회로 나아가야 하는 과제이다. 이는 정치적, 사회적, 경제적 민주화의 열매인 자유, 평등, 복지가 전 국민들에게, 지역적 차별 없이 고르게 실현되어야 한다는 것이다. 이를 위해서는 지방분권의 강화, 지방정치의 활성화, 지방자치의 확대를 토대로 하는 '지방민주주의(로컬민주주의, local democracy)'가 확대되어야 한다. 이 장에서 기술될 내용의 초점은 바로 이 두 번째 과제에 놓여 있다.

한국의 산업화, 경제성장, 지역발전은 무엇보다 중앙정부 혹은 국가 주도로 이루어졌다는 특징을 갖는다. 중앙정부와 중앙정치의 결정에 의한 성장과 발전은 지역불균형, 특히 교육, 의료, 금융, 문화, 주거 등 여러 차원에서 수도권 집중과 수도권－비수도권 간의 격차를 초래하였다. 전국적으로 균등한 삶의 환경을 만들어 가고, 지방단위에서 주민들의 필요와 요구에 부응하는 공공정책서비스를 직접적으로 제공하기 위해서는 지방정치와 지방자치가 활성화되어야 한다. 이를 위해서는 중앙과 지방간의 관계와 지방과 지방간의 관계에 있어서 큰 변화가 필요하다. 강한 중앙집권적인 전통에 기반해 온 정치·행정적 제도와 문화를 개혁하고, 지역발전과 지역민의 삶의 질을 제고할 수 있는 지방 자체의 역량을 강화해야 한다. 이러한 변화는 장기적으로 지방민주주의가 뿌리를 굳건히 내릴 수 있는 토대이자 한국 민주주의의 성숙을 위한 전제조건이라고 할 수 있다.

오늘날 정치학과 현실정치 영역은 지방자치의 강화를 위한 전제 조건으로서 지방분권과 지방정치의 활성화를 위한 제도개혁에 큰 관심을 갖고 있다. 각 지역 자체의 역량과 비전으로 경제발전과 지역민의 삶의 질을 제고할 수 있는 지방차원에서의 거버넌스(협치, governance)에 대한 학술적·정책적 연구가 활발하게 진행되고 있다. 특히 지방정부와 지방의회의 역량을 제고하기 위한 방안들과 지역주민들이 참여하는 지방정치와 행정을 위한 개혁방안들이 모색되었다. 또한 중앙정부와 지방정부, 지방정부 간의 협력을 위한 방안들에 대한 연구도 진행되었다. 그러나 현실에서는 지방정치의 중앙정치에의 종속성, 수도권집중과 수도권－비수도권 간

제 1 장 민주주의와 지방정치: 이론

의 격차, 지역별 불균형발전 등 해결해야 할 문제들이 여전히 존재한다. 전 국민들에게 지역에 관계없이 주거, 교육, 의료, 문화 등의 영역에서 균등한 삶의 환경을 제공하기 위한 제도적 · 정책적 차원에서의 변화가 필요하다. 그러한 변화를 이끌어내는 것이 바로 정치학과 정치영역의 시대적 과제이다.

이 장에서는 21세기 한국은 어떤 민주주의를 필요로 하는가, 지방정치가 활성화되고 지방분권이 확대되어야 하는 이유는 어디에 있는가, 지방정치의 활성화를 통한 지방민주주의의 확대 방안은 무엇인가에 관해 논하고자 한다. 구체적으로, 2. '지방민주주의(로컬민주주의, local democracy)'에서는 한국 민주주의의 문제점, 사회경제적 민주주의, 지방민주주의의 개념을 살펴보고자 한다. 3. '지방정치와 지방자치의 현재'에서는 '실종'된 지방정치의 현재와 지방자치 20여 년의 현주소를 고찰한다. 4. '지방정치의 활성화를 위한 방안'에서는 정당 및 선거제도의 개혁, 중앙－지방관계의 변화, 지방정치대표체를 다룬다. 그리고 마지막으로 각 장에서 논의된 내용을 요약하고, '분권화된' 단방제 국가로의 변화를 제안한다.

2. 지방민주주의(local democracy)

1) 한국 민주주의의 문제점

우리는 '87년 민주화 이행기'를 거쳐 민주화 이후의 민주화, 또는 민주주의의 공고화를 생각해야 하는 시점에 와있다. 민주화로의 이행이 자동적으로 절차적 민주주의의 완성이나 실질적 민주주의로의 전환을 의미하는 것은 아니기 때문에 '어떠한 내용을 담지 하는 민주주의를 이루어 갈 것인가'에 대해 고민해야 할 필요가 있다. 이는 필연적으로 한국 사회가 안고 있는 문제점, 한국 민주주의의 문제점에 대한 성찰을 필요로 한다.

한국 민주주의는 민주적이고 합법적인 정권교체, 민주적인 선거제도와 정당제도, 언론의 자유, 포괄적인 시민권의 확대 등 절차적 민주주의 차원에서 많은 진전을 이루어 낸 것이 사실이다. 그러나 절차적 민주주의를 넘어 보다 확대된 민주주의를 원한다면, 절차적 민주주의 상의 문제점을 보완하고 실질적 민주주의로 나아가는 노력을 해야 할 것이다. 국민들의 행복한 삶을 보장하는 민주주의로 나아가기 위해서는 정치, 사회경제적 측면에서의 장애 요소나 문제점들에 대한 냉철한 인식이 필요하다.

한국 민주주의의 확대 발전을 가로 막고 있는 문제는 무엇보다 지방정치의 중앙정치에의 종속성이다. 오늘날 중앙정부에게만 의존하여 지역의 발전을 지속하기 어렵고, 지역주민들에게 행정 및 공공정책서비스를 제공하는 데에는 한계가 있다. 지역 내부에의 필요와 요구에 직접적으로 대응하고, 지역발전을 위한 자원들을 지역차원에서 개발하고 발전시켜 나가려는 노력이 필요하다. 지방분권을 통해 정치권력이 중앙과 지방으로 분점(power-sharing)되고, 행정 및 재정권한의 이양을 통해 지방차원에서 독립적인 정치행정 작용이 이루어져야 한다. 이때 지방정부와 지방의회가 그 역할을 제대로 수행하는 것이 중요하고, 지방 차원에서의 정치가 활성화 되는 것이 필요하다.[1] 지방차원에서의 정치가 활성화된다는 것은 지방의 발전을 위한 정책 결정에 지역 주민들의 요구와 이해관계를 반영하는 시스템이 구축된다는 것을 의미한다. 또한 지방차원의 정치과정을 통해 지역의 정치행정 엘리트가 선출되고, 정책결정에 지역 정치 주체들의 참여가 이루어진다는 것을 의미한다.

그러나 한국은 오랜 중앙집권적인 전통을 갖는 정치행정 제도와 문화 때문에 지방분권과 지방자치가 크게 진전되지 못하였다. 현재까지 지방정부는 독립적이고 자율적인 통치기관으로서의 헌법적 지위를 획득하지 못하고 있다. 지방정부는 중앙정부의 사무를 집행하는 하위행정단위 이상의 자율성과 책임성을 갖는 기관으로서의 지위를 획득하지 못한 상황이라는 것이다. 이와 같은 법적·제도적 제한 속에서 지방정부는 충분한 인사·사무자치와 재정자치를 확보하지 못하고 있으며, 지방

---

1 '지방자치단체'는 법률적·제도적 용어로서 헌법과 지방자치법 상 지방자치의 핵심적 주체이다. 그러나 정치학이나 행정학 등의 사회과학 일부 분야와 정치권, 언론 등에서는 '지방정부'라는 표현을 주로 사용한다(강용기 2014, 153-154). 본 장에서는 지방자치단체 대신에 국가 내의 독립적인 통치주체로서 중앙정부와 대비되는 개념인 '지방정부'라는 개념을 사용하고자 한다.

제 1 장 민주주의와 지방정치: 이론

의회 역시 법률적인 제한 내에서 조례를 제정할 수 있는 정도의 권한만 가지고 있다. 지방정부와 의회가 지방의 수요와 필요에 맞춘 실질적이고 직접적인 공공정책 서비스를 제공하기에는 '구조적 제한'이 매우 크다.

위와 같은 법·제도적 요인으로부터 기인하는 구조적 한계 이외에 선거제도나 정당정치로부터 나오는 현실적인 문제점도 지방정치의 활성화와 균형적인 지역발전을 저해하는 요인으로 작용한다. 정당정치와 선거는 지방의 중앙에의 종속성을 보여주는 대표적인 사례라고 할 수 있다. 공천과 선거과정을 통하여 중앙당이 지역정치인을 선발하는 과정에 직접적으로 개입하고 있고, 지방선거는 지역현안을 둘러싼 경쟁이 아니라 전국적인 이슈를 중심으로 벌어지는 사실상의 중앙정치의 경쟁의 장이 되고 있다. 2004년 정치관계법 개정을 통해 사라진 지구당과 같은 하위조직으로부터 중앙당까지 인물과 정책의 선택이 상향식으로 전달되는 기제가 부재하기 때문에, 지방의 정치, 행정, 복지 등 필요와 수요가 민주적인 방식으로 전달되기는 어렵다. 지역 주민들의 행정, 복지 서비스에 대한 필요와 수요에 부응할 수 있는 정치행정 시스템을 구축하고, 지방정치의 활성화를 위한 하위 정당조직을 확대하고, 선거제도의 문제점들을 개선할 필요가 있다.

이와 같은 법·제도적 측면 이외에 한국 민주주의가 갖고 있는 문제점은 국민의 삶의 질이 악화되고 있다는 점에 있다. 한국 국민들의 삶의 질이 나빠졌다는 것은 '삶의 만족도'나 '행복지수'가 OECD(경제협력개발기구)의 34개국들과 비교할 때 매우 낮은 것에서 잘 알 수 있다.[2] 삶의 질과 관계되는 가장 심각한 사회적 문제는 바로 양극화이다. 소득과 재산의 불평등, 교육 및 취업 기회의 불평등, 감소하는 사회적 유동성(social mobility), 높은 자살률, 이혼율, 청년 실업, 최장 노동시간, 비

---

2 2015년 10월 현재 한국인들의 삶의 만족도는 OECD 34개국 중 27위로 매주 낮은 상황이다. 유엔 '2016년 세계행복보고서'에 따르면 201한국인의 행복지수는 조사대상 157개국 중 58위로 행복지수 또한 낮은 수준이다. "한국인들 삶의 만족도, OECD 국가중 최하위권 수준,"
http://www.yonhapnews.co.kr/bulletin/2015/10/17/0200000000AKR20151017055000009.HTML?5a00dc80(검색일: 2016.03.24.); "한국인 행복지수, 세계 58위…1위 덴마크 최하위(157위)는 부룬디,"
http://www.newsis.com/ar_detail/view.html?ar_id=NISX20160316_0013961850&cID=10101&pID=10100(검색일: 2016.5.30.).

정규직 문제 등 해결해야 할 문제들이 산적해 있다.[3] 이러한 문제들이 발생한 원인을 모두 신자유주의(neoliberalism) 자체에 돌릴 순 없지만 경제적 효율성, 경쟁력, 성과 및 결과를 중시하는 신자유주의 정책과 밀접한 관련이 있는 것은 사실이다.[4]

게다가 정치, 교육, 의료, 금융, 문화 등의 수도권 집중과 수도권－지방간의 격차를 포함하는 지역 간 불균형발전은 전체 국민들이 균등한 삶의 환경 속에서 살도록 하는 것을 방해한다. 수도권과 비수도권과의 격차는 '두 개의 국가(two na-tions)'처럼 균열되어 있는 것이 현실이다(초의수 2015, 603). 이는 중앙집권적인 전통과 제도에 기인하는 것으로서 지방차원에서 정치행정 작용이 미진하였던 것과 밀접한 관련성이 있다. 또한 역대 중앙정부들의 균형적인 지역발전과 균등한 삶에 대한 몰이해, 노력의 부재, 정책적 실패에 그 원인이 있다. 이제 한국의 민주주의는 절차적·형식적 민주주의를 넘어서 그 내용에 있어서도 국민들의 삶의 질을 제고하고, 중앙 혹은 지방이라는 지리적 위치에 관계없이 '균등한 삶의 환경'을 제고할 수 있는 그러한 민주주의로 전환될 필요가 있다.

2) 사회경제적 민주주의

한국은 지난 30여 년 동안 이미 수평적 정권교체를 경험하였고, 법·제도적 보장 하에서 정당들 간의 합법적인 경쟁이 가능해 졌으며, 자유롭고 공정한 선거가 치러지고 있다. 통치과정에 있어서는 민주적인 절차와 운영이 가능하게 되었다. 민주주의의 가치를 실천하는 제도적 기반이 마련되었고, 보편적 시민권과 정치참여를 보장하는 정치체제로의 전환이 이루어졌다.[5]

---

3 최근의 "헬조선," "금수저 흙수저," "격차사회" 등의 개념이 회자되고 있다는 것은 한국 사회의 양극화가 일반 국민들의 의식과 삶에 매우 깊숙이 부정적으로 작용하고 있다는 것을 방증한다.
4 한국 사회의 많은 문제점들을 모두 신자유주의 때문으로 돌릴 수 없는 것은 정부 정책의 방향, 정책의 성공과 실패 여부, 경제구조, 시민의 공동체의식의 부재 등과 같은 요인들과도 연관되어 있기 때문이다.
5 그렇다고 절차적 민주주의가 완결되었다는 것은 아니다. 정당체계 내에서의 이념적 불균형(보수 우위의 정당체계)이 여전하고, 선거 과정에서 공천을 둘러싼 많은 문제들이 여전히 나타나고 있는 점, 법 앞의 평등이라는 가치에 못 미치는 현실 등 절차적으로도 많은 문제점들이 존재하고

이제 우리는 사회경제적 차원에서의 민주화를 달성해야 하는 과제를 안고 있다. 정치적 민주화를 넘어서 사회영역에서 소득과 기회의 불평등을 축소하여 전반적으로 균등한 삶의 환경을 만들어 내어야 한다. 복지정책을 통해 사회적으로 문제가 되고 있는 청년실업, 비정규직, 소득 불평등, 빈곤 문제 등에서 파생되는 직간접적인 문제들을 해결해야 한다. 또한 경제적 민주화를 통해 시장에서의 공정성과 형평성을 확대할 수 있는 정책들을 산출하여야 한다. 자본과 노동 간의 타협이나 대기업과 중소기업 간의 상생발전을 도모할 수 있는 정책을 마련해야 하고, 나아가 거대 기업의 파행적인 시장 지배를 억제할 수 있는 제도적 장치를 마련해야 한다.

사회경제적 민주화를 이루는 노력은 정치적 민주화를 이루는 노력과 병행되어야 한다. 각 영역의 민주화는 선후를 가려서 진행되어야 하는 것이 아니라 동시에 진행되어야 한다. 사회경제적 민주주의로의 길은 법·제도적 장치와 정책의 뒷받침 없이는 공허한 수사(rhetoric)에 불과할 것이다. 정치적 민주화의 범위는 권위주의 체제로부터 민주적인 체제로 이행되는 것에 한정되는 것은 아니다. 사회경제적 민주화는 각기 상이한 이해관계를 가진 집단들 간의 갈등을 조정해서 사회경제적으로 공정하고, 균형적인, 평등한 사회로 나아가는 것이다. 사회경제적 민주주의를 확대하려는 과정에서는 필연적으로 사회 내 제 이익 당사자 간의 갈등과 대립이 발생할 수밖에 없다. 예컨대 빈부의 격차를 줄이는 문제나 정규직과 비정규직 간의 차이를 극복하는 문제에 있어서도 계층 간, 집단 간의 갈등이 발생할 수 있다. 정치는 바로 이와 같은 갈등이나 대립을 조정해서 가능한 한 모든 계층이나 집단이 수용할 만한 정책을 산출하는 역할을 한다. 이런 점에서 사회경제적 민주화를 확대하는 과정에서 갈등이 발생할 수밖에 없기 때문에, 정치는 갈등이 표출되고 조정되는 하나의 장(場)을 제공해야 한다.

한국 사회가 정치적 민주화를 심화하고 사회경제적 민주주의를 확대하여 민주

있는 것은 사실이다. 그러나 이러한 문제들은 정치적 민주주의라는 큰 틀에서 보면 지속적으로 개선되어야 하는 과제로, 이러한 문제들이 존재한다는 것 자체가 한국이 그동안 이룩한 정치적 민주화를 부정하는 것은 아니다.

주의의 이상에 가까이 접근하기 위해서는 이상을 뒷받침할 수 있는 법·제도적 장치가 마련되어야 한다. 이를 위해서는 정치 영역에서의 개혁이 필요하다. 우선 성별, 계층, 직종, 지역 등에 따른 다양한 국민들의 요구나 이해관계를 대변할 수 있는 정당체계가 갖추어져야 하고, 비례대표제의 확대와 같은 선거제도 개혁이 필요하다. 또한 경제적 차원에서는 대기업과 중소기업간, 정규직과 비정규직간 상생을 위한 협력체제가 마련되어야 한다. 예컨대 정부－사용자－근로자가 신뢰와 협조를 바탕으로 노사문제를 해결하기 위한 '노사정위원회'와 같은 협의체가 원활하게 운용되어야 한다. 복지와 관련하여서도 정부, 학계, 시민단체를 포함하는 관계자들이 공동으로 참여하는 협의체를 상설기구화 하는 등의 노력이 필요하다.

물론 제도가 갖추어 진다고 사회경제적 민주주의가 자동적으로 확대되는 것은 아니다. 정부나 국회가 사회경제적 민주화를 위한 정책들을 산출하려는 '집합의지'가 부족하다면 제도적 장치가 실효를 낳기는 어려울 것이다. 보다 나은 민주주의 사회를 향한 정부의 철학과 정책의지, 정당 정치인들의 시대적 과제에 대한 인식이 제도적 장치들과 결합되지 않는다면 소기의 성과를 이루기는 힘들다. 특히 정치권이 사회경제적 민주화를 위한 현실적인 정책을 산출하는 데 게으르고, 정파적 이익을 둘러싼 갈등에 매몰된다면 정치적 민주화를 넘어선 민주화를 기대하기는 어려울 수밖에 없다.

사회경제적 민주화를 통해 사회 및 경제영역에서 공정과 정의를 확립하는 것은 결국 정치영역의 과제이다. 이념적으로는 정치영역에서 좌우 이념의 이분법을 넘어서 균형을 찾아가는 합의의 정치가 필요하다. 이는 정치영역에서 정당 정치인들의 의지에 관계없이 갈등보다는 타협과 조정으로 이끄는 제도를 필요로 한다. 우리 사회의 각 영역에서 양극화, 분열, 대립 갈등을 해소하고 공정성, 형평성, 정의를 실현하는 것은 이해당사자들 간의 갈등을 수반하는 과정이다. 갈등이 표출될 가능성이 높은 사회경제적 민주화를 위한 제도개혁은 현실 정치권의 합의뿐만 아니라 국민과 시민사회의 폭넓은 공감대과 지지를 필요로 한다. 제도개혁은 장기적인 측면에서 볼 때, 이념적으로 다양한 정당의 존재, 비례대표제의 확대, 복수의 원내 정당들 간의 타협과 합의를 특징으로 하는 합의제 민주주의를 향해 진행되는 것이

바람직해 보인다.[6]

합의제 민주주의는 정치, 사회, 경제영역에서의 민주화를 위한 이상적인 방안이 될 수 있다. 그러나 합의제 민주주의의 필요성과 당위성을 인정한다고 해도 그것을 이루어 내는 것은 또 하나의 정치적 과제이다. 정치적 대표성의 확대라는 측면에서나 사회경제적 민주화의 확대라는 측면에서 보더라도, 우선적으로 필요하고, 현실적으로 가장 실현가능한 제도개혁이라면 선거법을 개정해서 비례대표제를 확대하는 것이다. 국회에 진출하는 정당들의 이념적 스펙트럼이 다양하고, 특정 정당의 독주를 막을 수 있고, 정당간 합의를 강제할 수 있을 때 이념적으로 균형적인 정책이 나올 수 있게 될 것이다.

3) 지방민주주의(local democracy)

오늘날 세계화나 세방화(glocalization)와 같은 국제적 환경변화로부터의 도전이 거세지고, 국내의 사회경제적 문제들이 심각해지면서 중앙정부가 전적으로 전체 국민들의 삶의 질을 제고할 수 있다는 믿음에 의문이 제기되고 있다. 중앙정부나 중앙정치의 정책적 무능이나 실패가 국민들의 삶의 질을 저하시키는 현실에서는 중앙정치에 대한 불신이 더욱 커질 수밖에 없다. 이러한 상황 속에서 공공정책서비스를 직접적으로 전달받기를 원하는 지역민들의 필요와 요구가 커짐에 따라 지방정부의 역할이 중요해지고 있다. '지방,' '지방정치,' '지방정부'의 중요성이 커지고 있다는 것은 지역의 발전이나 지역민의 삶의 질을 제고하는 과제를 실현하는데 있어서 중앙정부에만 전적으로 의존할 수 없다는 것을 반증한다. 이것이 21세기 한국이 당면하고 있는 현실의 한 단면이다.

위에서 언급되었듯이, 한국은 절차적 민주주의를 넘어 사회경제적 민주주의,

---

6 유럽 선진 국가들이 '합의제 민주주의'에 기반하고 있다고 할 때, 그러한 민주주의로 발전해 올 수 있었던 그 나름대로의 역사적, 정치적 배경이 있다는 점을 기억할 필요가 있다. 대체적으로 합의제 민주주의는 비례대표제, 의회 내 다당제, 연립정부 등 정치인들로 하여금 합의, 타협, 조정을 하도록 제도적으로 강제하는 장치들이 존재하기 때문에 가능하다.

실질적인 민주주의가 실현해야 하는 과제를 안고 있다. 또한 우리는 지방정치(지방분권, 지방자치)를 통해 지역균형적인 삶의 환경을 만들어 나가야 하는 과제도 안고 있다. 정치행정, 경제, 문화, 복지 차원에서 수도권과 비수도권 간의 불균형을 해소하여 전 국민이 주거, 교육, 의료, 문화적 혜택이나 서비스를 균등하게 영위할 수 있는 삶의 환경을 만들어 나가는 것이 필요하다.

향후 한국의 민주주의는 정치적 민주화로부터 사회적, 경제적 민주화로 확대되어야 할 뿐만 아니라, 중앙과 지방이라는 지역차원에서의 불균형을 해소하기 위한 법·제도적, 정치적 개혁을 이루어 나가야 한다. 이는 지방민주주의(local democracy)의 확대를 위한 제도적, 정치적 개혁방안을 모색해 나가야 한다는 것을 의미한다. 우선 지방민주주의의 내용을 보기 이전에 '중앙'에 대한 '지방'의 의미를 살펴볼 필요가 있다.

'지방(local)'은 특정한 지리적 경계를 의미하는 지역(region)과 구별되는 것으로, 중앙 혹은 중앙정부에 대칭되는 개념이다. 지역은 사회라는 말과 어울려서 지리적인 경계 내에서의 정체성을 의미하는 비정치적 개념이라면, "지방은 '중앙'과 대비되어 한 국가의 일원적 행정 채계 내에서 법적·제도적으로 구획된 공간의 단위"를 의미한다(황정화 외 2014, 147). 즉 지방은 중앙과의 '힘의 불균형적 관계' 속에서 중앙에 의존하거나 종속되어 있는 정치경제적 구분에 따른 개념이라고 할 수 있다(김영일 2014, 101).[7]

이러한 '지방'에서의 민주주의는 정치적, 행정적, 재정적으로 독립적이고 자율적인 지방정부를 필요로 한다. 지방민주주의는 지방의 정부와 의회, 정당, 시민단체, 시민들이 직접적인 참여를 통해 지역의 현안 문제들을 스스로 해결해 나가는 과정이라고 할 수 있다. 지방민주주의는 지방정부와 지방의회를 중심으로 공공기관과 민간기업, 해외 여러 도시들과의 협력을 통해 지역의 발전을 확대하고 지역민의 삶을 질적으로 높이기 위한 지방거버넌스(local governance)를 필요로 한다. 지방거버넌스는 중앙정부와 지방정부, 지방정부와 지방정부 간의 협력적 네트워크

---

7 예컨대 지방정부, 지방의회, 지방선거, 지방대학이라고 할 때, '지방'의 의미는 '중앙'과의 물리적인 거리뿐만 아니라 권력의 차등적 상황을 내포하고 있다는 것이다.

를 통해 지역의 경제적·문화적 자원을 지역발전에 동원하는 시스템이라고 할 수 있다.

한편으로, 지방민주주의는 지방정치의 활성화와 지방분권을 통해 지역 살림에 대해 지역이 자율성과 책임성을 갖는 지방자치를 토대로 한다. 지방자치는 지방 차원에서의 정치행정 작용을 경험하고, 공동문제 해결에 참여함으로써 성숙한 민주적 시민으로 성장하는 '민주주의의 학교,'[8] 또는 '풀뿌리 민주주의의 학교'로서 기능한다. 또한 시민들의 정책결정과정에의 참여는 지방정치, 행정관련 엘리트들의 활동을 감시하게 됨으로 그들의 책임성을 높이는 효과도 가져올 수 있다(전용주 2014, 172). 지역차원의 정치행정에 대한 지역민들의 관심과 참여가 높아지고, 정치과정에 참여함으로써 정치적 효능감이 높아져야 정치일반에 대한 신뢰가 높아질 수 있다. 이는 낮은 지역 차원에서 민주주의를 경험하고 학습하는 것이 궁극적으로 국가 전체의 민주주의가 성숙하게 되는 토대가 된다는 것을 의미한다. 이러한 맥락에서 지방차원에서의 민주주의의 실현은 사회나 국가 차원에서의 민주주의에 정당성을 부여한다고 할 수 있다.

오늘날 지방정치의 활성화와 지방분권의 확대를 통해 지방자치가 활성화되어야 한다는 것에 큰 이견은 없어 보인다. 국가주도나 중앙정부 주도의 국가발전이 초래한 다양한 폐해에 대한 공통된 인식이 널리 존재하기 때문이라고 할 수 있다. 한국은 중앙집권적인 역사적 전통 하에서 정치행정, 경제금융, 문화 등의 여러 측면에서 중앙에 집중된 체제를 경험해왔다. 지방정부의 중앙정부에의 종속성 때문에 지방정부 자체의 정책적 자율성과 역량은 낮은 수준이다. 또한 지방 차원에서의 정치과정이 활성화되지 못하였다. 지방정부의 정치, 행정, 재정적 역량이 부족하고, 지방정부와 지방의회 간의 견제와 균형이 어렵고, 지방 정치엘리트들의 중앙정치에의 의존성이 높은 상황에서 지방자치의 활성화는 어려울 수밖에 없다. 이는 결국 지역 주민들의 삶에 영향을 미치는 정책결정과정에 지역 주민들의 참여가 형식

---

8 토크빌은 "지방자치와 정치적 자유와의 관계는 학교와 학문과의 관계"로 표현하면서, 건전한 지방자치가 민주주의를 위한 훈련의 장이 됨을 역설하였다(Tocqueville 1945, 63, 김태창 1991, 412에서 재인용).

적이고, 부차적인 것으로 간주될 수밖에 없는 상황을 초래하였다. 이러한 상황 하에서 '민주주의의 학습장'으로서의 지방자치를 기대하기는 어려울 것이다.

지방민주주의는 중앙정부에 종속되지 않는 지방의 주체들이 지역의 경제적 성장과 사회문화적 발전을 포함하는 지역발전을 가능한 한 스스로 계획하고 추진할 수 있는 역량이 갖추어져야 가능하다. 이를 위해서는 지방정부와 지역민들이 지역발전의 주체가 될 수 있도록 지원하는 법·제도적 환경의 변화가 필요하다. 지방민주주의를 확대하는 것은 한국 민주주의가 국민들에게 지역적으로 균등한 삶의 환경을 제공하는 보다 성숙한 민주주의로 변화해 나가는 길이다. 아래에서는 지방정치와 지방자치의 현재 모습에 대해 고찰하고, 지방정치의 활성화를 위한 방안을 고민함으로써 변화의 방향을 모색하고자 한다.

3. 지방정치와 지방자치의 현재

1) '지방' 정치의 실종

토크빌(Alexis de Tocqueville)이 얘기했듯이 지방정치는 '민주주의의 학습장'이다. 지방정치는 지방차원의 정당체계를 통해 합리적인 정당간의 경쟁과 공정한 선거를 통해 엘리트를 충원하고 지역이익을 표출하는 역할과 지역 주민들이 직접 정치과정에 참여할 수 있는 기회를 제공하는 역할을 한다. 이러한 지방의 정치과정을 통해 시민들이 민주주의의 이념과 민주적인 절차를 학습하게 된다. 현재 한국의 정치는 중앙정치만 있고 지방정치가 거의 실종되다 시피하면서 '지방'은 민주주의의 학습의 장이 되지 못하고 있는 것이 현실이다. 여기서 지방정치의 실종이란 지방정치의 중앙정부 및 중앙정치에의 의존성 또는 종속성에 기인하는 지방정치 과정의 부실(부재)과 지방정치 주체의 정치적 역량의 부족으로 이해할 수 있다.

지방차원의 정치과정이란 복수의 지방정치 행위자들이 정당활동과 선거과정, 지방정부와 지방의회의 정책결정에 참여할 수 있는 메커니즘이 존재한다는 것을 의미한다. 이를 위해서는 중앙당 조직 이외에 지방차원에서의 하위정당조직이 구축되어야 하고 정당들 간의 경쟁이 가능하고 지방차원의 선거가 제 역할을 할 수 있어야 한다. 그러나 현실은 지방차원의 정치과정이 제대로 틀을 갖추지 못하였다. 우리나라 정당들의 조직은 과거 지구당이 고비용 저효율을 이유로 2004년 정치관계법 개정을 통해 폐지된 이후로 중앙당과 시도당원협의회 구조로만 구성되어 있다. 쉽게 말해서 풀뿌리 정당조직이 존재하지 않는다는 것이다. 당내 인적 충원과 정책 결정에 있어서 하위정당조직에서 중앙당으로 전달되는 상향식 결정 구조가 부재하다는 것이다. 그 결과 지방의 정당 활동도 중앙당에 의존할 수밖에 없고, 전체적으로는 지방차원의 정당간의 경쟁이 중심이 되는 정치과정은 약할 수밖에 없는 것이 현실이다.

지방정치의 중앙에의 종속에 따른 지방정치의 실종은 지방선거에서 뚜렷하게 엿볼 수 있다. "한국 지방선거에는 지방이 안 보인다"는 얘기는 지방정치의 현주소를 상징적으로 말해준다(안청시 2008). 지방선거나 총선이 지역차원의 인물과 현안 이슈를 중심으로 치러지는 것이 아니라 전국적인 이슈나 정세에 의해 크게 영향을 받는다. 총선도 마찬가지지만 특히 지방선거는 가능한 한 지역의 인물과 지역 현안 이슈를 중심으로 지역민들의 요구를 수렴하는 과정이 되어야 함에도 불구하고, 중앙정치의 개입 혹은 바람에 큰 영향을 받는다는 점에서 지방선거는 '지방'의 선거가 되지 못하고 있다.

지방정치의 중앙정치에의 종속 문제는 무엇보다도 각 정당들의 공천과정에서 잘 드러난다. 정당 내부적으로는 공천과정에서 중앙당이나 현역 의원의 영향이 크기 때문에 공천과정에서 나타나는 문제점들이 적지 않다. 특히 '전략공천'의 이름 하에 후보 간 경선조차 이루어지지 않는 경우에는 오랫동안 지지기반을 넓혀 온 정치 신인들의 진입이 어려워 자연적인 인물교체나 세대교체가 어렵다. 지역에서 오랫동안 정치적 꿈을 키워왔던 정치신인들이 중앙당의 '나눠 먹기식'의 계파공천이나 전략공천에 밀려 꿈을 접어야 하는 경우가 많았다. 전략공천이 특정 지역구에서의 당선가능성보다 계파의 이익에 따라 자행됨으로써 지방 수준에서의 공정한 경쟁이 무산되는 경우가 발생하는 것 역시 중앙정치에 의한 지방정치의 개입이 초

래하는 폐해 중의 하나라고 할 수 있다.[9]

　지방정치를 지방정부와 지방의회를 중심으로 일어나는 정치과정으로 이해하는 것이 현실적이기는 하지만 협소하게 이해하는 것이라 할 수 있다. 지방민주주의의 본의에 따르면, 지방정치는 지방정부, 지방의회, 시민단체, 지역 주민이라는 모든 지역 정치 행위자들이 참여할 수 있는 정치과정이라고 할 수 있다. 이러한 맥락에서 볼 때, 지방정치는 정당정치와 선거정치를 넘어서 지역의 정치행위자들이 양적·질적 차원의 지역발전을 위한 정책결정 과정에 참여할 수 있어야 한다. 현실은 지역 정치 주체들이 참여할 수 있는 기회가 많지 않다. 특히 지역주민들의 정치행정 과정에의 참여 기회가 많지 않다. 지역 주민들은 지역의 하위정당조직이 부재하기 때문에 필요나 요구를 표출할 수 있는 기회가 박탈되었다. 지역 현안에 관심 있는 주민들이 시민운동단체에 참여하기는 하지만 소수에 불과하다. 지방자치제도가 시행된 지 오래되었지만 주민들의 참여를 적극 유도하려는 지방정부의 노력도 부족한 상황이다.

　현재 한국의 지방정치는 상향식 정당조직 구조의 부재, 중앙정치의 지방에의 과도한 개입, 지방정부의 정치적 역량의 부족 등과 같은 많은 문제점들을 안고 있다. 이와 같은 문제가 지속되는 한 현재의 지방정치 수준으로는 지방민주주의가 실현될 수 없다. 지방정치를 활성화할 수 있는 제도적 개혁의 반드시 필요하다.

2) 지방자치 20년의 현주소

　지방자치가 시행된 지 20여 년이 지났지만 한국의 지방자치는 여전히 중앙정부 중심의 국가운영체제가 지속되면서 제대로 자리매김을 하지 못하고 있다. 현재 우리나라의 지방자치는 지방분권 수준이 미약한 상태에서, 지방정부나 지방의회가 법·제도적 틀 내에서 '주어진' 만큼의 권한을 행사하는 것이 현실이다. 현재까지 지방자치가 제대로 자리매김을 하지 못했다는 비판적인 평가가 많은 것은 '주어진'

---

9 2016년 4.13 국회의원 선거는 한국의 역대 총선과정에서 계파공천과 전략공천의 문제점이 가장 심각하게 나타났던 선거의 예로 남을 것이다.

　　　　　　　　　　　　　제 1 장 민주주의와 지방정치: 이론

권한과 재원이 충분하지 못하다는 것이며, 중앙에 상당 부분 의존하고 있기 때문에 독립성과 책임성이 담지 되는 지방의 '자치'가 이루어지지 못하고 있기 때문이다.[10]

지방자치는 일반적으로 '단체자치'와 '주민자치'로 구분되는데, 단체자치는 지방정부나 지방의회가 중앙정부로부터 단순한 국가사무를 이양 받는 것을 넘어 독립성을 갖고 지방정치행정을 수행한다는 것을 의미한다. 이는 기본적으로 중앙과 지방의 권력분점이 법·제도적, 실천적 차원에서 보장되는 것을 전제로 한다. 현재는 아직 이와 같은 권력분점 수준에 이르지 못하고 있는 것이 사실이다. 물론 역대 정부들은 지방분권과 지방자치를 강화하기 위한 노력으로 중앙정부의 권한과 사무를 지방으로 이양하려는 노력을 해온 것은 사실이다. 그러나 지방자치단체가 중앙정부의 하위행정단위로서의 위치를 넘어서 '지방정부'로서의 헌법적 지위를 획득하지 못한 상황이며, 중앙정부관료, 중앙의 정당정치인, 지역 국회의원 등 정부와 중앙정치권이 지방자치제의 활성화에 소극적이다(허철행 2015, 288). 여전히 중앙-지방정부의 관계는 수직·통제적 관계가 지속되고 있다. 이러한 틀이 유지되는 상황 하에서 지방정부의 자치역량이 제고될 수 없다는 것은 두말할 필요가 없다.

지방정부의 헌법적 지위를 제외하더라도, 역대 정부들이 추진해온 지방정부로의 권한과 사무의 이양 정도로 지방자치의 활성화를 기대하기는 어려운 것이 사실이다. 지방정부의 자치 역량이 부족하다는 것은 중앙-지방간 기능배분의 비중에서 잘 드러난다. 예를 들면, 국민의 정부로부터 현재 박근혜 정부에 이르기까지 중앙사무의 이양 비중은 정부별로 다르고, 이양이 완료된 사무의 비중도 그리 높지 않다(육동일 2015, 30-31). 지방자치제도가 부활한 이후로 점진적으로 지방사무의 비율이 증가한 것은 사실이다. 그러나 중앙정부의 기능을 이양하는 것보다는 기능을 '위임'하는 것에 치중되었고, 권한과 책임의 불일치, 사무와 재원의 불일치 등과 같은 심각한 문제점을 여전히 안고 있다(김찬동 2015, 241).

또한 지방정부의 자치조직권과 지방재정자치 수준도 취약한 수준이다. 지방재

---

10 오늘날 한국 지방자치에서 나타나는 문제점들에 대해 자세하게는 강원택(2014, 22-25)을 참조.

정의 취약성은 지방자치의 발전을 저해하는 중요한 요인 중의 하나이다. 현재 지방정부의 재정상황은 몇몇 대도시를 제외하고는 허약한 재정구조를 면치 못하고 있다. 국가 재정의 80%는 중앙정부로, 불과 20% 정도가 지방정부로 할당되고 있다. 또한 지방정부의 재정자립도는 전국적으로 약 50% 선으로 지방자치를 위한 소요예산을 지방정부가 스스로 충당할 수 없는 상황이라는 것이다. 중앙정부가 거두는 세수(국세)와 지방의 세수(지방세) 비율이 8:2인데 반해, 최종적인 세출은 4:6으로 지방으로서는 근본적으로 취약한 재정구조에다 만성적인 재원부족에 시달리는 상황이라는 것이다. 이러한 재원의 부족은 지방의 채무 증가나 중앙재정에의 의존을 초래함으로써 궁극적으로는 재정자치가 이루어지기 어렵다는 것이다(이정만·고승희 2014, 2; 손희준 2014, 32).

또한 지방정부와 함께 지방자치의 중심적인 역할을 하는 지방의회의 경우, 조례심의·의결권, 예산심의·의결 및 결산권, 행정사무감사 및 조사권 등을 통해 지방정부를 감시·견제하는 역할을 한다. 그러나 우리나라의 지방정부의 구조는 견제와 균형의 원리에 토대를 둔 '기관분립형'이나 현실적으로 '강시장 약의회'의 구조이기 때문에 지방의회가 지방정부를 효과적으로 견제하고 있지 못하다(문상덕 2012, 257). 지방정부는 지방의회에 의회의 의결에 대한 재의요구권, 선결처분권, 지방의회 사무기구의 인사권 등의 권한을 행사할 수 있어 의회의 견제를 무력화시킬 수도 있다. 또한 지방의회의 조례권한도 '법령의 테두리 내에서'만 행사되기 때문에, 자치적인 조례 제정권의 범위가 매우 협소하다. 지방차원에서의 자율적인 자치입법권이 확대될 수 없는 입장이다.

지방자치가 활성화되기 위해서는 단체자치 이외에 지역주민의 참여('주민자치')가 확대되어야 한다. 그러나 현재 지역주민들의 지방자치에 대한 무관심과 참여는 저조한 편이다. 특히 공공이익을 위한 주민들의 공적 참여수준은 매우 낮은 편이다. 지역에 따라 시민단체의 활동이 활성화되어 지역 주민의 참여 기회가 다소 활성화되어 있는 곳도 있지만, 일반적으로 주민들의 지방자치에 대한 몰이해와 무관심이 일반적이다. 우선 지역주민들의 지방자치에 대한 관심이 부족하다는 것이 문제이기는 하지만, 모든 문제를 지역주민들에게 돌릴 수는 없다. 지방정부와 지방의회는 지역주민들이 정책결정에 참여할 수 있는 다양한 기회를 제공해주어야 하고, 참여를 통해 얻을 수 있는 효능감을 높일 수 있도록 하는 방안들을 모색할 필요가 있다(최준영 2014, 108–109).

지난 20여 년 동안 역대정부의 노력으로 중앙의 권한과 사무가 지방으로 이양되는 성과가 있었다. 또한 지방 '4대 협의체(전국시도지사협의회, 전국시도의회의장협의회, 전국시장군수구청장협의회, 전국시구구의회의장협의회)'의 지방분권화 요구가 커지면서 중앙정부와 지방정부간에 소통을 확대해야 한다는 공감대도 늘어났다. 그러나 한국의 지방자치는 중앙-지방정부 간의 수직적·통제적 관계, 지방정부와 지방정부간의 협력체계의 미비, 지방정부와 지방의회 간의 갈등 등 지방자치를 위한 제도적 장치가 제대로 마련되어 있지 못한 상황이다. 지방자치의 확대를 위한 전제조건으로서 지방정치의 활성화와 지방분권 강화를 위한 법·제도적 기반 확충이 우선적으로 필요하다. 이러한 기반이 마련된 이후에 지방정부의 정책능력과 그 책임성을 묻는 것이 순서일 것이다.

4. 지방정치의 활성화를 위한 방안

1) 정당 및 선거제도의 개혁

한국은 수도권 대 비수도권(지방) 간의 격차나 지역균열을 극복하고, 지역 내에서의 불균형발전을 극복할 수 있는 제도적 장치를 마련해야 하는 과제를 안고 있다. 이러한 과제는 정치영역에서의 변화를 반드시 필요로 한다. 우선 지방의 정당정치 및 선거과정이 중앙으로부터의 의존성이나 종속성에서 벗어나야 하고, 지방의 다양한 정치주체들이 정치과정에 참여할 수 있어야 한다. 또한 지방정부가 중앙정부로부터 독립성과 자율성을 갖되 책임 있는 정치행정작용이 가능해야 한다. 지방의 정치행정 작용을 통해 지역민들의 요구에 직접적으로 대응하고, 균등한 삶의 환경을 만들어 갈 수 있어야 한다. 결국 지방정치가 활성화되어 지방의 현안 문제를 지방의 정치주체들이 참여하는 정치과정에서 해결할 수 있어야 하는 것이다.

지방정치의 활성화는 지역발전을 위한 지방 차원의 정치 시스템이 구축되는 것으로, 이는 우선적으로 지방정치의 중앙정치로부터의 독립성 확보를 전제로 한다. 지방 차원에서 정당체계 및 선거과정에서 지방의 이슈와 인물, 지역 주민의 참여가 활발하게 전개되는 정치과정이 이루어져야 한다. 지방정치가 중앙정치에 상당 부분 의존되어 있는 현실을 고려할 때, 지방 수준에서의 정치과정이 원만하게 이루어지기 위해서는 정당 조직과 선거과정의 측면에서 개혁을 요구한다.

정당개혁과 관련해서는 전국적인 정당하위조직의 구축 문제와 지방선거에서의 정당공천 문제가 해결될 필요가 있다. 우리나라 정당들의 조직구조가 중앙당－시도당원협의회 구조로 일원화되면서 풀뿌리 조직이 부재하다. 그 결과 상향식의 인적, 정책적 결정구조가 부재하다. 예를 들어 당내 공직자를 선출하거나 당의 이념적·정책적 노선을 결정하는 데 있어서 밑으로부터의 상향식 결정이 어렵다. 그 결과 지방차원에서 정치적 관심을 갖고 있는 유권자나 정치신인들이 정당활동에 참여하여 정책적 정보나 지식을 획득하고, 현실 정치를 배울 수 있는 기회가 부족하다.

지방의 정당정치가 활성화되지 못하는 이유 중의 하나는 위에서 언급한 전국적인 하위 정당조직망의 부재 이외에도 지방의 선거과정에서 공천과 관련한 중앙당의 개입이다. 광역선거까지는 아니라도 기초자치단체장, 기초의원 선거에서는 정당공천을 배재해야만 지방자치가 활성화될 것이라는 주장이 많이 제기되었다. 기초단위에서 행해지는 정당공천을 배제하는 것은 중앙정치의 지방정치에의 개입을 미연에 방지하는 효과를 낳을 수도 있겠지만, 풀뿌리 수준에서의 정당정치를 불가능하게 만드는 측면도 있어 논란이 많다.11 여기서 정당공천의 장단점에 대해서 자세하게 논의하기는 어렵다. 다만 기초단위의 정당공천을 배제한다손 치더라도 지방 하위 수준에서의 정당조직들이 구성되어 활동하도록 하는 방안을 모색할 필요

---

11 지방선거에서의 정당공천제를 둘러싼 문제는 학계에서조차 찬반의 논란을 겪고 있는 문제이다. 찬성하는 입장에서는 정당공천제가 한국의 정치발전, 지방의 정당, 지방자치의 발전을 가져 올 것으로 본다. 반면에 정당공천제가 중앙정치의 개입, 공천을 둘러싼 여러 가지 폐해를 들어 공천제에 반대하는 입장도 있다

가 있다. 비록 과거의 고비용 저효율 구조라는 이유로 2004년에 폐지된 '지구당'의 복원이나 부활은 아니더라도, 그 운영을 달리하는 하위 조직을 구축할 수 있도록 하는 정당법 개정이 필요하다. 그러한 조직이 갖추어 질 때 상향식 인적 충원과 정책결정이 가능할 것이기 때문이다.

정당조직의 전국화 외에 지방선거와 총선에 비례대표제를 확대함으로써 국회와 지방의회에 진출하는 정당들의 수를 확대할 필요가 있다. 지방 수준에서도 정당정치의 활성화나 선거제도의 개혁을 통해 장기적으로 지방정부를 대표하는 정당들이 다원화된다면 지방의 정당정치적 이해와 지역 이해 간의 조정과 합의과정이 생겨날 것이다. 또한 지방정치가 중앙정치로부터의 개입으로부터 비교적 자유로울 가능성이 생겨날 것이며, 각 지역을 대표하고 있는 기존의 지역패권정당들의 독점적 지배체제를 변화시킬 수 있을 것이다. 이를 통해 국회와 지방의회에 진출할 가능성이 높을수록 정당들이 조직기반을 구축하고 확대하려는 동기를 부여받게 될 것이다.

기초의회 선거뿐만 아니라, 광역의회 선거에까지 비례대표제를 확대할 필요가 있다. 물론 정당체계의 변화 없이 비례대표제만을 도입한다고 해서 반드시 광역의회 내에서 지역패권정당의 독점을 막을 수 있다고 장담할 수 없다. 그러나 비례대표제를 확대한다면 시군구 의회의 다수 정당과 광역·기초 자치단체장의 소속 정당 간의 동일화로 인한 특정 정당의 독점을 피할 수 있는 가능성은 일단 열릴 수 있게 된다. 이렇게 기타 정당들에게도 지방의회에 진출할 기회가 열려야만 기존의 정당체계에 진입하려는 정치적 노력들이 활기를 띠게 될 것이다.

비례대표제의 확대는 장기적인 관점에서 향후 지방정부와 지방의회 간의 관계가 견제와 균형이 가능한 방향으로 유도할 수 있는 하나의 길이 될 수 있다. 이는 현재 전국적 차원에서 논의되고 있는 정치개혁에 대한 논의 속에 포함되어 있는 것으로 반드시 실현될 필요가 있다. 다만 기초의회의 경우 중대선거구제─비례대표제를 채택하고 있으나 실제적인 제도적 효과는 기대에 못 미치는 편이라 비례대표제를 반드시 유지해야 할 것인가에 대해서는 논의가 더 이루어져야 할 것으로 보인다(황아란 2009).

총선이든 지방선거에서든 비례대표제의 제도적 효과에 대해서는 이론적, 현실적 측면에서의 이견이 존재할 수 있다. 그러나 총선이나 지방선거에서나 지방정당이나 신생정당의 정치권 진입을 확대하고, 기존의 군소정당들도 정치과정에 참여할 수 있는 기회를 제공하기 위해서는 어떠한 형태로든 기본적으로 비례대표제를 확대하는 방향으로 선거제도는 개혁되어야 한다. 이들 정당들의 현실적인 득표능력 문제를 떠나, 거대 정당들의 중앙-지방수준에서의 독점을 방지하고 지방의 지역적·정치적 이익이 다양하게 표출될 수 있도록 하는 제도적 장치는 마련되어야 할 것이다.

선거제도 개혁은 다른 개혁 — 헌법개정, 정당개혁 등 — 에 비해 비교적 우선적으로 현실화할 수 있는 것으로 보인다. 그러나 선거제도의 개혁만으로 중앙정치의 지방정치에의 개입을 막을 수 있거나, 지방정치를 활성화할 수 있거나, 군소정당의 의회 진입을 가능하게 하리라는 보장은 없다. 예컨대 비례대표제의 확대를 통해 의회에 진출한 군소정당들의 조직력이 약하고, 의석비율이 낮아 그 역할이 미미하면 결국 지방정치의 중앙예속은 지속될 수밖에 없다. 바로 이러한 점 때문에 선거제도 개혁은 정당정치가 활성화되도록 연계해서 개정되어야 할 필요가 있다(김용복 2009, 45).

2) 중앙-지방 관계의 변화

지방정치가 활성화되기 위해서는 그 전제조건의 하나인 지방분권이 확대되어야 한다. 지방분권은 지방의 정치과정과 행정작용에 자율성과 책임성을 부여함으로써 지방자치를 활성화하기 위한 필요조건이다. 지방자치는 오늘날 중앙집중적인 정치과정에서 나타나는 폐해를 줄이고, 지역 단위에서 직접적으로 행정서비스를 제공함으로써 균형적인 지역발전과 민주주의의 정당성(legitimacy)을 확보하는 중요한 제도적 장치이다. 오늘날 지방자치와 관련한 학술적 논의는 '할 것이냐 말 것이냐'의 문제가 아니라 이제는 '어떻게,' '얼마나' 잘 할 것이냐의 문제로 전개되고 있다. 한국의 지방자치는 현재 주어진 여건 하에서 주민자치를 보다 더 잘 실현해야 하는 과제도 안고 있지만, 지방분권을 통해 지방의 정치와 행정을 더욱 활성화해야 하는 과제를 안고 있다.

지방분권을 통해 지방자치가 강화된다는 것은 전 국민의 삶이 전국적으로 균등한 삶의 환경을 영위할 수 있다는 것이며, 이것은 궁극적으로 전 지역적으로 국민들의 삶이 '고르게' 향상될 수 있는 기제를 창출해 낸다는 것을 의미한다. 이를 위해서는 우선적으로 '균등한 삶의 환경인 조건'을 창출하겠다는 중앙정부의 의지를 전제로 한다. 또한 그에 상응하는 법·제도적 장치가 마련되어야 한다는 것을 전제로 한다.

역대 정부들은 중앙에서 지방으로의 사무이양을 통해 분권화를 추진해 온 것이 사실이지만, 정부에 따라 분권화를 위한 정치적 의지는 달랐다. 문제는 정부의 정치적 의지나 이념적 성격에 좌우되지 않고, 연속성을 갖고 분권화가 추진될 수 있는 제도적 장치를 마련하는 것이다. 지방분권의 확대는 중앙과 지방 간의 관계의 변화를 의미하는 것으로, 이는 중앙정부와 지방정부 간에 자치권 또는 권력을 나누어 행사하는 것을 의미한다(김영수 2002, 53). 한국처럼 중앙집권적인 전통이 강한 국가에서 중앙정부의 정치행정 권력을 인위적으로 지방으로 분산하는 것은 어려운 일이다. 그럼에도 불구하고 지방분권의 확대를 통해 지방자치를 활성화하기 위해서는 중앙과 지방간의 권력관계는 변화되어야 한다. 중앙정부와 지방정부 간의 관계는 기존의 수직적, 지배적, 집권, 관치모형에서 대등적, 협상적, 상호의존적인 모형으로 발전해야 한다(박정민 2008; 채경진·채원호 2011, 97).[12]

민주화 이후 중앙정치 차원에서 행정·입법·사법의 수평적 분권화는 상당히 이루어졌지만, 중앙과 지방 간 수직적 분권은 아직까지 큰 진전을 이루지 못하였다. 중앙과 지방 간의 권한의 불평등이 여전하고 지방은 중앙의 개입에서 자유롭지 못하고, 재정이나 법령을 통한 중앙정부의 통제 역시 여전하다(강원택 2014, 23). 이러한 상황 하에서 중앙정부가 지방분권의 확대를 위해 자발적인 정치적 결단을 내리지 않는 이상 지방분권 확대를 위한 지방차원에서의 요구는 지속적으로 제기되

---

12 '정부간 관계(Inter-Governmental Relations)'의 개념과 '정부간 관계 모형'에 관해 자세하게는 주인석(2015, 98-106) 참조.

어야 한다. 또한 분권화를 더욱 강하게 요구할 수 있는 지방정부 자체의 정치적 역
량을 제고할 필요가 있다. 이를 위해서는 지방정부간의 협력이 필수적이고, 지방차
원에서 분권화에 대한 공감대와 실질적인 분권화를 위한 추진운동 및 추진기구를
설치할 수 있어야 한다.

지방정부가 중앙정부와의 관계를 되도록 수직적·통제적 관계에서 수평적·협
력적인 관계로 전환하기 위한 첫 걸음으로 지방정부들은 지역발전을 위한 '협력적
거버넌스(collaborative governance)'를 구축하여 연대를 이루어 내어야 한다(Bochel
and Bochel 2010, 727). 장기적인 측면에서 볼 때 개헌을 통해서라도 현재의 지방자
치단체는 중앙정부에 대해 독립된 기구로서 '지방정부'라는 헌법적 지위를 부여받
기 위한 노력을 해야 한다. 이러한 노력과 함께 지방정부들은 상호간의 정치적 의
지를 결집하고 그 역량을 강화해야 하다. 나아가 중앙정부와 지방정부 간의 권한관
계에 대한 조정을 강하게 요구해야 한다.

중앙정부와 지방정부는 권력관계를 수평적으로 전환해 나가고, 권한 관계를 분
명하게 정의하면서 상호 협력적 상생을 위한 관계로 발전시켜 나가는 것이 향후

그림 1-1 수직적 권력분점과 지방협력거버넌스 모형

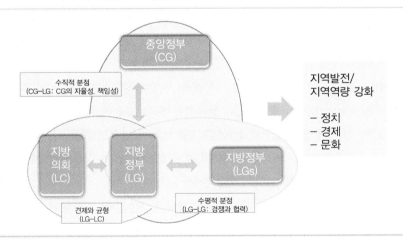

출처: 주인석(2015), 107

제 1 장 민주주의와 지방정치: 이론

중앙-지방 간의 균형적인 발전을 위한 길이라고 할 수 있다. 물론 권력과 권한이 지방정부로 확대된다는 것은 그 만큼 지방정부의 책임 또한 커진다는 것을 의미한다. 따라서 지방정부는 지방분권의 확대를 요구하되, 주어진 권한 내에서도 지역 발전을 위한 책임 있는 자세와 노력을 기울여야 할 것이다.

3) 지방차원의 지방정치대표체의 설치

한국의 경우 지방정부를 대표하는 전국시도지사협의회가 존재한다. 시도지사협의회는 정부의 정책결정과정에서 시·도의 이익과 입장을 전달하고, 정책이 입법화되기 전에 영향을 미칠 수도 있다. 그러나 시도지사협의회는 법·제도적으로 그 성격과 기능에 있어 단순히 시도의 입장을 표출하는 정도에 지나지 않는다. 전국시도지사협의회 이외에도 지방자치제가 실시된 이후로 전국시도의회의장협의회, 전국시군구청장협의회, 전국시군구의회의장협의회 등이 설립되어 지방의 이익을 대변하려는 노력을 하고 있다. 그러나 이들이 입장이 정책결정과정이나 입법과정에 어느 정도 반영되었는지, 입장을 관철시키기 위해 어떤 수단을 동원하였는지, 그 효과는 무엇인지에 대해 알 수 없는 현실이다(지병문 2011, 172).

기존의 협의체 수준으로는 지방정부를 포함한 '지방'이 중앙정부와 중앙정당정치의 영향에서 벗어나 지방자치의 본래적 의미에 부합하는 정치행정을 수행하기 어렵다. 지방자치는 지방정부의 역량을 바탕으로 지방의 경제적 발전뿐만 아니라 교육, 의료, 문화, 복지 등 공공서비스 확대를 위해 중앙정치로부터 지방정치의 자율성이 확보되어야 한다. 지방정부의 정치적 역량이 필요한 이유이다. 법·제도적인 측면에서 현 지방정부의 위치가 독립정부로서의 헌법적 위치를 갖지 못하고 중앙정부의 하위행정기관, 즉 지방자치단체로 규정되어 있는 상황에서 자동적으로 위로부터 지방분권이 확대되기를 기대하기는 어렵다.

지방의 정치가 활성화되고 지방자치가 보다 더 깊은 뿌리를 내리기 위해서는 지방분권이 강화되어야 한다. 지방은 중앙에 대하여서는 수직적 차원의 권력분점과 지방간에는 수평적 협력과 경쟁을 전개하여야 한다. 특히 정치, 행정, 재정 등

권한이 중앙정부에 집중되어 있는 현재의 구조 하에서 지방정부는 중앙정부에 대해 분권화를 지속적으로 요구하기 위한 지방차원의 정치대표체나 지방분권추진협의체(가칭)를 설립하여야 한다.

지방정부들이 지방차원의 하나의 지방분권추진기구로 모임으로써 그들의 정치적 역량을 제고한다는 것은 기존의 중앙과 지방의 관계를 수직적·통제적 관계에서 수평적·협력적 관계로 전환시키기 위한 정치적 힘을 갖는다는 것을 의미한다. 지방정부들은 하나의 지방정치대표체를 설립하여, 먼저 중앙 및 지방정부에 귀속된 각각의 고유한 정책분야와 중앙─지방 공동으로 협의·결정하는 정책분야에 대한 논의를 시작할 필요가 있다. 문화, 교육, 조세, 치안, 환경 등에 있어서는 지방정부에 현재 보다 더 많은 권한이 주어져야 할 것이다. 그 외에도 중앙정부가 추진하고자 하는 정책 중에서 지방의 이익과 직결되는 문제일 경우 지방정부가 단순히 검토하는 수준을 넘어 지방의 이익을 요구할 수 있는 권한을 가질 수 있어야 한다. 이를 위해서는 우선적으로 지방정부의 고유 권한이 보다 확대되어야 하고 그 고유 권한이 법적으로 명확하게 규정되어야 한다. 또한 특정 정책분야에 대해 지방정치대표체의 동의 및 조정요구권한도 법률적으로 뒷받침되어야 한다(주인석 2015, 114).

만약 지방정치대표체를 통해 시도대표들이 일정한 정책분야에 있어 고유권한이나 의결권을 갖게 된다면, 중앙과 지방자치단체 간의 완충역할과 각 지방자치단체 간의 갈등 해소와 지방재정의 조정 등 긍정적인 역할을 기대할 수도 있을 것이다. 특히 조세문제와 관련하여 정당정치적 입장보다는 지역의 이익을 대변할 가능성이 높기 때문에 지방정치대표체의 일방적인 중앙에의 종속을 피할 수도 있을 것이다. 중요한 것은 적어도 중앙정부가 정책을 입안함에 있어 지방의 이해관계를 고려하지 않을 수 없다는 점이다. 따라서 지방정부의 고유권한이 확대되면 될수록, 중앙정부가 지방정부의 동의를 얻어야 하는 정책분야가 많을수록 중앙정부의 지방에 대한 고려는 더욱 커질 수밖에 없다.

지방정치대표체의 설립으로 중앙정부가 일정한 정책분야를 놓고 동의 및 조정하는 단계를 거쳐야 한다는 것은 정책결정의 신속성을 저해할 수는 있지만, 중앙정부의 독단적 결정으로부터 야기될 수 있는 위험을 줄일 수 있을 것이다. 이와 같은 일종의 분권화된 시스템이 갖추어 진다면 중앙-지방간의 견제와 균형이 가능하고, 지방은 중앙의 정책결정에 대해 깊이 있게 정책을 검토하고, 정책 대안을 제시하거나 추가적인 정보를 제공할 수 있다(Breunig 2008, 384). 따라서 이 같은 장점을 살릴 수 있는 지방정치대표체의 설치를 장기적으로 구상해 볼 필요가 있다.[13]

지방정부들이 지방차원의 정치적 대표체를 구성하는 것은 쉬운 일이 아니다. 크게는 헌법이나 지방자치법 등 관련 법들을 개정해야 하는 어려움이 뒤따른다. 법적인 문제를 제외하더라도 지방정부들이 지역이기주의를 넘어서 경쟁 속에서 협력을 도모하고자 하는 그들의 '정치적 의지(political will)'가 결집되어야 한다는 문제도 있다(Teles 2014, 813). 이러한 정치적 의지 없이 중앙에 대한 분권의 요구에 정치적 힘이 실릴 수는 없을 것이다. 물론 지방정부들의 정치적 역량을 강화한다는 것이 오히려 현재의 '강시장-약의회' 구조를 더욱 고착화하게 된다면 지방민주주의의 본래의 뜻이 훼손될 수도 있다. 중앙정부에 대해서 지방정부의 권한을 강화시키되, 지방정치 차원에서는 수평적 권력분점이 이루어져야 한다. 즉 강화된 지방정부의 정치적 역량을 견제할 수 있는 힘이 지방의회에 주어질 때만이 지방의 행정부와 입법부 간의 견제와 균형이 가능할 수 있기 때문이다. 따라서 지방정치를 위한 제도적 개혁은 지방정부의 힘을 강화하는 방향으로만 나아갈 것이 아니라, 지방정부와 지방정부간의 협력, 지방정부와 지방의회 간의 견제와 협력이 가능한 방향으로 진행되는 것이 필요하다.

더불어, 지방정부들이 많은 권력과 권한을 가진다고 해서 자동적으로 지역발전을 보장하는 것은 아니라는 점에 유의할 필요가 있다. 주어진 권한의 행사와 도출된 가시적인 결과에 대한 책임이 뒤따른다. 강화된 지방정부의 권한과 지방의회에 대한 우위를 바탕으로 지방정부가 무분별한 관광개발이나 기념관이나 역사관 건립, 성과가 낮은 축제 개최 등 전시행정에 빠진다면 지방자치의 의미는 퇴색될 것이다. 따라서 지방정부와 지방의회는 지방자치를 행함에 있어 더욱 무거운 책임감

---

13 이와 같은 장점들을 가장 잘 보여주는 해외 사례들로는 독일의 연방상원(Bundesrat)이다(주인석 2014). 연방상원과 같은 독립된 헌법기관은 아니지만, 영국의 지방정부연합이나 프랑스의 시장 협의회 등과 같은 '지방정부연합체'를 들 수 있다(지병문 2011, 162-163).

을 가져야 하고, 그에 맞춘 역량을 갖추어야 한다. 그러나 우선적으로 지방정부가 중앙정부로부터 자율성을 갖고 지역발전을 위한 비전과 정책을 실현할 수 있는 법·제도적 환경이 마련되어야 한다.

5. 나오면서

민주주의의 개념에 대해 하나의 보편적인, 공식적인 정의가 존재하는 것은 아니다. 그만큼 민주주의의 개념은 긴 역사적, 정치사적 맥락에서 이해될 수 있는 다양한 형식과 내용을 담고 있다고 할 수 있다. 그럼에도 불구하고, 민주주의는 '보다 나은' 삶, 사회, 국가, 공동체를 향해 나아가는 과정에서 나타날 수 있는 많은 장애물들을 하나하나씩 극복해 나가는 운동의 성격을 갖는다고 할 수 있다. 이렇게 민주주의를 최종적으로 도달할 수 있는 어떤 단계나 차원이 아니라 끊임없는 과정과 운동으로 이해할 때, 한국의 민주주의 역시 보다 나은 사회를 향해 가는 과정해서 극복해야 할 과제들이 많다. 한국 민주주의의 21세기적 과제는 첫째, 정치적 민주화를 넘어선 사회경제적 민주화를 달성하는 것, 둘째, 지방정치의 활성화와 지방분권을 통해 지방자치를 확대하는 것으로 요약할 수 있다.

세계화나 국제 정치경제라는 외부요인에 의해서든 정부의 정책 실패 등 내부적 요인에 의해서든 국민들의 삶의 질이 나빠지고 있는 것이 현실이다. 부와 재산의 불평등, 청년 실업, 이혼율과 자살율의 증가, 저출산·고령화의 가속화, 정규직과 비정규직 문제, 대기업과 중소기업 간의 격차 문제 등이 복합적으로 나타나면서 행복지수나 삶의 질의 지수 등에 있어서 OECD(경제협력개발기구) 국가들과 비교하여 매우 낮은 수준을 보이고 있는 것이 사실이다. 한국의 민주주의는 포괄적인 개인의 권리와 자유의 보장과 확대를 넘어 사회경제적 차원에서의 공정성과 평등을 지향하는 사회로의 길을 향해 나아가야 한다.

또한 한국이 보다 나은 사회로 나아가기 위해서는 중앙정치나 중앙정부의 지방 정치행정에의 개입, 역으로 지방의 중앙의 정치, 행정, 재정 등에 대한 의존성과 종속성을 줄여 나가야 한다. 또한 교육, 주거, 의료, 문화 등 여러 영역에서 수도권과 비수도권 간의 격차를 줄임으로써 지역적으로 '균등한 삶의 환경'을 만들어 나갈 수 있는 정책과 제도적 장치가 마련되어야 한다. 이를 위해서는 지방정치가 활성화 되어야 한다.

지방 차원에서 정당정치와 선거가 활성화되고 지방정부의 자율성과 독립성, 책임성이 강화되어 지방자치가 확대되어야 한다. 중앙정치의 지방에의 개입, 지방의 중앙에의 종속성에서 오는 문제점들을 해결하기 위한 지방차원의 지방정치대표체가 설립되어야 한다. 중앙과 지방의 수직적·통제적 관계를 수평적·상호의존적 관계로 변화시켜 나가고, 지방간 협력적 거버넌스를 구축해 나갈 수 있는 추진체가 필요하다. 지방차원에서 수직적 분점을 강하게 요구하고, 지방정부간 수평적 협력 거버넌스를 구축하기 위해서는 우선 지방정부들 간의 공감대와 정치적 의지가 필요하다. 현재 지방 차원에서는 전국시도시자협의회를 포함한 지방 4대 협의체가 '협의회'의 수준을 넘어서는 하나의 결속된 지방정치대표체가 구축되어 있지 않다.

지방이 정치적 역량을 갖추기 위해서는 그 토대가 되는 지방 수준에서의 정치의 활성화가 필요하다. 지방정치의 활성화, 지방분권과 자치의 확대는 민주주의의 형식과 내용에 있어서의 진전을 의미한다. 지방정치가 활성화를 통해 지방정치의 주체들이 정치적 역량을 강화하고, 지방분권을 더욱 강화하는 것은 보다 성숙된 지방자치의 확대를 위한 장기적인 과제라고 할 수 있다. 또한 지방정치가 활성화된다는 것은 지방 단위에서의 정치과정이 활발하게 이루어져야 한다는 것이다. 정치과정에는 정당뿐만 아니라 시민사회단체, NGO들과 시민들의 참여가 필수적이다. 시민들의 정치참여를 제고하기 위해서는 다양한 참여의 기회가 있어야 할 것이다. 주로 시민의 정치참여가 선거에 참여하는 것으로 한정되어 왔던 점을 고려하면 선거·비선거 기간과 관계없이 자발적으로 참여할 수 있는 기회가 확대될 필요가 있다.

지방정치가 현재보다 더욱 활성화되기 위해서는 기존의 정치권력구조, 정당체계, 정당조직, 선거제도 등의 개혁을 필요로 한다. 나아가 중앙–지방정부 관계 및 지방정부–지방의회 관계 변화, 지방정부의 정치적 역량 제고 등 일련의 변화를 필요로 한다. 지방민주주의의 확대를 위한 이와 같은 일련의 개혁적 변화들은 궁극적으로 균등한 지역발전과 지역민의 삶의 질을 제고하는 데 기여할 것이다.

지방정치의 활성화와 지방분권의 강화는 지방자치의 확대를 통해 지방민주주의가 온전하게 작동하도록 만드는 전제조건들이다. 지방민주주의는 중앙정부 주도의 국가발전전략의 한계를 인식하고 극복하기 위한 '지방으로부터의,' '밑으로부터의' 운동이다. 이는 한국이 중앙집중적 단방제 국가에서 중앙 – 지방 간의 권력분점을 토대로 지역 간에 '균등한' 삶의 환경을 보장하는 분권화된 단방제 국가(decen – tralized unitary – state)를 향해 나아가는 긴 과정이라고 할 수 있다.

┃ 생각해 볼 문제

❶ 일상생활에서 느낄 수 있는 수도권과 비수도권(지방) 간의 격차로는 어떤 점들이 있는가?

❷ 교육, 의료, 문화 등의 부문에서 지역 간 '균등한' 삶의 환경을 만들기 위한 방안들로는 어떤 것들이 있는가?

❸ 지방의 정치과정을 활성화하기 위해서는 어떠한 제도적 개혁이 필요한가?

제 1 장 민주주의와 지방정치: 이론

참고문헌

강용기. 2014. 『현대지방자치론』. 서울: 대영문화사.

강원택. 2014. "총론: 지방정치를 보는 시각." 강원택 편. 『한국 지방자치의 현실과 개혁과제』. 서울: 사회평론.

김영수. 2002. "중앙정부의 정책결정과정에 있어서 지방자치단체의 참여방안 연구." 『지방정부연구』 6(1).

김영일. 2014. "지역발전을 위한 지방정치제도의 문제점과 지방정치 활성화 방안." 『21세기정치학회보』 24(1).

김용복. 2009. "지방정치와 정당의 역할: 연구의 범위와 쟁점." 『지역사회연구』 17(4).

김찬동. 2015. "대도시의 입장에서 본 지방분권추진전략 모색." 『민선6기 지방자치 및 지역균열발전 정책의 평가와 전망』(2015년도 (사)한국지방정부학회 춘계학술대회 논문집).

김태창. 1991. "현대지방민주주의론: 지방자치의 철학적 함의와 '지방정치공동체'의 형성과제." 『한국정치학회보』 25(1).

문상덕. 2012. "지방의회제도의 문제점과 발전방안." 『행정법연구』 (34).

박정민. 2008. "정부간 관계 모형에 관한 고찰." 『NGO연구』 6(1).

손희준. 2014. "지방재정 20년의 평가." 『지방자치 20년의 평가와 발전방안』(제6회 한국지방자치학회 지방분권 포럼 논문집).

안청시 편저. 2008. 『한국 지방선거에는 지방이 안 보인다』. 파주: 집문당.

육동일. 2015. "한국 지방자치와 분권 20년의 성과평가와 발전과제." 『지방자치 20주년 토론회』(전국시도지사협의회 등 4대협의회 "지방자치 20년 평가와 개선방향" 토론회 자료집).

이정만 · 고승희. 2014. "대등하고 협력적인 중앙 · 지방간 재정관계 정립을 위한 제도개선." 『충남리포트』 115.

전용주. 2014. "주민 참여 자치: 제도적 분권, 시민참여 그리고 대안." 강원택 편. 『한국 지방자치의 현실과 개혁과제』. 서울: 사회평론.

주인석. 2015. "지역발전을 위한 지방정부제도: 정부간 수직적·수평적 관계모형." 류태건 외.
　　『지역발전과 지방정치』. 부산: 세종출판사.

주인석. 2014. "독일 연방상원의 지역·정당이익의 대표: 한국정치개혁에의 시사점." 『21세기
　　정치학회보』 24(1).

지병문. 2011. 『도시와 지방의 정치이론』. 서울: 박영사.

채경진·채원호. 2011. "지방정부간 협력의 영향요인에 관한 연구: 경기도 동부권 광역자원회
　　수시설 설치사례를 중심으로." 『지방정부연구』 15(10).

초의수. 2015. "수도권 및 지역균형발전 정책에 대한 전문가 인식조사연구." 『한국지방정부학
　　회 학술대회자료집』.

최준영. 2014. "지방의회와 주민참여: 현황과 개선방안." 강원택 편. 『한국 지방자치의 현실과
　　개혁과제』. 서울: 사회평론.

황아란. 2009. "중대선거구제 도입의 기대효과와 실제." 『자치발전』 10월호.

황정화 외. 2014. "'지방' 정치학 확립을 위한 시론." 『21세기정치학회보』 24(2).

허철행. 2015. "한국지방자치의 혁신." 『민선6기 지방자치 및 지역균열발전 정책의 평가와 전
　　망』(2015년도 (사)한국지방정부학회 춘계학술대회 논문집).

Bochel, Hugh and Catherine Bochel. 2010. "Local Political Leadership and the
　　Modernisation of Local Government." *Local Government Studies* 36(6).

Breunig, Christian. 2008. "Legislative Politics in Germany: Some Lessons and
　　Challenges." *German Politics* 17(3).

Teles, Filipe. 2014. "Facilitative Mayors in Complex Environments: Why Political Will
　　Matters." *Local Government Studies* 40(5).

2 지방정치와 로컬 거버넌스

현재 우리나라 지방정치에서 대의제 민주주의가 큰 혼란을 겪고 있다. 공직선거에 의해 선출된 지방정부의 단체장과 지방의회가 의사결정을 담당하는 정통성을 여전히 확보하고 있지만, 지방정치의 왜소화와 제도적 미비에 대한 비판과 불만으로 인해 지방정치의 정통성에 대한 의구심이 날로 높아져가고 있는 실정이다. 이러한 현상은 현재 지방정치의 흐름이 더 이상 거버먼트(government) 차원에서 유지되기엔 한계가 있으며 거버넌스(governance) 체제로의 전환이 시급하다는 반증으로 해석할 수도 있을 것이다. 1990년대 지방자치제가 부활된 이후 지방정부가 제공하는 집합재나 준공공재에 대한 요구가 지속적으로 높아지고 있는 상황에서 그 기능적 변화 역시 중요한 이슈로 떠오르고 있다.

최근 지방자치의 흐름은 보완성의 원리가 중시되고 있다. 즉, 중앙과 지방 간 역할분담 필요성과 지방정부 우선의 사무배분이라는 '기초 지방자치단체(이하 지자체) 우선의 원칙'[1]이 강조되고 있다. 우리나라에서도 지방분권의 목소리가 높아지

---

1 사회과학적으로 지방정부란 용어가 광범위하게 사용되고 있으며, 특히 정치학적 맥락에서 하나의 완결적 기능을 수행하는 정부라는 의미에서 강조되고 있다. 다만, 현행 법령이나 행정 실무에서는 지방자치단체(지자체)라는 용어가 일반화되어 있어 문맥에 따라 지방정부와 지자체라는 용어를

고 있는 상황에서 분권화의 진전에 따라 시·군·구로 편제된 기초 지자체는 지역에서 포괄적인 역할을 담당하여야 한다. 열악한 지방재정의 상황에서 저출산·고령화의 시대를 맞이하여 이에 적절히 대응하기 위해서는 지역 자원을 적절히 활용하여 마을 만들기, 복지, 교육 등 지역 주민의 일상생활과 직결된 사무를 효율적이고 효과적으로 처리할 능력이 더욱 필요해지고 있다.

공공서비스는 가능한 그 영향을 받게 되는 지역주민의 일상 가까이에서 이루어지지 않으면 안 된다. 다만 주민은 단순히 서비스의 수혜자에 그치지 않고 서비스 제공의 효율성, 효과성뿐만 아니라 서비스의 목적과 문제 발생의 원인까지 철저히 인식해야 한다. 보다 중요한 점은 지방행정 서비스의 공공성을 넓게 인지하면서 정책형성에 관련된 지방정치의 로컬 거버넌스를 구축하는 일이다. 로컬 거버넌스의 기능에 대해서는 좁은 범위의 효율성을 모색하는 것이 아니라 보다 광범위한 '공공적 가치'를 실현하는 것이 중요하다는 인식을 공유하여야 한다.

거버넌스의 실현을 위해서는 다양한 행위자가 조직운영의 투명성을 포함한 책임성을 이행하지 않으면 안 된다. 책임성의 확립은 민주주의에 빠져서는 안 되는 요소이며, 행정뿐만 아니라 민간 복지에도 마찬가지이다. 주민은 스스로 변화를 창조하려는 자세가 필요하며, 주민 한 사람 한 사람이 높은 정치 참여의식을 가지는 것이 지방분권의 기초를 마련하는 첩경이 될 것이다. 이러한 참여의식을 가지고 지역의 사업을 점검하고 과도한 민영화나 관료제를 견제하는 것이 중요하다.

지방정치의 로컬 거버넌스의 시대를 맞이하여 민주주의에 대한 의혹적 시선이나 이슈가 증대되고 있는 요즘, 주민이 능동적으로 참여가 가능한 작은 단위에서 민주정치를 실현하는 것이 시급한 과제로 요구된다. 지방정치 로컬 거버넌스는 이제까지의 제도적 틀에 머무르지 않고 지역의 문제를 다양한 시각에서 포착할 수 있는 역동적 시스템으로 작동함으로써 복합적이고 다중적인 공공 영역을 창조하려는 시도이다. 지방정치에 있어 로컬 거버넌스를 실체화하는 데는 새로운 지방자치의 형성이 필수적이다. 뿐만 아니라 행정, 시민, 민간조직의 파트너십이 추구되며

혼용하여 사용하되, 현실적인 분권화의 정도를 감안하여 광역 지자체는 광역 지방정부로, 기초 지자체는 현행대로 기초 지자체로 쓰기로 한다.

지방정부 내의 분권화, 새롭게 형성된 조직에 의한 책임성의 이행, 주민에 의한 정책평가가 필요하다. 여기서는 로컬 거버넌스의 개념과 등장 배경, 로컬 거버넌스의 기능적 특성과 실패 요인, 로컬 거버넌스와 다층형 거버넌스, 그리고 로컬 거버넌스의 과제와 전망을 중심으로 살펴보고자 한다.

1. 로컬 거버넌스의 개념과 등장 배경

1) 지방정부의 기능변화와 로컬 거버넌스 개념의 형성

90년대 이후 거버넌스라는 용어가 부쩍 인구에 회자되고 있지만, 그 용어의 표현과 개념 정의는 논자에 따라 미묘한 차이가 있다. 흔히 '로컬 거버넌스' '공동체 거버넌스' '신공공관리' '공동체 파트너십' '다층제 거버넌스' 등의 용어가 광범위하게 사용되고 있는데 이들 용어들이 의미하는 바를 분명히 할 필요가 있다. 2000년에 로즈(Rhodes, R. A. W.)와 삐에르(Pierre. J.), 피터스(Peters, B. G.) 간에 거버넌스 논쟁이 있었지만, 현재도 국내외에서 활발한 논의가 전개되고 있다. 특히 거버넌스의 발상지라 볼 수 있는 영국에서 로컬 거버넌스의 대표적 논자들 중 하나인 게리 스토커(Stoker, G.)의 경우 현재도 지역재생사업 등을 두고 영국 노동당 정권에 강한 이론적 영향력을 미치고 있다. 페시—스미스(Leach and Percy—Smith 2001, 1)에 따르면, 현대의 지방자치 논의에서 지방정부나 의회를 중심으로 하는 전통적인 사고방식에 여전히 초점을 두고 있지만, 지역의 여러 문제에 관한 공공정책의 결정과정에는 조직의 경계를 넘어서는 복수의 기관, 파트너십이나 정책 네트워크를 포함되는 것이 일반적이며, 이에 대한 대안으로 등장한 것이 로컬 거버넌스라 본다.

필자의 생각에는 로컬 거버넌스는 정부기구, 시장경제, 시민사회 간 관계에서 그 역할을 재규정하면서 각 부문(sector)의 타협과 협력을 통해 사회경제 시스템에 있어 자율적인 문제해결 영역을 확대하려는 '과정(process)'이라는 목적론적 개념으로 이해된다. 다시 말해, 로컬 거버넌스는 반드시 공식적 제도 권력에 의존하지 않는 유연한 활동 조정의 메카니즘이며, 공공부문과 민간부문의 다양한 행위자들에 의한 다원적, 중층적인 네트워크의 '편제'로서 이해 가능하다. 이러한 편제는 개인 간 자기조직적 네트워크, 조직 간 협동적 조정, 시스템 간 구심력을 바탕으로 한 '통합되지 않은' 조정을 특징으로 한다. 또한 거버넌스는 기존의 제도 틀에 머무르지 않는 복지서비스 등 다양한 행정서비스를 수평적으로 엮어내는 '역동적'인 작용을 통해서 복합적이고 중층적인 공공 영역을 창조한다고 볼 수 있다.

그리고, 거버넌스는 기존의 제도 틀 속에서 벗어나 현대 사회의 과제에 다방면으로 대응하며 새로운 과제 해결방식을 모색하고자 한다. 이는 다양한 사회적, 문화적 배경을 지니며 긴장이나 대립이 발생하기 쉬운 이해관계자 간에 있어 연계나 협동할 가능성의 여지를 넓혀주는 효과를 지향한다. 즉, 거버넌스는 집권적, 통제적인 '거버먼트'가 새롭게 정의되면서 행정과 기타 다양한 행위자가 대등한 관계 하에서 협동하는 것을 의미한다. 또한 거버넌스는 지방정부, 민간의 복지단체, 시민단체나 NGO 등 시민적 활동, 주민 등 사이에서 나타나는 단순한 병립적 협력·분담관계라기보다는 다양한 행위자를 포섭하여 공적 공간을 형성하는 것을 중요한 목표를 삼고 있다.

오늘날 거버넌스의 개념이 폭넓게 이해되는 배경에는 분권형 사회의 등장과 관련이 있다. 지방분권의 실현은 주민들에게 생활 공동체를 형성할 권한을 부여한다. 무엇보다 기초 지자체인 시·군·구는 우리들에게 소중한 생활상의 영역이며 이러한 생활 주변의 공공 영역에 있어 지역주민의 공동의사 결정 하에서 일상생활에 필요한 서비스의 공급과 그 부담 방식을 결정한다는 점에서 그 의의가 적지 않다. 이는 시민의 자치능력 증대에도 크게 기여한다.

로컬 거버넌스의 궤적을 거슬러가자면, 서유럽 제국에서 19세기 초엽부터 맹아를 보였으며 20세기에 이르러 형성되었다고 볼 수 있다. 그러나 오늘날에 이르러서는 정당정치의 주요 공공의사 결정 기능과 관료제의 집행 기능 하에서 선출직 지방정부 스스로가 자체적으로 의사결정을 할 수 있다는 원칙, 즉 지역 통치의 정당성이 취약해지고 있다. 지방정부와 시민의 관계는 변화하고 있으며 지방정부의 정치적 권위의 취약성은 시민사회의 폭넓은 조직들을 집단화시키고 있으며, 지방정부는 이전에 그다지 중시하지 않았던 공동체 집단과 협력하지 않으면 통치의 정당성을 세우기가 어렵게 되어 가고 있다.

로컬 거버넌스를 이해하는 데는 무엇보다 먼저 지방정부를 둘러싼 3가지 변화를 살펴 볼 필요가 있다. 첫째, 지방정부를 둘러싼 거시 환경의 변화이다. 즉, 지방정부가 기존의 기능을 수행함에 있어 글로벌리제이션과 도시화라는 외부의 사회경제 및 정치 환경의 변화가 상당한 영향을 미치고 있다. 둘째, 지방정부는 지역사회의 변화라는 미시적 환경의 변화에도 직면하고 있다. 셋째, 공공 영역에 관한 시민의 사고방식이 변화하고 있다. 그 결과 행정과 시민 간 관계의 양상도 미묘하게 변하고 있는 것이다.

이러한 변화에 따라 지역에 있어 대의제 민주주의는 혼란에 처하고 있으며, 새로운 지역민주주의의 형식이 지방정부에 요구되어지고 있다. 행정 간부가 관료기구를 통괄하는 기존의 로컬 거버먼트에 대하여 이제 필요한 것은 파트너십을 통하여 지역사회 내의 다양한 행위자들을 관여하게 함으로써 지역의 문제해결 능력을 향상시키려는 '노젓기' 방식의 거버넌스의 등장이 가능해지고 있다.

영국의 맥락에서 보면, 지방에서의 공공서비스 개혁은 신공공관리론(new public management: NPM)을 넘어서 네트워크화되어진 로컬 거버넌스의 관심을 불러일으켰다. 스토커(Stoker, G. 2004, 14)에 의하면 로컬 거버넌스 모델은 1990년대 중반부터 영국에서 형성되기 시작한 것이다. 이는 로컬리즘(지역주권주의)이라는 개념으로부터 도출되어 지방정부의 시책은 어디까지나 지역사회의 수요로부터 출발한다는 사고방식에서 비롯되었다. 스토커와 고스(Goss, S. 2001, 18-21)는 지역 공공 서비스의 의의에 대해 좁은 의미에서의 효율성 추구가 아니라 보다 넓은 의미에서 '공공적 가치(public choice)'를 달성하는 것이라고 보았다. 로컬 거버넌스는 다양한 기관들이 지역 수준에 있어 상호작용하는 양상으로 이해되었던 것이다.

로컬 거버넌스는 공식적, 비공식적인 활동에 관계없이 무엇보다도 지방정치와 관련되며 지역 수준에서의 집단적 의사결정의 새로운 형태라고 말할 수 있다. 이는 단순히 공공기관의 관계뿐만 아니라 공공기관과 시민 간의 다양한 관계와 연결되어진 것으로 이해하는 것이 옳다. 서유럽 제국의 통치체제에 관한 인식은 다양한

제 2 장 지방정치와 로컬 거버넌스

사회문제에 대처할 수 있는 중앙정부의 능력이 제한되어 있기 때문에 통치체제의 능력을 확충하기 위해 로컬 거버넌스를 강화하고 중앙정부는 국가의 주요 과제에만 중점을 두는 것으로 전환하기 시작했다.

존 스튜어트(Stewart, J. 2003, 253-256)는 로컬 거버넌스를 '공동체 정부(community government)'라는 개념으로 파악하고 있다. 스튜어트에 따르면, 지방정부는 스스로를 통치하는 공동체로서 공동체가 요구하는 제 활동을 실시할 권리를 지닌다. 이러한 권한은 로컬 거버넌스의 개념으로부터 도출되는 것이다. 지방정부는 스스로를 통치하는 공동체를 위한 기관이므로 공동체가 직면하는 어떠한 문제에도 관여한다. 따라서 지방정부는 단순히 직접 공급하는 서비스에만 관여하지는 않는다. 지방정부가 지니는 정체성의 근거가 서비스 공급에만 초점을 두지 않는 것은 지방정부가 공동체 그 자체에서 유래하기 때문이다(Stewart J. and Stoker, G. 1995).

다른 서유럽 제국의 상황으로 눈을 돌려보아도, 지방정부의 기능과 역할은 자체에 부과된 사무 수행에 대한 의무 이행에만 구속되지는 않는다. 대부분의 지방정부에 대해서는 포괄적 기능(general competence)이 부여되어 있어, 특히 제한되거나 금지된 것이 아니라면 지역사회 공동체를 위해 어떠한 통치행위도 가능한 것이 일반적이다. 말하자면, 지방정부는 단순히 권한이나 의무를 명기하지 않고서도 다양한 권한을 자신의 관할 구역 내에서 행사할 수 있다는 의미이다. 포괄적 기능에 따른 권한이 지닌 중요성은 이것이 지금 논의되고 있는 거버넌스의 사고 방식과 관련되어 있기 때문이다. 따라서 주민의 수요에 대응하는 지방정부는 단순히 본청 기능에만 머무르지 않고 중앙부처 지방행정기관, 이용자 조직, 주민집단 등을 포함한 직무를 수행하는 것이 가능하다. 이것이 지방정부 내 분권화를 시행하고 넓은 범위의 지역에서 네트워크를 확장하는 것이 필요한 까닭이기도 하다.

한편, 북유럽 제국의 정부는 지방정부에 대한 과도한 개입을 철폐하기 위해 '자유 공동체(free commune)' 실험을 1980년대에 이미 실행하였다. 여기에서 지방정부는 중앙정부 통제의 배제를 건의한 바 있다. '공동체 정부'로 전환하기 위해서는 강력한 지방정부가 필요하며, 이러한 강한 지방정부는 명확한 책임성을 내세우는 지방정부라는 의미도 아울러 지닌다. 책임성에는 로컬 거버넌스를 가능하게 하는 시티즌십(citizenship)의 보장이 필수적이며 지방정부와 시민간 신뢰관계가 매우 중요하다.

2) 등장 요인과 배경

거버넌스가 등장하는 맥락에 대해서는 무엇보다 먼저 세계사적 큰 흐름 속에서 파악하는 것이 옳을 것이다. 우선, 게리 스토커(Stoker, G. 2004, 9)에 의하면 거버넌스로의 계기를 포스트산업주의, 포스트관료주의, 포스트 복지국가주의의 변화에서 찾고 있다. 동시에 포스트모더니티, 포스트포디즘이라는 사회경제의 변화에도 그 배경이 있다고 본다. 또한 피엘(Pierre, J. 2000, 51-55)은 거버넌스가 등장하는 주된 요인은 무엇보다도 국가 재정위기에 의해 추동되고 있으며 이에 따라 운영 형태의 혁신이 요구되기 때문이라고 말한다. 또한 시장 중시의 이데올로기도 중요한 요인이라고 지적한다. 가장 중요한 것이 글로벌리제이션의 진행으로서, EU, WTO, IMF로 상징되어지는 리저널하거나 글로벌한 거버넌스가 확대되고 있는데, 이것은 감세나 복지국가 프로그램의 폐지, 고실업률의 장기화, 사적 자본을 억제할 수 없는 정치력의 저하, 국제범죄 등의 발생되면서 이에 대한 대응이 체제 차원에서 모색되고 있기 때문이다.

그리고 피엘과 피터스는 국가의 실패라는 요인도 제시하는데(Pierre, J. and Peters G. 2000, 50-69), 이는 법률이나 규제 등의 수단을 지니고 시행되고 있는 기존 관리시스템의 비효율성과 비민주성에서 기인한다. 특히 자유주의자들은 기회의 평등, 공정성 등의 가치가 기대 수준에 미치지 못하고 있다고 지적하며, 관료기구의 비대화와 시민에 대한 처우의 부적절성에 불만을 보이고 있다.

다른 요인으로서는 신공공관리론으로 대표되는 공공서비스 운영에서의 '경영혁명(managerial revolution)'적 차원에서 이해하거나, 또는 국민국가가 사회경제의 복잡한 변화에 적절하게 대응하지 못하는 상황을 피엘과 피터스는 지적하고 있다. 끝으로 지적되는 요인은 정치적 책임성의 문제로서 간략히 말하면, 거버넌스에 있어서 정치적 조정 및 노젓기(steering)라는 새로운 형태는 기존의 정치적 책임성에 관한 절차나 수단과의 관계에서 긴장관계를 파생시키고 있다고 주장한다.

특히 피터스(Peters, G. 2003, 41-55)는 거버넌스가 사회운동이나 캠페인의 결과로 진행되고 있으며 시민들을 전면에 내세우는 식의 포괄적인 행동 형태를 취하도록 하는 수법이 모색되고 있다고 본다. 그는 "거버넌스는 사회변혁을 위해 중요하며…새로운 거버넌스는 현대국가와 현대사회를 연결시키는 전략"이라는 전망을 내놓고 있다.

다른 한편, 로드 로즈(Rhodes, R. 1997, 52-54)는 국가의 공동화라는 현상을 강조하고 있다. 다시 말해, 거버넌스는 위로부터는 국제적인 상호의존성이, 아래로부터는 정치적, 행정적 분권화가 국가의 공동화를 발생시키는 요인이라고 본다. 로즈는 국가의 공동화에 대해 영국의 맥락으로부터 다음과 같은 점들을 지적하고 있다. 첫째, 민영화가 추진되어지는 한편으로 공적 개입의 범위와 형태가 한정되어지고 있다는 점, 둘째, 중앙 및 지방정부 기관의 기능 상실에 따라 대체되어지는 행위자들에 의한 시스템이 설정되고 있다는 점, 셋째, 영국 정부의 기능이 EU 기관으로 이관되고 있다는 점, 그리고 끝으로 신공공관리론을 통해 공무원의 재량권이 제한되어지면서 행정서비스 기관들의 운영 책임성과 정치적 통제가 중시되어지고 있는 상황을 예를 들고 있다.

거버넌스의 개념은 복잡한 과정으로 이루어져 명령체계와 권력의 계층성이 보여지지 않는다. 다수의 공공정책과 공공서비스는 조직 간 광범위한 협동을 필요로 하는 것이며, 명령과 수용보다도 교섭과 협정을 필요로 한다. 거버넌스에는 중앙부처, 지방정부, 기타 공적 기관뿐만 아니라 공공영역에서 필요로 하는 준공적기관, 자원봉사 부문, 공동체 집단, 민간 부문도 포함한다. 이들 다원적 조직은 다양한 법적 형태를 취하며, 다양한 형태로 구성되어진다. 때문에 다양한 운영 형태와 조직 문화를 지니므로 각 조직의 의사결정은 지역의 운영 책임자, 실행 단체에 이르기까지 분권화될 수밖에 없는 것이다. 말하자면, 현대의 거버넌스는 복합적이며 분권화되어진 조직체인 것이다.

2. 로컬 거버넌스의 기능과 거버넌스의 실패

1) 로컬 거버넌스의 기능적 특성

로컬 거버넌스는 공공성을 중시하여 지방정부, 지역주민, 기업, NGO 등의 이해관계자 간에 상당히 복잡하게 연결된 관계를 만들어낸다. 이러한 연결망이 지역의 문제들을 명확히 해주며, 그 해결방법을 구체화하여 문제의 해소를 위해 노력하도록 한다. 로컬 거버넌스는 지역주민과 연관된 정책과 관련된다. 지역주민이 단독으로 결정하는 것은 아니지만, 정책결정이나 집행에 지역주민이 영향력을 가지는 것이 가능하다.

그런데, 로컬 거버넌스의 '로컬'은 무슨 의미를 지니는가. 이것은 기본적으로 리저널(regional: 광역권) 이하의 지방 수준을 의미한다. 또한 지역사회 거버넌스(community governance)라는 용어를 사용하는 경우에는 보다 일상적인 생활권의 의미가 포함된다. 지역사회(community)란 사람들이 충성심을 느끼는 친밀권이며, '정서적인 공동체'로 해석될 수 있다. 로컬리티(locality)나 지역 공동체(community) 개념은 로컬 거버넌스에 중요하지만, 행정 관할의 구역도 중요하다. 특히 유의해야 할 점은 지역 공동체를 구성하는 주민, 소비자, 서비스 이용자이며, 지역정책의 결정에 그들이 어떻게 관련되어 있는가 하는 점이다.

로컬 거버넌스에는 광역과 협역(狹域)의 조정이라는 문제가 있다. 이는 단순히 로컬의 수준에서 기능하는 것뿐만 아니라 다른 수준의 거버넌스와도 관련을 맺고 있다. 특히 지역 근린공동체(neighborhood)와는 선거구와 관계가 있으며, 로컬 거버넌스의 경계로서 광역 지방정부와 지역공동체와의 조정을 검토해 볼 필요가 있다. 로컬 거버넌스는 리저널(광역)과 서브 리저널(준광역)한 수준에서도 등장한다.

어떻게 로컬 거버넌스는 기능하고 있는가 하는 점에 대해서는 스토커가 제시한 <표 2-1>을 통해 이전 시기의 통치체제와 비교 관점에서 정리할 수 있다. 로컬 거버넌스의 주된 목표는 지역주민이 가장 많은 관심을 갖고 있는 문제 해결을 위한 정책이나 사업이 최대한 효과성을 발휘하도록 하는 것이다. 이에 대해 책

표 2-1 로컬 거버넌스의 시대별 구분

	전후의 선출직 지방정부	신공공관리론 하의 지방정부	네트워크화된 로컬 거버넌스
거버넌스 시스템의 주요 목표	복지국가의 맥락에서 투입의 관리와 서비스의 제공	소비자에게 경제성이나 대응성 제공을 보장하기 위한 투입 및 산출의 관리	지역사회 주요 현안의 해결방안 있어서의 효과성의 극대화
핵심 이데올로기	전문직주의와 정당의 당파성	경영주의와 소비자주의	경영주의와 로컬리즘
공공적 이익의 정의	정치가·전문가에 의한 정의 (공중으로부터의 투입은 적음)	소비자 선택에 의한 개인적 선호의 총체	복잡한 상호작용 과정을 통해 합의된 개인적 및 공공적 선호
책임성의 중심 모델	위로부터의 민주주의: – 선거에서의 투표 – 위임되어진 정당 정치가 – 관료제의 통제를 통해 달성된 과업	정치와 경영관리와의 구별: – 정치는 과업을 부여하지만 직접적으로 통제하지는 않음 – 경영은 관리를 통해 시스템과 관련된 소비자의 평가 절차를 중시함	선출직 리더, 경영자, 주요 이해관계자: – 이 3자는 지역 공동체의 문제 해결책을 위한 효과적인 실행 기구에 참여 – 다음 단계로서 선거, 주민투표, 토론 포럼, 감사기능, 여론의 변화를 통한 과제 수용
서비스 제공에서 우선시 되는 시스템	계층제적 관료부서 및 자기 규제적 전문직	민간 영리 부문 및 엄밀히 정의된 독립된 공적 기관	타협과 협력을 위해 현실적으로 선택된 공식적, 비공식적 조직체나 그 관계
공공서비스 전달체계에 대한 인식	공적 부문이 모든 공공 서비스의 전달체계를 독점하고 시행	공적 부문의 비효율성과 관료화에 비판적이며 소비자서비스 우선	공공서비스의 전달체계를 독점하지 않고 공공가치의 공유화를 통해 관계성 유지
상위 정부와의 관계	서비스 제공과 관련된 중앙부서와의 파트너십 관계	업적에 의한 계약과 업적 지표에 따른 사업 평가를 통한 상향식 관계 강조	리저널(광역), 국가, EU 간에 복잡하고 다양하지만 유연한 관계 강조

출처: Stoker, G.(2004), 11

임성을 담당하는 것은 선출직 리더, 운영 책임자, 주요 이해관계자이다. 책임성을 이행하는 수단으로는 선거, 주민투표, 토론·포럼, 감사기능 등이 활용된다.

　　로컬 거버넌스가 구축되어진 단계에서는 공공 가치의 공유화를 통해 관계성을 유지하는 것이 실로 중요하다. 그리고 정부간 관계에 있어서도 상위정부와 교섭이 이루어져 유연성을 지닌 관계가 구축되어져야 한다. 이러한 특징들이 스토커의 로컬 거버넌스론을 형성하고 있다.

스토커의 논의로부터 거버넌스를 통한 효과적인 서비스 제공이라는 차원뿐만 아니라 지역 공동체의 가치와도 부합되는 결과가 중시되고 있다는 점을 이해할 수 있다. 네트워크화된 로컬 거버넌스는 지역 근린공동체, 협역과 광역의 지방정부, 국가, 초국가적 수준 사이에서 중심적 기능으로 작동되며, 이것이 다양한 네트워크로 발전하게 되는 것이다. 이는 미시적－메조(중간 수준)－거시적 다층적 거버넌스와의 연계성을 보여준다는 점에서 중요하다.

이상과 같이 로컬 거버넌스는 중앙정부, 지방정부, 주민을 중심으로 한 이해관계자 간에 고도로 결합된 복잡한 관계로부터 구성되어진다. 여기에 포함된 요소로서 조직의 선정(選定), 조직 간의 상호관계, 권한의 존재 방식, 책임성, 자원조달, 지역 공동체의 규범이나 가치 등이 영향을 미친다. 조직 간의 권한은 공동업무에 관한 협정과 공식적인 파트너십에 있어 독립성을 유지하여야 하므로 책임성의 시스템은 복합적인 것이 된다. 또한 서비스 제공이라는 차원을 넘어서 지역 문제의 해결에 초점을 두게 됨으로써 필연적으로 글로벌 거버넌스와도 연관을 맺게 되는 것이다.

2) 거버넌스의 실패 요인

한편, 거버넌스에 대한 반론도 있다. 제숍(Jessop, B. 2002, 238－240)은 거버넌스를 '조정양식(mode of coordination)'이라는 관점에서 보고 있다. <표 2－2>에서 나타나고 있듯이 거버넌스 유형을 교환, 명령, 대화 등 3가지 형태로 분류한다. '교환'이란 무정부적인 시장적 교환을 통한 사후적 조정으로, '명령'이란 조직의 계층제(hierarchy)적 형태를 통한 강제적·명령적 사전 조정으로, 그리고 '대화'란 조직의 자기 조직화(heterarchy)된 거버넌스를 의미한다.

위와 같은 이념형적 거버넌스 모델을 전제로, 제숍은 '거버넌스의 실패'를 경

표 2-2 제솝이 제시한 거버넌스 양식

	교환(시장)	명령(관료제)	대화(거버넌스)
합리성	공식적 · 절차적	실질적 · 목표지향적	재귀적 · 절차적
성공의 기준	효율적인 배분	효율적인 목표 달성	교섭에 의한 합의
전형적인 사례	시장	국가	네트워크
이념형적 인간형	경제적 인간	통제적 인간	정치적 인간
시공간적 지평	세계시장/가역적 시간	국민적 영토/계획적 지평	규모의 재설정/방향 설정
실패의 1차적 기준	경제적 비효율성	효율성의 결여	'잡음'/'잡담의 장'
실패의 2차적 기준	시장의 불비	관료주의/번문욕례	—

출처: Jessop, B.(2002), 230

고하고 있다. 그에 의하면, 거버넌스가 실패하는 것은 시장 세력들의 무질서성, 국가통제를 둘러싼 계층제, 자기조직화의 무통제성(heterarchy)을 통한 조정의 부조화에 기인한다고 보았다. 예를 들어, 경제적인 네트워크의 경우 세계시장의 기능과 관련되는데 모든 경제활동이 세계시장에 의존하기 때문에 이는 불확실성이 극히 높은 수준에 이르게 된다는 지적이다. 또한 목표의 타당성을 둘러싸고 끊임없이 의견이 분열되는 사태가 발생할 수 있다.

이러한 불안정한 사태에 대하여 '메타 거버넌스(meta-governance)' 즉, 거버넌스의 거버넌스가 필요하게 된다고 제솝은 지적한다. 메타 거버넌스는 거버넌스의 구축에 있어 필요조건을 정비하는 것으로서, 특히 조정 대상이 되는 복잡성 · 다원성 · 착종(錯綜)된 계층제를 정리해나갈 필요가 있다는 입장을 취하는데 여기에서 국가가 커다란 역할을 하게 된다.

그렇지만 제솝은 자본주의적 발전에 동반되는 자본축적 구조 형태의 변화와 그 모순이 심화될 경우에는 메타 거버넌스도 실패한다고 말한다. 그는 '자기재귀적 아이러니'(self-reflexive irony)라는 용어를 쓰면서 거버넌스의 불안전성으로 인해 면밀한 관찰과 지속적인 학습을 계속할 필요성을 강조하고 있다(Jessop, B. 2002, 236-245).

요컨대, 거버넌스는 중앙부처, 지방정부, 기타 공적 기관뿐만 아니라 공공영역에 필요한 준공공기관, 자발적 부문, 공동체 집단, 민간 부문을 포함하고 있으며, 이러한 다원적 조직은 다양한 법적 형태를 취하며, 다양한 형태로 구성되어 있다. 이 때문에 다양한 운영 방식과 문화를 지니고 그 의사결정은 지역의 운영책임자, 실행 단체에 이르기까지 분권화되어 있다. 따라서 거버넌스는 정부기관, 시장경제, 시민사회의 존재 방식에 대해 재검토하면서 이들의 역할을 재규정하고 각 부문의 협동에 의해 사회경제에 있어 자율적인 문제해결 영역을 증대시키려는 개념이나 체제로 볼 수 있다.

3. 로컬 거버넌스와 분리·융합적 다층형 거버넌스

1) 로컬 거버넌스와 다층형 거버넌스

유럽을 중심으로 정부 간 관계의 실상은 변화하고 있다. EU와 같은 초국가기관, 각 국가, 하위국가적(sub-national) 정부와의 관계에 있어 상호작용적인 복잡한 움직임이 있으며, 새로운 정부 간 관계가 생성되고 있다. 이제까지 설명한 것처럼 거버넌스는 주로 제도와 구조보다도 과정과 관련된 것이지만 이는 복수의 레벨에서 출현한다. 통치의 문제가 복잡한 계층화에 따라 다시금 중요시되고 있는 것이다. EU와 같은 초국가적 조직의 탄생을 계기로 현재 많은 수의 국가에서 복수 레벨의 거버넌스가 생성되고 있다. 이러한 다층형 거버넌스(multi-level governance)에서는 하위계층의 정부가 초국가 또는 글로벌 기구와 관련되어 있지만, 특히 정책결정에 관해 비공식적으로 포괄적인 이념이 제기되기도 한다. 그 결과, 합의를 통한 협조적인 과정이 중시되는 것이 특징적이다.

막스와 호지(Marks G. and Hooghe L. 2004)에 따르면 갈맨(Garman) 등의 조사에서 75개 개발도상국 중 63개 국가에서 권한의 일부가 분산되고 있다고 보고 있다. 그리고, 최근 EU 각국 중에서 1980년대 이후 집권화로 이행된 국가는 없고, 절반의 국가가 광역정부(regional government)에 권한을 이양하고 있다. 1980년대 및 90년대에 다국적 기업, 국제적 이익단체와 같은 초국가적 레짐(regime)이 다수 창설되었으며, 다양한 공사 간 네트워크로부터 국제 레벨에 이르기까지 증가하고 있다는 것이다.

EU의 경우를 보아도, 각국 내부의 정치 권한의 이양이 제도적인 관계에서 변화가 이끌어지고 있으며 북유럽 제국, 남유럽 제국(특히 스페인), 영국에서는 광역 레벨에서 권한 이양이 진척 중이다. 특히 영국에서는 광역행정을 담당하고 있는 광역사무기구가 청설되어 있으며, 최종적으로 임명에 의한 광역의회의 창설이 예정되어 있어 직접 선거를 통한 광역의회와 분권화의 진전이 단계적으로 계획되어 있다. 이와 같은 단계에 이르면 지방정부로부터 제 단체, 소비자, 풀뿌리 차원의 지역 근린공동체 기관으로 더욱 권한이 이양되어지게끔 되어 있다.

따라서, 유럽에서는 분권화의 결과로서 지방 또는 광역 차원의 지방정부는 수십 년 전에 비해서 중앙정부의 감독과 통제가 감소하는 과정에 놓여있다. 현재 지방이나 광역 정부가 다수의 보조금을 받는 한편으로 중앙정부의 대리기관이 그 중핵기관으로 등장하는 경향이 있다. 예를 들어 독일과 벨기에는 하위국가적 정부가 중앙정부보다도 급속히 현대화되어 중앙정부보다도 정책 관리 능력이 높게 나타나기도 한다. 또한 중앙정부와 지방정부의 역량 균형이 역전되어지는 현상도 다층형 거버넌스와 관련이 있다고 볼 수 있다.

다층형 거버넌스는 초국가(transnational), 국가(national), 하위국가(sub-national) 등 각 층의 제도로부터 이루어진다. 막스와 호지에 의하면(Marks, G. and Hooghe, L, 2004, 16), 다층제 거버넌스의 특징으로 ① 다양한 계층으로 권한이 분산되어 있다는 점, ② 다층형 레벨에 국제, 각 국가, 광역 지방정부, 기초 지자체가 걸쳐 있어 그 권한은 범용성(汎用性)이 있다는 점, ③ 정책 책임, 법정제도, 대표기구를 포함한 복합적인 기능을 형성하고 있다는 점 등을 지적하고 있다.

지구 온난화의 경우와 같이 전 지구적 규모의 문제로부터 도시 서비스와 같은 지방의 문제에 이르기까지 다양한 공공재의 공급에 의해 파생되는 외부성 문제를 다루는 데는 거버넌스가 다층화 수준에 이르지 않으면 불가능할 것이다. 이 점이

다층형 거버넌스 논의에 있어 가장 핵심적인 부분이라 할 수 있다.

이러한 다층형 거버넌스를 지탱해주는 것은 공사 간 다양한 행위자이다. 특정의 공공목적이나 특정의 이익을 위해 민관의 자원을 형성하는 데 있어 행위자의 다양성이 중시된다. 거버넌스를 지탱하는 행위자로서는 NGO나 준정부조직이 중시되며, 이외에도 민간기업, 이익단체, 압력단체 등이 참여한다. 예컨대, 환경정책에 있어서 지역, 광역, 국가를 초월한 수준의 거버넌스가 진전될 수 있다. 이를 위한 행위자의 다양성은 각 레벨의 거버넌스 과정에서 복잡한 네트워크를 구성하게 된다.

2) 거버넌스의 분리 · 융합모델

사회복지 등 공공행정 서비스에 있어 중앙과 지방의 재정관계를 정리하면, 지방의 안정된 공공 서비스 행정을 추진하기 위해 '거버넌스의 분리 및 융합 모델'이 필요하다. 분리 · 융합 모델은 시민의 새로운 수요를 지닌 특정 분야에 대해서 전략적으로 국가의 보조금(국고부담금)을 교부하고, 기존의 일반적인 지역수요를 반영하는 분야에는 지방이 확보 가능한 자주재원을 토대로 추진할 수 있는 중층적 형태를 아래 <표 2-3>과 같이 제시할 수 있다.

위에서 제시한 '거버넌스의 분리 · 융합모델'은 각 수준의 거버넌스의 양태와 특성을 기준으로 정부 간 관계를 공식화한 것이다. 이 모델을 전제로 거버넌스 간 분리와 융합 가능성을 상정하면 다음과 같다.

첫째, 분리는, 중앙 - (광역권) - 광역 지방정부 - 기초 지자체 관계에서 각 지방정부 수준의 거버넌스 기능이 독자적으로 작용하지만, 특히 기초 지자체가 지역정책의 형성과 실행의 핵심이 된다. 둘째, 융합은 지역간 격차의 시정과 서비스 개발이라는 국민서비스 최소기준의 확립을 목적으로 주로 보조금을 통하여 정책 네트워크를 구축하며 각 거버넌스 단위가 상호간에 조정 연계하여 총체적인 협력적 거버넌스를 지향한다.

최상위에 있는 국가(중앙정부)의 수준에서는 중앙정부가 국민 서비스 최소기준

표 2-3 거버넌스의 분리 및 융합 모델

통치 수준	중앙정부	광역 지방정부	기초 지자체	지역 근린공동체
거버넌스의 형식	국가적 최소 기준 제시 및 유연한 조정	다층형 네트워크 거버넌스	로컬 거버넌스	지역 근린공동체 (네이버후드) 거버넌스
거버넌스의 기능	국가예산의 편성, 법제도의 정비, 국가 최소기준의 실시(사회보장·사회복지의 제공, 교부금·보조금 교부 등)	국가 – 광역 지방정부–기초 지자체의 협치 및 지역간 재정조정	－기초 지자체에 의한 주요 급부 및 대인서비스의 질적 보증 －지방자치 재원의 확립 －서비스 제공을 둘러싼 주민참여에 의한 의사결정 －지자체 내에서의 지역배분 및 생활권에 기반한 지역수요에 대응	－지역 근린공동체(원칙상 인구 5,000명－1만명)에 대한 특정서비스 제공 －지자체내 분권의 일환으로서 예산권한의 획득 또는 상위지자체의 예산 재분배의 대상 －특정 서비스 제공을 둘러싼 주민참여에 의한 의사결정 ① 재정적합기능 ② 보완성의 원리 ③ 지방에 의한 선택 ④ 이중과세의 회피 ⑤ 평등화의 조치 등 5가지 원칙으로 진행

(최저한도의 사회보장 및 사회복지의 급부를 포함한 행정서비스)을 설정하여 전국적인 관점에서 가이드라인에 의한 서비스의 질 기준을 제시한다. 여기서 말하는 국민 서비스 최소기준이란 헌법에 의거한 국민 기본권과 행복권에 그 근거를 둔다. 여기서 국민 서비스 최소기준의 수준과 내용은 경제·사회구조의 변화에 대응하여 변화할 수밖에 없다는 점을 유의할 필요가 있다. 전국적인 차원에서 다양한 행정 분야에 있어 국민이 동등한 공적 서비스를 받을 수 있는 상황을 보장하지 않으면 안 된다. 특히 저출산·고령화 사회에 있어 거버넌스의 기본적인 역할은 모든 국민에 대하여 안전한 생활을 보장하는 안정망(safety network)을 구축하는 것으로서 새로운 행정수요에 대응하기 위해서는 지방분권이 추진되어 지방정부의 주체성이 존중되는 가운데, 중앙정부가 최소기준의 설정을, 구체적인 시책의 선정과 실시는 지방정부가 주체적으로 실행하는 것이 올바른 체계가 될 것이다.

다음으로, 중앙정부-광역 지방정부-기초 지자체가 교차되어진 광역수준에서는 3자가 협치를 전개하여 다층형 네트워크 거버넌스를 형성하여 나아가야 할 것이다. 주민과 가까운 기초 지자체는 로컬 거버넌스를 기축으로 하여 주요 공공 서비스 제공 및 대인 서비스를 제공한다. 여기에서는 자주재원의 확립이 전제 조건이 되어야 한다. 기초 지자체는 서비스 제공에 있어 주민참여에 의한 자율적인 정책결정이 실현되어 나가야 한다. 로컬 거버넌스의 실행 결과 지역간 격차가 나타날 경우, 국가의 안전망이 작동하여 최소한의 급부 및 서비스가 국가와 지방정부에 의해 보장되어져야 하며, 또한 지방정부 내부에서도 지역간 배분이 이루어져 생활권을 중심으로 지역밀착 서비스 시책이 가능해야 할 것이다.

가장 낮은 수준의 지역 근린공동체(원칙적으로 인구 5,000명에서 1만명까지)는 지역 근린공동체 거버넌스 하에서 특정 서비스 제공을 대상으로 주민참여에 의한 의사결정을 실현한다. 특히 예산이나 재정을 둘러싼 논의가 중요한데, 국가나 광역 지방정부에 대하여 기초 지자체와 기초 지자체 간에는 협력적 로컬 거버넌스를 형성한다. 지역 근린공동체 거버넌스의 재정원칙에는 ①재정적합기능, ②보완성의 원리, ③지방에 의한 선택, ④이중과세의 회피, ⑤평등화 조치 등 5가지 기본원칙이 필요하다.

'거버넌스의 분리-융합 모델'은 로컬 거버넌스를 지탱할 재정적인 차원에서의 국민 서비스 최소기준의 중요성을 재삼 강조하고 있다. 국민 서비스 최소기준 대상 사업은 이전에 달성된 분야도 있겠지만, 새로운 행정수요를 만족시킬 새로운 최소 기준의 확립이 요구되는 사업도 있을 것이다. 이후에도 거버넌스의 분리-융합적인 접근을 통하여 상호간 제도형성이 진행되어져야 할 것이다.

3) 로컬 거버넌스로부터 지역 근린공동체 거버넌스로: 주민에게 가장 근접한 공간에서 전개되는 지역 근린공동체 거버넌스

여기서 로컬은 기초 지자체를 의미하지만, 로컬 거버넌스의 통치기구는 그 자체로 완결되는 것은 아니다. 지자체의 기능은 주민에 가까운 곳으로부터 시작하여

제 2 장 지방정치와 로컬 거버넌스

기초 지자체가 포괄할 수 없는 기능은 상부의 지방정부가 보완한다는 '보충성(보완성)의 원칙'이 중요하다. 이 가운데 기초 지자체는 인구규모, 구역, 능력, 경쟁력 등의 관점에서 다층제 거버넌스의 중심 기능을 지니고 있다고 볼 수 있다.

그리고 로컬 거버넌스는 주민에게 가장 가까운 지역 근린공동체로 접근해가야 한다. 이것은 지역 차원에서의 협력적 거버넌스(local-co-governance) 형태로의 접근이라고도 할 수 있다. 지역 근린공동체는 반드시 명확한 정의를 지니고 있는 것은 아니지만, 생활권 차원에서 인구 1,000-10,000명 규모를 대상으로 한다.

지역 근린공동체 거버넌스는 로컬 거버넌스의 하위 수준으로서 주민을 포함한 집단적 의사결정, 공공서비스의 제공을 위한 가장 지근의 통치 형태를 의미한다. 따라서 '높은' 단계로부터 '낮은' 단계의 행위자에게로 운영 권한을 이양하는 것이 필요하다. 지역 근린공동체 거버넌스를 이해하는 데는 라운즈와 설리번이 지적하고 있는 바처럼, 네 가지 원리를 제시하는 것이 중요하다. 그 원리는 시민원리, 사회원리, 정치원리, 경제원리이다(Lowndes, V. and Sullivan, H. 2008, 62).

네 가지 원리에 대해 간략히 설명하면, ① 지역 근린공동체 거버넌스에 있어

표 2-4　지역 근린공동체 거버넌스의 형태: 네 가지의 이념형

	지역 근린공동체 임파워먼트	지역 근린공동체 파트너십	지역 근린공동체 거버먼트	지역 근린공동체 매니지먼트
주요 원리	시민원리	사회원리	정치원리	경제원리
중요 목표	능동적 시민과 결합된 지역 공동체	시민의 웰빙과 재생	대응적이며 책임성을 수반한 의사결정	보다 효과적인 지역 서비스의 제공
민주주의적 장치	참가형 민주주의	이해관계자 민주주의	대표제 민주주의	시장형 민주주의
시민의 역할	시민: 발언권	파트너: 충성심	선거인: 투표	소비자: 선택
리더십의 역할	–	중개자, 의장 (chair)	의회, 작은 시장	創業家, 지휘감독자
제도적 형태	포럼, 공동제작	서비스 위원회	타운의회, 구역위원회	계약, 헌장

출전: Lowndes, V and Sullivan, H.(2008), 62

시민원리는 시민참여와 활동적인 지역 공동체를 중시하며, '지역 근린공동체 자치능력(neighbourhood empowerment)'을 바탕으로 실시될 수 있다. ② 사회원리는 시민의 복지와 이해관계자에 의한 협조를 중시하며, '지역 근린공동체 파트너십(partnership)'을 바탕으로 실시될 수 있다. ③ 정치원리는 친밀성, 민감성, 책임성을 중시하며, '지역 근린공동체 거버먼트(government)'로서 실시될 수 있다. ④ 지역 근린공동체 거버넌스에 있어 경제원리는 효율성과 유효성을 중시하며, '지역 근린공동체 매너지먼트(management)'를 바탕으로 실시할 수 있다(<표 2-4> 참조).

라운즈와 설리번에 의해 제시되는 지역 근린공동체 거버넌스를 구성하는 네 가지의 이념형은 우리나라 지역재생사업에도 적용할 수 있을 것이다. 우리의 현실에서 이를 도식화한 것이 <그림 2-1>이다.

이상과 같이 로컬 거버넌스는 '협력(협동)적 거버넌스(co-governance)'라는 틀 속에서 파악될 수 있을 것이다. 협력 거버넌스는 서로 다른 조직의 상호 형태와 대의제를 포함하는 것으로 그 중요성은 정치적 활동에 있다(Sommerville, P. and Haines, N. 2008). 기본적으로 협력적 로컬 거버넌스는 지방정부와 지역 공동체와의 관계를 가리키는 것으로 여기에는 상호 대등한 관계에서 지방의원, 공무원, 주민이 협동할 것을 요구한다. 협력적 거버넌스에서 특히 필요한 것은 민주주의적 책임성과 지역 공동체의 복지이다.

그림 2-1 지역 근린공동체 거버넌스를 구성하는 네 가지의 이념형

<임파워먼트>	<파트너십>
지역에 대한 지원/ 주민참여의 확대	민간단체의 육성 지원에 기반한 민관 협동
<거버먼트>	<매너지먼트>
근린정부의 구축/ 지역주민으로의 예산제안권의 부여	주민 주체의 지역복지와 지역재생사업의 운영

4) 우리나라의 지역공동체 거버넌스[2]

우리나라의 지방자치는 지난 20여 년 간 다분히 광역 지방정부 및 기초 지자체라는 정치행정적 단위에서 시행된 법제도 차원의 지방자치였다. 따라서 지역단위의 생활공동체 차원에서 이루어지는 주민참여의 지방자치와는 거리가 멀 수밖에 없었다. 주민이 직접 체감하면서 참여의식을 성숙시킬 수 있는 지역 생활공동체 차원의 주민자치는 지방자치제가 부활된 20여 년 전이나 지금이나 크게 나아져 보이지 않는다. 일부에서는 주민의 주인의식과 민주주의적 생활양식이 어느 정도 향상되지 않은 단계에서 주민자치를 강화할 수 없다는 주장도 하지만, 이러한 주장은 지방자치는 지방정부 차원의 단체자치 못지않게 주민자치의 발전도 매우 중요할 뿐만 아니라 양자는 동전의 양면과 같이 동시적으로 진행되지 않으면 올바른 지방자치가 지역에서 자리 잡을 수 없다는 점에서 설득력을 가질 수 없다. 다시 말해 지방자치는 생활공동체 속에서 경험하고 훈련되지 않고서는 성장하거나 성숙되지 못한다.

광역 지방정부나 기초 지자체 차원의 거버넌스에 대한 논의는 상당히 진전되고 있고 제도적으로 발전·성숙되고 있지만 아직도 기초단위인 주민 거주지 차원에서는 거버넌스 도입이 지연되거나 한계에 봉착하고 있는 실정이다. 상향식(bottom-up)의 거버넌스를 통한 지역공동체 차원의 효율적이고 바람직한 공공서비스의 공급을 위해서는 자율적이고 자치적인 경험과 훈련이 뒷받침되어야 하는데, 지금까지 '지역사회복지협의체'나 '지방의제21'과 같은 시도는 진정한 의미에서 지역공동체 거버넌스라고 보기 어렵다. 최근에 실시되고 있는 '주민참여예산제도' 역시 법제도적 한계와 대표성 있는 주민의 참여도가 저조함에 따라 큰 실효를 거두지 못하고 있는 실정이다.

향후 지방분권과 지방자치는 다양한 공공서비스 공급 프로그램의 수립과 집행과정에서 자생적으로 발전하면서 지역의 자원과 인재의 결합을 통한 지역공동체의

---

2 박재욱(2013, 237-239)의 논의를 인용함.

비전과 목표가 제시되어야 하며, 그런 가운데서 지역의 리더십 역시 형성되는 것이 바람직한 방향이라 볼 수 있다. 지역의 리더십은 지역 경영능력은 물론 지역경영에 따른 책임감 역시 강조되어야 한다. 기초 및 광역 지자체는 이러한 지역공동체 거버넌스가 활성화되도록 법제도적 지원 역할에 그쳐야지 행정 관료조직을 통해 지역공동체 단위에서 거버넌스가 가능한 사업까지 관여해서는 오히려 지방자치의 발전을 저해하는 악영향을 끼칠 수 있으며, 걸음마 단계의 지방자치를 성숙시킬 기회를 박탈하는 결과를 초래할 수도 있다. 따라서 광역 지방정부 및 기초 지자체 간에도 명확한 역할과 재원 분담 원칙을 세운 후, 지역공동체 차원의 거버넌스 발전을 위한 다양한 지원 프로그램을 개발하고 지원하는 방향을 찾는 것만이 앞으로 지방자치와 분권을 강화 발전시키는 기반을 마련하는 첩경이 될 것이다. 이는 지방자치 작동의 기본 원칙인 보충성의 원칙에도 부합되는 것이기도 하다.

이러한 관점에서 향후 우리나라 지역공동체 발전을 위해 필요한 거버넌스 구축과 관련된 몇 가지 중요한 기본 과제는 다음과 같다.

첫째, 지난 20년간 진행되어 온 지방자치 발전의 기본 원칙을 재확인하고 지방자치 발전의 새로운 영역으로서 지역공동체 차원의 거버넌스 구축을 촉진시킬 수 있는 관련 법제도와 정책을 더욱 강화하여 나가야 한다. 특히 자치구 이하 지역공동체 수준에서 이루어지는 공공서비스 공급과정에서 다양한 방식의 지역공동체 조직을 참여시키며, 가능한 범위에서 공동체가 직접 공공서비스 공급도 용이하도록 지원하는 방안을 모색해야 할 것이다. 예컨대, 아파트단지 관리위원회, 학교운영위원회 등이 자율적으로 조직을 결성하고 운영이 가능하도록 지원함으로써 이들 거버넌스 조직에게 지역사회의 영향력과 대표성을 확보할 수 있는 정당성과 권위를 부여하는 방안도 함께 고려되어야 한다. 이를 확대하여 보육, 교육, 치안 등과 같은 지역서비스의 공급이나 마을정비위원회와 같은 주민자치조직 결성을 통해 공공서비스 영역별로 자율적이고 자립적인 거버넌스가 가능하도록 지방정부는 서비스 공급의 권한과 재원을 위양할 필요도 있다. 이것이 바로 권한분산 및 위임(em-powerment)사례가 될 것이며, 바람직한 지방자치의 좌표 기능을 수행할 수 있을 것이다.

둘째, 시·군·구 기초 지자체 수준 이하의 지역공동체가 다양하게 형성되고 구축되도록 주민자치센터와 같은 주민참여조직을 더욱 지원하고 확대시켜 나가야 한다. 주민자치센터가 실질적으로 지역 공동체 참여의 장으로서 기능하도록 주민들이 직접적으로 체감하고 호응할 수 있는 프로그램의 적극적인 개발은 물론 행정과 시민 간 거버넌스 차원의 주민사업에 대한 재정적인 지원도 더욱 확대시켜야 한다. 또한 주민들이 자구적인 차원에서 시도하는 재정수입사업 등에 대해서도 적극 장려하고 평가 기준을 사업 성과의 지속적 유지 및 확산과 주민 만족도의 증진에 두어야 한다. 그리고, 지구계획을 위한 마을만들기 위원회 같은 사례를 통해 스스로 공동체 형성과 재개발 정책을 수립·집행하도록 하며, 지역 공동체 간에도 협력과 네트워크가 조성되도록 지원해 단순히 지역공동체 자체뿐만 아니라 다양한 지역 공동체 간에도 협력과 네트워크를 통한 광범위한 거버넌스가 실현되도록 노력할 필요가 있다.

셋째, 공무원들의 행태와 가치관 역시 전환되어야 한다. 공직 본래의 모습으로 돌아가 시민에게 봉사하는 공복으로서의 자기 책무를 강조하고 공공업무 수행에 가치관과 자질을 함양시켜 나가야 한다. 지방자치단체 공무원들이 탁상행정에 안주하지 않도록 하며, 현장에서 시민과 함께 지역문제를 해결하고 지원할 수 있는 적극적인 자세가 요구된다. 만약 지역거버넌스 조직에서 필요하다면 일정 기간 파견제도 등을 통해 특정 지역사업에 전담역할을 맡도록 인사제도의 유연성을 발휘할 수도 있을 것이다. 이것이 불가능하다면, 공무원 스스로 원할 경우 자신의 거주지에서 시민 입장에서 공익 자원봉사자 역할을 맡아 지역 활동을 하도록 허용하는 방안도 고려해 볼 수 있지 않을까 한다.

4. 로컬 거버넌스의 과제와 전망

1) 협력적 거버넌스(co-governance)로의 지향

　로컬 거버넌스의 전개에 있어 시장원리를 중시하는 정책과 지역공동체를 밀접하게 관련시켜서는 안 된다. 왜냐하면 대체로 시장원리를 지향하는 정책은 지역공동체의 유대감을 훼손하고 지속성에 부정적이기 때문에 지역사회를 불안정하게 만들 가능성을 지닌다. 또한 공공성이 좁게 제한되는 형태로 진행되면서 지방정부나 지방정부의 평가에 과도한 경쟁주의적 성과주의가 침투하기 쉽다. 오히려 시장원리에 대항하는 방향으로 지역 차원에서 있어 민주주의적 의사결정을 진전시키는 것이 중요하다. 지역 사업의 실시에 있어서 서비스 이용자나 주민이 정책의 의사결정에 영향력을 행사할 수 있는 과정이 구축될 필요가 있다. 로컬 거버넌스는 협동·대립·타협이라는 복잡한 단계를 거치는 것이지만, 지역 공동체가 의사결정에 영향력을 미치는 것이 최종적인 목표가 되어야 할 것이다.

　지역 사업에 있어 로컬 거버넌스를 구축하기 위해서는 4가지 점을 강조할 수 있다. 첫째, 지역 사업의 추진에 있어 수평적이고 횡단적인 대응이 필요하므로 공공단체, 민간조직, 경제계, 지역자치조직과 같은 다양한 행위자들 상호간에 영역을 초월한 행동이 요구된다. 둘째, 기초 지자체와 시민단체 간에 이루어지는 거버넌스의 접근법은 시민원리, 사회원리, 정치원리, 경제원리를 통합하여 진행될 필요가 있다. 특히 지역 사업에는 주민참여를 강조하는 분권화와 시장주의를 강조하는 신자유주의가 동시적으로 시행될 수 있으므로 이럴 경우에는 시민원리가 경제원리를 견제할 필요가 있다. 셋째, 특히 강조되어지는 점은 지역 공동체 발전 사업에 참여하기 위한 민주주의적 책임성의 이행이다. 그리고 넷째, 주민 차원에서의 토의(숙의)민주주의의 필요성이다.

　로컬 거버넌스는 새로운 자치의 형성을 지향하며 무엇보다도 지방정부 내의 분권화 추진이 목표가 되어야 한다. 지방정부가 지역 사업을 추진할 경우 보다 분권적으로 주민자치를 추진하는 것이 중요하며, 지역 근린공동체를 기초로 한 위원회를 설치하여 의사결정의 권한을 지역 근린공동체에 부여할 필요가 있다. 근린 수준으로부터 예산요구가 가능해지는 상향식 절차가 가능해지기 위해서는 물론 예산안 협의에서의 주민 참여는 빠져서는 안 될 것이다.

로컬 거버넌스는 협력적 거버넌스(co-governance)라는 관점에서 접근하여야 한다. 협력적 거버넌스에서는 서로 다른 조직 간 관계에서 상호 대표성을 인정하고 합의한다는 점에서 정치적 활동의 중요성이 있다. 물론 국가 수준의 협력적 거버넌스 정책도 있지만 이는 일반적인 형식이 아니다. 기본적으로 로컬 거버넌스는 지방정부와 지역 근린공동체와의 관계에서 가능하다. 여기서는 대등한 관계를 조건으로 지방의원, 공무원, 주민이 상호 협력과 협동할 것이 요구된다.

네덜란드의 정치학자 쿠이만(Kooiman)은 세 가지의 거버넌스 모델을 제시한다. 제1의 모델은 계층형 거버넌스(hierarchical governance)로서, 하향식 형태이다. 여기서는 위로부터의 '통치자'가 조직의 형성이나 대표 역할을 맡음으로써 지배한다. 제2의 모델은 자치형 거버넌스(self-gevernance)로서 상향식 방식으로 아래로부터 다양한 조직이 관여하는 가운데 서로 다른 조직과 협동하는 형태라 본다. 그리고 제3의 모델은 협력 거버넌스(co-governance)로서 대등한 관계로서의 공치(共治)를 중시하는 형태이다(Kooiman 1993, 35-50). 거버넌스는 다양한 복수의 차원에서 기능하지만, 협력적 거버넌스가 서로 다른 차원에서 기능할 경우, 계층형 거버넌스가 협력 거버넌스에 의해 대치될 수도 있다고 본다. 이것은 '위'로부터의 압력에 대항하여 협력적 거버넌스가 하부 거버넌스의 능력을 강화하기 때문이다(Sommerville, P. and Haines N. 2008).

2) 허스트의 결사체 민주주의론(Associative Democracy)과 공공적 책임성의
   확립

폴 허스트(P. Hirst)의 새로운 지역민주주의의 전개를 결사체 민주주의론을 근거로 기술하고 있다. 이를 네 가지로 요약할 수 있다.

첫째, 민주주의는 지역 현장에서 그 본질을 보다 잘 발휘할 수 있다. 물론 민

주주의 제도와 기능은 국민국가만이 아니라 국제적인 분야에서도 작동할 수 있다. 하지만 중앙정부는 주민을 대상으로 서비스를 직접 공급할 수 없으며, 서비스 전달 체계나 내용을 정확하게 판단하지도 못한다. 다만, 중앙정부는 민주주의의 조건 정비를 이행할 수 있는 책임을 지니며 그 역할은 규제를 정하며, 표준을 설정하는 주체이다.

둘째, 서비스의 공급은 다원적으로 이루어져야 하며, 다양한 행위자가 참여하는 것이 바람직하다. 일반시민이 서비스의 결정에 관여할 수 있으므로 서비스 제공과 관련된 제도적 역량을 판단할 수 있는 기회를 가질 수 있기 때문이다.

셋째, 민주주의는 지리적, 기능적인 요인을 바탕으로 조직화되기 때문에 특정의 서비스 이용자, 정책형성에 관련되는 주체들은 특정의 지리적인 배경을 지니며, 전통적 의미에서 정치 공동체가 형성되는 것이다.

넷째, 민주주의에 있어 책임성은 중요한 요소이다. 일반 시민은 서비스 공급을 전달하는 주체와 직접적인 관계를 맺고 서비스의 질을 판단하는 입장에 서 있지 않으면 안 된다. 허스트가 강조하는 책임성은 제도적 합리성을 바탕으로 공급자와 시민과의 계속적인 교류를 의미하는 것이다. 또한 서비스 공급자는 최소 기준에 따른 서비스 수준을 만족시킨다는 점에서 상당한 책임감을 지녀야 하며, 책임성은 이를 포괄하는 복합적인 것이다(Hirst, P. 1994).

새로운 로컬 거버넌스를 실현하기 위해서는 다양한 행위자들이 조직운영의 투명성과 책임성을 이해하지 않으면 안 된다. 책임성의 실현은 민주주의에 불가결한 것이며, 이것은 행정뿐만 아니라 민간 조직에도 해당된다. 민간 조직도 스스로의 조직 투명성을 제고함으로써 지방의 의사결정에 영향력을 미칠 수 있을 것이다.

여기서 책임성의 확보과정을 명백하게 제시할 필요가 있다. 행정의 책임성은 사후의 정보공개뿐만 아니라 정책결정 과정이나 근거, 목표나 성과 등 주민에게 필요한 설명 사항도 포함한다. 또한 공공성을 전제로 정책판단의 기준과 결정방법이나 그 내용을 게시할 필요가 있다. 로컬 거버넌스의 구축에는 이해관계자가 필요한 정보를 얻거나 설명을 요구할 수 있는 조건이 기본이다. 당연하지만 자발적 조직에도 책임성이 요구된다.

이 점에 관해 리트(Leat, D)는 책임성의 개념에 대해 제재를 수반하는 책임성 (accountability with sanction), 설명이나 회신에 국한되는 설명적 책임성(explanatory accountability), 대응적 책임성(responsive acoountability) 등으로 구분한다.

그리고 그녀는 자발적 조직에 필요한 책임성에 관한 내용을 구체화시켰다. 우선 자발적 조직에서 필요한 것은 (정책과 우선순위에 대한) '정치적 책임성'과 '운영적 책임성'이라는 두 가지이다. '정치적 책임성'은 정책과 우선순위와 관계된다. 한편 '운영적 책임성'은 다시 세 가지로 나누어 분류한다. 즉, ①재정적 책임성, ②프로세스의 책임성, ③프로그램의 책임성이다. 구체적으로 재정적 책임성은 재원의 적절한 사용과, 프로세스 책임성은 적정한 절차의 준수와 관계된다. 그리고 프로그램의 책임성은 사업의 질에 관련된 것이다(Leat D. 1996, 66-67). 리트가 규정한 책임성 요건을 확보하려면 자발적 조직은 시민들로부터 신뢰성을 확보하지 않으면 안되며, 공적 자금의 수탁자로서 인정받기 위해서는 재정공개는 필수적이다. 또한 적정한 절차를 이행하는 것도 기본이다. 이러한 요건을 투명하게 함으로써 자발적 조직은 공적 자금을 받을 수 있는 정통성을 확보할 수 있으며, 지속적이며 안정적인 서비스 제공자로서의 가능성을 확대할 수 있다.

끝으로, 시민은 단순히 행정서비스의 수혜자에 머물지 않고 스스로 변화를 만들어나가는 주체로 자리매김하여야 하며, 시민 한 사람 한 사람이 높은 참여의식을 지니는 것이 자치의 형성과 직결된다고 본다. 따라서 참여의식을 바탕으로 사업을 점검·검토하여 관료제를 통제·감시한다는 의미에서 시민에 의한 정책평가는 중요하다. 로컬 거버넌스의 기능은 좁은 범위의 효율성을 추구하는 것이 아니라 넓은 의미에서 '공공의 가치'를 실현하는 것이 되어야 하며, 시민은 공공성 확보와 강화를 정책평가의 기본 원칙으로 삼아야 한다.

3) 로컬 거버넌스의 공공성 기준과 시민의 재창조

로컬 거버넌스에서 중시되는 '공적 가치'는 공공성을 바탕으로 기준을 설정할 수 있을 것이며, 다음과 같이 제시될 수 있다.

(1) 새로운 시민성(citizenship)의 확립: 시민이 동등한 권리의 주체로 인정받고 권리의 행사가 가능할 것.

(2) 시민 참여와 자기결정의 원칙: 행정의 정책형성 과정으로의 참여가 가능하며, 지역주민 스스로 장래를 결정할 수 있을 것.

(3) 자치조직의 대표성: 시민 구성원이 지역의 견해를 대표할 수 있도록 할 것.

(4) 자기책임성의 확립: 정부와 시민사회가 수평적 관계를 유지하며 협력함에 있어 쌍방이 자기책임성을 이행할 것.

(5) 시민의 정책평가와 정책제언: 시민이 정책을 평가하며 시민에 의한 정책제안이 가능하게 함으로써 행정시책에 집중하고 일할 수 있는 기회를 부여할 것.

(6) 지방정부 내 분권과 예산의 이양: 지방정부의 권한을 이양하여 시민에게도 예산안을 제안할 수 있는 기회를 부여할 것.

(7) 관료제의 제한

(8) 과도한 민영화의 억제

여기서 지역 사업 과정에 관여하는 시민참여를 어떻게 이해할 것인가 하는 문제가 남아 있다. 하버마스가 주장한 바대로, 정치적 공공영역을 구축하기 위해서는 토론을 진행할 수 있는 공공영역의 설정이 필요하다. 다만 공공영역에서 시민은 어떤 자세와 인식을 취해야 하는가에 대해 시민참여의 양태라는 관점에서 반즈, 뉴먼, 설리번은 시민모델을 제시하고 있다. 이는 네 가지로 구분되어 있는데, '자립하는 시민' '소비자로서의 시민' '이해관계자(stakeholder)로서의 시민' '책임이 부여된 시민'이라는 모델로 제시된다.

지역 사업에 있어 주민이 공공정책 과정에 참여하기 위해서는 네 가지의 시민상이 일체화되어 지역민주주의를 추진할 필요가 있다. 이것은 협력—대립—타협이라는 거버넌스의 과정을 통하여 포섭적 모델로 승화되지 않으면 안 된다. 그리고 토론(숙의)민주주의라는 형식을 채택하여 지역민주주의 발전을 위해 정치인이나 관료와 대항할 수 있는 의식 있는 시민으로 재창조되어질 필요가 있다. 지역 사업이라는 제한된 상황으로부터 국가와 시민 간 관계가 재구축되어진다면, 토론(숙의)민주주의 원칙이나 규범을 설정하고 이를 바탕으로 지역의 규제 권한을 확보할 수 있을 것이다.

또한 지역의 차이를 구성하는 문화도 용인되어지지 않으면 안 된다. 반즈, 뉴먼, 설리번은 푸코의 '통치능력(governmentality)'론을 받아들여 시민참여가 국가를 초월한 힘을 확보하여 다수의 조직, 집단, 개인이 통치과정 속에 관여해야 한다는 주장을 편다(Barnes, M., Newman, J. and Sullivan, H. 2007, 65). 사회적 커뮤니케이션이 사회적 프로세스 가운데 정착하여 이것이 토론의 실천을 가능케하고 지식을 확대시킨다고 본다.

공적 기관에 의해 규정된 방식과 규범이 주민참여의 성격에 어떠한 영향력을 미칠 것인가. 행정과 시민과의 대화나 파트너십이 어떠한 결과를 가져다 줄 것인가. 참여형 민주주의에서는 시민사회의 토의가 기대 가능하고, 정책결정과의 연결성도 확보될 것인가. 지역이라는 공간에서 합의를 만들어내는 것이 용이하지 않은 상황에서 집단이나 문화의 차이를 어떻게 극복하고 이를 통합할 것인가. 이와 같은 문제들을 해결하여 가는 과정에서 향후 로컬 거버넌스의 가능성은 더욱 커질 것이다.

5. 결   론

급속한 저출산·고령화와 도시화에 따라 우리들의 생활에도 다양한 변화가 나타나고 있다. 지역주민의 수요는 광범위해지고, 지방정부에 대해 다양한 서비스가 요구되어지고 있다. 다양한 서비스의 공급으로 지방정부가 관할하는 지역 현장에서는 분야 간 횡단적이고 중첩적인 시책의 책정, 실행이 필요할 뿐만 아니라 넓은 범위에서 민간 역시 그 역할을 공유해 나가야 할 필요성도 생겨나게 되었다. 현재 로컬 거버넌스에 있어 주요 과제는 정책의 효과성을 극대화하기 위해서 경계를 초월하여 수평적인 형태로 상이한 기관 간 연계를 통한 협력 관계를 유지해야 한다는 것이다.

최근 로컬 거버넌스 구축으로 이전에 지역사회의 주변부에 속하였던 조직의 참여가 가능하게 됨으로써 결과적으로 다원주의형 민주주의에 공헌하게 되었지만, 반면에 거버넌스 과정의 복잡성이 높아짐에 따라 지역주민의 의사를 정책에 반영하는데 어려움을 겪고 있는 것도 사실이다.

또한 광역, 국가, 초국가적 제도가 지역에 영향을 미치는 가운데 로컬 거버넌스는 여러 기관을 연계시켜 지역에 기반을 둔(community-based) 네트워크를 창출하는 동시에 다층적 거버넌스의 일부로 기능하면서 다양한 수준에서의 상호의존성이 발생하게 되었다. 지역의 행위자는 거버넌스 과정에 있어 자원과 권한 통제를 둘러싼 갈등으로 인해 때때로 대립이 발생하기도 한다.

여기서 다음과 같은 물음들이 제시될 수 있다. 로컬 거버넌스의 과정에 있어 누가 주도권을 쥘 것인가. 어떻게 로컬 거버넌스를 민주적으로 형성할 것인가. 로컬 거버넌스의 과정에 있어 다원주의형 민주주의가 오히려 민주적 과정의 혼란으로 나타나는 것은 아닐까. 권력은 지역 공동체의 어디에 기반을 두게 될 것인가. 기업은 어떠한 영향력을 발휘하게 되는가.

지역 공동체의 특수성은 로컬 거버넌스의 근간을 이루지만, 이것이 모든 지역에서 동일한 것은 아니다. 지역 공동체야말로 상이한 수요가 있으며, 서로 다른 정치문화와 전통이 존재한다. 또한 지방정부도 운영구조나 그 운영기법이 서로 다르며, 민간 부문의 역할도 역시 독자적 특징을 가진다. 로컬 거버넌스에 있어 집단 간 영향력의 균형은 지역에 따라 다를 수 있으며, 결과적으로 로컬 거버넌스에 나타나는 지역 간 격차는 지역에 있어 민주주의와 권력이라는 문제와 결부될 수밖에 없다.

로컬 거버넌스는 지방정부, 민간단체, 주민들 간의 단순한 수평적인 병립적 분담 관계를 만들어내는 것이 아니라 지역의 다양한 행위자를 포섭하여 대등한 관계하에서 공공영역을 창조해 내는 것이다. 이것은 행정과 지역주민 간에 있어 주도권의 재편을 의미하며, 시민사회의 잠재력을 제고하기 위한 전략이기도 하다. 다만 로컬 거버넌스에도 위험성이 내재하고 있는데, 바로 공동체의 능력을 초월하는 문제에 직면할 수도 있다는 것이다. 예를 들어 환경문제의 경우, 광역적 대응이 필요한 사안에 대해서는 중층적 수준이나 국가의 수준에서, 무엇보다도 넓은 범위에서

연합체가 필요할 것이다. 이러한 상황에서는 거버넌스의 네크워크화의 중요성은 아무리 강조해도 지나치지 않을 것이다. 복잡화되는 현대 사회의 문제들에 대해 로컬 거버넌스가 선두역에 서서 새로운 사회세력을 결집하는 공간으로 계속 자리매김하면서 그 네트워크를 확장시켜 나갈 것이 요구된다.

생각해 볼 문제

❶ 기존의 지방행정에서 중시하는 효율성과 로컬 거버넌스에서 추구하는 '공공적 가치'의 개념과 의미 간의 차이와 관련성에 대해 논의해 보자.

❷ 로컬 거버넌스의 구축에 있어 지방분권은 필수 요건이라고 볼 수 있는데 이에 대한 논리적 정당성에 대해 생각해 보자.

❸ 지역 근린 공동체에서의 로컬 거버넌스가 광역 차원에서 다층적 거버넌스와 어떻게 관련을 맺을 수 있으며 왜 중요한 지에 대해 토론해 보자.

❹ 바람직한 로컬 거버넌스의 성립은 지방정부의 새로운 혁신을 수반하지 않으면 안 된다. 지방정부의 혁신을 위해 로컬 거버넌스가 기여할 수 있는 전략을 구상해 보자.

❺ 로컬 거버넌스의 추진에 있어 지역공동체 운동이나 조직이 지니는 의의는 매우 크다고 볼 수 있는데 운동과 조직 활성화를 위해 필요한 리더십을 제안해 보자.

❻ 민주적이고 협력적인 로컬 거버넌스를 지향하기 위한 조직 운영의 투명성 및 공공적 책임성의 확보, 그리고 이를 위한 토의(숙의)민주주의의 형식과 절차에 관한 모델을 구상해 보자.

참고문헌

박재욱. 2009. "거버넌스와 사회자본." 한국정치학회 편. 『현대비교정치이론과 한국적 수용』 190－227. 서울: 법문사.

박재욱. 2012. "지역발전을 위한 거버넌스의 이해." 21세기 정치연구회 엮음. 『지방정치학으로의 산책』 230－246. 서울: 한울.

Barnes, M., Newman, J. and Sullivan, H. 2007. *Power, Participation and Political Renewal*. The Polity Press.

Goss, S. 2001. *Making Local Governance Work*. Palgrave.

Hirst, P. 1994. *Associative Democracy: New Forms of Economic and Social Governance*. Cambridge: Polity.

Jessop, B. 2002. *The Future of the Capitalist State*. Cambridge: Polity Press Ltd.

Kooiman J. ed. 1993. *Modern Governance: New Government－Society Interactions*. Sage.

Leach and Parcy－Smith. 2001. *Local Governance in Britain*. Palgrave.

Leat, D. 1996. "Are Voluntary Agencies Accountable?" Billis D. and Harris. M. eds. *Voluntary Agencies Challenges of Organization & Management*. Macmillan.

Lowndes, V and Sullivan, H. 2008. "How Low Can You Go?" in *Public Administration* 86(1).

Marks, G. and Hooghe, L. 2004. "Contrasting Visions of Multi－level Governance." in Bache, I. and Flinders, M. eds. *Multi－level Governance*. Oxford University Press.

Peters, B. G. 2003. "Governance and the Welfare State." in Ellison, N. and Pierson, C. eds. *Developments in British Social Policy 2*. Palgrave Macmillan.

Peters, B. G and Pierre, J. 2004. "Multi－level Governance and Democracy: A Faustian Bargain?." in Bache, I. and Flinders, M. eds. *Multi－level Governance*. Oxford University Press.

Pierre, J. 2000. "Introduction: Understanding Governance." in J. Pierre ed. *Debating Governance*. Oxford Open University Press.

Pierre, J. and Peters B. G. 2000. *Governance, Politics* and the State. Macmillan.

Rhodes, R. A. W. 1997. *Understanding Governance: Policy networks, Governance Reflexivity and Accountability*. Open University Press.

Sommerville, P. and Haines, N. 2008. "Prospects for Local Governance." *Local Government Studies* 34(1).

Stewart, J. 1995. "A Future for Local Authorities as Community Government." in Stewart J. and Stoker, G. eds. *Local Government in the 1990s*. Palgrave and Macmillan.

Stewart, J. 2003. *Modernising British Local Government: An Assessment of Labour's Reform Programme*. Palgrave and Macmillan.

Stoker, G. 2004. *Transforming Local Governance from Thatcherism to New labour*. Palgrave and Macmillan.

CHAPTER

3 지방의 권력구조

1. 머리말: 누가 어떻게 지배하는가?

문제해결 능력을 중시하는 미국의 실용적인 연구 풍토에서는 '국가란 무엇인가'라는 추상적 질문보다는 '정부와 정책을 지배하는 것은 누구인가'라는 현실적 질문에 더 큰 관심이 모아졌다. 그들은 그러한 질문의 실마리를 풀기 위해 미국이라는 거대한 연방 국가를 대상으로 한 거시적 접근보다는 특정 도시를 선택해 지역 권력의 작동과 연계를 미시적으로 분석하는 경험주의적 방법론을 발전시켰다.

그리고 그러한 방법론을 통해 다원주의라는 이론을 완성한 대표적 연구자가 바로 달(Robert Dahl)이었다. '누가 지배하는가'(*Who Governs?*, 1961)라는 정치학의 가장 본질적인 화두를 내걸었던 달의 연구는 원래 애틀란타 시(Atlanta city) 분석을 통해 소수의 경제적·사회적 엘리트가 시의 권력을 장악하고 있다고 주장한 헌터(Floyd Hunter)의 『지역사회 권력구조(*Community Power Structure*)』(1953)에 대한 문제제기에서 비롯되었다(박대식 2002, 12). 당시 미국사회에는 정치 지도자들의 공식적 정책결정의 이면에 실질적 영향력을 행사하는 막후 집단으로서 경제적·사회적 엘리트가 존재한다는 밀즈(C. W. Wright Mills)의 권력 엘리트를 비롯해 다양한 엘리트 이론이 확산되고 있었다. 이들의 논쟁은 다원주의를 비롯한 민주주의 이론의 다양화에 기여하였고, 한편으로는 중앙정부에 맞추어져 있던 사회과학의 초점을 지방으로 확대하는 계기가 되었다. 이번 장에서는 지방의 권력구조에 대한 서구의 주요 이론을 소개하고, 우리나라의 지방 권력구조와 작동은 어떻게 전개되고 있는지를 설명하고자 한다.[1]

2. 지방의 권력구조에 대한 이론적 접근

글렌과 페이지(Gilens and Page 2014)는 미국의 지적 전통에 따라 권력구조를 세 가지 이론으로 분류하였다. 첫 번째는 정책결정에 있어 중위 유권자(median voter)를 강조하는 선거 민주주의(Majoritarian Electoral Democracy) 이론이다. 두 번째는 소득과 부 등 경제자원을 지닌 엘리트가 지배한다고 보는 경제-엘리트 지배(Economic-Elite Domination) 이론이다. 세 번째는 다원주의 이론인데, 그 강조점에 따라 일반 시민의 이해와 요구가 반영된다고 보는 다수 다원주의(Majoritarian Pluralism) 이론과 기업과 전문가 집단을 강조하는 편향된 다원주의(Biased Pluralism) 이론으로 세분할 수 있다. 하지만 이러한 분류는 두 가지 점에서 설명력의 한계를 갖고 있다. 무엇보다 결정적 약점은 자치단체장과 국회의원, 지방의원 등 지방 권력의 패자(霸者)인 선출직 공직자를 제외시키고 있다는 점이다. 우리나라의 경우 민주화와 지방자치제 이후 선출직 공직자들의 영향력이 꾸준히 증대하여 왔다는 데는 이견이 없다. 다른 하나는 특정 주체만 개별적으로 강조하였지 주요 사회세력들의 협력과 결탁의 가능성 즉 지배연합의 메커니즘을 도외시하고 있다는 점이다. 따라서 본 연구에서는 선출직 공직자들을 중심으로 한 정치-엘리트 지배(Political-Elite Domination)와 다양한 지배세력들의 협력을 통한 통치를 지배 연합(Ruling-Coalition)이라는 독립된 모델로 추가 설정하여, 각각의 범주의 권력 구성과 영향력 행사 방식을 살펴볼 것이다.

---

1 권력구조는 두 가지 차원에서 정의될 수 있다. 하나는 단체장과 의회의 역학관계에 따른 '지방정부의 정치적 리더십 스타일'이다. 다른 하나는 지역사회 권력 엘리트들 간에 형성되어 있는 '권력 배분의 양태 및 상호작용'을 의미한다. 본 연구는 후자의 정의를 따른다.

　　지위법(positional approach)은 국가와 지역사회의 공공 기관의 고위직을 점유하는 사람들을 해당 지역의 중요한 문제를 결정하는 권력자로 보는 것이다. 대표적인 연구는 밀즈(Mills)의 권력엘리트(*Power Elite* 1956) 연구이다. 이 방법은 공식적 지위가 영향력 행사의 자원이 된다고 보며, 어떤 조직을 권력행사 기구로 볼 것인지를 연구자가 임의로 결정해야 한다. 공식 기구를 맡고 있지 않은 사람들을 제외시키는 문제가 있으나 국가 단위 연구에서는 매우 유용하다. 직책과 권력이 반드시 일치하는 것은 아니라고 보는 평판법(reputational approach)은 정보 제공자들에게 지역사회의 지도자들을 거명하게 하여 가장 많이 거명된 사람들을 권력자로 선정하는 방법이다. 가장 대표적인 사례는 헌터의 연구(*Community Power Structure* 1953)이다. 한계는 연구자와 피면접자가 상이한 권력 개념을 사용할 수 있다는 점이다. 의사결정법(decisional approach)은 앞의 두 방법 모두 실제 권력과 잠재 권력을 구분할 수 없는 한계를 안고 있다고 비판한다. 이 방법은 지역사회의 중요 쟁점을 선택하여 구체적인 의사결정에 참여한 사람들의 활동을 심층적으로 연구하여 실제 권력자를 찾아낸다. 달(R. Dahl)의 뉴헤이븐시 연구가 대표적이다. 지역사회 연구에 유용하나 중요 정책과 쟁점의 선정이 임의적일 수 있다는 한계를 안고 있다.

1) 선거 민주주의(Majoritarian Electoral Democracy) 이론

　　실증적 또는 경험적 성향이 강한 선거 민주주의 이론은 정부정책을 결정하는 것은 참정권을 갖고 있는 일반 시민들의 집합적 의지라고 본다. 그것은 링컨 대통령의 "인민의, 인민에 의한, 인민을 위한" 정부라는 수사에 잘 녹아있고, 로버트 달은 이를 대중 민주주의라고 불렀다.

　　이러한 지적 전통은 주요 정당과 후보자들은 일반 유권자들이 선호하는 정책의 중간점으로 나아가는 경향이 있다고 본 선거민주주의의 합리적 선택이론이 계승하였다. 구체적으로 이 이론은 득표 극대화를 노리는 주요 정당들은 투표자들이 가장 선호하는 위치의 중간지점이라는 전략적 위치를 확보하고자 노력할 것이라는 중위 투표자 모델(median voter theorem)로 발전하였다. 이러한 가정은 가장 다수를 차지하고 있는 중위 투표자의 선호에 부합하는 공공정책은 선거 승리를 가져다 줄 합리적 근거이자 그 사회의 민주주의 발전 정도를 말해주는 규범적 지표라는 것이다.

대중 민주주의(populistic democracy)

대중 민주주의란 20세기 이후 등장한 민주주의를 근대 초기 민주주의와 구분하여 지칭하는 용어다. 근대 초기, 제한된 수의 귀족과 중간계급 구성원들이 대의제 민주주의의 틀을 만들었던 시기에는 유산(有産)계급에게만 대표를 선출할 권리가 주어졌다. 보유한 자산과 납세 실적에 따라 투표권이 부여되었기에, 유산 계급의 대표만이 법을 만들고 정책을 결정할 권한을 가졌다. 하지만 20세기 전후 노동자 계급이 대거 등장하고, 이들에 대한 보통교육이 시행되었으며, 대규모 국가 간 전쟁이 발발하면서 무산자 대중의 정치적 역할이 커졌다. 이와 함께 선거권의 자격요건도 점차 낮아져 결국 다른 제한요건이 없는 1인 1표의 보통선거권의 시대가 등장했다. 대중이 정치, 경제, 사회적으로 결정적 존재가 된 시대의 민주주의가 대중 민주주의이다.

유권자의 다수 선호가 국가와 지방의 권력, 구체적으로는 공공정책을 결정한다고 보는 이 이론에 대해서는 적지 않은 반론이 제기되었다. 애로우(Kenneth Arrow)는 중위 투표자 모델은 정당체계가 양당제이고 유권자의 선호 배열이 단순한 일차원적 정치에만 부합하며, 유권자 선호의 순서가 복잡하고 이념적 분화가 구조화된 다당제 속에서는 다수결의 평형이 발생하지 않는 혼란스런 결과(chaos result)가 발생함을 입증하였다. 또한 좌파 이론가들은 선거 민주주의 이론이 공공정책의 결정과 여론 형성에 지배적 영향을 미칠 수 있는 부유 계층의 선호 또는 조직화된 이익집단들의 장막 뒤의 영향력을 제대로 평가하는데 실패했다고 비판하였다.

중위 투표자 모델로 대표되는 선거 민주주의 이론은 지나치게 단순한 가정과 모호한 적용가능성에도 불구하고 상당한 연구자들, 특히 정치학자보다는 경제학자들에게서 양호한 지지를 받아 왔고, 이를 입증하는 상당한 수의 경험적 증거들이 제출되어 왔다. 이러한 증거를 거칠게 정리하자면, 미국의 연방정부 정책의 3분의 2 정도는 다수를 차지하고 있는 중위투표자의 정책선호와 일치하였다는 것이다. 자유주의 또는 보수주의에 대한 다수 유권자들의 선호는 연방정부의 정책뿐 아니라 각 주(州)를 포함해 입법·행정·사법부의 정책 전환을 가져왔다는 것이다. 결국 이 이론에서는 무엇이 지방권력을 결정하는가라는 질문에 대해 선거를 통해 '보상과 처벌'이라는 민주적 통제를 행사하는 다수 유권자(주민)라는 대답을 내놓았다.

2) 경제—엘리트 지배(Economic—Elite Domination) 이론

앞의 설명과 대립하는 또 하나의 이론적 전통은 미국의 정책결정이 기업 소유를 포함하여 높은 수준의 소득과 부를 차지하고 있는 특정 개인과 소수 집단들에 의해 지배된다는 주장에서 발견된다.

이 이론의 뿌리는 근대 국가란 자본가 계급이 노동자 계급을 착취·지배하기 위한 집행위원회(도구)에 지나지 않는다고 본 마르크스(K. Marx)의 국가론에 있다. 오늘날에도 이 이론의 계보를 잇고 있는 신좌파(Neo—Marxist)들은 비록 국가가 부르주아로부터의 어느 정도의 자율성은 지니고 있지만 지배계급의 수단일 뿐이라는 국가의 본질과 정치권력에 대한 경제계급의 우위는 변함이 없다고 믿고 있다 (Miliband 1969). 경제 엘리트 지배를 미국정치에 적용한 대표적인 사례는 미국 헌법 체계의 1차적 목적은 다수 소농, 노동자, 숙련 노동자의 이익보다는 부유한 상인과 플랜테이션 소유자의 경제적 이익에 유리하게 사유재산권을 보호하는데 있었음을 밝혀 많은 논란을 일으킨 찰스 버드(Charles Beard)에게로 거슬러 올라간다. 돔호프 (G. W. Domhoff) 역시 경제 엘리트가 미국을 지배한다고 주장한다. 경제엘리트는 재단과 싱크탱크 등 다양한 정책기획 네트워크를 통해 여론형성과 정책에 관여하고 정치인들의 선거운동, 선거자금을 지원하거나 개인적 로비를 통해 정부의 정책결정 과정에 강력한 영향력을 행사한다.

이 이론은 권력의 소수 집중과 위계적 배열이라는 점에서 다양한 엘리트 이론과 공통점을 갖고 있지만 그것들과 같은 범주로 묶을 수 없는 분명한 차이를 갖고 있다. 그것은 권력의 최종 심급, 또는 최강의 권력으로서 경제적 부를 상정하고 있다는 점이다. 경제적 부를 대체할 어떤 자원도 없으며, 연합이든 유착이든 그 권력의 정점에는 경제 엘리트 또는 자본가 계급이 존재한다는 것이다: 그런 점에서 이 이론은 여러 엘리트 이론과 구분된다. 예를 들어, 어떤 엘리트 이론들은 사회적 위치나 제도적 지위-기업에서 핵심 경영층의 위치, 정당이나 행정부, 입법부나 사법부 또는 군대의 최고위층-를 강조한다. 또 어떤 이론들은 엘리트들이 지닌 공통배경과 이로 인한 이념적 동질성 및 사회적 상호작용을 통한 엘리트들의 결합을 주장한다. 예를 들어 밀즈(C.W. Mills)는 *The Power Elite*를 통해 미국사회가 군수산업분야의 대기업, 군부, 대통령을 중심으로 한 정치집단으로 구성된 삼두체제에 의해 지배되고 있음을 보여주었다. 권력 엘리트 모델은 미국에서 다원주의와 다수선거모델로 상징되는 자유민주주의가 하나의 기만일 수 있음을 시사한다. 그럼에도 불구하고 권력 엘리트 모델이 경제 엘리트 이론과 다른 점은 경제 결정론을 거부하고 있다는 점에 있다. 밀즈는 그의 엘리트들의 상당수가 아주 부유한 기업 경영층을 포함하여 상층 계급(upper class)에서 뽑힌 것은 사실이지만, 그들의 엘리트지위가 그들의 부에 의해 정의된 것은 아님을 강조하였다.

결국 이 이론에서는 무엇이 지방권력을 결정하는가라는 질문에 대해 부를 독점하거나 과점하고 있는 소수의 경제 엘리트 계급이나 집단이라는 해답을 제시하고 있다.

3. 다원주의(Pluralism) 이론

1) 다수 다원주의(Majoritarian Pluralism)

고전적 다원주의의 뿌리는 제임스 메디슨의 연방주의 교서(Federalist 10)로 올라갈 수 있다. 왜냐하면 메디슨은 다양한 분파(factions) 사이의 경쟁은 전체적으로 시민의 필요와 이익을 대변하는 정책으로 이끌거나 적어도 다수 이익을 희생시켜가면서 기득세력의 특권을 강화하는 터무니없는 정책들을 좌절시킬 것이라고 주장하였기 때문이다. 메디슨은 "파벌을 통제하기 위해 자유를 억압하는 것은 질병보다 더 해로운 결과를 낳는다"라고 주장하면서, 인간 본성에 근거한 파벌을 제한하기보다는 견제와 균형을 통해 파벌의 영향력을 조정해야 한다고 제안하였다. 이처럼 메디슨적 민주주의는 민주주의의 과다함을 우려하고 독단적 다수 지배를 견제하는 것을 핵심으로 한다. 메디슨의 창의성은 갈등하는 집단들의 이익과 권리를 배제하지 않고 오늘날의 민주주의의 기본 원리인 정치참여를 최대한 허용하는 데서 출발하되, 다수 지배를 스스로 견제하는 체제를 만들었다는 사실에 있다.

파벌이 자유로운 결사체의 정당한 산물이기에 부당한 간섭이나 정부의 규제로부터 보호되어야 한다는 이러한 사유(Madisonian Democracy)는 벤틀리와 트루만으로 상징되는 이익집단 이론을 거쳐 달의 다두제로 발전하였다. 다원주의에 미친 달의 영향력은 사회주의에 미친 마르크스의 기여나 보수주의에 미친 버크(E. Burke)의 그것에 비해 결코 뒤떨어지지 않는다. 달은 권력구조를 해명하기 위해 뉴헤이번 시(New Haven city)의 세 가지 공공정책 결정과정, 즉 공직후보지명(정치영역), 도시재개발(경제영역), 교육(사회영역)을 사례로 선정하였다. 달의 발견(findings)은 다음과 같다(정상호 2006, 41–43). 첫째, 미국사회의 권력구조는 소수의 엘리트에 의해 전일적으로 지배되는 것(oligarchy)이 아니라 다른 정치적 자원을 갖는 다양한 지도자에 의해 통치되는 다두제(polyarchy)라는 것이다. 달은 사례 연구를 통해 공직 후보지명 과정에서는 정당 지도자가, 도시재개발에서는 시장 등 공공 관료가, 교육에서는 교육 당국 및 교원단체와 학부모회(PTA)가 각각 가장 영향력이 큰 행위자임을 밝혀냈다. 둘째, 각 영역에서의 지도자 그룹들과 일반 시민의 관계는 일방적인 것이 아니라 상호작용의 관계라는 것이다. 달은 1950년대 이후에는 시장과 같은 정치적 지도자가 정책과정을 지배했지만 동시에 이들의 행동은 이익집단 또는 유권자들의 요구에 민감하게 영향을 받고 있음을 보여주었다. 셋째, 미국의 다두제하에서 권력의 불평등은 경제적 부가 자동적으로 정치·문화·교육 등 다른 영역에서도 우월적 지위를 보장하였던 귀족정치 시대의 그것과 달리 누적이 아니라 분산된(dispersed and noncumulative) 불평등이라는 것이 전체의 결론이다. 요약하자면, 달의 최대 업적은 다른 사람들이 다른 이슈 영역에서 다른 종류의 권력을 갖고 있다는 점을 명료하게 밝혀낸 것이다. 이러한 발견을 통해 미국사회가 실제든 잠재적인 것이든 집단들 사이의 균형이 정치적 안정성을 획득하게 하고, 공공선을 실현하는 데 기여한다는 메디슨(J. Madison)의 교리를 이상적으로 실현하고 있음을 입증하였다고 할 수 있다.

결국 이 이론에서는 무엇이 지방권력을 결정하는가라는 질문에 대해 정당과 이익집단, 시민사회 단체 등 골고루 편재되어 있는 각 분야의 엘리트들과 다양한 집단들, 그리고 이들과 밀접한 상호작용을 주고받는 보통 시민들이라고 답할 것이다.

2) 편향된 다원주의(Biased Pluralism)

1960년대에 들어 경과하면서 다원주의는 여기저기로부터 혹독한 비판에 시달리면서 지배적 지위가 약화되었는데, 이를 대표하는 것이 샤트슈나이더(E. E. Schattschneider), 로위(Theodore Lowi), 린드블럼(C. Lindblom) 등 다원주의에 비판적인 입장을 개진하였던 일련의 학파들이었다. 이들은 다원주의가 칭찬해 온 주요 집단들은 자발적 결사체가 아닌 비민주적 특권 집단이며, 이익집단 정치의 수혜자들은 일반 시민이 아니라 상대적으로 많은 자원을 갖고 잘 조직화되어 있는 소수 집단의 리더십과 회원일 뿐이라고 비판하였다. 그들은 다원주의가 정책결정 과정에 대해 특권적 지위를 갖고 있는 특수 이익(special interest)의 폐해를 간과함으로써 불평등을 옹호하는 현상유지 이론으로 전락했다고 보았다.[2]

가장 격렬한 비판자는 "다원주의의 천국에는 상위 계급(upper class)의 강력한 엑센트가 묻어나는 천국의 연주가 울리는 결점이 있다"고 주장하며 다원주의의 엘리트적 요소를 질타한 샤트슈나이더였다. 그는 정치를 갈등의 사회화로 규정하고,

---

2 이 입장은 다원주의의 공정한 개방성과 접근가능성 테제를 비판하고, 그러나 정치 엘리트 사이의 경쟁 증진이 정치적 지지를 동원하기 위한 정치인과 정당의 치열한 노력을 동반하기 때문에 시민 참여를 제고하고 나아가 대표성의 제고에 결정적으로 기여한다고 보았다는 점에서 앞의 경제 엘리트 이론이나 좌파 이론과 명확히 구분된다.

특히 갈등의 수준과 규모를 인위적으로 통제하는 정당의 기능에 착목하였다. 그의 이러한 정치관은 잘 조직화된 특수 이익은 공공 이익이 부각되는 것을 막기 위하여 정치적 갈등의 맥락을 동원·조작할 수 있다는 주장으로 발전된다. 결국 그의 비판의 핵심은 기업과 같은 조직화된 특수 이익에 의해 주도되는 이익집단 정치는 편견의 동원을 통해 특정 갈등을 전국적 이슈로 부각하거나 반대로 억제함으로써 상층계급 편향(upper class bias)을 갖게 된다는 것이다.

이 시기에 주목해야 할 또 한 사람은 로위였다. 다원주의에 대한 그의 비판은 이익집단 자유주의라는 개념을 통해 분명하게 드러난다. 그는 1930년대 이후 미국에서 공공정책의 원칙으로 확립된 이념을 이익집단 자유주의로 규정하였다. 이익집단 자유주의에서 정부 역할은 효과적으로 조직화된 이익집단에 대한 접근의 통로를 확보해 주고 경합하는 이익집단의 지도자들 간에 수립된 협의의 결과를 조정하여 인준하여 주는 것으로 규정되었다. 로위는 이익집단 자유주의의 폐해로 정부에 대한 시민통제의 약화와 특권세력의 급성장, 그리고 정부의 통치능력의 지속적 감퇴를 지목하였다.

다원주의에 내재된 불평등을 경험적 연구를 통해 입증한 또 한 사람은 린드블럼이었다. 린드블럼은 무엇보다도 자본(기업)은 경제성장을 결정하는 투자자로서의 특권적 기능 때문에 어디에서나 구조적 권력을 향유한다는 권력 가설을 정립하였다. 자본은 항상 투자 기피와 철수(exit) 결정을 통해 경제 불황을 장기화시키고 그 결과 유권자의 불만을 심화시킬 수 있는 전략적 선택을 할 수 있기 때문에 정부는 정책을 입안할 때 자본을 일차적으로 고려할 수밖에 없다는 것이다. 그가 집중적으로 비판한 것은 기업 집단과 같은 특수 이익과 로비 때문에 미국의 민주주의가 심각한 위기에 빠져 있다는 것이다. 그는 다원주의가 이 문제를 간과함으로써 심각한 규범적 문제, 즉 권력의 구조적 불평등을 외면하는 현상유지 옹호 이론으로 전락하였다고 비판하였다.

결국 이 이론에서는 무엇이 지방권력을 결정하는가라는 질문에 대해 부를 독점하거나 과점하고 있는 소수의 기업과 상층계급에 포진해 있는 전문가집단 등 조직화된 특수이익을 지목하고 있다.

4. 정치 엘리트 지배 이론

1970년대 초 유명한 역사학자인 슐레진저(A. Schlesinger)는 닉슨 대통령이 의회의 승인 없이 캄보디아에서 전쟁을 벌이고, 대통령에게 부여된 비상대권을 국내의 정치적 반대자에게 행사하고, 정적(政敵)의 사무실에 도청장치를 설치하는 등 과도한 권력 남용을 비판하기 위해 제왕적 대통령제(imperial presidency)라는 개념을 사용하였다. 미국뿐 아니라 의회의 축소와 더불어 행정 국가화 현상이 확산되면서 대통령이 제안하고 의회가 처리하는 '선출된 군주'로 군림하는 제왕적 대통령제가 대통령제의 본질적 문제로 제기되었다.

제왕적 대통령제가 권력의 정점에 있는 대통령을 정치 엘리트의 주역으로 본 것이라면 지방자치에서 강시장형 모델은 지방권력의 실제 행사자로 시장(mayor)을 주목하고 있다. 강시장형 모델에서 주민에 의해 직접 선출된 시장은 광범한 인사권을 행사한다. 시장은 종종 자신의 참모들의 도움을 받아 예산을 마련하고 관리하며, 행정적 권한의 거의 전부를 영위하고, 부서장들을 임명·해직할 수 있는 권한을 갖는다. 반면 약시장형 의회에서 시장은 선출된 의원들 사이에서 선출된다. 시장의 임명권은 제한적이며, 일반적으로 시의회가 입법적 권한과 행정적 권한 모두를 소유한다.

결국 이 이론에서는 무엇이 지방권력을 결정하는가라는 질문에 대해 도시의 주요 정책을 결정하며, 관료와 산하 기관장의 인사권을 행사할 수 있는 시장과 지역구 국회의원, 지방의원 등 선출직 공직자라고 대답한다.

5. 지배 연합(Ruling-Coalition) 이론

1) 엘리트 지배 연합

공공정책과 국가권력을 각 분야의 소수 엘리트들의 은밀한 결탁과 제도적 유착을 통해 장악하고 있다는 것이 엘리트 지배 연합의 골자이다. 가장 대표적이 것은 군산복합체와 고위 정치세력의 삼두마차가 미국을 지배하고 있다는 밀즈의 파워엘리트이다. 이러한 맥락에서 기존의 다원주의 체제의 문제점을 지적하기 위해 배타적이고 폐쇄적인 정책결정과정을 지칭하는 하위정부(subgovernment), 철의 삼각형(iron triangle), 정책 하위체계(policy subsystem)라는 개념을 고안하였다. 이러한 개념들은 이익집단 - 의회 - 관료 사이의 외부의 침투를 허용하지 않는 공생적 결탁관계를 지칭하는 것으로 특히, 농업·복지·국방 등 이익 분배 정책의 영역에서 대두되었다.

이러한 논리를 지역에 적용한 것이 성장연합(growth coalition) 모델이다. 로간과 몰로치(Logan & Molotch, 1987)에 의해 주장된 성장기구론은 도시개발 문제에 역점을 두고 있는데, 지주를 중심으로 구성된 성장연합이 도시성장을 주도하는 세력으로 보았다. 이 이론의 핵심은 지역경제의 성장으로 이익을 향유하게 될 세력들이 연합하여 도시정치를 이끌어 간다는 것이다. 즉 토지의 교환가치를 높이려는 지주와 간접적 이익을 향유하는 추종세력들이 지방정부와 연합함으로써 도시의 성장을 주도한다고 본다. 성장연합의 직접 당사자 집단들은 주로 토지소유자를 비롯하여 금융자본가, 건설업자, 전문기술자 등이며, 보조 집단들은 지방언론, 공기업, 대학, 문화기관, 스포츠클럽, 노조, 자영업자, 소매업자 등 토착 이익집단들이 여기에 해당된다.[3]

---

3 그렇다면 도시는 왜 끊임없이 성장을 추구할까? 이에 대해 피터슨은 '도시의 한계'라는 개념을 들어 흥미로운 설명을 제시한 바 있다(Peterson 1981). 그는 각각의 도시도 경제적 지위를 최대화하기 위해서 다른 도시와 경쟁해야 하며, 목표를 성취하기 위해서는 양질의 노동력, 많은 자본의 유인을 위한 토지 자원을 이용해야 한다고 보고 있다. 그런 이유에서 지방정부는 지역경제에 기여하는 개발정책에는 열성이지만 경제성장에 위험이 될 수 있는 재분배 정책은 소홀히 함으로써 빈민계층의 희생 하에 경제엘리트의 이익이 우선한다는 도시 한계이론을 제시하였다.

제 3 장 지방의 권력구조

일본 재계를 대표하는 게이단렌(経済団体連合会)이 아베 3차 내각과 '밀고 밀어주는' 긴밀한 공생관계를 강화하고 나섰다. 지난 2009년 민주당 정권 수립 이후 끊어졌던 일본 정부와 재계의 유착 고리가 급속도로 복원되면서 과거 자민당 1당 패권시대에 일본 경제정책 결정의 핵심 구조를 형성했던 정치−관료−재계의 '철의 삼각형'이 되살아날 조짐이다.

일본의 대기업 이익을 대표하는 게이단렌은 전후 이래 정책 결정의 중요한 한 축을 이루며 일본 경제의 고도성장을 견인해온 단체다. 게이단렌은 사실상 일당지배를 유지해온 자민당에 기업들의 정치헌금을 알선하는 '중개기관'이자 기업들의 정책 요구를 정계에 전달하는 창구로서 막대한 영향력을 행사했다. 이렇듯 돈과 특혜로 긴밀하게 얽힌 정치인(자민당)과 기업은 막강한 관료집단과 함께 '철의 삼각형'의 권력 유착구조를 형성했다. 기업 총수 가운데 선출되는 게이단렌 회장은 '재계의 총리'라고 불렸을 정도다.

이처럼 재계와 아베 정권이 긴밀한 관계를 구축한 것은 '아베노믹스'의 성공을 위해 기업들의 임금 인상과 고용·투자 확대가 절실한 아베 총리와 엔저를 비롯한 대기업 친화적 여건에 힘입어 최고의 이익을 올리고 있는 재계의 이해관계가 일치했기 때문이다(『서울경제』 2015.1.2).

2) 레짐 이론(regime theory)

1970년대 이후 단일 세력이든 엘리트 지배연합이든 소수 세력의 결탁과 유착이 권력의 중핵을 차치하고 특권을 구가한다는 인식이 낡고 고루한 것이라는 비판이 제기되었다. 첫 번째 계기는 68혁명 이후 시민단체와 공익적 이익집단의 등장은 이익정치의 양상, 특히 로비와 캠페인 방식에 일대 전환을 가져왔다. 1970년대에 이르러 워싱턴에서 이루어지는 의회−기업−로비스트로 이루어진 폐쇄적 네트워크를 넘어서, 전국적 수준에서의 지지자 동원을 지칭하는 풀뿌리(grassroot) 로비와 대중 캠페인이 일반적인 것으로 자리 잡게 되었다. 두 번째 계기는 서구에서 국가(도시)가 성장만 추구하는 것이 아니라 복지와 같은 재분배정책이나 환경과 같은 규제정책을 지향할 수 있음을 보여주는 사례들의 증가였다.

이러한 흐름 속에서 협력과 네트워크라는 두 가지 키워드를 지방권력에 적용한 것인 레짐이론이다. 이 이론의 핵심은 지방정부와 비정부(non−government) 영역과의 협력 및 생산을 위한 레짐 형성에 주목하는 것이다. 레짐 이론은 도시정책을 지역사회의 정치적 배분을 둘러싼 투쟁의 산물로 간주하는데, 다양한 이해와 상호 충돌은 통치연합(governing coalition) 혹은 지배적 연합(prevailing coalition)이라고 불리는 일종의 레짐을 통하여 여과된다.[4]

레짐 이론에 따르면 현대의 도시정치는 다음 세 가지의 특성을 공유한다. ① 복잡성: 다양하고 광범위한 상호의존과 사회연결망을 지니며, 단일한 합의체제의 결여 속에서 분산의 속성을 갖는다. 직접적이고 강력한 사회통제체제가 불가능하며, 사회 내 여러 자원과 세력을 규합하는 제한된 통제체제만이 가능할 뿐이다. ② 정책 네트워크: 단일한 지시와 통제(엘리트론)나 개방적인 경쟁과 협상(다원론)이 아닌 상호신뢰의 네트워크가 존재한다. 단기 이해보다는 장기적 목적, 분배보다는 생산을 중시한다.[5] 이 이론은 정부와 시민간의 광범위한 관계보다 정부와 이익집단의 중재과정에 더 관심을 둔다. 도시정치의 주된 참여자는 선출직 공직자와 기업, 이외에도 소수인종, 근린주거, 노동조합, 다른 사회이익집단, 전문기술직 종사자 등 다양한 비선출직 종사자이다. ③ 민주정치: 대중 참여와 선거 등 민주정치를 인정한다. 다원주의와 차이는 선호의 결집보다는 선호의 형성과정을 중시한다. 선호를

---

4 이 이론을 정립한 스톤에 따르면 레짐은 "통치결정을 하는데 지속적인 역할을 할 수 있게 해주는 제도적 자원에 접근 가능한 비공식적이지만 비교적 안정된 집단"으로 정의된다(Stone 1989, 4). 레짐에서 각 참여자들은 명령수용권이라는 제도적 기반을 갖고 있지만 사회전체를 망라하는 명령구조 없이 협력을 위한 비공식적 기반으로서 활동한다.

5 레짐 이론은 기업이 사회복지에 중요한 영향을 미치는 자원이나 투자결정을 함으로써 정부정책의 특권적 지위, 즉 체제적 힘을 행사한다고 보는 점에서 1970년대 마르크스 이론으로부터 상당한 영향을 받았다. 하지만 정부는 중요한 자원을 배분하는 상황에서 자신들의 동맹을 형성하고 미래에 대한 계획을 수립할 능력과 의지가 있다고 본다. 즉 경제결정론을 거부하고 정치적 요인과 자율성을 중시한다는 점에서 경제 엘리트이론이나 마르크스이론과 차이가 있다.

역동적 정치과정에 의해 상황과 가능성에 따라 개발되는 것으로 인식한다.

스톤은 1946년에서 1988년까지 애틀란타(Atlanta) 시를 사례로 분석하였는데, 거기에서 안정된 협력 수단을 갖고 경제정책과 성장 의제에 적극적으로 개입해 온 단일 레짐의 존재를 관찰하였다. 스톤이 명명한 Atlanta 레짐은 두 개의 핵심집단으로 구성되었는데, 하나는 은행, 백화점, 일간신문사, 코카콜라 등 장기간 상호협력과 통일된 행동노선을 주도하였던 도심의 기업 엘리트 집단이었다. 다른 하나는 흑인시장이 주도하는 정치세력이다. 이들은 다수 유권자 집단을 대표하였는데, 지역의 흑인목사와 흑인중산층을 중심으로 비교적 통일되고 안정된 정치적 입지를 구축하고, 성장의 과실을 향유하였다. Atlanta 레짐이 선택한 정책은 광범위한 정부지출과 상당한 모험을 내포하는 전면 개발전략이었다. 일부의 지속적인 반대와 대안적인 정책에도 불구하고 전면 개발전략을 추구한 이유는 그것이 기업에게는 경제성장과 확장을, 흑인집단에게는 양질의 주택과 고용, 소기업 창업 등 선택적 유인을 제공할 수 있었기 때문이다. 이러한 물질적 유인과 일련의 공감대가 형성되면서 민간단체와 비공식적 교류를 통한 레짐 참여자간의 신뢰와 협조가 증진되었고, 동맹이 지속, 확장될 수 있었다(Stone 1989).

3) 거버넌스(governance): 협치(協治)

통치의 패러다임의 전환을 가져온 거버넌스는 "공동의 문제해결을 위한 자발적 참여자 사이의 수평적이고 협력적인 네트워크"로 정의될 수 있다. 거버넌스의 문제의식을 지방수준에서 특화한 것이 로컬 거버넌스라 할 수 있다. 기본적으로 로컬 거버넌스는 "공동의 문제해결을 위한 자발적 참여자 사이의 수평적이고 협력적인 네트워크"가 지역 단위에서 운용되는 것이라 할 수 있다. 국정차원의 거버넌스와 차이가 있다면 지역 주체인 주민의 역량과 자치와 비공식적 행위자인 풀뿌리 시민단체와 지역언론 등의 협력의 제도화를 강조한다는 점에서 보다 급진적이고 적극적인 시민참여 개념이라 할 수 있다. 글로벌이나 국가 차원의 거버넌스가 일차적으로 대의민주주의의 질적 확장과 참여민주주의의 진작을 지향한다면, "지역적 수준에서의 로컬 거버넌스는 단순히 거버넌스 이론의 국지적 적용이라는 의미를 넘어 직접민주주의 체제로의 전환을 위한 실천적 연습이라는 측면이 있다. 로컬 거버넌스는 지역사회의 의사결정권한의 공유, 지역시민의 자치권과 독립성의 함양, 시민참여를 통해 시민사회를 발전시키는 방법이며 이는 지방정부의 권력구조를 전환하는 과정"으로 이해될 수 있다.

6. 우리나라의 지방 권력은 누가 지배하는가?

우리나라의 지역 권력구조 연구는 1995년 자치단체장의 주민 선출을 계기로 확연히 증가하는 추세를 보여주었다. 다음의 <표 3-1>은 지금까지 이 분야에서 발표된 38편의 연구를 지역 권력의 핵심 주체에 따라 분류한 것이다. 이를 기초로 우리나라의 지역권력 구조에서 발견할 수 있는 몇 가지 특징을 정리하면 다음과 같다.

1) 시장주도형 정치-엘리트 지배의 압도

38편의 논문 중 시장과 엘리트, 중앙정부를 권력 주체로 지목한 연구가 거의 90%에 이르고 있는데, 이들이 모두 정치·행정·경제 엘리트에 포함된다는 데에서

표 3-1 권력구조의 핵심 주체에 따른 분류

핵심주체	빈 도	비 율
시장	24	63.2%
엘리트	6	15.8%
중앙정부	4	10.5%
다원주의(이익집단)	3	7.9%
전문 관료	1	2.6%
계	38	100%

출처: 강문희(2010), 11에서 재인용.

우리나라의 도시는 여전히 다원주의인 지배구조가 아니라 엘리트들의 정책선호에 따라 지배되는 특성을 지니고 있으며, 그 중에서도 특히 공식적인 정치·행정 엘리트의 지배력이 매우 강하다는 사실을 알 수 있다. 이러한 배경에는 우리의 지방자치가 집행부와 의회의 상호 견제를 중시하는 기관 대립형 모델이자 강시장형 모델의 전형적인 사례에 해당된다는 데 있다. 우리나라의 시장은 정책추진과 예산배정의 우선순위를 결정하며, 지방 관료에 대한 광범위한 인사권을 통해 관료집단을 종속시켜 놓았고 결국 지방정치의 위계에서 가장 강력한 지위를 차지하고 있다.[6]

지역권력 구조의 정점에 시장과 도지사, 의원 등 선출직 공직자가 있다는 사실은 여러 사례 연구에서 공통적으로 지적되고 있다. 박종민(1999) 등은 의사결정법을 사용하여 성남·부천·평택·청주·진주 등 5개 도시의 지역사회 권력구조를 분석하였다. 그들의 연구에 따르면 서구의 엘리트론, 다원론, 성장기구론, 도시한계론 및 도시통치체제론의 시사와 달리 우리의 지방정치과정은 시장독주체제 혹은 시장지배연합의 특징을 보이는 것으로 나타났다. 지방정부에 대항할 수 있는 기업공동체, 이익집단, 시민단체 및 근린주민조직이 제대로 형성되어 있지 않은 상황에서 공식정부의 정점에 있는 시장은 후견인-고객의 교환관계를 통하여 혹은 사적 유대관계를 통하여 시의회와 행정 관료제를 압도하면서 지역사회를 통치한다는 것이다.

주목할 것은 관선과 민선의 차이, 즉 주민의 직접선출이라는 제도적 변화가 지방의 권력구조의 위계에 변화를 가져왔다는 점이다. 도지사든 시장이든 관선의 경우 중앙정부의 대리인으로서 지역정책을 결정하고 집행하는데 불과했다. 그러나 민선 시장은 지방행정과 지역주민의 이익의 대변자로서 지역의 많은 정책결정에 지배적인 영향력을 행사한다. 특히 민선 시장은 주민의 직접선출이라는 강력한 정당성에 의하여 그 권위를 인정받고, 안정적인 임기를 보장받음으로써 지방정치의 무대에서 핵심적인 지도자로서의 지위와 역할을 유지하고 있다. 시장의 '강력한 권한과 통치 자원'은 오랫동안 쟁점이었던 원주시 시청사 건립을 둘러싼 사례 분석에

---

6 한 연구에 따르면 우리의 기초자치단체의 45% 정도가 지방의회에 비해 단체장의 공식적 권한이 압도적인 강시장형을 띠고 있었고, 균형은 41%, 약시장형은 단지 14%에 불과했다(권경환 2005).

서도 여실히 드러났다. 박기관(2004)의 연구에 따르면 시청사 건립을 결정하는 데 있어서 시장은 자신에게 부여된 인사권과 재정권을 통해 지방 관료들을 어느 정도 장악한 상태에서 강력한 권한을 행사하고 정책결정에 지배적인 영향력을 발휘했다. 유재원(2003)은 232개 지방자치단체의 실무과장을 대상으로 설문조사를 실시했는데, 그의 결론에 따르면 선출직 시장은 그 어떤 외부행위자(기업, 지역유지, 이익집단, 정당, 언론을 비롯한 지방도시의 사회경제 세력은 물론 심지어 상위 정부)보다도 가장 강력한 영향력을 행사하고 있다.

한편 시장에 비해 지방의회와 관료의 역할은 제한적이고 다소 부차적인 것으로 조사되었다. 시장은 시의원, 행정관료 및 기업인과 후견인—고객이라는 개별적인 교환관계와 유대관계를 형성하여 사적 연결망을 구축하고 지방정치를 주도한다(박종민 1999). 하지만 지방의 권력구조는 시장 개인의 리더십과 엘리트 상호간 연결망의 응집력 정도에 따라 다르게 나타날 수 있다. 설문조사와 지위법을 적용한 신진(2006)의 연구에 따르면, 5개 도시(원주, 남원, 순천, 영천, 밀양)에서는 시장주도형 지배구조가 나타났지만 3개 도시(구리, 충주, 공주)에서는 오히려 관료주도형 지배구조가 나타났다. 이들 세 도시에서는 네트워크 중심성이 다른 도시들에 비해 낮게 나타나고 있어 어떤 엘리트도 독점적인 영향력을 행사하지 못하고 있으며, 권한이 전문 관료들에게 광범하게 분산되어 있다는 것이다. 또한 공주의 사례처럼 뇌물수수와 선거법 위반으로 연이어 시장이 구속되면서 시장을 대신할 수 있는 분야별 전문 관료가 지배구조의 핵심으로 등장했다는 것이다.

2) 중앙엘리트 지배에서 지방엘리트와의 공존으로

민주화와 지방자치를 경험하기 이전의 한국현대사에서 지역정치는 중앙정치의 축소판, 또는 판박이에 지나지 않았다. 이는 우리의 오랜 중앙집권국가의 역사에 바탕을 둔 것인데, 조선왕조는 중앙에서 파견한 수령과 군현단위 사족(혹은 향리)을 통해, 일제는 총독부관료와 지방 유지들을 매개로 지방사회를 지배하여 왔다(지수걸 2003, 17). 지방자치제가 도입된 지 4반세기가 지났지만 아직도 지방자치의 핵심인 지방분권은 미약한 수준이다. 국가전체의 지방분권 수준이 사무배분(차지사무)은 31.9%, 지방재정은 20.1%(조세수입 기준)에 머물고 있으며(전국시도지사협의회 2014), 자치의 또 다른 핵심인 자치경찰제의 미실시, 지방자치와 교육자치의 이원화, 협소한 조례 제정 권한 등의 문제를 안고 있다. 하지만 지방자치제의 효과가 권력구조 차원에서도 서서히 나타나고 있음을 알 수 있는데, 그것은 지방엘리트의 권한과 지위가 강화되고 있다는 점이다.

지방자치제 이전이나 초기의 연구들은 지방권력에 대한 중앙권력의 압도적 지배를 공통적으로 지적하여 왔다. 예를 들어 청주지역을 대상으로 한 연구에 따르면, 상층 권력자들의 다수가 검찰과 경찰 등 중앙권력자들이고 행정·정치·사회분야의 권력자들이 지역에서 상대적으로 큰 영향력을 행사하고 있는 것이 드러났다. 정치 및 행정 분야는 국가권력의 대리인이라는 점에서 중앙집권체제의 당연한 결과라고 할 수 있다(민경회 외 1996, 222). 6개 도시를 대상으로 한 박재욱(2004)의 연구 역시 중앙정부가 시장보다 상위의 권력주체임을 보여주었다.

표 3-2 엘리트의 영향력과 정책결정 유형의 상관성

정책유형	전주시			수원시			춘천시		
	영향력 평가	순위	의사결정 유형	영향력 평가	순위	의사결정 유형	영향력 평가	순위	의사결정 유형
보건복지	시장/부시장	1	시장연합 (레짐이론)	시장/부시장	1	시장주도	시장/부시장	1	시장연합 (레짐이론)
	상위정부	2		상위정부	2		상위정부	2	
	시의원	3		시의원	3		시의원	3	
환경사업	시장/부시장	1	시장연합 (레짐이론)	시장/부시장	1	시장주도 견제	시장/부시장	1	시장연합 (레짐이론)
	상위정부	2		상위정부	2		시의원	2	
	시의원	3		담당실국장	3		상위정부	3	
건설교통	시장부시장	1	시장주도	시장/부시장	1	시장주도	시장/부시장	1	시장주도
	상위정부	2		상위정부	2		상위정부	2	
	시의원	3		이익집단	3		시의원	3	
도시계획·주택	시장/부시장	1	시장연합 (레짐이론)	시장/부시장	1	시장주도 견제	시장/부시장	1	시장주도
	상위정부	2		상위정부	2		상위정부	2	
	시의원	3		담당실국장	3		시의원	3	

그러나 지방자치제가 진전되면서 중앙엘리트에 대한 지방엘리트의 지위가 역전이라고 단언하기는 어렵지만 적어도 대등한 관계라고 말할 정도로 올라서고 있다. 3개 도시의 다양한 분야에서의 엘리트의 영향력을 측정한 오관석(2003)의 연구에 따르면 시장의 영향력이 상위정부의 그것을 능가한 것으로 나타났다. <표 3-2>에서 알 수 있듯이 대체로 영향력의 크기는 1위는 시장과 부시장, 2위는 상위정부의 순으로 나타나고 3위 수준은 지역별, 또는 정책·사업별로 미비한 수준에서 차이를 보이고 있으나 대체로 시의원, 담당 실·국장 그리고 국회의원 수준으로 나타났다.

3) 한국형 성장연합 모델: 은폐된 토호정치

서구와 우리나라의 지역권력 연구에서 발견할 수 있는 두드러진 차이점은 엘리트 또는 이익집단의 주인공으로서 기업의 역할에 대한 인식 차이이다. 이익집단 연구에서 오랫동안 변하지 않은 교리 중 하나는 기업의 지배와 우위에 대한 확고한 믿음이다. 기업 지배 가설의 강력한 주창자인 샤트슈나이더는 1946-1949년의 로비 지표(Lobby Index)를 분석하여 1,247개 가운데 825개가 기업을 대표하고 있음을 밝혀냈다. 여기서 도출된 그의 결론은 미국정치는 "기업 혹은 상위계층 편향"을 갖고 있다는 것이다(Schattschneider 1960, 31). 시민단체의 증가가 새로운 현상임에는 틀림없지만 기업 우위의 정치구조에 근본적 변화를 가져온 것은 아니다. 슐로즈만과 티에니에 따르면, 워싱턴에서 대표되는 조직의 45% 이상은 기업 조직이며, 그 조직의 3/4 이상은 기업이나 전문 이익을 대변하고, 시민단체·인권단체·사회복지·이념 조직은 전체의 20%를 놓고 경합할 뿐이다(Schlozman and Tierney, 1986, 90). 이러한 현상은 최근까지도 크게 바뀌지 않고 있다. 최근 한 연구는 1,779에 달하는 정책 사례를 경험적으로 분석하여 기업 이익을 대변하는 경제 엘리트와 조직화된 집단이 미국의 정부정책에 독립적인 영향력을 미치는 반면 일반 시민과 대중에 기초한 이익집단들은 실질적인 영향력을 '전혀' 또는 '거의' 미치지 못한다는 사실을 밝혀냈다(Gilens and Page 2014, 564-575).

하지만 우리나라의 연구에서 기업은 그 영향력이 거의 무시되고 있다. 우리나라에서도 기업은 세입의 원천 및 고용자로서 성장과 발전에 있어서 매우 중요한 위치를 차지하고 있다는 인식이 확산되고 있다. 그러나 지방정치과정에서 기업이익의 영향력은 수동적이고 주변적이다(박종민 1999, 131). 실제 우리의 경우 기업은 지역사회에서 통치를 주도하지 못하며 구조적 권력조차 향유하지 못한다. 지방기업은 오히려 지방정부에 종속되는 경향을 보이는데, 이는 기업이익이 조세감면, 토지공여, 재정지원과 같은 지방정부의 인허가에 의존하기 때문이다. 또한 단체장과 기업이 성장연합을 구성하더라도 그 연합은 일방적인 경제논리보다는 정치권의 정치논리에 의해 지배되는 경향이 있기 때문이다. 앞선 원주시 사례연구에서도 기업은 시장과 후견인－고객관계를 형성할 정도의 힘(power)을 가지지 못했다(박기관 2004). 기업도시인 포항에서조차 기업(포스코)은 외지엘리트로서 지역사회에 상대적으로 무관심하였고, 토착적 지배엘리트들이 시장직과 의원직을 장악하는 것을 방임하였다(장세훈 2010, 187).

그러나 이러한 관찰은 공식적 정책결정 이면에서 이루어지는 은밀한 결탁과 행사 즉 권력의 비가시적 작동을 해명하지 못한 결과일 수 있다. 한국사회는 연구가 아닌 생활 속에서 토호 또는 유지라고 하는 막강한 권력집단을 쉽게 목도할 수 있다.[7] 이들의 뿌리는 일제 식민통치시기로 거슬러 올라간다.[8] 총독부는 조선지배의 총동원 조직으로서 통감부설치와 지방제도 개혁을 계기로 관료－유지 지배체제를 구축하였다. 이때의 유지는 개항과 친일을 계기로 부를 축적한 새 양반의 자기 변신을 통해 이루어졌다. 조선왕조 시기 군현의 향교마다 향안(사족명부)이 있었듯이 일제시기 군청에는 유지명부가 비치되었고, 유지의 지위는 당국으로부터의 신용과 사회적 인정을 입증하는 일종의 신분증명서였다. 이후 유지들은 군사정권 시절 새마을운동이나 관변단체를 통해 재력과 영향력을 축적하였다.[9] 현재까지도 지

---

7 토호세력이란 "지역사회에서 재력이나 이미 확보한 기득 권력을 바탕으로 스스로 정치, 행정권력을 쥐거나 그런 권력과 공생관계를 통해 자기 이익을 유지, 확대해온 사람"으로 정의될 수 있다(김주완 2010, 85).

8 유지집단은 양반(사림)과 달리 생득적 집단은 아니지만 하나의 지위집단이나 결사로서의 지위를 사회적으로 공인받은 일종의 사회적 지위집단이다(지수걸 2003).

9 반공·성장주의로 무장한 권위주의적 관료체제(1960－80년대)는 군부세력을 축으로 하여 엘리트

방 유지들은 국가행정기관에 부속된 각종위원회(민족통일협의회, 평통자문위원회), 공공단체나 조합(농지개량, 산림, 새마을금고연합회, 농축수협), 각종 관변단체 지부나 연합회, 시군단위 라이온스클럽이나 JC 등을 통해 지역공론을 좌우하고 있다(지수걸 2003).

일부 연구들은 지역 권력의 특성으로서 사회적 동질성, 즉 관변단체의 배경을 지닌 자영 상층 출신의 권력독점을 지적하고 있다. 유지나 토호로 이루어진 이들이 지방의회에 대거 진입함으로써 시의회가 시민의 대표라기보다는 가진 자들의 이권을 챙기는 제도적 도구로 전락하였다는 것이다(정상호 2001). 또한, 지역 유지들이 개발연합의 가장 큰 수혜자인 부동산자본가들이나 각 지역의 중소자본가들인 것을 고려할 때 이들 집단의 이해관계가 주민들의 의사나 이해와 관계없이, 혹은 그에 반하여 이루어질 가능성이 크다는 점이 지적되어 왔다(김왕배 2000, 286). 그러나 연구를 통해 이들의 실체와 권력행사 방식이 온전히 해명된 적은 거의 없다.

우리나라의 경우 적어도 복지정책이 선거의제로 부상한 2010년 지방선거이전까지는 시장과 토호의 성장연합이 지역 권력을 좌우해왔을 개연성이 대단히 높다. 민선 1기와 2기를 대상으로 한 연구에 따르면 대부분의 지역 특히 도시의 규모가 커질수록 단체장들은 분배보다는 성장정책을 추구하였다. 단체장들의 최대 관심사는 지역경제 활성화와 공약사업실천에 필요한 재원확보를 위해, 그리고 IMF 체제하에서 기업이익 확대를 통한 세수증대를 위해 전적으로 성장정책에 매달렸다(권경환 2005, 458).

전국적인 대기업은 아니지만 다양한 분야의 사업을 운영하고 있는 자영상층의 토호와 유지집단이 지난 20년간 지방자치의 명분아래 이루어진 지역개발의 시대에 정치엘리트의 파트너로서 공생하였을 것이라는 것은 합리적 추론이다. 이러한 추론을 이론적으로나 경험적으로나 밝히는 것이 우리나라에서 지역권력 연구의 중요한 과제라 할 수 있다.

집단을 중앙권력에 충원하고 관료중심의 관치행정주의를 전개하는 수직적 권력구조를 지녔다. 여기에서 지방 유지들은 지방권력의 통제 아래 각종 관변단체와 통반장 등의 끄나풀조직으로 편입되어, 대중을 동원하고 여론을 조작하는데 활용되었다(정상호 2001).

4) 시민단체의 한계와 잠재력

우리나라에서 시민단체의 수와 영향력은 비약적으로 증가해 왔다. <표 3-3>에서 알 수 있듯이 90% 이상의 시민단체가 1987년 민주화 이후 신설되었다.

사회운동이나 시민운동이 촉발한 정치사회의 민주화는 지역 권력의 구조를 변화시킨다. 광주에서 5월 항쟁은 광주·전남지역에서 주민참여를 활성화시키고 사회운동이 정치적 발언권과 대표성을 확장하는 방향으로 권력구조를 변화시켰다(최정기 2004, 18). 이선향(2005)의 연구 또한 사회운동과 시민단체의 밀접한 관계를 잘 보여주고 있다. 그녀는 강원도의 대표적인 폐광지역인 고한과 사북지역의 사례연구를 통해 이 두 지역이 1980년 이후 2000년에 이르기까지 격한 사회경제 변동을 겪어나가면서 노조대표와 시민활동가들의 영향력이 강화되고 급기야는 이들이 자신들만의 이념과 정책선호에 따라 정치력을 행사하는 지역엘리트로 성장해 나가는 과정을 보여주었다.

그러나 아직까지 시민단체가 지역의 공공정책 결정에 있어서 수평적이고 협력적인 동반자의 지위를 누리고 있다는 주장은 찾아보기 어렵다. 그 원인은 몇 가지 점에서 설명될 수 있다. 첫째는 지역문제에 집중하는 전문성과 역량을 갖춘 풀뿌리

표 3-3 시민단체의 설립연도별 분포

	단체수		비 율	
1945이전	52		0.7	
1945-1969	126	626	1.6	8.1
1970-1979	94		1.2	
1980-1989	354		4.6	
1990-1999	1,140		14.6	
2000-2009	5,176		66.5	
2010-2012	846		10.7	
	7,788		100	

출처: 시민의 신문. 『한국민간단체총람』(2012).

시민단체가 많지 않다는 점이다. 우리나라의 시민운동은 다른 나라와 다른 몇 가지 특징, 즉 연대를 통한 정치운동(advocacy)의 전통이 강하며, 경실련이나 참여연대와 같은 종합형 시민운동의 성격을 갖고 있다. 또한 대부분의 시민단체가 지방보다는 수도권(49.9%)에서 활동하고 있다. 또한 <표 3-4>에서 확연히 드러나는 것처럼 지역자치와 지역빈민 등 지역의제를 주요 영역으로 삼아 활동하고 있는 단체가 전체의 13.3%에 불과한 형편이다. 풀뿌리 시민단체의 취약한 역량과 영향력이 민관협력의 장애 요인의 하나로 작용하고 있다.

또 하나의 중요한 원인은 정권과 단체장의 단기 이해와 정치 계산에 따른 설부른 실험과 무리수들이 시민단체의 참여 역량과 기관 신뢰를 저하시키고 있다는 점이다. 지방자치의 진전이나 지역 권력의 민주화를 둘러싼 실험들이 없었던 것은 아니다. 김대중 정부에서 야심차게 추진하였던 <제2건국위원회>는 '새마을운동을 모방한 실패한 국민운동'이라는 평가를 받았다. 노무현 정부 역시 분권과 지역내부의 민주화 역량 창출을 명분으로 <지역혁신협의회>를 발족시켰지만 위원 선임권이 거의 자치단체장에게 위임되었고, 지방의회와의 관계가 불투명한 제도적 한계 때문에 결국 유명무실하게 되었다(김주완 2010, 87-93).

시민단체와의 협력은 이명박 정부나 박근혜 정부에 이르러 오히려 퇴보하는 양상을 보이고 있다. 이명박 정부는 지난 시기를 '잃어버린 10년'으로 규정하고 세계화 추세와 시장의 효용성을 강조하면서 정부규모를 축소시키되 효율적으로 일을 잘하는 '작은 정부'와 '선진화'를 국정목표로 설정하였다. 국가인권위원회 등 과거 민관협력 기구로 활용되었던 정부 위원회는 절반으로 통폐합되었고, 한나라당은 <과거사 관련 위원회 통폐합 법안>을 국회에 발의하였다(2008.11.29). 시민사회를 협력과 소통의 대상이 아니라 불법을 일삼는 반정부단체로 바라보는 정부의 인식은 행정안전부와 경찰청의 불법 폭력시위단체 규정(2009.5.13)에서 잘 드러났다. 왜냐하면 여기에는 민주노동당, 창조한국당, 진보신당 등 정당을 비롯하여 참여연대와 민변, 한국YMCA 등 대표적 시민단체들이 포함되어 있었기 때문이다.

정권에 따른 시민단체 지원과 주민참여 제도의 부침은 지방수준에서 더 자주 발견되는 현상이다. 지방자치제가 도입된 이후 지방의제 21, 지역혁신협의회, 마을

표 3-4 우리나라의 시민단체 현황

분야	2000년 단체수	2000년 비율(%)	2003년 단체수	2003년 비율(%)	2006년 단체수	2006년 비율(%)	2012년 단체수	2012년 비율(%)
시민사회	1,013	25.2	1,004	25.5	1,336	24	인권: 306	2.4
							평화통일: 482	3.8
지역자치·지역빈민	222	5.5	216	5.5	325	5.8	권력감시: 143	1.1
							정치경제: 1,538	12.2 (19.5)
사회서비스	743	18.5	1,293	32.8	1,030	18.5	복지: 2,215	17.5
							청년아동: 1,035	8.2
							소비자: 96	0.8 (26.5)
환경	287	7.1	409	10.4	736	13.2	1,491	11.8
문화	634	15.8	438	11.1	549	9.8	991	7.8
교육, 학술	235	5.8	140	3.6	355	6.3	622	4.9
종교	107	2.7	94	2.4	28	0.5		
노동, 농어민	217	5.4	295	7.5	170	3.0	347	2.7
경제	501	12.5	6	0.2				
국제	44	1.1	42	1.1	93	1.6	229	1.8
여성					296	5.3	687	5.4
On-Line					638	11.4	179	1.4
기타	20	0.5	–	–	–	–	도시·가정: 390	3.1
							외국인: 240	1.9
							모금·추모: 31	0.2
							자원봉사: 905	7.2
							기타: 548	4.3 (16.7)
합계	4,023	100%	3,937	100%	5556	100%	12,657	99.9

출처: 2000년은 조희연(2001), 141쪽; 2003년과 2006, 2012년은 『한국민간단체총람』에서 작성.

가꾸기 등 다양한 지역단위의 협의기구들이 활발하게 활동하고 있다. 그렇지만 어떤 정당의 누가 자치단체장에 당선되느냐에 따라 하루아침에 통폐합되는 경우가 비일비재했다. 아울러, 근래에 들어 우리사회에서는 거버넌스를 빌미로 '아동청소년사회협약', '투명사회협약', '일자리사회협약', '문화다양성협약', '저출산고령화협약' 등 사회협약 방식이 지나치게 남발되는 경향을 보이고 있다. 하지만, 그것들의 실질적 성과는 미약하며 제도의 정착 가능성 역시 난관에 봉착해 있다. 가장 큰 문제는 다양한 협치 기구나 실험들이 실질적 권한이 부여되지 않은 채 각계 유명 인사들의 단순한 자문 및 회의기구로 전락하였다는 점이다. 시민단체를 비롯한 참여자들에게 권능강화가 부여되지 않는다면 참여의 활성화나 지속성도, 책무성(accountability)의 확보도, 실질적 협력도 기대하기 어렵다. 무엇보다도 수사(cheap talk)가 아닌 정부의 보다 과감한 분권 및 위임 조치가 필수적이다.

7. 맺음말: '지방권력의 민주화'를 위한 과제와 개선 방향

지방자치제가 부활된 지 25년이 흘렀다. 하지만 아직 분권과 자치, 참여와 혁신을 둘러쌓고 민과 관이 수평적으로 협력하는 거버넌스의 시대는 요원하다. 우리는 앞서 우리의 지방권력이 시장주도의 정치 엘리트 지배에 가깝고, 토호라 할 수 있는 지역토착엘리트의 은밀한 유착이 횡횡하고 있음을 확인할 수 있었다. 결국 문제는 지방권력을 보다 민주적으로 개혁하는 것인데, 그것의 핵심 방향은 견제력(counter-balancing power)을 복원하여 독과점적 시장권력을 제어하는 것이다.

이를 위해 가장 중요한 것이 주민참여의 활성화와 제도화를 통해 시민의 권능을 강화(empowerment)하는 것이다. 우리나라의 민주화는 국가권력에 대한 수평적·수직적 통제에만 초점을 맞추어 지방권력의 민주화는 간과해 온 측면이 있다. 오늘날 주민참여를 막고 있는 장애물은 두 가지로 정리할 수 있다. 첫 번째는 이미 지자체 수준에서 도입된 제도의 활성화를 가로막고 있는 지나치게 높은 진입장벽이다. 이를 개선하기 위해서는 주민투표·주민발의·주민소환·주민소송이라는 직접 민주주의 4법의 요건 및 절차를 대폭 간소화함으로써 풀뿌리 민주주의를 자극하는 것이다. 다른 하나는 참여예산제도, 시민배심원제, 의제 21, 공론조사 등 경쟁적으로 도입되고 있는 주민참여·심의 민주주의의 실험들을 실질적으로 만드는 것이다. OECD(2002)에 따르면, 시민참여는 정보 제공, 협의, 능동적 참여의 세 단계로 구분될 수 있다. 우리나라의 시민참여 수준은 아직까지는 단순한 정보 제공과 자문이나 실질적 결정이 부재한 협의 수준에 미치고 있다. 앞에서 열거한 참여제도에 예산과 조직, 권한을 부여함으로써 장식과 수사가 아닌 시민의 민주적 통제 기관으로 거듭나야 한다.

견제력을 키우는 두 번째 방법은 지방의회의 활성화이다. 최근 지방의원의 부정과 비리, 판공비 남용과 부적절한 해외연수, 단체장과의 결탁 등으로 인해 지방의회와 정당공천제 폐지 주장이 거세게 일고 있다. 이를 개선하기 위해 지방의회의 윤리위원회 강화, 겸직금지 조례, 의정활동비 공개 등의 규제 조치들이 필요하다. 그러나 보다 중요한 것은 지방정부를 견제할 수 있는 실질적 권한을 부여하고 전문성을 강화하는 것이다. 이를 위해서는 상임위별 공동 정책보좌관제도의 도입, 조례제정 범위의 확대 등이 필요하다. 아울러 지방의회의 개혁에 있어 시급하고 필요한 것이 지방의원의 구성을 다원화하는 것이다. 지방의회의 인적 구성에 대한 연구들이 공통적으로 지적하고 있는 것은 지방 정치엘리트 집단은 남성, 50대 – 60대 중심의 연령층, 고학력자, 고소득자, 자영업 중심의 특정 직업군으로 구성되어 있다는 점이다(박명호·한기영 2011). 반면 여성과 청년, 저학력 및 저소득층, 기타 직업군 집단은 지방 정치엘리트 집단에 공급되거나 유입되고 있지 못해 결국 지역정치에서 철저하게 과소 대표되고 있다(전용주 외 2011). 정책 역량과 지역 네트워크를 갖춘 시민단체 출신 인사와 여성의 대거 진입을 통해 지방의원의 인적 구성을 전면적으로 바꾸는 것이 지방의회 개혁의 지름길일 수 있다.

끝으로, 선출직 공직자나 시민 모두 명령과 전문성 중심의 행정가형, 성과와 효율성 중심의 기업가형에 비해 소통과 참여를 중시하는 거버넌스 리더십에 공감하고 있고, 그에 따른 성공 사례가 축적되고 있는 오늘의 시대 흐름을 읽는 것이 필요하다.

❶ 우리지역의 공공정책 결정과정에서 다음 중 누가 가장 큰 영향력을 행사하고 있는가? 영향력의 순서대로 번호(1−12)를 기입하시오.

유형	순위
상위(중앙)정부(대통령과 장차관)	
시장/부시장(구청장)	
담당실국장	
국회의원	
지방의회의원	
지역경제인	
언론	
대학	
교육감	
이익집단	
시민단체	
주민	

❷ 우리가 속해 있는 기초단체와 광역단체에서 시행하고 있는 거버넌스의 사례는 무엇이 있으며, 다른 지역과 비교할 때 어떤 수준인가?

❸ 우리지역은 제왕적 시장지배 체제에 해당되는가? 그렇다면 이를 견제할 수 있는 유력한 방안은 무엇인가?

참고문헌

강문희. 2010. "한국 도시정치의 지배구조: 국내사례연구를 통한 조각그림 맞추기."『한국지방 자치학회보』 22(4).

권경환. 2005. "지방정부의 권력구조와 재정지출정향."『한국지방정부학회 학술대회자료집』.

김주완. 2010. "지방의 권력구조와 토호세력: 문제는 관변단체와 국회의원이다."『황해문화』.

민경희·강희경·배영목·최영출. 1996. "청주지역사회의 권력구조에 관한 연구."『한국사회학』 30.

박기관. 2004. "지역사회 권력구조와 지방정치의 역동성."『지방정부연구』 8(1).

박대식. 2004. "지역사회 권력구조 이론과 한국에 대한 적실성 모색."『사회과학연구』 통권 (15).

박종민. 1999. "한국의 지방정치와 권력구조." 박종민 편.『한국의 지방정치와 권력구조』. 나남출판.

신진. 2006. "한국중소도시의 실세 엘리트 분석."『대한정치학회보』 14(2).

오관석. 2003. "지역사회 권력구조: 전주시·수원시·춘천시 비교."『한국행정학회 학술대회 발표논문집』.

유재원. 2003. "지방관료제에 대한 외부행위자들의 영향력 분석."『한국지방정치론: 이론과 실제』. 박영사.

이선향. 2005. "폐광지역의 사회변동과 지역엘리트형성의 정치적 역동성: 고한·사북지역을 중심으로."『비교문화연구』 11(1).

장세훈. 2010. "지방자치 이후 지역엘리트의 재생산 과정."『경제와사회』.

전국시도지사협의회. 2014.『중앙—지방 합리적 역할 배분을 위한 국고보조사업 사무구분 연구』. 정책연구 2014—02.

전용주·차재권·임성학·김석우. 2011. "한국 지방 정치엘리트와 지방 정부 충원."『한국정당학회보』 10(1).

정상호. 2006. 『NGO를 넘어서: 이익정치의 이론화와 민주화를 위한 탐색』. 한울아카데미.

정상호. 2001. "한국사회의 지역권력과 자영업 집단의 이익정치." 『사회연구』 2(1).

지수걸. 2003. "우리나라의 지방권력과 지방분권: 충남 공주 지역 '지방정치'와 '지방유지'."
『내일을 여는 역사』 (11).

최정기. 2004. "5월운동과 지역권력구조의 변화." 『지역사회연구』 12(2).

Beard, Charles A. 2012(1913). *An Economic Interpretation of the Constitution of the United States*. New York, Simon and Schuster.

Dahl, Robert A. 1961. *Who Governs?* New Haven, CT: Yale University Press.

Gilens, Martin and Benjamin I. Page 2014. "Testing Theories of American Politics: Elites, Interest Groups, and Average Citizens." *Perspectives on Politics* 12(3).

Lehman Schlozman and John B. Tierney. 1986. *Organized interest and American democracy*. New York: Harper & Row Pub. p.388.

Logan, John R. & Molotch, Harvey L. 1987. *Urban Fortunes: The Political Economy of Place*. Berkely, CA: University of California Press.

Mills, C. Wright. 1956. *The Power Elite*. Galaxy edition. New York: Oxford University Press.

Peterson, P. 1981. *City Limit*. Chicago: University of Chicago Press.

Stone Clarence N. 1989. *Regime Politics: Governing Atlanta 1946−1988*. Lawrence, KS: University Press Of Kansas.

제 3 장 지방의 권력구조

LOCAL POLITICS

PART

2

우리나라의 지방정치 제도

2016년, 우리나라에는 유권자가 직접 선출해 구성하는 243개의 지방의회가 있고 3,687명의 지방의회의원들이 있다. 이 장에서는 이들이 왜 존재하며, 무엇을 해야 하고, 무엇을 하고 있는지에 관해 이야기해보려 한다.

제도로서 우리나라 지방의회는 한국 민주주의와 굴곡진 역사의 나이테와 같다. 제헌헌법과 함께 출발했지만 1952년 전쟁 중에 간신히 첫 구성을 보았고, 1961년 5.16쿠데타와 함께 사라졌다가 긴 휴지기를 거쳐 1991년이 되어서야 다시 구성될 수 있었다. 민주화 이후에도 순탄치는 않았다. 우리나라 「지방자치법」은 1949년 제정 이래 2016년 현재까지 총 54회 개정되었다. 1988년 개정 법률부터는 매년 1.6회 이상 총 46회 개정이 있었다. 2006년에는 한 해에만 5번의 법 개정이 이루어지기도 했다.

지방의회선거에 정당공천제 적용이 타당한가, 그렇지 않은가에 관한 오래된 논쟁이 있었고, 실제 제도도 적용과 금지, 다시 적용으로 변화했다. 선출방식도 1인 선거구, 다(多)인 선거구, 정당비례 선출로 그 구성이 거듭 바뀌고 정원도 자주 바뀌었다. 지방의회의 회기, 운영, 자치입법, 행정사무감독, 재정견제 등 기본기능에 관한 제도도 '국가의 지도·감독'이라는 원리와 지방의 '자치'라는 원리가 충돌하면서 어지러운 변화의 궤적을 그려왔다.

이런 상황은 지방의회를 포함한 우리나라 지방자치가 아직 안정적인 제도화 단계에 이르지 못했으며, 역동적인 형성기를 지나고 있다는 점을 반증한다. 제도의 형성기에는 그 제도가 왜 필요한가, 무엇이 바람직한 모습이며 어떻게 진화해가야 하는가에 관한 논쟁적이고 풍부한 논의들이 더욱 필요한 법이다. 지방의회도 마찬가지다. 2014년 국회는 「지방자치법」 제30조를 "지방자치단체에 주민의 대의기관인 의회를 둔다"로 바꾸었다. 그 이전 법에는 '주민의 대의기관'이라는 구절이 없었다. 사소해 보이지만, 정치인과 전문가, 시민들이 지방의회의 지위와 역할에 대해 수많은 논의를 거친 결과로 법 개정이 이루어진 것이다.

이 장에서는 이처럼 역동적인 변화단계를 지나고 있는 지방의회를 보다 잘 이해하기 위해 다음 세 가지 관점에서 접근을 시도한다. 첫 번째는 역사적 관점이다. 어떤 역사적 궤적을 지나 현재에 이르렀는지에 관한 정보를 제공함으로써, 현재 지방의회의 제도와 행태를 좀 더 잘 이해할 수 있도록 돕는다.[1] 두 번째, 국회와 비교의 관점에서 설명을 시도한다. 우리나라 지방의회제도는 국회제도를 모델로 하여 발전해 왔고, 지금도 국회제도 변화의 영향을 많이 받는다. 일반적인 제도원리와 국회제도 운영에 비추어 지방의회제도의 유사성과 차이점을 비교함으로써, 의회제도 일반과 자치의회제도의 특수성을 함께 이해할 수 있도록 돕는다. 세 번째, 민주주의의 관점에서 지방의회 이해하기다. 지방의회는 자치 민주주의의 핵심제도이며 민주성, 반응성, 책임성이라는 민주주의 일반원리에 토대를 두어야 한다. 그리고 그 위에 '지방'정치라는 맥락과 '자치'라는 원리의 조합을 추구해야 하기 때문이다.

이하 이 장의 내용은 크게 네 부분으로 구성된다. 우선 한국정치의 역사적 맥락속에서 지방의회의 현재를 살펴볼 것이다. 지방의회의 역사적 변천을 개괄하면서 현재 지방의회 모습을 주조한 구조적 조건을 살펴본다. 다음으로 다른 제도들과의

---

1 관련하여 한 가지 미리 이야기해 둘 것이 있다. 지방의회제도는 기본적으로 「지방자치법」과 「지방자치법 시행령」에 따라 변화하지만, 각 지방의회의 자치입법에 따라서도 변화를 거듭하고 있다. 따라서 본문에서 언급하는 관련 법규들은 현 시점을 기준으로 한 것임을 밝혀둔다. 짧은 주기로 법규가 변화를 거듭하기 때문에 필요할 경우 법령번호를 명기하였으니 참조하기 바란다.

관계 속에서 지방의회의 지위를 확인해 볼 것이다. 민주주의와 지방자치, 중앙정부와 지방의회, 지방 행정부 및 지방 시민사회와 지방의회의 관계를 들여다보는 것은, 현재 지방의회를 좀 더 입체적으로 이해하는데 도움이 될 것이다. 세 번째 주제는 지방의회의 기능과 역할이다. 지방의회의 구조와 운영, 자치입법 기능, 행정사무감독 기능, 재정견제 기능, 주민대표 및 참여기능으로 나누어 제도와 실제 운영을 살펴본다. 마지막으로 변화의 도정에 있는 지방의회의 미래에 대한 이야기를 다룬다.

1. 한국정치사와 지방자치, 지방의회

이 절에서는 정부수립과 전쟁, 오랜 권위주의 기간과 민주화를 함께 한 지방의회의 역사를 토대로, 중앙정치 변화가 지방정치에 미친 영향, 헌법과 법률에 나타난 지방자치에 관한 인식이 제도와 실천에 미친 효과를 개괄한다.

1) 한국정치사와 지방의회

지금은 너무도 당연해 보이는 지방의회들은 언제부터 있었고 어떤 과정을 거쳐 현재에 이른 것일까? 1948년 제정된 대한민국 최초의 헌법에는 지방자치를 위한 별도의 장(제8장)이 있었고, 제97조에 "지방자치단체에는 각각 의회를 둔다."고 명시되어 있었다. 적어도 헌법 수준에서 지방의회는 대한민국의 출발과 함께 한 셈이다. 제헌헌법은 '지방자치단체의 조직과 운영에 관한 사항, 지방의회의 조직, 권한 등에 관한 사항은 법률로써 정한다.'로 밝혀 놓았고, 제헌국회는 1949년 「지방자치법」을 제정함으로써 그 근거를 마련했다.

최초의 「지방자치법」에 따르면, 도, 시, 읍, 면에 주민이 직접 선출해 구성하는 지방의회를 설치하고, 서울특별시장과 도지사는 대통령이 임명하며 시, 읍, 면장은 지방의회에서 선출하게 되어 있었다. 지방의회 선거를 해야만 시, 읍, 면 자치단체의 체계가 완성될 수 있었던 셈이다. 그러나 지방의회선거는 계속 미뤄졌고 1952

년이 되어서야 실시될 수 있었다. 1952년은 1950년 6월에 발발한 전쟁이 종료되지 않은 시점이었고, 당시 중앙정부와 국회는 부산 임시수도에 있을 때였다.[2] 서울, 경기도 일대와 강원도 지역은 채 수복되기도 전이었기 때문에 최초의 지방의회선거는 이 지역을 제외한 채 시행되었다.

전쟁이 끝나고 1956년 2번째 지방선거가 실시되었는데, 이때는 「지방자치법」이 바뀌어 시, 읍, 면의 장도 직접 선출하게 되었다. 그런데 2번째 지방의회 의원들이 4년의 임기를 다 채우기 전에 4월 혁명이 발발했다. 이승만정권이 물러났고 헌법이 개정되었으며 중앙정부의 권력구조는 대통령제에서 내각제로 변화되었다. 1960년 개정 「헌법」은 제헌헌법의 지방자치 조항은 대체로 계승했고, 자치단체장 중 '적어도 시, 읍, 면장은 직접 선출한다.'는 내용을 추가했다. 「지방자치법」은 다시 개정되었고 그 해 12월 서울시와 도의회, 시, 읍, 면의회, 서울시장과 도지사, 시, 읍, 면장의 선거가 시행되었다.

하지만 이듬해인 1961년 5.16쿠데타가 발발함으로써 헌정질서가 중단되었고, 이때부터 1991년까지 모든 지방선거는 중단되었다. 우리나라 초기 주민 직선으로 구성된 지방의회는 채 10년을 견디지 못하고 긴 휴지기에 들어가게 된 것이다. 흥미로운 것은 1963년 제3공화국 헌법, 1972년 유신헌법, 1980년 제5공화국 헌법에 모두 '지방자치단체에는 의회를 둔다.'는 조항이 그대로 남아 있었다는 점이다. 이 시기 동안, 헌법에는 지방의회를 설치하도록 되어 있었는데 현실에서는 구성되지 않는 위헌 상황이 지속된 것이다.

이런 굴곡진 역사 때문에 우리나라 지방의회들의 대수는 모두 제각각이다. 예컨대 경상남도의회는 1952년 초대, 1956년 2대, 1960년 3대까지 구성되었다가 중단되어 1991년 지방의회선거가 재개되었을 때 제4대의회가 구성되었고 2014년 선거로 10대가 출범했다. 그런데 경기도의회는 전시상황 때문에 1952년 선거가 시행되지 못했고 1956년 초대의회가 출발했으므로, 1991년에는 제3대의회가 다시 재개되어 현재 제9대의회를 운영 중이다. 한편 부산시의회는 행정구역변동 때문에 현

---

2 이승만 정부가 지방선거 실시 요구가 계속되었음에도 전쟁발발 이전까지 미룬 이유가 무엇인지, 왜 하필 전시에 시행을 결정했는지에 관해서는 손봉숙(1985, 24－36)을 참조할 수 있다.

재 의회가 제7대의회가 된다. 1960년까지 3번의 시의회가 구성되었으나 그 때는 경상남도에 속해 있었고, 1991년 부산직할시의회에서부터 제1대가 다시 시작되어 현재 7대에 이르고 있다.

2) 중앙정치 구조와 지방의회

이렇듯 우여곡절을 거쳐 1991년부터 지금까지 7번의 지방의회가 구성되었고 25년의 역사가 쌓였다. 하지만 아직도 우리나라 지방 행정부와 지방의회 관계는 매우 불균형적이다. 이런 현상은 현행 제도에서 주요한 원인을 찾을 수 있지만,[3] 우리나라 지방자치의 역사와 더불어 중앙정치의 구조 또한 중요한 원인으로 자리 한다.

제헌헌법에서 국회 선출 대통령제를 채택한 이후 1952년 '발췌개헌'까지, 행정 부 수장과 국회 사이에 제도적 힘의 균형을 둘러싼 갈등이 치열하게 전개되었다. 그러나 '부산정치파동'과 '발췌개헌'으로 행정부 우위 체제가 출발했고, 제2공화국 에서 짧은 단절 이후 1987년까지 그 체제는 지속되었다. 1987년 민주화 이후 지난 30여 년간 국회는 입법권과 재정통제권, 국정감독권 강화를 통해 행정부와의 불균 형적 관계를 개선해오기는 했지만, 여전히 중앙정치 수준에서 행정부 우위 전통은 제도와 행태 차원에서 강하게 남아 있다.

연중 정해진 기간 동안만 국정감사를 진행하는 대신 국정조사 요건은 까다로 워 일상적인 행정부 감독이 어렵게 되어 있고, 위임입법을 통제할 장치를 국회가 거의 갖고 있지 못하며, 의원이나 위원회의 자료 제출 요구에 대해 행정부처의 불 성실한 대응에도 제재할 방안을 갖지 못하는 점 등은 대표적인 제도적 불균형 사 례다. 반면 대통령 – 집권당 관계가 공동 국정운영 파트너십이 아닌 대통령 주도 관

---

3 김병준(2015, 170 – 172)은 우리나라 지방정부 기관구성을 '중앙통제형 강(强)시장 – 의회제'로 특징짓고, 그 이유를 주로 제도적 맥락에서 설명하고 있다. 중앙정부가 법률과 명령을 통해 지나 친 규제를 가하고 있으며, 지방정부 기관구성에 자율성이 없이 획일적이고, 엄격한 기관분리형을 택하고 있으며, 의결기관의 권한이 지나치게 약하다는 점을 들고 있다.

계로 유지되고, 행정부와 야당의 정책협의 채널은 미약하며, 국가재정운용에서 국회의 심의와 견제보다는 행정부처 관료의 영향력이 더 크게 작용하는 행태 등은 행정부 우위 정치행태의 전형적인 모습이다.

중앙정치가 가진 이러한 행정부 우위 구조는 지방 행정부와 지방의회 관계에 영향을 미친다. 현행 「지방자치법」 중 지방의회의 구조, 권한, 운영에 관한 내용은 「국회법」의 축소판에 상급 행정기관의 강한 규제권한을 얹은 형태로 구성되어 있다. 지나치게 짧은 행정사무 감사기간과 약한 권한, 까다로운 행정사무 조사권 발동요건, 자치단체장의 자치입법권 제한의 폭넓은 허용 등은 중앙 행정부에 대한 국회의 불균형적 제도의 축소판이다.

또한 중앙정치의 행정부 우위 권력구조는 시민들의 인식에도 영향을 미친다. 오랜 권위주의 시기 동안 의회의 견제를 받지 않고 무절제하게 국가재정을 운용하고 위임입법권을 행사해온 중앙 정부는, 시민들에게 한편으로는 두려운 권력이었지만 다른 한편으로는 '문제 해결자'의 이미지를 심어 주었다. 시민들의 입장에서 자신의 삶에 문제가 있거나 새로운 정책수요가 발생할 때, 상대적으로 권한이 약했던 국회를 찾아가는 것보다 행정부처 관료를 찾는 것이 더 손쉬운 문제해결 방안이 되었던 것이다.

민주화 이후에는 민주주의 제도운용의 미숙함과 아직도 약한 제도적 권한이 이런 인식을 연장시켰다. 의회를 통한 문제해결은 상대적으로 노력이 들고 시간이 걸린다는 점에서, 단기적으로만 보면 행정부를 통한 문제해결보다는 덜 효율적일 수 있다. 그러나 원래 민주주의 체제의 장점은 효율성이 아니라 대표성, 책임성, 반응성에 있다. 더 다양한 입장과 의견들이 대표되고 이들 사이에 숙의가 진행됨으로써 결과에 이르는 공정한 과정을 보장하는 것이다. 하지만 민주화 초기 국회의 이런 과정은 제대로 작동되지 못했고, 시민들은 국회를 통해 민주정치의 장점을 인식하기보다 익숙하지 않은 제도의 불편함을 느끼게 되었다. 지방자치는 국회를 통한 대의정치와는 또 다른 차원을 갖는다. 하지만 중앙정치에 대해 느끼는 국회에 대한 불신과 행정부에 대한 상대적 신뢰는 지방행정부와 지방의회를 인식하는 데에도 영향을 미칠 수밖에 없었다.

3) 「헌법」과 「지방자치법」에 나타난 지방자치 인식

한편 우리나라 제도사(史)적 맥락에서 지방자치에 대한 인식변화를 살펴보는 것은 현행 지방자치와 지방의회를 이해하는데 도움이 된다. 제헌 「헌법」 제96조와 현행 「헌법」 제117조는 각각 지방자치에 관한 장의 첫 조항으로, 두 조항 사이에 미묘한 인식 차이를 발견할 수 있다.

> 제헌 「헌법」 제96조: "지방자치단체는 법령의 범위 내에서 그 자치에 관한 행정사무와 국가가 위임한 행정사무를 처리하며 재산을 관리한다. 지방자치단체는 법령의 범위 내에서 자치에 관한 규정을 제정할 수 있다."
>
> 현행 「헌법」 제117조: "지방자치단체는 주민의 복리에 관한 사무를 처리하고 재산을 관리하며, 법령의 범위 안에서 자치에 관한 규정을 제정할 수 있다."

제헌 「헌법」 제96조는 지방정부의 기능을 '자치에 관한 행정사무와 국가가 위임한 행정사무 및 재산관리'의 수행으로 정의하고, 자치규정 제정권을 별도의 조문으로 분리하였다. 그리고 1949년 제정된 「지방자치법」 제1조는 이 법의 목적에 대하여 "…지방의 행정을 국가의 감독 하에 지방주민의 자치로 행하게 함으로써 대한민국의 민주적 발전을 기함을 목적으로 한다."로 정리하고 있다. '주민자치'의 방식으로 지방행정을 처리하는 것이 '지방자치'라는 인식을 드러내고 있는 것이다.

제헌 「헌법」의 해당 조문은 1960년 제2공화국 「헌법」까지 연속되다가 1963년 제3공화국 「헌법」에서 현재와 같이 수정되었으며, 1972년 제4공화국 「헌법」, 1980년 제5공화국 「헌법」과 1987년 현행 「헌법」에서는 수정 없이 계승되었다. 현행 「헌법」 제117조는 지방정부 기능 정의에 '주민 복리에 관한 사무 및 재산 관리'가 있을 뿐 '자치'에 대한 규정이 없다. 이러한 인식적 차이는 1988·1989년 개정되어 현재에 이르고 있는 「지방자치법」 제1조에서 좀 더 분명히 확인할 수 있다.[4]

---

4 제3-5공화국에서는 지방자치가 시행되지 않았으므로 「지방자치법」의 개정도 1973년 타법개정으로 인한 1회 개정 외에 이루어지지 않았다. 그런데 1988년 12대 국회 마지막 회기에 전문개정이 이루어졌고, 1990년 '지방 균형 발전'이 목적에 추가되어 현재에 이르고 있다.

현행 「지방자치법」 제1조는 "... 지방자치단체의 종류와 조직 및 운영에 관한 사항을 정하고, 국가와 지방자치단체 사이의 기본적인 관계를 정함으로써 지방자치행정을 민주적이고 능률적으로 수행하고, 지방을 균형 있게 발전시키며, 대한민국을 민주적으로 발전시키려는 것"을 이 법의 목적으로 정의하고 있다. '자치단체의 종류, 조직, 운영에 관한 사항을 정'하는 것은 「헌법」이 위임한 사항을 열거한 것으로, 결국 이 법은 '국가와 지방자치단체 사이의 관계를 정하여' 이하 열거한 목적을 달성하기 위한 취지를 갖게 된다. 「헌법」 제117조에서 '자치'가 사라졌듯이 「지방자치법」의 목적에서도 '자치'가 사라진 것이다.

일견 사소한 것처럼 보이는 이러한 차이는, 민주화 이후 우리나라 입법자들이 「지방자치법」을 개정하면서 보였던 '지방자치'에 대한 태도를 통해 유추해 보건대, 상당한 실천적 영향력으로 이어졌다. 1987년 헌법 개정이 있고 민주화 이후 최초 국회의원선거를 하기 직전인 1988년 4월, 12대 국회는 1960년 이후 방치되어 있던 「지방자치법」을 전면적으로 정비했다. 그 과정에서 과거에 없던 새로운 장이 신설되었는데, 그것이 '국가의 지도·감독'이라는 제목을 가진 제9장이었다. 당시 이 장에는 중앙정부가 지방정부의 정책결정을 좌우할 수 있는 제도적 수단들이 열거된 5개의 조항이 있었는데, 이후 법 개정 때마다 각 조항별 조문 내용은 계속 길어지고 조항의 수도 8개로 늘어나 오늘에 이르고 있다.

국민국가 체제에서 지방자치가 전체 국민을 위한 제도와 정책 범위의 한계를 뛰어넘어 작동할 수는 없다. 중앙정부와 지방정부의 제도적 일관성과 정책적 조율은 당연히 필요하다. 그러나 '자치'는 민주주의 원리와 법률의 한계를 갖는 것이며, 당대 중앙정부 공직자의 직접적이고 자의적 개입은 최소화되어야 한다. 그래야 '자치'의 본래적 의의와 '민주주의'의 원리가 양립할 수 있다. 이런 점에서 보면, 1988년 이후 지금까지 잦은 「지방자치법」의 개정은 '국가의 지도·감독'과 '자치'의 원리가 충돌하면서 '자치'의 영역을 조금씩 확장해온 과정으로 볼 수 있다.

2. 지방의회의 지위와 역할

이 절에서는 지방의회가 놓인 구조적이고 제도적인 관계들을 살펴봄으로써, 지방의회의 정치·제도적 지위와 역할을 이해하고자 한다. 지방의회는 민주주의 정치체제를 채택하고 있는 우리나라 헌정구조에서 지방단위 민주주의를 구현하는 핵심제도다. 또한 중앙정부와 법률의 일정한 한계 내에서 작동해야 하는 지방정치제도이며, 지방 행정부와 수평적 견제기능을 수행하고 주민공동체의 수직적 견제와 책임 관계에 놓인 대의기관이다.

1) 민주주의와 지방자치

(1) 민주주의

제헌헌법 이래 우리나라 헌법 제1조는 변함없이 '대한민국은 민주공화국이다'였지만, 1987년 현행 헌법을 채택한 이후 비로소 정치체제로서 민주주의가 제대로 작동되기 시작했다. 민주주의는 여러 차원에서 정의될 수 있지만, 정치에서는 집합적 의사결정의 절차나 방법을 의미한다. 인류는 정치공동체의 중대사 혹은 모든 문제를 누가, 어떻게 결정할 것인가에 관한 고민을 지속해왔다. 1인의 군주가, 소수의 특권계층이 공동체의 중대사를 결정했던 오랜 시기를 거쳐, 그 사회의 '다수'[5]가 함께 참여한 결정방식이 이 시대의 보편적 규범으로 자리 잡게 되었고 우리는 그것을 '민주주의'라고 부른다.

다수가 참여하지만 '누가, 어떻게 참여하고 결정을 만들어내는가'에 따라 민주주의에는 다양한 하위유형들이 존재할 수 있다. 주기적으로 대표를 선출하고 그 대

---

5 정치체제를 통치에 참여하는 사람, 집단의 '수'를 기준으로 나누는 것은 고대 그리스 정치의 전통에서 유래했다. 독재를 의미하는 autocracy는 하나를 의미하는 auto와 통치, 지배라는 kratos의 조합으로 구성된다. 과두정으로 번역되는 oligarchy는 소수라는 뜻의 olígos와 역시 통치, 지배의 arkhē가 조합된 것이며, 민주정 democracy은 다수, 인민이라는 뜻의 demos와 kratos의 조합으로 구성된 어원을 가진다(서복경 2009, 146).

표들이 정해진 절차와 규범에 따라 주권자의 뜻을 대의하게 만드는 유형도 있고, 결정해야 할 문제의 성격에 따라 이해관계자 집단들이 직접 협의를 통해 결정하는 유형도 있으며, 공동체에 관계된 어떤 문제이든 미리 합의된 적절한 규칙에 따라 모든 구성원이 직접 결정하는 유형도 있다.6 민주주의의 다양한 하위 유형들은 서로 배타적이지 않으며 공동체의 규모, 결정대상이 되는 사안의 성격, 역사적 경험과 전통 등의 조건에 따라 다양한 조합들이 가능하다.

(2) '지방'과 '자치'

지방정치에서 민주주의에 대한 이해는 '지방자치'를 어떻게 이해하는가에 따라 다양한 스펙트럼을 가질 수 있다. 지방자치를 어의 그대로 풀어보면 '지방'이 '자치'를 한다는 것이다. 이 때 주체가 되는 '지방'은 법적 주체로서 '지방정부'와 실질적 주체로서 '주민'의 두 측면을 포함한다. 그런데 '자치'의 주체로서 '지방정부'와 '주민' 가운데 어디에 강조점을 두는가는 상이할 수 있다. 예컨대 이기우(2009, 327)는 자치의 주체가 주민이라는 입장이다. 주민들로부터 민주적 정당성을 얻은 지방자치단체장이나 지방의회를 통한 의사결정은 지방자치의 중요한 부분이긴 하지만, 주민의 직접적인 의사결정도 자치의 중요한 부분이므로 '자치'의 주체는 지방정부로 한정될 수 없다는 것이다.

1949년 우리나라 제정 「지방자치법」 제1조도 주민자치 원리를 천명하고 있었다. 최봉기(2006, 3)는 지방자치를 '한 국가 내의 일정한 지역에서 이루어지는 정치행정을 그 지역사회 주민들의 자율의사에 따라 처리하도록 하는 것'으로 정의한 바 있는데, 이 견해 역시 '자치'의 주체는 '주민'이며 지방정부는 정의적 요소에 포함되어 있지 않다. 반면 정세욱(2000, 5)은 '일정한 지역을 기초로 하는 단체가 그 지역 내의 사무를 자주재원을 가지고 당해 지방주민의 의사와 책임 하에 자주적으로

---

6 흔히 첫 번째 유형을 대의민주주의, 두 번째 유형을 조합주의적 민주주의, 세 번째 유형을 직접민주주의로 부른다. 다수가 참여해 공동의 결정을 만들어낸다는 원리만 충족된다면, 민주주의는 이 이외에도 다양한 하위유형들이 가능할 수 있다. 인류가 실험해 온 다양한 민주주의 모델들이 궁금하다면 데이비드 헬드(2010)를 참조할 수 있다.

처리하는 과정'으로 지방자치를 정의한다. 이 견해에서 지방자치의 주체는 '단체'로 명명된 지방정부이며, 지방정부가 지방주민의 의사에 따라 '자치'를 행하는 것이 된다.

주체에 대한 이러한 인식의 차이는 '자치'에 대한 이해에도 영향을 미친다. 자치의 주체를 지방정부로 제한한다면 '자치'는 지방 행정부와 지방의회가 행하는 공적이고 제도적인 행위로 이해될 것이다. 반면 '자치'의 주체가 집합적 주체로서 '주민'이 된다면, 지방 행정부와 지방의회가 아닌 다양한 주민들의 자율적 공동체의 행위들도 '자치'행위의 중요한 구성요소가 되며, 지방 행정부와 지방의회는 법률이 정한 공식적 행위들 외에도 다양한 주민공동체의 활동을 지원하고 이들의 결정을 존중하며 집약해내는 폭넓은 역할을 부여받게 된다.

한편 '자치'를 어떻게 인식하는가에 대한 견해도 다양하다. 기존 연구들은 '자치'를 특정한 목적을 가진 수단적 행위로 인식할 것인가, 아니면 다른 목적을 위한 행위가 아닌 '자치' 자체로 충분한가에 따라 입장이 나뉜다. 김병준(2015, 6–8)은 지방자치의 목적론적 접근을 기능론, 이해관계 실현 등으로 구분하였다. 김병준의 구분에 따르면 현행 「지방자치법」 제1조는 전형적인 기능론적 접근이 된다. '자치'는 행정의 능률성, 지방 균형 발전 등 다른 기능적 필요를 충족하기 위한 수단적 의미를 부여받기 때문이다. 한편 이해관계 실현적 접근은 정치경제적 이해관계를 실현하기 위해 '자치'를 수단적으로 활용하는 것이다. 역대 권위주의 정부들이 지방자치를 실현하지 않은 것은 권력분산에 따른 정권상실이라는 정치적 이해관계에 부합하지 않은 것인 반면, 민주화 세력들이 지방자치를 주장한 것은 반대의 목적을 추구한 것으로 예시한다. 이승종(2014, 5–7)은 '자치'의 궁극적 목적으로 '주민의 복지증진'을 제시하고, 이를 위해 분권과 참여뿐 아니라 지배집단으로부터의 중립이라는 요소를 '자치'의 구성요소로 포함해야 한다고 제안한다.

반면 박찬표(2016, 50–54)는 이러한 목적론적 접근을 비판하며, '자치' 그 자체로 이해할 것을 주장한다. 민주주의의 관점에서 '자치'를 이해할 때, 민주주의가 좋은 결정, 안정된 정부 등의 목적 실현을 위한 수단일 수 없듯이 '자치' 역시 마찬가지라는 것이다. 민주주의는 시민들이 참여할 권리를 존중하고 정치권력을 분배하는 가장 공정한 방식이며, 결과의 올바름이 아닌 과정의 정당성 때문에 지지받는 것이다. '자치'는 참여기회를 확대하고 정치권력의 대표성, 책임성, 반응성을 제고하는데 유리하기 때문에 민주주의와 친화성을 갖는 것이지, 다른 목적 실현의 기능적 필요 때문에 의의를 갖는 것이 아니라는 것이다.

(3) 지방자치와 민주주의

역사적 경험을 통해 보면, 민주주의와 자치의 관계는 서로 친화성을 가지는 측면도 있고 그렇지 않은 측면도 있다. 미국 민주주의의 발전과정에서 지방자치가 갖는 순기능에 대해 주목했던 대표적인 학자는 토크빌이었다. 그는 19세기 미국 지방정치에서 타운 미팅(town meeting)의 기능에 대해 다음과 같이 말한 바 있다. "자유에 대해 타운 미팅이 지니는 의미는 학문과 관련하여 초등학교가 지니는 의미와 같다. 타운 미팅은 자유를 시민의 손에 닿을 수 있는 곳에 가져다 줄 뿐 아니라, 자유를 누리고 어떻게 활용할 수 있는지를 가르쳐 준다"(토크빌 1990, 61; 박찬표 2016, 54 재인용). 그는 좋은 민주주의를 위해 가장 필요한 요소가 개인과 마을, 다양한 사회집단들의 자유라고 인식했고, 민주적 자치는 자유를 누리고 활용할 수 있는 기본 학습 공간이자 교육 프로그램이라고 보았다.

반면 1960대부터 1990년대까지 미국정치에서 취해졌던 분권정책들을 분석했던 크렌슨과 긴스버그는 다른 결론에 이른다. 정치적 권한이 분산될수록 정치엘리트가 정책과정을 통제할 가능성은 더 늘어날 수 있기 때문에 '국민에게 더 가까이' 가는 것이 반드시 더 충분한 민주적 참여를 보장해주지는 않았다는 것이다. 그들은 분권이 '공적 목적과 이해 당사자 집단을 해체시키는 길로 나아가는 중간 단계'가 될 수 있고, "정책들이 폐지, 축소, 외주화, 민영화되는 데 취약"(크렌슨·긴스버그 2013, 408)하게 만들어 민주주의의 토대를 약화시켰다고 주장한다.

우리나라 지방자치 사례를 보더라도 분권과 자치의 경험은 민주주의를 강화시키는 면과 약화시키는 면이 공존해 왔음을 알 수 있다. 시민들의 자유와 참여 경험을 확장시켜 민주주의의 토대를 강화시키기도 했지만, 충분한 참여가 제도적으로 보장되고 실질적 참여가 이루어지지 않았을 때 정치엘리트들과 지방 지배 권력의 유착으로 정책결정과정이 지배되어 민주주의의 토대를 침식하기도 했다(하승수 2013). 결국 중요한 것은 민주적 자치, 자치의 민주주의를 확장해나가려는 실천적 고민과 노력일 것이다.

2) 중앙정부와 지방의회

지구상의 많은 나라들에서 시행되는 지방자치는 그 나라의 역사적 경험과 제도적 조건에 따라 다양한 제도적 모델과 유형을 갖지만, 근대 국민국가 체제에 속해 있기 때문에 헌법·법률의 제약과 중앙정부의 행위로부터 일정한 제약을 받는다. 법치주의를 헌정원리로 채택하고 있는 나라에서 국가 내 모든 기관과 국민이 헌법과 법률의 규범을 따라야 하는 것은 당연하다. 그런데 우리나라의 지방자치는 이러한 일반 원리적 제약보다 더 큰 제약 아래 놓여 있다.

(1) 헌법과 자치입법권

현행 「헌법」은 지방정부가 '법령의 범위 안에서' 자치에 관한 규정을 제정할 수 있게 해 놓았고, 자치규정의 핵심은 지방의회가 만드는 조례다. 그런데 조례는 '법률'에 한정되지 않고 '법령'의 제약을 받아야 한다. '법령'은 국회에서 제·개정하는 법률과 함께, 대통령령·총리령·부령 등의 시행령과 시행규칙까지를 포괄하는 개념이다.

국가 간 비교의 관점에서 보더라도 우리나라의 상황은 특이하다. 유럽평의회(Council of Europe) 소속 47개 국가가 국내 비준절차를 완료하여 법률과 같은 효력을 갖는 '유럽지방자치헌장(European Charter of Local Self-Government)'에는 지방자치의 범위를 '법률이 정하는 범위 안(within the limits of the law)'으로 명시하고 있으며, 일본 「헌법」에도 '법률의 범위 내에서' 자치입법권을 행사할 수 있도록 되어 있다.

헌법 상 최고대의기관인 국회 제·개정 법률이 아닌 행정입법의 제약까지 받게 되어 있는 현행 「헌법」의 이 조문은, 제헌헌법에서부터 유래하여 지금까지 단 한 번도 수정되지 않은 것으로, 헌법 개정이 이루어진다면 수정이 필요한 부분이다.

「헌법」제117조에 따라 현행 「지방자치법」도 제22조에 '법령의 범위 안에서' 조례를 제정할 수 있도록 해 놓았다.

(2) 대통령령과 자치입법권

「헌법」의 위 조항은 지방의회 자치입법권의 상당부분을 대통령령으로 제한할 수 있도록 해 둔 「지방자치법」을 통해 그 효과를 발휘하고 있다. 현행 「지방자치법」 중 '대통령령으로 정한다.' 혹은 '대통령령으로 정하는 바에 따라'라는 구절은 총 39번 발견된다. 이 가운데 자치단체의 종류, 구역, 기능과 사무, 지방자치단체 상호 간의 관계 등에 관한 내용은 중앙정부의 권한에 속하는 것이지만, <표 4-1>에 예시된 조항들은 굳이 대통령령으로 정하지 않고 지방의회 자치입법 영역으로 남겨도 되는 내용들이다.

제15조는 주민들이 조례의 제정, 개정, 폐지를 직접 청구할 수 있도록 한 조항으로, ①-⑩에 이르기까지 필요한 사항을 모두 열거해 두고 있음에도 불구하고, '그밖에 필요한 사항'까지 대통령령으로 정하게 해 두고 있는데 이 정도 내용은 법률의 취지를 살려 조례로 제정해도 충분할 것이다. 제16조 주민감사청구에 관해서도 법조문에 관련 내용을 모두 열거한 뒤 역시 '그밖에 필요한 사항'까지 대통령령에 위임해 두고 있다. 제26조 ⑨의 조례와 규칙의 공포절차 또한 조례로 정해도 충분한 데도 대통령령으로 정하게 되어 있다.

특히 제33조, 제34조, 제41조, 제44조, 제59조에서 대통령령으로 위임해놓은 사항은 지방의회의 운영에 관한 사항으로, 이를 중앙정부가 획일적으로 정하는 것은 자치입법권에 대한 침해다. 지방의회 의원의 의정활동비 지급기준, 의정활동비 심의위원회 구성 및 운영 사항은 지방의회 구성권에 관한 사항으로, 주민들의 감시와 견제를 거쳐 주민공동체의 합의에 따라 조례로 정하는 것이 자치의 원리에 부합한다.[7]

---

7 물론 이 조항은 지방의회의원들의 부패에 대한 주민들의 불만이 높았고 제도적 해결책을 요구했던 정책수요에 부응한 것이라는 점에서 이해가 가능할 수 있다. 그러나 그 해결방안이 대통령령을 통한 획일적 규제일 수는 없다. 지방정부와 의회, 그리고 주민공동체 내에서 공론화와 합의에 따른 조례제정으로 이어졌어야 한다.

표 4-1 「지방자치법」(법률 12738호) 중 자치입법권 관련 대통령령 위임 사항

조(조명)	관련 조문 내용
제15조(조례의 제정과 개폐청구)	⑪ 조례의 제정·개정 및 폐지 청구에 관하여 그밖에 필요한 사항은 대통령령으로 정한다.
제16조(주민의 감사청구)	⑧ 그밖에 19세 이상의 주민의 감사청구에 관하여 필요한 사항은 대통령령으로 정한다.
제26조(조례와 규칙의 제정절차 등)	⑨ 조례와 규칙의 공포에 관하여 필요한 사항은 대통령령으로 정한다.
제33조(의원의 의정활동비 등)	② 제1항 각 호에 규정된 비용의 지급기준은 대통령령으로 정하는 범위에서 해당 지방자치단체의 의정비심의위원회에서 결정하는 금액 이내로 하여 지방자치단체의 조례로 정한다.
	③ 의정비심의위원회의 구성·운영 등에 관하여 필요한 사항은 대통령령으로 정한다.
제34조(상해·사망등의 보상)	② 제1항의 보상금의 지급기준은 대통령령으로 정하는 범위에서 해당 지방자치단체의 조례로 정한다.
제41조(행정사무 감사권 및 조사권)	⑦ 제1항의 감사 또는 조사와 제3항의 감사를 위하여 필요한 사항은 「국정감사 및 조사에 관한 법률」에 준하여 대통령령으로 정하고, 제4항과 제5항의 선서·증언·감정 등에 관한 절차는 「국회에서의 증언·감정 등에 관한 법률」에 준하여 대통령령으로 정한다.
제44조(정례회)	② 정례회의 집회일, 그 밖에 정례회의 운영에 관하여 필요한 사항은 대통령령으로 정하는 바에 따라 해당 지방자치단체의 조례로 정한다.
제59조(전문위원)	③ 위원회에 두는 전문위원의 직급과 정수 등에 관하여 필요한 사항은 대통령령으로 정한다.
제110조(부지사·부시장·부군수·부구청장)	① 1. 특별시의 부시장의 정수 : 3명을 넘지 아니하는 범위에서 대통령령으로 정한다.
	2. 광역시와 특별자치시의 부시장 및 도와 특별자치도의 부지사의 정수 : 2명(인구 800만 이상의 광역시나 도는 3명)을 초과하지 아니하는 범위에서 대통령령으로 정한다.
	⑥ 제1항 제1호와 제2호에 따라 시·도의 부시장과 부지사를 2명이나 3명 두는 경우에 그 사무분장은 대통령령으로 정한다.
제111조(지방자치단체의 장의 권한대행 등)	④ 부지사나 부시장이 2명 이상인 시·도에서는 대통령령으로 정하는 순서에 따라 그 권한을 대행하거나 직무를 대리한다.

제112조(행정기구와 공무원)	② 제1항에 따른 행정기구의 설치와 지방공무원의 정원은 인건비 등 대통령령으로 정하는 기준에 따라 그 지방자치단체의 조례로 정한다.
제113조(직속기관)	지방자치단체는 그 소관 사무의 범위 안에서 필요하면 대통령령이나 대통령령으로 정하는 바에 따라 지방자치단체의 조례로 자치경찰기관(제주특별자치도에 한한다), 소방기관, 교육훈련기관, 보건진료기관, 시험연구기관 및 중소기업지도기관 등을 직속기관으로 설치할 수 있다.
제114조(사업소)	지방자치단체는 특정 업무를 효율적으로 수행하기 위하여 필요하면 대통령령으로 정하는 바에 따라 그 지방자치단체의 조례로 사업소를 설치할 수 있다.
제115조(출장소)	지방자치단체는 원격지 주민의 편의와 특정지역의 개발 촉진을 위하여 필요하면 대통령령으로 정하는 바에 따라 그 지방자치단체의 조례로 출장소를 설치할 수 있다.
제116조(합의제행정기관)	② 제1항의 합의제행정기관의 설치·운영에 관하여 필요한 사항은 대통령령이나 그 지방자치단체의 조례로 정한다.
제134조(결산)	③ 제1항의 검사위원의 선임과 운영에 관하여 필요한 사항은 대통령령으로 정한다.

또한 지방의회가 정례회를 어떻게 운영할 것인지, 위원회에 필요한 전문 인력을 몇 명이나 두고 어느 정도의 대우를 할 것인지 등의 사항까지 대통령령으로 정해준다는 것은, 국회나 다른 나라 지방의회 운영사례에 비추어도 자율성 침해가 아닐 수 없다.

한편 지방 행정부에 부지사, 부시장 등을 몇 명이나 둘 것인지, 그들이 어떤 업무를 감당해야 하는지, 지방정부 운영에 필요한 행정기구를 어떻게 편재해야 하며 몇 명의 공무원을 둘 것인지, 또 필요에 따라 설치할 수 있는 직속기관이나 사업소, 출장소, 합의제행정기관 등에 관한 사항도 모두 '대통령령이 정하는 바에 따라' 정하도록 한 것 역시 지방의회 자치입법권에 해당하는 사항을 중앙정부가 지나치게 개입하고 있는 것이다. 지방 행정부 운영에 관한 사항은 지방 행정부와 지방의회가 협의하고, 지방주민들 사이의 공론화와 사회적 합의 과정을 거쳐 조례로 제정해야 할 일이다.

지방정치과정과 조례 제정으로 해결해야 할 일을 중앙정부가 획일적으로 정하는 것은, 지방의회 자치입법권을 협소화시키는 문제뿐만 아니라 지방자치의 민주화에도 부정적인 영향을 미친다. 지방자치가 민주주의 원리에 따라 운영되려면, 보다 많은 지방정부 의제들에 대해 주민들의 참여와 개입, 결정권이 행사되어야 한다. 주민들의 손에서 결정되어야 할 일들이 중앙정부의 소관으로 넘겨진다는 것은, 주민의 참여에 의한 민주적 결정의 영역이 그만큼 줄어든다는 것을 의미한다.

(3) 중앙정부 재의요구 · 제소권과 자치입법권

현행 「지방자치법」의 제9장 제목은 '국가의 지도·감독'이며 <표 4-2>는 그 주요내용이다. 중앙행정기관의 장은 광역지방정부에게, 광역지방정부의 장은 기초지방정부에게 지방정부의 모든 사무에 대하여 '조언 또는 권고하거나 지도'할 수 있고, 광역지방정부는 주무부장관에게, 기초지방정부는 광역지방정부와 중앙정부 주무부장관에게 위임사무에 대하여 '지도와 감독'을 받아야 한다.

중앙정부는 지방의회의 의결이 '법령에 위반되거나 공익을 현저히 해친다고 판단되면' 재의를 요구할 수 있는데, 이 때 광역과 기초지방의회에 재의요구를 하는 주체는 광역·기초지방정부의 장이다. 중앙정부의 장관이 광역지방정부의 장에게, 광역지방정부의 장은 기초지방정부의 장에게 명하여 재의를 요구하게 한다는 것이다. 그런데 지방의회에 재의를 요구하라는 장관이나 광역지방정부 장의 요구를 광역·기초지방정부의 장이 받아들이지 않으면, 장관이나 광역지방정부의 장은 직접 대법원에 소송을 제기하고 집행정지신청을 할 수 있다.

또한 지방의회가 재의요구를 받아들여 재의결을 했는데, 재의결된 내용이 여전히 '법령에 위반된다고 판단'되면 장관은 광역지방정부의 장에게, 광역지방정부의 장은 기초지방정부의 장에게 대법원에 제소하고 집행정지를 신청하라고 지시할 수 있다. 광역·기초지방정부의 장이 장관이나 광역지방정부 장의 대법원 제소 및 집행정지신청 지시를 이행하지 않으면, 장관이나 광역지방정부 장이 직접 대법원에 제소하고 집행정지 신청을 할 수 있다.

표 4-2 「지방자치법」제9장(국가의 지도·감독)의 주요내용

중앙정부	• 중앙행정기관의 장, 모든 사무에 대해 '조언 또는 권고하거나 지도' (제166조) • 주무부장관, 위임사무에 대해 광역지방정부와 기초지방정부에 '지도, 감독'(제167조) • 주무부장관, '법령에 위반되거나 현저히 부당하여 공익을 해한다고 인정될 때' 명령이나 처분 취소나 정지(제169조) • 주무부장관, 지방의회 의결이 '법령에 위반되거나 공익을 현저히 해한다고 판단되면' 재의요구, 재의결에도 '법령 위반이라고 판단되면' 대법원 제소, 집행정지 신청(제172조)
광역지방정부	• 광역지방정부의 장, 모든 사무에 대해 '조언 또는 권고하거나 지도' (제166조) • 광역지방정부의 장, 위임사무에 대해 '지도, 감독'(제167조) • 광역지방정부의 장, '법령에 위반되거나 현저히 부당하여 공익을 해한다고 인정될 때' 명령이나 처분 취소나 정지(제169조) • 주무부장관/광역지방정부의 장, 지방의회 의결이 '법령에 위반되거나 공익을 현저히 해한다고 판단되면' 기초지방정부의 장에게 기초지방의회에 재의요구하도록 함. • 기초지방정부의 장이 재의 요구를 하지 않으면 광역지방정부 장이 대법원 제소, 집행정지 신청 • 재의결된 사항이 '법령 위반이라고 판단되면' 기초지방정부 장에게 대법원 제소, 집행정지 신청을 지시 • 기초지방정부의 장이 제소하지 않으면 광역지방정부의 장이 직접 제소, 집행정지 신청(제172조)
기초지방정부	

「지방자치법」제172조의 지방의회 자치입법권 제약은 내용적인 측면에서, 그리고 절차적인 측면에서 문제가 크다. 우선 내용적 측면에서, 재의결 요구 요건으로 '법령에 위반된다는 판단'과 '공익을 현저히 해친다는 판단'을 보자. 국제적 기준으로 볼 때 법률 위반에 한정하는 게 타당하지만, 현행 「헌법」에 따라 '법령' 위반 요건은 합헌적이다. 그런데 '공익을 현저히 해친다는 판단'은, 법조문으로서 너무 규범적이며 그 내용을 한정하기가 모호하여 판단권자에게 지나친 재량권을 부

여하는 것이다. 법률에 한정되지 않은 이러한 자의적 재량권 부여는 지방의회 의결권을 내용적으로 무력화시킬 수 있는 위험이 있다.

절차적인 측면에서, 중앙 행정부 임명직 장관이 선출직 지방 행정부의 장에게 지시하여 선출된 대표들로 구성된 지방의회의 의결을 재의하게 하고, 재의결에도 불구하고 대법원 제소와 집행정지 신청을 할 수 있는 주체가 되는 것은 대의제 민주주의 원리에 부합하지 않는다. 형식적으로는 지방 행정부의 장이 지방의회에 재의를 요구하는 것이지만, 실질적으로는 임명직 장관의 의사를 대리하는 것이다. 또한 지방 행정부의 장이 장관의 요구를 수용하지 않으면 이미 재의결된 사안에 대해 직접 제소와 집행정지를 신청할 수 있도록 해놓음으로써, 지방의회 의결권을 이중적으로 무력화시킬 수 있는 장치를 만들어 놓았다. 지방의회가 의결시킨 안건이 법률에 위반될 때는 사법부를 통해 위법성을 가리는 절차로 해결해야 하며, 중앙 행정부가 협의나 조정절차가 아닌 방식으로 직접 개입하는 것은 자제되어야 한다. 지방의회 의결권을 포괄적으로 제한하는 제172조는 「지방자치법」 제9장(국가의 지도·감독) 다른 조항들과 함께 재고될 필요가 있다.

3) 지방 행정부와 지방의회

(1) 지방정부 유형

일반적으로 지방 행정부와 지방의회의 관계는 기관통합형, 기관분리형, 절충형으로 나뉘며, 기관통합형은 중앙정부 형태의 내각제, 기관분리형은 대통령제에 비추어 이해할 수 있다. 그러나 정부형태가 내각제와 대통령제로 분류되더라도 그 하위유형들은 다양하며, 두 모델 사이에 존재하는 다양한 혼합형 모델들이 있듯이 지방정부 모델들도 마찬가지다.

예컨대 미국의 시정부 모델은 시장-의회(Mayer-Council)형, 의회-매니저(Council-manager)형, 위원회(Commission)형, 주민총회(Town Meeting)형의 유형들이 있다(가상준 2014, 94-100; 이용마 2014, 157-158). 시장-의회 구조는 직접 선출한 시장과 위원회가 견제와 균형원리에 따라 시정부를 운영하는 모델로 우리나라 유형과 유사하다. 의회－매니저 구조는 직선으로 구성된 의회가 정책집행을 총괄하는 행정전문가를 매니저로 임명하고, 매니저는 시 행정부 조직을 총괄하며, 의회는 매니저를 감독함으로써 견제하는 원리로 운용된다. 내각제 정부형태와 유사하게 보이지만 내각제에서 수상은 의회 다수당 출신이거나 다수당의 승인을 받는 정치인인 반면, 매니저는 전문행정가라는 점에서 차이가 있다. 위원회 구조는 유권자들이 5명 내외의 위원들을 직접 선출하고, 위원들은 각각 특화된 정책영역을 총괄하며 관련 행정조직을 관리하고, 선출된 위원들 가운데 한 사람이 시장으로 시를 대표하지만 대내적으로 다른 위원들보다 더 많은 권한을 행사하지는 않는다. 주민총회형은 별도의 대의기구를 두지 않고 행정조직의 주요 공직자들을 직접 선출하며, 예산이나 정책 사안들을 직접 투표로 결정하는 유형이다. 1995년 기준 미국의 7,231개 시정부 가운데 시장－의회 구조는 3,555개, 의회－매니저 구조는 3,030개, 위원회 구조는 163개, 읍민회 구조는 483개로 분포해 있었다(황아란 1997, 29).

(2) 우리나라 지방 행정부와 지방의회

우리나라 광역 및 기초지방정부의 행정부 장과 의회는 모두 직접 선거로 선출하며, 원리 상 중앙 행정부－국회 관계처럼 수평적 견제와 균형을 통해 주민을 대의하게 되어 있다. 지방의회는 조례 제·개정 및 폐지권을 독점하고 지방 행정부의 업무를 감독하며, 예산을 심의·확정하고 결산을 심사함으로써 지방정부 재정을 감독한다. 여기까지는 국회가 중앙 행정부에 대해 갖는 권한과 유사해 보이지만, 실내용에 있어 지방의회와 지방 행정부의 관계는 국회－중앙 행정부 관계보다 훨씬 불균형적이다.

우리나라 지방 행정부와 의회 관계는 '중앙통제형 강시장－의회제'(김병준 2015, 170), '강시장－약의회 구조'(가상준 2014, 85), '집행기관 우위형'(이승종 2014, 74) 등으로 정의되며, 지방의회가 지방 행정부와 균형적 권한을 갖고 있지 못하다는 데에는 큰 이견이 없다. 이러한 불균형적 구조는 한편으로 중앙정부와 지방정부 관계에서 발생하며, 다른 한편으로 현행 제도가 지방 행정부에 비해 지방의회의 권한을 지나치게 제약하고 있는 측면에서 비롯된다.

중앙정부와 지방정부 관계가 지방의회의 약한 권한으로 귀결되는 것은 자치입법권 제약과 기관위임사무에 대한 권한이라는 두 측면에서 살펴볼 수 있다. 자치입법권 제약 측면은, 앞에서 살펴보았듯이 지방의회가 자치입법으로 해결해야 할 문제들을 법률과 대통령령으로 정해 놓음으로써 지방의회가 지방 행정부에 대해 행사할 수 있는 가장 강력한 견제권한인 자치입법권이 제약되고 있는 것을 말한다. 또한 지방의회는 자치사무와 단체위임사무를 주 소관으로 하는데 비해 행정부는 기관위임사무에 대한 배타적 권한을 행사하기 때문에, 구조적으로 지방의회가 견제할 수 있는 지방 행정부 사무 범위가 제약되어 있어 이로 인해 발생하는 권한 불균형이 존재한다.

한편 현행 「지방자치법」은 지방 행정부와 의회 권한의 불균형을 제도화하고 있다. 그 첫 번째 요인은 지방의회 의결권의 범위가 지나치게 제한되어 있다는 점이다. 의결권과 관련하여 역설적인 것은, 1987년 민주화와 현행 헌법 채택 이후 개정된 1988년 개정 「지방자치법」에서의 의결권 범위가 그 이전보다 더 축소되었다는 것이다. 이전 법에서 지방의회 의결사항으로 열거되어 있던 '지방자치단체가 당사자로 되는 행정쟁송이나 소송 또는 화해에 관한 것, 법률상 그 의무에 속하는 손해배상과 손실보상의 액을 결정하는 것'이 1988년 개정에서는 제외되었으며, 현행법 제39조 ①에는 총11개 사항이 열거되어 있다.

권한 불균형의 두 번째 요인은 지방의회 의결에 대한 지방 행정부 장의 재의요구와 대법원 제소권을 보장하고 있는 것이다. 지방 행정부의 장은 지방의회 의결사항에 대해 재의를 요구할 수 있으며, 재의에 따라 지방의회가 재의결을 하더라도 '법령에 위반된다고 인정되면' 대법원에 제소를 할 수 있다. 이러한 견제 장치는 지방의회가 스스로 의결권 행사 범위를 제한하게 만들어 권한 불균형을 만든다. 세 번째 요인은 지방의회의 약한 행정감사 및 조사권이다. 감사기간이 짧고 조사권 발동요건이 너무 까다로워 지방의회는 실질적 행정 감독권을 행사하기 어려운 반면, 지방 행정부는 의회의 약한 견제로 더 큰 재량적 권한을 행사하게 된다는 것이다. 또한 감사나 조사결과 시정을 요구하더라도 이행을 강제할 방안이 마련되어 있지 않기 때문에 행정감독의 실효성을 담보하기 어렵다.

지방 행정부와 의회의 이러한 불균형적 관계를 개선하기 위한 방안은 각각의 권한들을 보다 균형적인 방향으로 재조정하는 안과, 보다 근본적으로 현재 지방정부 구조 자체를 변경하는 안이 있을 수 있다. 각각의 대안들은 이하에서 살펴보기로 하고, 여기에서는 구조적 변화에 대한 기존 입장들을 소개한다. 우선 지방 행정부와 의회의 분립형을 유지하되 지방 행정부의 의회 해산권과 지방의회의 행정부장 불신임권을 인정하여 힘의 균형을 추구함으로써 행정부, 의회 모두에게 보다 신중한 권한행사를 할 유인을 제공하는 방안이다(이승종 2014, 89). 1949년 제정 「지방자치법」은 의회 해산권과 행정부 장 불신임권을 모두 인정했고, 1956년 개정과정에서 삭제되었다가 1958년 개정에서 다시 복원되었다. 그러다 1960년 법 개정과정에서 다시 삭제되어 오늘에 이르고 있다.

또 다른 방안은 지방정부 권력구조 유형을 다양화하여 상황과 조건에 맞는 행정부-의회 균형을 모색하자는 제안이 있다(가상준 2016, 94-100; 이용마 2014). 행정부와 의회가 하나로 합해져 있는 위원회(commission) 구조, 의회가 전문 행정인을 선임하여 행정부를 관할하게 하고 감독하는 의회-매니저(council-manager) 구조 등을 지방정부 스스로 선택할 수 있도록 함으로써 다양한 실험을 허용하고, 이를 통해 지방정부들의 지리적 범위, 인구규모, 재정여력에 맞는 모델들을 찾게 하자는 것이다.

4) 지방 시민사회와 지방의회

전국 수준의 민주주의에서는 인구규모, 지리적 범위 등의 한계로 도입하기 어려운 여러 시민참여 제도들이 지방 수준 민주주의에서는 도입이 가능해진다. 시민들의 정치참여는 제도적 참여만이 아니라 비제도적 참여로도 가능하지만, 여기에서는 제도적 참여를 중심으로 살펴본다.

우리나라에서 현재 시행하고 있는 주민참여제도는 「지방자치법」에 따라 시행하고 있는 주민소환제, 주민발의제, 주민투표제, 주민감사청구, 주민소송제, 청원제도 등이 있으며, 자치법규로 주민참여예산제, 주민자치위원회, 공청회, 청문회, 토론회, 옴부즈만제도, 다양한 정책영역에서 시도되는 민간참여 협치 기구들이 운영되고 있다. 또한 지방정부의 일상 업무로 민원실, 반상회 등이 운영되고 있기도 하다.

　이 가운데 지방의회와 관련된 제도는 다음과 같다. 주민발의제에 해당하는 조례의 제정·개정·폐지 청구제도는, 일정 수 이상의 주민들이 지방 행정부 장에게 법적 요건을 갖추어 신청을 하면 행정부 장은 지방의회에 이를 부의하고, 지방의회는 청구인 대표자로부터 청구취지를 들은 후 심의, 의결하게 되어 있다. 또한 주민들은 지방 정부를 대상으로 소송을 제기할 수 있는데, 손해배상청구나 부당이득반환청구 소송의 대상 중 하나로 지방의회의원도 포함이 된다. 또한 지방의회 의원은 주민소환제 적용의 대상이 된다. 한편 주민발의, 주민소환, 주민투표, 주민감사 등은 지방 행정부의 장에게 제안되거나 청구되는 반면 청원은 지방의회에 직접 제출되고, 지방의회가 지방 행정부 소관사항이라고 판단되면 지방 행정부의 장에게 이송하여 처리된다.

3. 지방의회의 기능과 운영

　이하에서는 지방의회의 핵심기능으로서 의회운영 기능, 자치입법 기능, 행정사무 감독 기능, 대표 및 참여 기능, 재정 감독 기능 관련 원리와 제도를 살펴보고, 우리나라 지방의회에서 실재 이 기능들이 어떻게 운영되고 있는지에 관한 사례들을 살펴본다.

1) 지방의회의 조직과 운영

　일반적으로 의회의 조직은 수평적 분업구조와 수직적 위계구조로 구성된다. 위원회는 의회의 업무를 영역에 따라 나눈 수평적 분업구조에 해당한다. 반면 의원－위원회－본회의는 의안의 심의 및 결정을 위한 의회 회의체의 기본 위계구조다. 의안 심의가 본회의를 중심으로 이루어지는가, 위원회를 중심으로 이루어지는가에 따라 위원회의 권한과 위원회－본회의의 관계는 다양할 수 있는데, 우리나라 지방의회는 국회와 마찬가지로 위원회 중심제를 택하고 있다. 한편 의장단, 원내정당 리더십, 위원회 위원장들과 평의원들은 의회운영과 의제선택에 대한 권한을 둘러싼 위계구조가 된다. 의회의 의안심의과정은 회부, 상정, 심의, 의결을 기본과정으로 한다. 그런데 의회에 들어오는 모든 의제들이 '상정'의 행운을 얻는 건 아니다. 어떤 의제들은 상정되어 의결에 이르지만, 어떤 의제들은 상정조차 되지 못한 채 폐기되기도 한다. 대의기관인 의회가 갖는 핵심권한 중 하나가, 어떤 의제를 택하고 어떤 의제를 무시할 것인가를 결정하는 의제선택권이다.

한편, 의회의 일상운영 기능에 해당되는 제도로는 원 구성과 회기운영 제도가 있다. 원 구성이란 의회의 운영단위로서 의장단과 위원회를 구성하는 단계에 관련된 제도를 말하며, 회기운영은 의회의 1년 일정을 어떻게 운영해야 하는가에 관련된 제도들이다.

(1) 지방의회의원

의회의원을 위한 제도는 사인(私人)이 아닌 선출된 대표를 위해 필요한 대우, 규범과 관련 규제로 구성된다. 국회의원은 면책특권과 불체포특권이 헌법으로 보장되는 반면, 지방의회의원들에게 특별히 보장되는 법적 권리는 없다. 대신「지방자치법」에 따라 의원이 구금이나 체포되었을 때 관계 수사기관의 장은 이 사실을 의회에 알려야 하며, 형사사건으로 판결이 확정되면 법원장이 이를 알려야 한다. 의원이 참여해야 하는 의회업무에 발생할 지장과 대안 마련을 위한 공적 조치다.

일반적으로 의회의원은 선출직 공무원으로서 적절한 노력을 제공하고 그에 상응하는 급여, 수당, 연금, 보상 등을 받을 수 있다. 1988년 이전까지 우리나라 지방의회의원은 '명예직'이었고 회기 중에 한해서 '일비'와 '여비' 등을 받을 수 있었다. 그 후 거듭된 개정과정을 거치면서 회기가 아닌 시기에도 수당을 받을 수 있게 되었고 2003년 법 개정으로 '명예직'이라는 문구가 삭제되어 오늘에 이르고 있다.[8]

---

8 국회의원이나 지방의회의원이 보수를 받지 않는 '명예직'이어야 한다는 주장이 종종 제기된다. 선출직 공직자에게 보수를 지급해야 하는가 아닌가, 지급한다면 어느 정도 지급해야 하는가는 일반 원리로 접근할 문제가 아니라 각 공직의 조건에 따라 개별적으로 판단될 문제다. 우선 그 공직이

현행 「지방자치법」 제33조에 따르면, 지방의회의원은 '의정 자료를 수집하고 연구하거나 이를 위한 보조 활동에 사용되는 비용을 보전(補塡)하기 위하여 매월 지급하는 의정활동비, 공무로 여행할 때 지급하는 여비, 지방의회의원의 직무활동에 대하여 지급하는 월정수당'을 받을 수 있다. 각급 지방의회는 '대통령령'이 정하는 범위 내에서 조례로 의정비심의위원회를 구성하고, 의정비심의위원회는 '대통령령'이 정하는 범위 내에서 활동비, 여비, 수당 등을 정하고 있다.[9] 한편 지방의회의원이 공무 중 상해나 사망하였을 경우 보상금을 받을 수 있는데, 지급기준은 「공무원연금법 시행령」 및 「공무원연금법 시행규칙」의 기준 범위 내에서 조례로 정하며, 별도의 연금제도는 두고 있지 않다.

지방의회의원은 국회의원과 마찬가지로 성실, 품위유지, 지위를 남용한 이득취득 금지, 이해관계 충돌 회피 등의 윤리규범을 준수할 의무가 있다. 그런데 국회의원은 국회가 자체적으로 제정한 「국회의원 윤리강령」과 「국회의원 윤리실천규범」의 적용을 받는 반면, 지방의회의원은 「지방자치법」과 그 법에 위임을 받아 지방의회가 자체적으로 제정한 조례뿐만 아니라 「부패방지 및 국민권익위원회의 설치와 운영에 관한 법률(이하 권익위법)」에 따른 대통령령의 적용도 받는다.

「지방자치법」 제36조는 지방의회의원의 의무를 규정하고 제38조는 조례로 윤리강령과 윤리실천규범을 제정하도록 해놓았다. 그에 따라 서울특별시의회는 「서울특별시의회 의원 윤리강령 및 윤리실천규범 조례」를 두고 있고, 대구광역시, 경기도, 충청남도 등 대부분의 지방의회들도 별도의 조례를 마련하고 있지만, 인천광역시의회는 「인천광역시의회 운영에 관한 조례」에 통합하여 관련 내용을 두고 있기도 하다.

제도적으로 혹은 실질적으로 다른 경제활동과 병립되는가 아닌가를 따져야 한다. 다른 경제활동이 금지되어 있거나 현실적으로 할 수 없다면, 급여를 지급해야 할 것이다. 이런 조건에서 급여를 지급하지 않는다면, 급여가 필요하지 않은 부를 가진 사람들만 그 공직에 종사할 수 있게 되므로 대표의 편향성이 불가피하기 때문이다. 다른 경제활동과 병립 가능하다면, 공직업무 종사에 드는 노력의 정도를 기준으로 '활동비' '수당'을 지급할 수 있는데 그 적정수준에 대해서는 사회적 합의가 필요할 것이다.

9 「서울특별시의회 의원 의정활동비 등 지급에 관한 조례」(서울특별시조례 제6015호)에 따르면, 서울시의원의 '월정수당'은 3,708,330원이며, '의정활동비'는 1,500,000원이다.

한편 이와는 별도로, '권익위법' 제8조는 공직자가 따라야 할 행동강령을 명령 및 규칙으로 제정하도록 해 놓았는데, 국회, 대법원, 헌법재판소, 중앙선거관리위원회는 각각 자체 규칙으로 이를 정하게 되어 있는 반면 지방의회의원은 대통령령인 「공무원 행동강령」(대통령령 제26980호)의 적용을 받게 되어 있다.

(2) 위 원 회

의회의 위원회는 본회의에서 안건을 최종 결정하기에 앞서, 안건의 심의, 심의에 필요한 정보 획득 및 조사, 서로 다른 입장 간 사전조정 등의 작업을 진행하기 위한 의회의 핵심 분업 단위다. 위원회의 일반적 기능으로는 노동 분업을 통한 효율적인 업무 수행, 개별의원들 간의 투표교환, 정보 획득, 정당 간 조정기능을 들 수 있다(Mattson & Strøm, 1995, 250-255). 노동 분업 기능이란 의회가 다루어야 할 많은 정책 영역들을 가용자원 내에서 나누어 분담하는 기능을 말한다. 투표교환 기능이란, 개별의원들이 선거공약으로 제시했거나 주민들로부터 받은 정책 요구들을 서로 이해하고 결정에 도움을 주는 기능이다. 정보 획득 기능이란, 각 위원들이 가진 해당 정책에 대한 전문적 지식을 나누고, 공청회나 청문회, 간담회 등을 통해 이해당사자와 전문가들로부터 정보를 습득하여 의안심의에 도움을 얻는 것이다. 정당 간 조정 기능은 개별의원들 간의 투표교환 기능과 유사하게 각 정당들이 유권자에게 약속했던 공약사항이나 추진의제의 실현범위를 구체적으로 조정해나가는 기능이다.

현행 「지방자치법」에 따르면 지방의회들은 국회와 마찬가지로 상임위원회와 특별위원회 2종의 위원회를 둘 수 있으며, 위원회의 수, 명칭 등은 조례로 자율적으로 정하게 되어 있다. 그러나 그렇지 않았던 시기도 있었다. 민주화 이후 최초의 지방의회선거가 있었던 1991년 이전까지는 지금과 마찬가지로 상임위원회를 지방의회 조례로 정하도록 되어 있었다. 그러나 1991년 5월 국회는 광역지방의회만 상임위를 둘 수 있도록 하고 기초지방의회는 두지 못하도록 법을 개정했다. 기초지방의회의원들의 반발이 거셌고, 그 해 12월 국회는 다시 법을 개정해 각 기초지방의회들의 의원정수를 기준으로 설치할 수 있는 상임위원회의 수를 '대통령령'으로 정하게 했다. 이 체제는 2006년까지 지속되다가 기초지방의회도 자율적으로 상임위를 설치할 수 있도록 바뀌어 오늘에 이르고 있다.

2006년까지 기초지방의회가 설치할 수 있는 상임위 개수는 의원정수에 따라 정해졌다. 개정 직전 기준에 따르면 의원정수가 13인 이내인 의회는 상임위를 둘 수 없었고, 13−30인까지는 3개 이내, 31−40인까지는 4개 이내, 41인 이상은 5개 이내를 둘 수 있었다. 의원정수에 따라 상임위 숫자를 제한한 것은 상임위별 의원 수가 너무 작으면 의안심의가 부실해질 수 있고, 상임위 소관 정책에 이해관계를 갖는 집단들의 로비에 취약해져 전체 주민의 이해관계에 어긋나는 정책결정이 이루어질 가능성 때문이다. 그러나 이런 우려를 고려하더라도, 법으로 일괄 규제하는 것보다 각 지방의회가 스스로 판단하게 하는 현행 제도가 지방의회의 책임성과 민주적 운영원리에 더 부합한다고 하겠다.

표 4-3 상임위원회 개수별 의회 수

구분	의회수	상임위원회 개수별 의회 수										
		0	1	2	3	4	5	6	7	8	9	10	11
합계	243	57	2	16	121	24	9	7	5	−	−	1	1
광역	17	−	−	−	−	1	3	6	5	−	−	1	1
기초	226	57	2	16	121	23	6	1	−	−	−	−	−

※ 출처: 행정자치부(2014b), 8

2014년 선거로 구성된 지방의회들의 상임위원회 숫자를 보면, 상임위원회를 두지 않는 지방의회가 57개였고 모두 기초단위였다. 기초지방의회의 상임위 숫자는 3개를 두고 있는 사례가 가장 많았고, 광역의회는 4−11개까지 다양하게 분포하고 있었다. 2016년 현재 서울특별시의회의 의원정수는 106명이며, 「서울특별시의회 기본 조례」(서울특별시조례 제6303호)에 따라 운영위원회, 행정자치위원회, 기획경제위원회, 환경수자원위원회, 문화체육관광위원회, 보건복지위원회, 도시안전건설위원회, 도시계획관리위원회, 교통위원회, 교육위원회의 10개 상임위를 두고 있다. 15명의 의원정수를 가진 세종특별자치시의회는 의회운영위원회, 행정복지위원회, 산업건설위원회, 교육위원회의 4개 상임위를 두고 있으며, 위원회 겸직을 허용하여 각 위원회별 7명의 위원을 두고 있다.

기초지방의회지만 광역지방의회인 세종특별자치시의회보다 의원정수가 더 많은 충청북도 청주시의회는 19명의 의원이 있는데, 의회운영위원회, 행정복지위원회, 산업건설위원회 3개 상임위를 두었다. 역시 겸직을 허용하여 각 위원회의 위원 수는 각각 9명이었다. 8명의 의원이 있는 광주광역시 동구의회는 의원정수가 8명으로, 2006년 이전 법의 적용을 받았다면 상임위를 설치할 수 없는 규모지만 현재는 의회운영위원회, 기획총무위원회, 사회도시위원회 3개 상임위를 두고 있다.

(3) 교섭단체

정당민주주의를 근간으로 하는 근대의회에서 의회 내 정당들은 의회의 각종 회의체 구성권 및 의사일정 결정권을 행사하며, 다양한 사회적 의제들 가운데 의회에서 논의되어야 할 정치의제를 선택하는데 중심 역할을 담당한다. 현대 민주주의에서 선거는 정당공천을 기본으로 진행되며, 선거마다 각 정당들은 공약을 내걸고 지지를 호소한다. 의회가 구성되면 의회를 구성하는 대부분의 의원들은 특정 정당 소속으로 공천을 받아 당선된 자들이므로, 선거에서 정당 이름으로 약속했던 공약을 지켜야 할 책임이 뒤따르게 된다. 또한 유권자들은 개별 후보에 대한 호불호에 따라 지지여부를 결정하기도 하지만 그가 속한 정당에 대한 신뢰로 지지를 결정하기도 한다. 따라서 당선된 이후 의회 내에서 하나의 집단으로 공동행동을 하는 것은 자연스러운 일이다. 그러나 원내 협의에 참여할 권한을 갖는 원내정당의 기준이 너무 높으면 소수정당들이 배제되고 그 소수정당을 지지했던 유권자들의 의사 또한 무시될 수 있어 적정한 기준이 필요하다.

의회 내 정당들의 명칭은 국가마다 다양한데, 우리나라는 이를 '교섭단체'로, 일본은 '회파' 등으로 부른다. 현행 「국회법」(법률 제12502호)에는 '교섭단체'라는 용어가 99번 나온다. 이렇게 많이 등장하는 이유는, 원 구성, 의사일정의 결정, 심의할 의안의 결정, 원내 갈등의 조정 등의 영역에서 교섭단체 대표 혹은 위원회 차원의 교섭단체 간사들 간의 협의규정을 두고 있기 때문이다. 현재 우리나라 국회에서는 20명 이상의 의원이 있어야 교섭단체로 등록을 할 수 있는데, 해외 다른 나라들과 비교해 보면 의원정수에 비해 높은 기준을 가지고 있는 편에 속한다.

한편, 지방의회들은 의원정수의 차이가 크기 때문에 교섭단체 설치 여부, 기준, 권한이나 역할에서 일괄적인 기준을 적용할 수 없으며, 각 의회마다 자치법규로 관련 내용을 규정하거나 비공식적인 협의구조를 운영하고 있다. 서울특별시의회는 「서울특별시의회 교섭단체 구성·운영 조례」를 제정하여 교섭단체의 공식적 역할을 인정하고 있으며 10명 이상의 의원으로 등록을 할 수 있다. 조례에 따르면 교섭단체는 효율적인 의회운영 방향 및 정당 정책의 추진, 교섭단체 소속 의원들의 의사 수렴 및 조정, 교섭단체 상호간의 사전 협의 및 조정, 소속 정당과의 교류·협력 등의 기능을 수행한다. 경상남도는 「경상남도의회 교섭단체 구성 및 운영에 관한 규칙」을 두고 있으며, 교섭단체 구성요건은 의원정수의 10%로 되어 있다. 기초지방의회인 경기도 광명시의회는 「광명시의회 교섭단체 및 위원회 구성과 운영에 관한 조례」를 제정하였고 3명 이상의 의원은 교섭단체 등록을 할 수 있게 했다. 기초지방의회들은 의원정수가 작기 때문에 광명시 외에 안산시, 용인시, 안양시 등 규모가 큰 의회들 정도에서만 관련 자치법규를 두고 있는 상태다.

(4) 지원조직

일반적으로 의회 지원조직은 당파성을 기준으로 당파적 지원조직과 비(非)당파적 지원조직, 지원업무를 중심으로 행정사무지원조직과 정책지원조직 등으로 나누어 볼 수 있다. 당파성 기준은 의회의 속성에서 기인한다. 다당제를 원리로 하는 민주주의에서 의회를 구성하는 정당들은 2개 이상일 수밖에 없고, 각 정당이나 정당공천을 받은 의원들은 선거에서 각기 다른 공약을 내걸고 당선된다. 당선 후 정책추진과정에서, 당파적 입장을 가지고 지원을 받을 수 있는 조직(인력)이 있고, 정당에 관계없이 업무지원을 받을 수 있는 직업공무원 조직(인력)이 있다. 국회를 기준으로 보면, 전자에 해당하는 것이 정당 정책전문위원, 의원 개인보좌관 등이고 국회사무처, 국회도서관, 국회입법조사처, 국회예산정책처 등이 후자에 해당한다. 나라마다 역사적 전통, 정당체제의 특성 등에 따라 당파적 지원과 비당파적 지원방식은 상이하다. 예컨대 미국의회에서 위원회 지원조직은 직업공무원이 아니라 매 선거가 끝나면 각 원내정당들이 구성하며, 의회경비로 인건비를 지급한다. 반면 우리나라 국회 위원회 지원조직은 직업공무원들로 구성된다.

현행 「지방자치법」에 따르면, 우리나라 지방의회는 당파적 지원조직은 둘 수 없으며 비당파적 지원조직만 둘 수 있다. 행정사무지원조직(인력)으로 광역지방의회는 사무처, 기초지방의회는 사무국이나 사무과를 둘 수 있으며, 정책지원인력으로 위원회에 전문위원을 둘 수 있다. 소속직원들은 지방의회 의장이 아니라 지방 행정부 장이 임명하고, 지방공무원의 지위를 갖는다. 위원회 전문위원의 직급과 정수 등은 '대통령령'에 따라야 한다.

지방의회 지원조직 구성과 관련하여, 사무직원의 임명권을 지방 행정부의 장이 갖도록 되어 있는 조항과 전문위원의 구성을 대통령령에 따라 하게 되어 있는 부분은 개정이 필요하다. 지방의회 직원 임명권을 행정부의 장이 갖는다는 것은, 국회 직원 임명권을 대통령이 갖는 것만큼이나 역설적이다. 그나마 지금은 사정이 조금 나아진 편이긴 하다. 1994년 이전까지는 지방의회 의장과 '협의'하여 행정부의 장이 임명하도록 되어 있었기 때문에 지방의회의 자율권이 거의 보장되지 않았다. 1994년 이 조항은 지방의회 의장의 '추천'으로 바뀌었고, 이후 몇 번 관련 규정이 바뀌어 지금은 '추천'으로 임명하되, '자치단체장이 별정직공무원, 임기제공무원, 일반직공무원에 대한 임명권을 사무처장, 사무국장, 사무과장에게 위임'하도록 해 놓았기 때문이다. 이 조항이 지방의회 구성권 제한이라는 오랜 비판을 '위임'이라는 방법으로 대응해온 결과다.

이렇게 된 데에는 이유가 있다. 「지방자치법」에 따라 지방 정부의 행정직제와 직급, 정원은 대통령령인 「지방자치단체의 행정기구와 정원기준 등에 관한 규정」(대통령령 제26922호, 이하 '규정')을 따라야 하고, '규정'에 따라 지방 행정부와 지방의회 인력의 직제 및 정원을 통합 관리해야 한다. 따라서 「지방자치법」이 형식적으로는 지방의회의 행정사무지원기구의 직제 및 정원을 별도의 조례로 정할 수 있도록 해놓긴 했으나, 지방의회 지원기구의 직제나 정원의 변화는 지방정부 전체 직제 및 정원 범위 내에서 조정되어야 하므로 행정부의 장이 동의하지 않으면 증원 등이 어렵게 되어 있는 것이다. 이런 조건에서 지방의회 직원 임명권까지 행정부의 장에게 주어진 것은 지나친 지방의회 권한의 제약이 아닐 수 없다. 개정이 필요한 부분이다(이승종 2014, 88; 김순은 외 2016, 161; 김병준 2015, 504).

위원회 전문위원의 직위, 정원을 '대통령령'으로 제한하고 있는 것 또한 지방의회 권한 제약으로 볼 수 있다. 현재는 위 '규정'에 따라 지방의회 의원정수별 지방의회가 둘 수 있는 전문위원의 직급별 정원 상한이 정해져 있다. 그런데 이런 규정은 지방의회가 자체 가용인력 범위 내에서 필요에 따라 조정할 수 있는 여지를 제한하고 있다. 지방의회의 상황에 따라 정책지원인력이 더 필요할 수도 있고, 행정사무인력이 더 필요할 수 있다. 예컨대 지방의회가 총 50명의 지원인력을 둘 수 있다면, 그 가운데 행정사무인력과 정책지원인력을 어느 정도 비율로 둘 것인가 등은 자율적으로 결정할 수 있어야 할 것이다.

(5) 회기의 운영

회기는 의회의 회의가 개회되어 폐회될 때까지의 기간을 말한다. 회기제도는 연중개회를 기본으로 하는 유형과 정기회 및 임시회에 대한 별도규정을 두고 있는 유형으로 나뉜다. 전자의 사례로 미국과 영국, 독일 등이 있고 후자의 사례로 우리나라, 프랑스 등이 있다.

연중개회 제도를 가진 나라에서는 1회기가 1년 단위로 구성되며, 회기 중 휴회기간을 두게 된다. 미국 연방하원 사례를 보면, 대통령 기념일 지역구 사업 기간(Presidents Day District Work Period), 봄 지역구 사업 기간(Spring District Work Period), 전몰장병 기념일 지역구 사업기간(Memorial Day District Work Period), 독립기념일 지역구 사업기간(Independence Day District Work Period), 여름 지역구 사업기간(Summer District Work Period) 등을 두고 있다. 휴회기간의 이름이 '지역구 사업 기간'인 이유는, 이 기간 동안 의원들이 자신의 지역구에 가서 유권자들을 만나는 등의 활동을 주로 하기 때문이다. 휴회기간은 여름 지역구 사업기간을 제외하고는 대체로 1−2주 정도이며, 여름에는 휴가를 겸하여 1달 정도 휴회를 가진다.

반면 우리나라처럼 정기회와 임시회 제도를 가진 사례에서는 정기회와 임시회

마다 회기가 변경된다. 현행 「헌법」에 따르면 국회는 매년 1회의 정기회를 해야 하며 임시회의 회기는 30일을 넘길 수 없기 때문에 1년 내에도 여러 번의 회기가 변경되는 것이다. 현행 「국회법」은 정기회 외에, 2월, 4월, 6월에는 임시회를 개최하도록 정하고 있어 법적으로만 보면 연중 회기일수는 최대 190일 가량이 된다. 그러나 임시회는 국회의원 4분의 1요구만 있으면 언제든 소집해야 하며, 실재로 최근 국회의 회기일수는 매년 300일을 넘기고 있다.

현행 「지방자치법」에 따른 지방의회 회기제도도 연 단위 회기제도가 아니라는 점에서 국회의 선례를 따르고 있으나 몇 가지 점에서 차이가 있다. 첫째, 연중 의무적으로 개최해야 하는 회기의 명칭이 다르다. 국회는 '정기회'로, 지방의회는 '정례회'로 칭한다. 둘째, 국회 정기회는 연 1회 의무사항이나 지방의회 정례회는 연 2회 개최되어야 한다. 셋째, 국회 정기회는 「헌법」에 따라 100일의 회기일수가 정해져 있고 「국회법」에 따라 매년 9월 1일[10]에 개최해야 하지만, 지방의회 정례회는 개최 시기만 정해져 있을 뿐 회기일수는 각 지방의회가 조례로 정하게 되어 있다. 지방의회는 「지방자치법 시행령」(대통령령 제27056호)에 따라, 제1차 정례회는 매년 6월·7월 중에, 제2차 정례회는 11월·12월 중에 열어야 하고, 1차 정례회는 결산 승인을, 2차 정례회는 예산안 의결을 주요안건으로 다루게 되어 있다. 넷째, 국회와 지방의회는 모두 '임시회'를 개최할 수 있는데, 개최요건은 다르다. 국회 임시회는 재적의원 4분의 1의 요구가 있어야 하지만, 지방의회 임시회는 재적의원 3분의 1의 요구가 있어야 한다. 다섯째, 국회 임시회는 「헌법」에 따라 회기일수가 30일로 정해져 있지만, 지방의회 임시회의 회기일수 제한은 지방의회 조례로 다양하게 정해져 있다.

여섯째, 현재 국회는 총 회기일수 제한이 없지만, 지방의회들은 대개 조례로 총 회기일수 제한규정을 두고 있다. 2006년 이전까지는 조례가 아니라 「지방자치법」 자체에 총 회기일수 제한이 있었다. 1988년 개정 「지방자치법」에는 정례회와 임시회 회기일수를 합하여 광역지방의회 70일, 기초지방의회 60일을 넘을 수 없게

---

10 9월 1일이 휴일인 경우에는 다음 날 집회한다.

되어 있었다. 그러나 지방의회 운영경험이 쌓이면서 회기일수 연장 요청이 거듭되었고, 광역지방의회 120일, 기초지방의회 80일까지 연장되었다가 2006년 법 개정으로 회기일수 제한 조항 자체가 삭제되었다. 하지만 조례 수준에서는 여전히 총 회기일수 제한 규정들이 남아 있는 상황이다.

현재 각 지방의회들은 지방의회 조건에 따라 정례회, 임시회 및 회기일수 규정을 다양하게 정해두고 있다. 예컨대 서울특별시는 2회 정례회 회기일수를 합하여 70일 이내로, 임시회 회기일수는 20일 이내로 제한하고 있으며, 연간 총 회기일수는 150일 이내로 하되 본회의 의결로 연장할 수 있다. 부산광역시의회는 2회 정례회 회기일수는 60일 이내로, 임시회 회기일수는 15일 이내로 제한하고 연간 총 회기일수는 130일 이내로 하되, 의장이 교섭단체대표의원과 협의하여 회기일수를 연장할 수 있다. 기초지방의회인 서울특별시 강동구의회는 2차례 정례회 회기일수를 45일 이내, 임시회 회기일수를 15일 이내로 제한하고 총 회기일수는 100일 이내로 하되 본회의 의결로 연장할 수 있다.

2002년부터 2014년까지 광역지방의회와 기초지방의회의 실제 회기일수는 <표 4-4>와 같다. 광역의회의 경우 대수가 거듭될수록 회기일수가 늘어나고 있는데 반해, 기초의회는 2006-2010년 회기일수가 늘었다가 2010-2014년에는 조금 줄어드는 경향을 보인다. 2002년, 2006년, 2010년 각각 광역지방의회 의원정수는 682명에서 738명으로, 다시 843명으로 늘어났으며, 기초의회 의원정수는 2002년 3,485명에서 2006년 2,888명으로 줄어들었고 2010년에는 2,888명을 유지했다.

표 4-4 지방의회 회기일수 현황(2002-2014)   (단위: 일)

기 간	광역의회	기초의회
2002-2006	7,579	73,601
2006-2010	7,935	77,146
2010-2014	8,260	75,429

출처: 행정자치부(2007), 140; 행정안전부(2011), 120; 행정자치부(2015), 122

제 4 장 지방의회

기초의회의 경우 의원정수 감소를 고려하면 의원 1인당 회기일수는 2002－2006년에 비해 2006－2010년에 늘어난 것이다.

(6) 원의 구성

선거가 끝나고 임기를 시작하려면 우선 의회 의장단과 위원회 구성, 위원장 및 위원 선임이 이루어져야 한다. 현재 지방의회 원 구성 방식 및 절차는 국회에 준한다. 선거 후 첫 집회일에 의장단을 무기명 투표로 선출하며, 의장단과 위원장 및 위원의 임기는 의원임기인 4년이 아니라 2년이다. 따라서 임기 내 2번의 원 구성 작업이 이루어진다. 광역지방의회는 국회와 마찬가지로 1명의 의장과 2명 부의장을 둘 수 있으며, 기초지방의회는 1명의 의장과 1명의 부의장을 둘 수 있다. 위원회의 위원은 본회의에서 선임하게 되어 있으며, 위원회 위원장 선임방식은 각 지방의회 조례로 정하게 되어 있다.

2) 자치입법기능과 운영

(1) 지방의회 의결권의 범위와 제한

조례를 포함하여 지방의회에 제출되는 의안은 '지방 행정부 장, 재적의원 5분의 1이상 또는 의원 10명 이상의 연서'로 발의가 가능하다. 지방의회가 의결권을 행사할 수 있는 의안에 대해 「지방자치법」은 제39조에 열거하여 규정해 놓았다. 우선 제39조 ①은 '조례의 제정·개정 및 폐지, 예산의 심의·확정, 결산의 승인, 법령에 규정된 것을 제외한 사용료·수수료·분담금·지방세 또는 가입금의 부과와 징수, 기금의 설치·운용, 대통령령으로 정하는 중요 재산의 취득·처분, 대통령령으로 정하는 공공시설의 설치·처분, 법령과 조례에 규정된 것을 제외한 예산 외의 의무부담이나 권리의 포기, 청원의 수리와 처리, 외국 지방자치단체와의 교류협력에 관한 사항, 그밖에 법령에 따라 그 권한에 속하는 사항'의 11가지를 열거하고 있다. 그리고 제39조의 ②는 '제1항의 사항 외에 조례로 정하는 바에 따라 지방의회에서 의결되어야 할 사항을 따로 정할 수 있다.'고 명시해 놓았다. 제39조의 ①

은 내용을 적시하여 지방의회의 의결을 요했으므로 '필수의결사항' 혹은 '법정의결사항'으로, 제39조의②는 지방의회가 자율적으로 판단하는 사항이므로 '임의의결사항'으로 분류하기도 한다.

일견 제39조 ②는 폭넓게 해석될 수 있는 것으로 보이나, 「지방자치법」의 다른 조항들과 제39조 ①에 대한 해석, 사법부 판례 등에 의해 제약요인이 많다. 법 제22조는 지방자치단체가 '법령의 범위 내에서' 조례를 제정할 수 있으나, '주민의 권리 제한 또는 의무 부과에 관한 사항이나 벌칙을 정할 때는 법률의 위임'이 있어야 한다고 규정하고 있다. 1994년 이전까지 「지방자치법」은 지방의회가 조례로 '3월 이하의 징역 또는 금고, 10만 원 이하의 벌금, 구류, 과료 또는 50만 원 이하의 과태료의 벌칙'을 정할 수 있게 해두었다. 조례에 의한 규제를 강제할 방안이 필요하다고 보았기 때문이다. 그러나 1991년부터 지방의회가 구성되어 활동하기 시작하면서, 지방의회에 '벌칙' 제정권을 부여하는 것이 '죄형법정주의'에 위배되는가 아닌가를 둘러싼 찬·반 논쟁이 일어났고, 결국 1994년 국회는 '벌칙' 제정을 금지하는 대신 '1천만 원 이하의 과태료'를 부과할 수 있도록 법을 개정했다.

'벌칙' 대신 '과태료'만으로 조례를 강제할 수 있는가의 문제 외에도, 지방의회가 정한 조례가 '주민의 권리 제한이나 의무 부과'에 해당하는지 여부는 해석의 여지가 넓을 수 있으며, 실제 이 조항은 조례에 대한 재의요구나 대법원 제소권 행사에 중요한 근거가 되고 있다. 현행 지방의회 의결권 대상범위를 확장하기 위한 방안으로 이승종(2014, 85)은 다음의 네 가지 방안을 제안하고 있다. '첫째, '지방자치단체의 중요시책 사항'을 추가할 것, 둘째, 제39조 ①에 열거된 사항을 제한적 열거사항으로 해석하지 말고 예시적 열거사항으로 인정할 것, 셋째, 조례개정으로 집행기관 행정행위 중 주민의 복지에 미치는 직접적인 영향력의 크기를 고려하여 합리적 수준으로 확대할 것, 넷째, 법정의결사항 및 조례에 의한 의결사항 외에 임의적 의결사항을 적극적으로 인정하는 관행을 확립'할 것을 제안했다.

(2) 지방 행정부의 재의요구 · 대법원 제소권

다음으로 지방의회 자치입법권을 제한하는 요소가 지방정부 장의 재의요구권과 대법원 제소권이다. 우리 「헌법」은 대통령의 법률안 재의 요구권을 보장하고 있는데, 지방정부 장의 재의요구권은 이와 유사한 측면이 있다. 재의를 요구하면 3분의 2 특별정족수 규정을 적용하고, 의회가 재의결하면 그 자체로 의결사항이 확정된다는 측면에서는 동일하다. 또한 지방 행정부의 장이 재의를 요구할 때에는 항목별 거부권을 행사할 수 없고 총체적 거부권만 행사할 수 있다는 점에서 대통령 거부권과 성격을 같이 한다.

그런데 재의 요구 대상 안건과 재의결 이후 과정에서 차이가 있다. 우선 대통령은 법률안에 대해서만 재의요구를 할 수 있으며, 예산에 대해서는 재의요구를 할 수 없다. 국회가 예산안을 확정하면 그것으로 법적 절차는 종료된다. 그러나 지방 행정부의 장은 예산에 대해서도 재의를 요구할 수 있다. 또한 조례안에 한정하지 않고 모든 안건에 대하여 '월권이거나 법령에 위반되거나 공익을 현저히 해친다고 인정되면' 재의를 요구할 수 있다.

여기에서도 재의 요구 요건의 모호함과 그로 인한 자의성이 문제가 된다. '법령 위반'은 헌법이 정한 범위를 넘는 것이므로 재의요구 대상이 될 수 있지만, '월권'이나 '공익을 현저히 해치'는 것에 대한 판단은 모호할 수 있다. 지방의회가 의결한 내용이 지방의회의 권한 범위를 넘는가, 그렇지 않은가는 법률이 정한 범위에 따라 판단되어야 할 문제다. 그렇지 않다면 '법령 위반'이 아닌 별도의 '월권'의 내용이 무엇인가는 지방 행정부 장의 자의적 판단영역이 될 수 있다. '공익을 현저히 해친다'는 판단 역시 마찬가지다. 무엇이 공익이며 어떤 의결사항이 공익에 위배되는지 아닌지에 대한 판단도 법률을 기준으로 해야 하며, 그렇지 않을 경우 자의적 법 적용의 문제가 발생할 수 있다.

일례로 2013년 충주시의회는 「충주시 건축조례」를 제정해 건축물 높이제한 규정을 바꾸었는데, 충주시장은 이 조례가 공익을 해친다는 이유로 재의를 요구하였고 재의결 결과 조례안은 3분의 2 정족수를 충족하지 못했다. '조례안이 시행되면 일조권 침해와 사생활 보호 등으로 잦은 분쟁과 민원이 예상'된다는 것이 그 이유였다. 이 경우 조례안에 대한 호불호는 다를 수 있으나, 법령위반이 아니라 '분쟁과 민원이 예상'된다는 근거만으로 지방의회의 의결에 재의를 요구할 수 있는가에 관한 문제가 제기된다(행정자치부 2014a, 397).

또 다른 차이는 재의결로 의결사항을 확정한 이후 과정이다. 국회에서의 재의결은 그 자체로 법적 절차가 종료되지만, 지방 행정부 장은 재의결되었음에도 대법원에 소(訴)를 제기할 수 있다. 일례로 2011년 인천시 동구 의회는 악취와 소음에 대한 주민들의 민원을 받아들여 「악취·소음 방지에 관한 조례」를 제정했는데, 이 조례는 결국 대법원에 제소되었고 효력이 취소되었다. 동 조례에는 악취배출허용기준을 정하고 기준 이상의 악취배출을 금지하는 내용을 포함했는데, 대법원은 이 내용이 상위 법률의 위임이 없었기 때문에 무효라고 판결했다. 지방의회의 결정으로 악취를 배출하는 기업의 권리를 제한할 근거가 없다는 것이다(행정자치부 2014a, 312-314).

(3) 자치입법권 운영 현황

<표 4-5>는 기수[11]별 조례 입법 현황을 나타낸 것이다. 접수 조례안 및 처리 조례안의 숫자는 광역지방의회와 기초지방의회에서 계속 늘어나고 있다. 그런데 4-6기 동안 광역지방의회 의원정수는 계속 늘어난 반면, 기초지방의회 의원정

표 4-5 지방의회 조례 입법 현황(2002-2014)   (단위: 건)

기수	기간	광역지방의회				기초지방의회			
		의원정수	접수	처리	임기만료폐기	의원정수	접수	처리	임기만료폐기
4기	2002-2006	682	4,546	4,466	80	3,485	35,026	34,754	272
5기	2006-2010	738	6,832	6,670	162	2,888	44,857	44,331	526
6기	2010-2014	843	8,911	8,496	415	2,888	46,536	45,856	680

출처: 행정자치부(2007), 148; 행정안전부(2011), 128; 행정자치부(2015), 130

---

11 4장 1절에서 지적한대로 우리나라 각 지방의회의 대수는 지방의회마다 다르며, 여기서 말하는 '기수'는 전국단위 비교 등을 위해 민주화 이후 재개된 지방의회 선거를 기준으로 편의상 구분한 것이다. 1991년-1995년 1기, 1995년-1998년 2기 순으로 구분하며 2014년 선거로 구성된 현행 의회는 7기가 된다.

수는 5기를 기점으로 대폭 줄어들었다. 이를 감안하면 특히 기초지방의회 차원의 입법 활동이 매우 활발해지고 있음을 알 수 있다. 또한 접수 및 처리 조례안의 증가와 함께, 임기 동안 처리하지 못하고 임기종료와 함께 폐기된 조례안의 숫자도 점차 늘어나는 추세에 있다.

<표 4-6>은 지방의회 제·개정 조례에 대한 행정부 장의 재의요구 현황을 나타낸 것이다. 4기에 비해 5기에 재의요구 건수가 23건 늘어났으며, 6기에는 7건이 줄어들어 160건을 기록했다. 4기 기준 전체 재의요구 건수의 79.2%는 기초 지방 행정부 장이 기초지방의회에 행한 것이다. 기초지방의회가 받은 재의요구 건수는 총 114건이며, 이 가운데 기초 지방 행정부 장 자체요구는 67건, 시·도 지사가 재의요구를 지시하여 시·군·구의 장이 대리한 것이 47건이었다. 5기에는 그 숫자가 더욱 늘어나 총 167건의 재의요구 가운데 141건이 기초지방의회에 대한 재의요구였으며, 이 가운데 시·군·구의 장 자체요구는 84건, 시·도지사의 요구를 대리한 것이 57건이었다. 반면 중앙 행정부의 장관이 시·도지사에게 지시하여 광역 지방의회 결정에 재의를 요구한 건수는 4기 18건에서 5기 7건으로 대폭 줄어들었으며 6기에도 2건이 늘어난 9건 수준을 유지했다.

재의결과를 보면, 지방의회가 재의결 처리한 건수는 4기 64건에서 5기 68건, 6기 62건으로 비슷한 수준을 유지한 반면, 폐안 등으로 처리된 건수는 5기 23건에서 6기 45건으로 급증했다. 부결이나 재의결은 재의 요구된 의안을 본회의에 부의

표 4-6 지방의회 제·개정 조례에 대한 재의요구 현황(2002-2014)　　　(단위: 건)

기간	발의주체			지방 행정부 장의 재의요구				지방의회 재의결과		
	합계	단체장	의원	자체요구		재의요구 지시		부결	재의결	폐안기타
				기초	광역	광역	장관			
2002-2006	144	102	42	67	12	47	18	59	64	21
2006-2010	167	57	110	84	19	57	7	76	68	23
2010-2014	160	86	74	84	52	15	9	53	62	45

출처: 행정자치부(2007), 179; 행정안전부(2011), 154; 행정자치부(2015), 158

하여 처리한 결과인 반면, '폐안 기타' 분류는 본회의에 부의하지 않은 채 임기가 종료된 의안들을 말한다.

<표 4-7>은 지방의회가 제·개정한 조례 중 대법원에 제소된 건수를 보여준다. 4기에는 14건에 불과했지만 5기에 그 숫자가 급증해 39건에 이르렀고, 6기에는 8건이 줄어 31건을 기록했다. 그런데 4기와 5기, 5기와 6기에서 그 구성은 이질적인 것으로 확인된다. 4기에 비해 5기 제소건수가 급증한 것은 기초지방의회 제·개정 조례의 제소가 5건에서 30건으로 늘어났기 때문이다. 이 가운데 상급기관의 제소 요구는 0건으로 모두 기초지방 행정부 장의 자체 제소 요구였다. 그런데 5기에 제소된 조례에 대한 대법원 판결 결과를 보면, 총 39건 가운데 25건이 유효로 나타나 제소요구권의 남용이 있었음을 짐작케 한다.

반면 6기 제소 31건 가운데 25건이 광역지방의회 제·개정 조례를 대상으로 한 것으로 나타나, 5기와는 다른 양상을 보여준다. 또한 광역의회 제·개정 조례안 제소 25건 가운데 12건이 중앙정부 장관에 의해 이루어졌는데, 이 또한 4·5기와는 다른 현상이다. 6기에는 중앙 정부와 지방정부 사이에 조례안을 둘러싼 정치적 갈등이 더 빈번해졌다는 것으로 해석할 수 있다.

표 4-7 지방의회 제정 조례에 대한 대법원 제소 현황(2002-2014) (단위: 건)

기간	합계	제소 조례 수		제소한 사람			제소 결과				
		광역	기초	자체	상급기관		무효	유효	각하	소취하	계류[12]
					광역단체장	장관					
2002-2006	14	9	5	9	2	3	10	1	0	0	3
2006-2010	39	9	30	39	0	0	9	25	0	4	1
2010-2014	31	25	6	15	4	12	9	1	2	8	11

출처: 행정자치부(2007), 181; 행정안전부(2011), 156; 행정자치부(2015), 160

---

12 '계류' 범주는 행정자치(안전)부가 자료를 집계할 시점 아직 판결이 나지 않았다는 것이다.

3) 행정감독기능과 운영

(1) 국회 국정감독제도와 지방의회 행정감독제도

지방의회가 지방 행정부의 일상 업무를 감독하는 제도 역시 국회가 중앙 행정부에 행하는 국정감사 및 국정조사 제도와 유사하다. 그런데 우리나라의 국정감독제도는 다른 나라와 다른 특이한 점이 있다. 정해진 기간 동안 전체 행정부처의 업무감사를 한꺼번에 진행하는 국정감사 제도는 다른 나라에 없는 우리나라만의 독특한 제도다.

이 제도는 권위주의 시기 경험에서 유래하고 있다. 제3공화국까지 우리 헌법에는 국회의 국정감독권에 대해 '국회는 국정을 감사하며, 이에 필요한 서류의 제출, 증인의 출석과 증언이나 의견의 진술을 요구할 수 있다.'로 규정해 두어, 국정감사와 국정조사를 분리하지 않았다. '국정감사만 할 수 있고 국정조사는 할 수 없다'는 의미가 아니라, 일상적인 업무감독과 조사권 등을 포괄적으로 규정해둔 것이다. 이에 따라 제2공화국까지는 국회의 의결로 일반행정감사, 특별행정감사, 국정조사 등이 수시로 이루어졌다.

그런데 제3공화국에서는 헌법 상 국정감독권이 보장되어 있었지만 감사나 조사권 행사가 현실적으로 매우 어려워졌고, 1972년 제4공화국 헌법에서는 제헌 헌법 이래 유지되었던 국회의 국정감독권 관련 조항이 아예 삭제되어 버렸다. 1980년 제5공화국 헌법에서는 '국회는 특정한 국정사안에 관하여 조사할 수 있으며...'라는 조항이 도입되었는데, 「국회법」에 조사권 발동요건을 매우 강화해 놓아 감사나 조사권 행사가 역시 힘들게 되어 있었다.

1987년 민주화와 함께 현행 헌법을 채택하는 과정에서 제3−5공화국에서 무력화되었던 국회의 국정감독권을 복원시키기 위해 관련 조항을 두었는데, 그 내용이 '국회는 국정을 감사하거나 특정한 국정사안에 대하여 조사할 수 있으며..'로 채택되었다. 제3공화국 헌법 이전 조항과 제5공화국 헌법 조항이 조합되어 열거된 것이다. 그리고 현행처럼 정해진 기간만 국정감사를 하는 제도와 국회의 의결로 국정조사를 하는 제도를 동시에 운용하게 되었다.

그런데 현행 제도는 의회의 행정부 업무감독권을 협소하게 이해하게 만들고, 국정조사권 발동요건이 까다로워 실제 권한행사가 어렵게 되어 있다는 점에서 제도개선의 필요성이 꾸준히 제기되고 있는 실정이다. 원래 의회의 국정감독권은 국정조사, 청문회, 대정부질의 등을 포함하는 일상적인 행정업무감독, 예·결산 심의 및 승인을 포함하는 재정 감독, 공위공직자 임명과정을 견제하는 인사권 감독 등의 영역을 포괄하는 매우 폭넓은 개념이다.[13] 그런데 현행 국정감사제도는 정해진 기간 동안에 모든 소관부처를 대상으로 감사를 행하게 되어 있어, 한편으로 국회의 일상적인 국정감독을 어렵게 만들고 다른 한편으로 이 기간 동안 행정부처들의 업무지장을 초래하는 문제를 야기한다. 위원회 차원의 상시적인 청문회, 현안질의, 국정조사 등으로 일상적인 국정감독이 가능하게 제도가 변화될 필요가 있다.

반면 현행 국정조사제도는 조사권 시행요건이 너무 엄격해 문제가 된다. 「국정감사 및 조사에 관한 법률」에 따르면, 국정조사는 재적의원 4분의 1의 요구가 있으면 개시되지만, 실질적인 조사는 국정조사특별위원회나 상임위 차원의 국정조사위원회가 국정조사계획서를 제출하여 본회의 승인을 얻어야만 가능하다. 미국의 경우 국정조사의 의결은 상임위원회 차원에서 가능하다는 점에 비추어본다면, 요건이 지나치게 까다로운 것이다.

국회의 이런 제도는 지방의회 행정 감독권 행사에 그대로 모방되고 있다. 현행 「지방자치법」에 따라 광역지방의회는 14일, 기초지방의회는 9일의 범위 내에서 행정사무감사를 할 수 있다. 감사기간은 점차 늘어난 것으로, 1994년 이전까지는 「지방자치법」이 아닌 시행령으로 광역의회 연중 5일, 기초의회 3일로 제한되어 있다가 1994년 법 개정으로 「지방자치법」에 광역의회 10일, 기초의회 7일로 명시되었고 2011년 현행 기간으로 개정이 이루어졌다. 또한 1994년 이전까지 지방의회 행정사무감사의 범위는 자치사무와 단체위임사무에 대해서만 가능했고 국가 및 상급

---

13 전 세계 170개 의회가 회원으로 가입해 있는 국제의회연맹(Inter－Parliamentary Union)이 제공하는 공식 데이터베이스인 Parline Database는, 각 국 의회의 제도적 권한을 비교할 수 있도록 정보를 제공하는데, 이 가운데 의회의 국정감독권(Oversight) 관련 내용을 보면 그 개념의 포괄성을 이해할 수 있다(http://www.ipu.org/parline－e/parlinesearch. asp).

지방정부 위임사무에 대해서는 제한되어 있었으나, 법 개정으로 국회와 상급지방 정부가 직접 감사하는 사항을 제외하고는 행정사무감사의 대상범위에 포함되게 되었다. 행정사무조사제도도 국회의 국정조사제도와 유사한데, 발의요건이 더 까다롭다. 재적의원 3분의 1의 연서로 발의가 가능하며, 본회의에서 의결로 조사계획서가 채택되어야 조사개시가 가능하다.

한편 1994년 법 개정으로 「국회에서의 증언·감정에 관한 법률」을 준용한 대통령령으로 권한을 보장하도록 하고, 불응할 경우나 위증한 경우 500만원의 과태료를 부과할 권한을 명시했다. 그리고 2011년 이전에는 행정사무감사 및 조사를 통해 문제가 지적되었어도 이의 시정을 강제할 방안이 제도적으로 존재하지 않았으나, 2011년 법 개정으로 시정요구안에 대한 행정부의 처리의무를 부과하는 조항이 신설되었다. 조금씩 행정감독권한이 정상화되고 있음에도 불구하고, 여전히 현행 제도는 지방의회의 지방 행정부 견제를 어렵게 하고 권한의 불균형을 초래하는 제도로 개선의 필요성이 제기되고 있다(이승종 2015, 86).

(2) 행정사무감사 및 조사 운영 현황

<표 4-8>은 역대 지방의회의 행정사무감사 현황을 나타낸 것이다. 광역의회의 감사는 4기 2,941건에서 5기 3,016건, 6기 3,740건으로 늘어났으며, 기초의회의 감사도 4기 17,570건에서 5기 19,989건, 6기 21,391건으로 점차 늘어나는 추세를 보이고 있다. 이런 증가세는 한편으로 지방의회의 행정감독기능이 활성화된 결과이지만, 다른 한편으로는 지방 행정부가 중앙 정부로부터 위임받은 사무의 범위가 늘어난 것의 효과이기도 하다. 지방의회가 감독해야 할 업무범위가 늘어난 것이다(김순은 외 2015, 170).

한편 기수별로 지방의회 행정사무감사 수감기관 및 감사방식의 변화도 찾아볼 수 있다. 광역의회와 기초의회 모두 사무위탁법인에 대한 감사가 급증하고 있는 것은 공통적인 현상이다. 4기 광역지방의회가 사무위탁법인 감사를 행한 건수는 227건인데 반해 6기에서는 552건으로 늘어났으며, 기초지방의회의 사무위탁법인 감사도 같은 기간 197건에서 659건으로 급증했다. 지방 행정부의 위탁사무 범위가 늘

표 4-8 지방의회 행정사무감사 현황(2002-2014)　　　　　　　　　　　　　(단위: 건)

구분	기간	합계	수감기관수						
			본청	소속 행정 기관	하부 행정 기관	사무 위탁 법인	교육 행정 기관	공기업 공사, 공단	현장 확인 (개소)
광역	2002-2006	2,941	855	997	350	227	179	333	825
	2006-2010	3,016	678	1,138	72	434	244	450	262
	2010-2014	3,740	736	1,031	59	552	742	296	324
기초	2002-2006	17,570	6,358	3,661	7,112	197	–	242	7,218
	2006-2010	19,989	8,695	4,049	6,237	670	7	331	5,035
	2010-2014	21,391	10,288	2,924	4,747	659	1	283	2,489

출처: 행정자치부(2007), 154; 행정안전부(2011), 134; 행정자치부(2015), 136

어나고 기관의 수도 늘어나면서, 지방의회의 감사도 늘어난 결과로 볼 수 있다. 반면 광역지방의회의 교육행정기관 감사는 4기 179건에서 6기 742건으로 급증한 반면 기초지방의회의 경우 그 건수가 미미한데, 교육행정기관들이 대개 광역 지방 행정부의 소관사항이기 때문이다. 현장 확인 방식의 감사는 광역과 기초 모두 급감하는 추세를 보여주고 있다.

<표 4-9>는 지방의회의 행정사무조사 운영 현황을 나타낸 것으로, 5기에 비해 6기에서 시행건수가 증가한 것을 볼 수 있다. 광역지방의회의 경우 15건에서

표 4-9　지방의회 행정사무조사 현황(2002-2014)　　　　　　　　　　　　　(단위: 건)

구분	기간	합계	주민 생활 편리	재해	도시 건설	재산 관리	저소 득층 보호	인허 가	법령	환경 위생	기타
광역	2006-2010	15	0	0	7	1	2	0	0	0	4
	2010-2014	25	4	2	3	2	0	0	3	3	8
기초	2006-2010	140	29	11	29	6	4	4	2	18	37
	2010-2014	152	42	8	18	3	30	10	3	25	13

출처: 행정안전부(2011), 134; 행정자치부(2015), 136

25건으로, 기초지방의회의 경우 140건에서 152건으로 늘어났다. 조사대상 정책영역을 보면, 광역 및 기초지방의회에서 공통적으로 도시건설 정책분야 조사는 줄어든 반면 주민생활편의, 환경위생 분야 조사가 크게 늘었고, 특히 기초지방의회에서 저소득층보호를 위한 조사가 4건에서 30건으로 급증한 것을 볼 수 있다. 지방의회 활동이 주민생활과 밀착된 정책영역에서 활발해지고 있다는 해석이 가능하다.

4) 지방의회 주민참여제도와 운영

(1) 주민참여제도와 지방의회

주민 직접참여 관련 제도는 1949년 주민청원제도, 1994년 주민투표제도, 1999년 주민발의제도와 주민감사청구제도, 2005년 주민소송제도, 2006년 주민소환제도 순으로 도입이 이루어졌다. 청원제도는 1949년 「지방자치법」 제정단계에서부터 있었는데, 1948년 제정 「헌법」에서부터 국가기관에 대한 모든 국민의 청원권을 보장하고 있었기 때문이다. 현행 지방의회 청원제도는 국회 청원제도와 마찬가지로 '의원의 소개'를 받아야만 가능하다.

주민발의제도에 해당하는 조례의 제정, 개정, 폐지 청구제도는 1999년 법 개정으로 도입되었다. 도입시점 청구요건은 '20세 이상 주민 총수의 20분의 1 범위 안에서' 연서로 청구할 수 있었으나, 2006년 법 개정으로 '시·도 및 50만 이상 대도시에 있어서는 19세 이상 주민 총수의 100분의 1 이상 70분의 1 이하, 시·군 및 자치구에 있어서는 19세 이상 주민 총수의 50분의 1 이상 20분의 1 이하의 범위 안에서' 지방 정부 조례로 청구요건을 정하도록 바뀌어 현재에 이르고 있다. 현재 서울특별시는 19세 이상 주민총수의 '100분의 1 이상', 부산광역시는 '85분의 1', 대구광역시는 '90분의 1 이상' 등의 다양한 규정을 조례로 정해두고 있다. 조례 제정, 개정, 폐지청구의 대상에는 '법령을 위반하는 사항, 지방세·사용료·수수료·부담금의 부과·징수 또는 감면에 관한 사항, 행정기구를 설치하거나 변경하는 것에 관한 사항이나 공공시설의 설치를 반대하는 사항'이 제외된다.

현행 제도에 따르면 주민들은 일정 요건을 갖추어 지방 행정부의 장에게 조례의 제·개정 및 폐지 청구를 하고, 지방 행정부의 장이 청구를 수리하면 60일 이내에 지방의회에 부의하도록 되어 있다. 그런데 현행 「지방자치법」상 조례의 제·개정 및 폐지 의결은 지방의회의 권한이므로, 지방 행정부의 장이 청구를 수리하여 지방의회에 부의하는 우회 경로가 아니라 지방의회가 직접 청구를 접수하는 것이 타당할 것이다. 또한 청구대상 예외 사항이 너무 광범위하여 제도의 실효성을 낮추는 문제가 있다. 지방세는 조세법률주의에 근거해야 하므로 제외된다고 하더라도, 사용료, 수수료, 부담금 관련 내용 일체가 제외된다거나, 행정기구 및 공공시설 설치에 관한 의견도 표명할 권리가 제한되어 있는 것은 재고가 필요하다.

주민소환제도는 2006년 「지방자치법」 개정으로 도입되었으나 주민소환 관련 별도의 법률을 제정하여 시행하도록 위임해 놓았고, 「주민소환에 관한 법률」은 2007년에 제정되었기 때문에 시행은 2007년 이후부터 이루어졌다. 지방정부 공직자에 대한 주민소환투표의 청구는 광역 지방정부의 장, 기초 지방정부의 장과 광역 및 기초의회 의원에 대해 각각 별도의 요건을 갖추어야 한다. 광역 지방정부의 장은 청구권자의 10% 이상, 기초 지방정부의 장은 청구권자 15% 이상, 광역 및 기초 지방의회 의원은 청구권자 20% 이상의 서명이 있어야 가능하다. 소환이 성립되면 소환투표가 이루어지는데, 선거권자 1/3이 투표에 참여하고 유효투표수의 과반 이상 찬성이 있으면 소환이 확정된다.

그런데 지방의회의원 중 지역선거구 선출 의원만 소환청구의 대상이 되며, 비례대표의원은 대상에 포함되어 있지 않아 문제로 지적된다. 선거구의 범위와 소환청구권자의 수가 지역선거구 선출의원과 달라 다른 기준이 적용되어야 하겠지만, 유권자의 입장에서 볼 때 선거구 선출의원이나 비례의원이나 모두 지방의회 의원이므로 소환청구의 대상에 포함되는 것이 합당할 것이다.

(2) 지방의회 주민참여제도의 운영

전반적으로 볼 때, 지방자치의 경험이 쌓일수록 지방의회 관련 주민 직접참여제도의 활용은 오히려 줄어드는 추세를 보이고 있다. 청원제도를 보면 광역의회의 경우 4기에는 244건의 청원안이 접수되었으나 6기에는 150건으로 줄어들었고, 기

| 표 4-10 | 지방의회 청원안 처리 현황(2002-2014) | | | | | | | | (단위: 건) |

구분	기간	접수	처리						
			합계	상임위종결	본회의회부	이송	철회	불수리	계류
광역	2002-2006	244	191	58	121	12	28	21	4
	2006-2010	212	162	35	13	114	16	9	25
	2010-2014	150	109	16	41	52	11	8	22
기초	2002-2006	662	600	97	90	413	19	38	5
	2006-2010	796	759	48	164	547	16	16	5
	2010-2014	702	673	106	71	496	13	14	2

출처: 행정자치부(2007), 149; 행정안전부(2011), 129; 행정자치부(2015), 131

초의회의 경우 4기 662건에서 6기 702건으로 늘어나긴 했으나 5기 796건에 비해
선 줄어든 것을 볼 수 있다. 접수된 청원안의 처리율[14]은 광역의회와 기초의회가
다른 추세를 보여주는데, 광역의회의 경우 처리율이 4기 78.3%에서 6기 72.7%로
줄어든 반면, 기초의회의 경우 4기 90.6%에서 6기 95.9%로 처리율이 늘어나고 있
다. 기초의회의 청원안 처리유형으로는 '이송'이 압도적으로 많은데, '이송'은 지방
의회가 접수한 청원안이 지방의회 소관사항이 아니라 지방 행정부 소관사항일 경
우 지방 행정부로 넘겨 해결을 모색하는 유형을 말한다.

　　<표 4-11>은 1999년 제도 도입 이후 매년 조례의 제정, 개정, 폐지가 청구
된 건수를 나타낸 것으로, 2003년-2005년 정점을 이루었다가 2006년 이후 점차
줄어드는 추세를 보여주고 있다. 2006년 법 개정으로 청구요건이 완화되었음에도

| 표 4-11 | 조례 제정 · 개폐청구 현황 | | | | | | | | | | | | | (단위: 건) |

합계	'00	'01	'02	'03	'04	'05	'06	'07	'08	'09	'10	'11	'12	'13	'14
213	4	12	2	48	30	47	7	11	4	9	15	6	5	7	6

출처: 행정자치부(2015), 169

---

14 청원안의 처리율이란 접수된 청원안 대비 처리한 청원안의 비율을 의미한다.

불구하고 청구 건수는 줄어들었다는 것은, 주민들이 체감하는 제도의 실효성이 계속 낮아지고 있다는 것을 의미한다.

한편 2007년부터 시행된 주민소환제도는 2007년부터 2009년까지 총 43명을 대상으로 한 27건의 소환시도가 있었고 이 가운데 8명을 대상으로 한 5건은 요건을 갖추어 투표가 실시되었지만, 2010년부터 2014년까지는 적용사례가 없는 상황이다. 주민소환이 시도되었던 대상 공직자 43명 중 지방의회의원은 25명으로 58%를 차지했으며, 이 가운데 3명에 대해서만 실제 소환투표가 이루어졌다. 나머지 사례에서는 서명인수 요건을 충족하지 못했거나 소환청구 주민들이 서명활동을 중단하는 등의 이유로 소환투표가 실시되지 않았다(행정자치부 2015, 175-176).

5) 재정 감독 기능

(1) 지방의회 예산 심의 제도

우리나라 지방의회 예·결산 심의제도도 국회 재정통제 제도를 기본모델로 하지만, 심의기간, 재의요구 허용 등에서 차이가 있다. 우선 유사성을 살펴보면 다음과 같다. 첫째, 우리 「헌법」은 예산법률주의가 아니라 예산 비(非)법률주의를 택하고 있으며, 지방정부 예산에 대해서도 마찬가지로 비(非)조례주의가 적용된다. 미국, 영국, 프랑스, 독일 등의 국가에서는 예산심의과정 및 예산의 효력을 법안심의 및 법률의 효력과 같이 보는 법률주의를 택하고 있는 반면, 우리나라와 일본은 예산(안)을 법률(안)과 구분하고 있다.[15] 따라서 조례안의 심의과정과 다른 별도의 예산안 심의과정이 적용되고 있다.

둘째, 「헌법」 제54조는 중앙정부 예산이 회계연도 개시 일까지 국회에서 의결되지 않았을 경우 특정항목에 대하여 전년도 예산에 준해 운용할 수 있도록 허용한 '준예산' 제도를 두고 있는데, 현행 「지방자치법」도 그러하다. 「지방자치법」이 준예산 제도를 운용하도록 해놓은 항목은 '법령이나 조례에 따라 설치된 기관이나

---

15 우리 「헌법」이 예산 비(非)법률주의를 채택하게 된 역사적 과정과 예산법률주의에 비춘 특성에 관해서는 옥동석(2015, 258-284)을 참조할 수 있다.

그림 4-1 지방의회 예산심의 과정

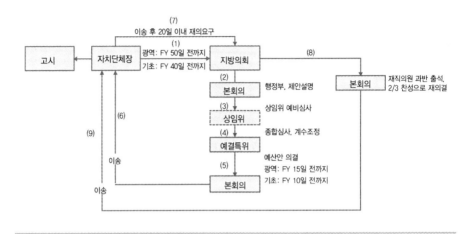

※ FY는 회계연도(fiscal year)를 말한다.

시설의 유지·운영, 법령상 또는 조례상 지출의무의 이행, 이미 예산으로 승인된 사업의 계속'인데, 이 내용은 헌법 제54조와 동일하게 구성된 것이다. 셋째, 「헌법」 제57조는 국회가 예산안 심의과정에서 '지출예산 각 항의 금액을 증액하거나 새 비목을 설치'하려 할 경우에는 반드시 정부의 동의를 얻도록 해놓았으며, 「지방자치법」 제127조 3항에도 지방의회가 증액이나 새 비목 설치를 하려면 지방 행정부의 동의가 필요하게 되어 있다.

한편 차이점은 다음과 같다. 우선 현행 「국가재정법」과 「국회법」에 따른 국회의 중앙정부 예산심의 기간은 90일인 반면, 「지방자치법」과 「지방재정법」에 따른 광역의회의 예산심의 기간은 35일, 기초의회의 예산심의 기간은 30일이다. 광역 지방 행정부의 장은 다음 회계연도 개시 50일 전까지, 기초 지방 행정부의 장은 40일 전까지 각각 지방의회에 예산안을 제출하여 하며, 광역의회는 다음 회계연도 개시 15일 전까지, 기초의회는 10일 전까지 예산안을 의결하도록 되어 있다. 광역 및 기초지방의회의 예산안 의결 마감시한이 국회의 그것보다 더 늦은 이유는, 국회 예산심의과정에서 지방정부 세입 및 세출에 영향을 미치는 법안이나 재정사항이 의결되면 지방정부 예산심의에 이를 반영해야 하기 때문이다.

둘째, 국회에서 중앙 정부 예산이 그 의결로서 확정되면 대통령은 재의요구를 할 수 없는 반면, 지방 행정부의 장은 지방의회에서 의결된 예산에 대해 재의를 요구할 수 있다. 지방 행정부의 장은 '지방의회의 의결이 월권이거나 법령에 위반되거나 공익을 현저히 해친다고 인정'되거나(「지방자치법」 제107조), '예산상 집행할 수 없는 경비를 포함하고 있다고 인정'되는 경우, 그리고 '법령에 따라 지방자치단체에서 의무적으로 부담하여야 할 경비, 비상재해로 인한 시설의 응급 복구를 위하여 필요한 경비'(「지방자치법」 제108조)를 삭감했을 경우 재의를 요구할 수 있다.

위 두 조항에서 예산안에 대한 재의요구를 보다 구체적으로 특정한 것은 제108조라고 볼 수 있으나, 제107조가 조례안만을 특정한 것이 아니라 '지방의회의 의결' 일반을 대상으로 한 것이기 때문에 해석에 따라 포괄적 적용이 가능하다. 지방 행정부의 장이 지방의회 의결 예산에 대하여 '법령 위반'이라고 판단할 경우 대법원 제소까지 가능한 것이다.

또한 제108조에 대한 해석에서 '예산상 집행할 수 없는 경비'를 포함한 예산에 대한 재의요구로 해석할 수 있지만, 실질적으로는 그 구분이 모호하다. 예컨대 지방 행정부가 예산안을 지방의회에 제출할 때 '예산상 집행할 수 없는 경비'를 포함하지는 않았을 것이며, 지방의회가 심의과정에서 '증액이나 새 비목의 설치'를 하고자 할 때는 자치단체장의 동의를 얻게 되어 있으므로, 예산안 심의에서 '집행할 수 없는 경비'를 포함하기란 쉽지 않다. 따라서 이 조항은 현실에서 예산안 자체가 아니라 재정수반 조례안을 대상으로 하게 될 것이다.

지방의회 예산심의 관련 현행 제도는 재의요구 관련 일정과 범위에 관한 보완이 필요하다. 우선 지방의회 확정 예산에 대해 재의요구가 있을 경우 회계연도 개시일을 넘기게 될 가능성이 높아진다는 점에서, 지방 행정부 장의 예산에 관한 재의 요구권을 폐지하거나 존속시킬 경우 일정 관련 정비가 필요할 것이다. 예컨대 2015년도 예산안 관련 제주특별자치도의 사례는 이런 필요를 잘 보여준다. 2014년 12월 29일 제주특별자치도의회는 2015년도 제주도 예산 수정안을 의결했는데, 2015년 1월 19일에서야 도지사는 의회에 재의를 요구했고, 2달 여의 갈등 끝에

3월 11일 도지사는 재의요구를 철회했으며 3월 13일 의회는 행정부가 제출한 '추가경정예산안'을 의결함으로써 마무리되었다(민기·박철민 2015). 최종예산이 회계연도 개시 이후 2달이 더 지나 결정된 셈이다. 현행 '20일 이내' 재의요구가 가능하게 되어 있는 일정을 더 앞당겨 이런 사태를 방지하는 것이 한 방안이 될 수 있다.

다음으로 현행 제도는 예산안에 대한 부분재의가 가능한 것인지 여부를 명시해놓고 있지 않은데, 이 또한 보완이 필요한 부분이다. 조례안 재의요구의 경우에는 부분수정안 등을 제출할 수 없으며 안 전체에 대해 재의를 요구하게 되어 있다. 이를 예산안에도 그대로 적용한다면, 몇몇 항목에 대한 갈등으로 재의를 요구할 경우에도 전체 예산안을 거부하게 됨으로써, 재의요구와 재의결 및 후속절차가 완료될 때까지 다음 회계연도 예산안이 확정될 수 없는 문제가 발생한다. 완료될 때까지 준예산 상태를 지속해야 하는 것이다. 역시 예산안에 대한 재의요구권 자체를 없애거나, 허용한다면 부분적인 재의요구도 가능하게 하여 제도의 탄력성 운용이 가능하도록 보장하는 개선이 필요하다.

(2) 지방의회 결산심사 제도

현행 지방의회 결산심사 제도는 「지방자치법」, 「지방재정법」 및 「지방재정법 시행령」과 법률의 부분위임에 따른 지방정부 조례에 관련 내용들이 산재되어 있다.[16] 기본절차는 국회의 결산심사제도와 유사하나, 결산검사위원 제도를 별도로 둔다는 점에서 차이가 있다.

우선, 지방 행정부의 장은 일반회계, 특별회계, 기금을 통합한 지방 정부 결산서를 작성한 다음 '결산검사위원'에게 제출하여 검사 의견서를 받아야 한다. '결산검사위원'은 지방의회가 선임권을 갖지만, 구성 및 운영은 대통령령인 「지방자치법 시행령」을 따라야 한다. 시행령에 따르면, 결산검사위원은 '광역의 경우 5명 이상 10명 이하, 기초의 경우 3명 이상 5명 이하'로 구성해야 하며 그 범위 내에서 검사

---

16 2016년 5월 29일, 19대 국회는 현행 「지방재정법」의 내용 중 지방정부의 결산·수입·지출·현금 등 회계와 자금관리에 관한 사항을 따로 떼어내어 「지방회계법」을 제정하였고, 2016년 11월 30일부터 시행될 예정이다.

그림 4-2 지방의회 결산심사 과정

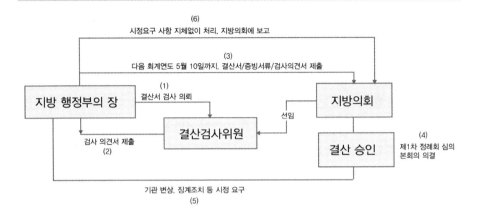

위원의 수는 조례로 정하게 되어 있다. 또한 검사위원은 '해당 지방의회 의원이나 공인회계사·세무사 등 재무관리에 관한 전문지식과 경험을 가진 자 중에서 선임'하되, 지방의회 의원은 검사위원 총수의 3분의 1을 초과할 수 없다. 검사위원의 활동기간은 지방의회마다 다른데, 대개 20－30일 기간 내에 활동하되 지방의회 의결로 기간을 연장할 수 있게 해놓았다.

검사위원들의 검사의견서가 제출되면, 지방 행정부의 장은 결산서, 증빙서류 등 일체와 검사의견서를 첨부하여 지방의회에 다음 회계연도 5월 10일까지 제출한다. 지방의회들은 연중 의무 개최하도록 되어 있는 정례회 중 6－7월에 개회하도록 되어 있는 제1회 정례회에서 결산안을 심의, 의결한다. 그 과정에서 발견된 행정부 재정운용의 문제에 대해서는 기관 변상이나 담당자 징계 조치 등의 시정요구를 할 수 있고, 행정부는 시정요구를 받으면 지체 없이 이를 처리하고 지방의회에 보고하도록 되어 있다.

4. 결   론

 이상에서 지방의회를 역사적이고 공간적인 관점에서 이해하려는 시도를 해보
았다. 한 축으로는 1948년 제헌 헌법에서부터 민주화 역사가 30여 년에 이르는 지
금까지 지방의회 제도가 변천해온 궤적을 살피면서, 다른 축으로는 중앙 정부와 지
방 정부, 지방 행정부와 지방의회의 관계 속에서 지방의회가 놓인 제도적, 실천적
지위와 구체적인 기능을 살펴보았다. 우리사회가 지방의회를 바라보는 시선은 다
양하지만, 이 글은 지방단위 민주주의를 구성하는 다양한 요소들을 연계시키고 자
치입법, 자치재정 등의 경험을 축적해나감으로써 자치와 민주주의에 기여하는 핵
심제도로 지방의회에 접근하고자 했다.

 오늘날 지방정부와 주민공동체들은 점점 더 다양한 의제들에 직면하고 있다.
전국적 관심사에 이르지는 못하지만 지방 차원에서는 심각한 환경, 에너지, 자연재
해, 지방 산업구조의 특성으로 인해 발생하는 경제적 어려움, 인구 구성적 특성으
로 인한 지방 특화적인 복지정책 수요 등이 그것이다. 모든 것이 중앙정부의 의제
로 귀결되고 대안이 마련될 때까지 기다려야 했던 과거와 달리, 선출된 지방정부의
역사가 길어지면서 주민들의 직접적인 의제설정, 문제해결을 위한 집단적 모색, 다
양한 대안에 대한 합의와 실험 경험도 쌓여가고 있다.

 분권과 참여, 주민 스스로의 결정으로 문제해결방안을 찾아가는 것은 우리나라
뿐 아니라 세계적 추세이기도 하다. 지난 20여 년 간 지방정치제도도 많은 변화를
겪어왔다. 우리나라 지방정치제도는 주기적인 선거로 대표를 뽑아 행정부와 의회
를 구성한다는 점에서 대의제 유형을 기본모델로 택하고 있지만, 주민소환, 주민투
표제 등의 직접결정제도를 확대해 왔고, 이해당사자 위원회들을 구성해 협의적 결
정제도들을 두고 있기도 하다. 지방 행정부와 지방 의회는 이미 다양한 협치
(governance) 모델들을 실험하고 있으며, 민간의 자율적 결사체와 공동체들을 공적
결정 영역으로 초대함으로써 지방정치 영역을 확장해 왔다.

 이런 조건에서 과거와 같이 중앙정부가 일괄적으로 지방정치의 목표를 설정해

주는 방식은 그 내용이 무엇이든, 이론적 타당성을 떠나 현실적 적합성에서 어려움을 야기하고 있는 것이 사실이다. 점점 더 확장되는 지방정치의 공간이 민주주의의 원리와 규범에 따라 작동할 수 있도록 하려면, '지방자치'를 민주주의 관점에서 이해하고 '자치'의 대상과 범위, 양식을 확장할 수 있도록 제도적 자율성을 보장해가는 방향이 모색되어야 할 것이다.

생각해 볼 문제

❶ 2016년 현재 우리나라 지방의회가 제정한 조례는 총 71,471건이 있다. 내가 사는 지역의 기초지방의회나 광역지방의회가 만든 조례에는 어떤 것들이 있을까?

❷ 내가 사는 지역 기초지방의회나 광역지방의회가 만든 조례 중, 현재 나의 삶에 직접 영향을 미치는 조례로는 어떤 것들이 있을까?

❸ 우리 지역 지방 정부에서, 지방 행정부와 지방의회가 갈등을 벌인 사례는 어떤 것들이 있을까? 갈등사례가 있다면 그 해결과정은 어떻게 진행되고 결론이 났을까?

제 4 장 지방의회

참고문헌

가상준. 2014. "지방자치단체장의 정치적 책임, 어떻게 물어야 하나?." 강원택 편. 『한국 지방 자치의 현실과 개혁과제』. 사회평론 86−100.

김병준. 2015. 『지방자치론: 제2수정판』. 법문사.

김순은·최지민·어유경. 2015. "민선자치 시대의 지방의회 20주년 평가: 시·도의회를 중심으 로." 한국지방자치학회 편. 『한국 지방자치의 발전과 쟁점』 150−187. 대영문화사.

데이비드 헬드 지음. 박찬표 옮김. 2010. 『민주주의의 모델들』. 후마니타스.

매튜 A. 크렌슨·벤저민 긴스버그 지음. 서복경 옮김. 2013. 『다운사이징 데모크라시: 왜 미국 민주주의는 나빠졌는가』. 후마니타스.

민기·박철민. 2015. "지방자치단체의 예산 재의(再議)요구권의 쟁점 및 개선 방안." 『지방정 부연구』 19(3): 223−241.

박찬표. 2016. "전남도의회 20여 년의 평가와 과제." 목포대학교 지방자치연구소 편. 『지방자 치 20년의 성과와 과제: 전남을 중심으로』. 폴리테이아.

서복경. 2009. "의회와 민주주의." 민주화운동기념사업회 연구소 편. 『민주주의 강의 3: 제도』. 민주화운동기념사업회.

손봉숙. 1985. 『한국지방자치연구』. 삼영사.

옥동석. 2015. 『권력구조와 예산제도: 한국의 재정 민주주의를 위하여』. 21세기북스.

이승종. 2014. 『지방자치론: 정치와 정책』(제3판). 박영사.

이용마. 2014. "거버넌스의 다양화를 통한 지방자치의 활성화." 강원택 편. 『한국 지방자치의 현실과 개혁과제』. 사회평론 153−168.

임승빈. 2006. 『지방자치론』. 법문사.

정세욱. 2000. 『지방자치학』. 법문사.

최봉기. 2006. 『지방자치론』. 법문사.

하승수. 2013. 『지역, 지방자치, 그리고 민주주의: 한국 풀뿌리민주주의의 현실과 전망』. 후마니타스.

행정자치부. 2014a. 『지방자치단체의 재의 · 제소 조례 모음집 (VII)』.

_____. 2014b. 『제7기 전반기 지방의회 현황』.

_____. 2007. 『지방의회 백서: 2002.07 − 2006.06』.

_____. 2011. 『지방의회 백서: 2006.07 − 2010.06』.

_____. 2015. 『지방의회 백서: 2010.07 − 2014.06』.

황아란. 1997. 『외국 지방자치제도와 기관구성』. 한국지방행정연구원.

Mattson, Ingvar & Kaare Strøm. 1995. "Parliamentary Committees." Herbert Döring (edit). *Parliaments and Majority Rule in Western Europe*. Campus Verlag/St. Martin's Press.

LOCAL POLITICS

5 지방 정당

　대의제 민주주의는 '정당정치'라고 일컫는 것처럼 정당의 존재를 무시하고는 성립할 수 없다. 정당은 국민들의 의사를 결집해서 정책결정에 반영시킬 뿐만 아니라, 정치지도자의 선출 및 의회운영의 단위로서도 매우 중요한 역할을 하고 있다.

　그런데 한국 국민들 가운데 적지 않은 사람들은 정당의 중요성에 대해 국가수준과 지방수준에서 다르게 인식하고 있다. 중앙정치에 있어 정당은, 때로 많은 비판을 받으면서도, 국가운영의 필수적인 존재로 인정받고 있다. 반면 기초지방 선거에 대한 '정당공천 배제론'이 여론의 지지를 받고 있는 것에서 보듯이, 지방에서 정당은 불필요한 존재로 여겨질 때가 많다. 지방에서 정당의 존재에 대해 부정적 인식이 들게 된 데에는 기본적으로 지방자치는 정치보다는 행정이 중심이라는 사고가 깊게 깔려 있다. 즉 일상적인 규범에 따라 결정이 이루어지는 지역 사무에 정당이 관여하면 오히려 비효율이 나타날 가능성이 많다는 것이다(김용복 2009, 37-38).

　하지만 지역에 있어서도 제한된 자원의 배분을 둘러싸고 다양한 의견이 있을 경우, 이를 집약하고 지역의 의사결정에 반영시키는 일은 정당이 맡을 수밖에 없다. 시민단체나 이익집단들도 주민들의 이익대변을 위해 노력할 수 있다. 그렇지만 지역의 다양한 이익을 실현시키기 위한 체계적인 조직을 갖추고 있고, 무엇보다 이러한 일련의 행위에 대해 책임을 진다는 점에서 정당에 견줄만한 집단은 없다. 따라서 정당은 국가적으로 뿐만 아니라, 지역적으로도 중요한 액터(actor)라고 할 수 있다. 특히 최근에 지방으로의 권한이양이 진전되고 있는 상황에서는 지방차원에서의 정치는 더욱 활성화 될 것이 예상되고, 그 과정에서 정당의 역할은 한층 중요해 질 것으로 생각된다.

이하에서는 지방정치 과정에서 중요한 역할을 담당하는 정당에 대해 그 기능과 구조를 살펴보고, 이어서 지방 정당의 조직 및 정당 간 경쟁에서 볼 수 있는 특징에 대해 설명하며, 마지막으로 지방 정당을 활성화시키기 위한 방안들에 대해서 언급한다.

1. 정당의 기능 및 구조

1) 정당의 기능

(1) 정당의 일반적 기능

먼저 정당의 개념부터 살펴보기로 한다. 정당에 대해 많은 학자들이 정의를 시도해 왔지만, 정당을 정치체계를 구성하는 다른 제도들과 구별해서 특질을 명확하게 규정하는 것은 쉬운 일이 아니다. 대체로 현대 정치에 있어서는 정당을 선거지향과 결부해서 정의를 내리는 것이 일반적이다.[1]

선거와 관련한 정당에 대한 정의로서 가장 많이 인용되는 것은 사르토리(G. Sartori)가 제안한 최소한 정의일 것이다. 그는 정당을 "'선거'에 후보자를 내세우고

---

[1] 선거지향 이외에 정당에 대한 정의로서는 이념 또는 신념의 실현에 주목하는 견해가 있다. 대표적으로는 에드먼드 버어크(Edmund Burke)가 내린 "정당이란 어떤 특정한 이념에 동의하는 사람들이 그 이념에 의거하여 공동의 노력으로써 국민의 이익을 증진시키기 위하여 결합된 단체이다"라는 고전적 정의를 들 수 있다(Burke 1770, 530).

선거를 통해서 후보자를 '공직'에 앉힐 수 있는 모든 정치집단"으로 정의하고 있다 (사르토리 1986, 99). 이와 비슷하게 뒤베르제(M. Duverger)는 "정당은 권력의 획득 또는 그 행사에의 참가를 직접 목적으로 한다. 즉 정당이 추구하는 것은 선거에서 승리하여 국회의원이나 장관과 같은 공적 지위를 획득하여 정부를 장악하는 일이다" 라고 정의 내리고 있다(Duverger 1966, 355). 한편 영국의 정치학자 웨어(A. Ware)는 "정당을 (a) 정부직책을 획득하는 것을 목표로 삼아 국가에 대한 영향력을 추구하고, (b) 보통 사회의 특정 이익을 실현하기 위해 구성되기 때문에 어느 정도는 이익집약을 하는 조직이다"라고 정의하고 있다(Ware 1996, 25-27).

이와 같은 학자들의 여러 정의에 입각해 볼 때, 정당은 "특정 이익을 실현하기 위해 선거와 의회를 포함하는 정치과정에서 활동하는 주요한 정치조직"으로 규정할 수 있다. 본 장에서 다루는 지방 정당도 정당의 이러한 기본적 속성을 가지고 있음은 말할 필요도 없다. 다만 그 활동무대가 국가적인지 아니면 지역적인지의 공간적 차이에 불과하다. 지방 정당은 지역의 특정 이익을 실현하기 위해 지역 단위의 정치과정에 참여하려는 집단인 것이다.

정당을 정치과정의 주요한 참여자로서 정의할 때, 정당이 수행하는 기능은 다음과 같이 정리할 수 있다. 첫째, 정책형성기능이다. 이것은 정당이 수행하는 기능 가운데 가장 중요한 것으로서 이익표출기능과 이익집약기능으로 세분화할 수 있다. 이익표출기능은 기업·노동조합·직능단체 등과 같은 이익집단들의 의견이나 국가적·지역적 이익을 정당이 정치과정에 올리는 행위이다. 또한 이익표출과정은 정당의 구성원인 국회의원이나 지방의원이 재선을 목표로 지역구 발전에 유리한 정책을 내놓는 것도 포함한다.

이익집약기능은 다양한 단체나 개인으로부터 표출된 이익(이해)을 조정해서 구체적인 정책으로 다듬어내는 기능이다. 이 기능은 선거 등을 앞두고 당내에서 유권자들에게 제안할 정강·정책을 입안하는 과정에서 발휘되는 것이 대부분이다. 하지만 때로는 국회나 지방의회에 제출된 법안이나 조례안을 둘러싸고 정당 간 이해관계가 대립할 때에 의회 안팎에서 정당들 사이에 의견조정을 행할 경우에도 이루어진다.

둘째, 정치 지도자 선출 및 정부형성 기능이다. 중앙정부나 지방정부의 행정부를 구성하는데 있어 어느 정당이 이를 담당하고, 누가 행정부의 수반이 되는가를 결정하는 기능이다. 이 기능의 수행에 있어 정당의 역할은 정부형태가 대통령제인가 아니면 의원내각제인가에 따라 차이를 보인다. 먼저 의회에서 과반 이상의 의석을 차지하는 정당(또는 연립정당)이 내각을 구성하고, 그 정당의 당수가 행정부 수반을 맡는 의원내각제에서는 정당을 배제하고서는 지도자 선출과 정부형성을 생각할 수 없다. 더욱이 단일 정당이 과반수를 얻지 못하고 복수 정당에 의한 연립정부가 구성될 경우에는 정당의 역할은 한층 더 커질 수밖에 없다. 연립정부의 형성 및 운영은 시종일관 정당 간 교섭의 결과이기 때문이다.

반면 국민이 행정부의 수반을 직접 선출하는 대통령제에서는 기본적으로 정당이 대통령 선출과 정부형성에 직접 관여하지 않는다. 하지만 대통령 선출 시에도 평소의 정당 지지 태도에 따라 투표할 후보를 결정하는 경우가 대부분이므로, 대통령의 선출에도 정당이 중요한 역할을 한다고 할 수 있다. 그리고 대통령 선출에 중심이 된 정당은 행정부의 구성에 있어서도 큰 역할을 하게 된다. 의회 내의 주요 정당에 의해 뒷받침 받지 못할 때, 대통령의 정책수행은 매우 어려워질 수밖에 없다. 따라서 대통령은 자신을 지지하는 정당의 구성원을 행정부의 주요 포스트에 임명함으로써 정당(여당)과 밀접한 관계를 맺으려고 한다. 이처럼 의원내각제이든 대통령제이든 정당은 지도자 선출과 정부형성에 매우 중심적인 역할을 하고 있음을 알 수 있다.

마지막으로 정당은 정치가 양성 및 국민에 대한 정치교육을 담당하고 있다. 정당이 정치가를 육성하는 방법은 국가마다 다를 수 있다. 하지만 보통은 정치가를 지향하는 신인을 발굴하고, 당내의 인재육성 시스템을 통해 교육을 하며, 선거 시에는 '정당 공천'이라는 형태로 브랜드(brand)를 제공함으로써 한 사람의 독립된 정치가로 성장시킨다.

정당은 여러 가지 방법을 통해 국민에 대한 정치교육도 수행한다. 예를 들어 선거 시에 각 정당이 행하는 선거운동은 결과적으로 유권자의 정치참여 의식을 높이는 데 기여한다. 또한 국회나 지방의회에서 일상적으로 이루어지는 정당 간의 논쟁도 텔레비전이나 신문 등을 통해 국민에게 전달됨으로써 국민의 정치의식 형성에 도움을 준다. 이러한 정당의 활동은 특히 성인들의 정치사회화(political social-ization)에 중요한 역할을 하게 된다.

(2) 전국정당 지방조직의 기능

위에서 언급한 정당의 일반적 기능 외에도, 전국정당의 지방조직(지방 정당)에는 지방조직 고유의 기능과 역할이 있다. 첫째, 지방의 정당조직은 그 지역의 쟁점과 선호를 중앙당보다도 더 정확하고 효과적으로 파악해서 지역 주민들에게 제시할 수 있다. 둘째, 지역에서 발생하는 불만과 과제는 정당의 지역조직을 통해 중앙으로 쉽게 전달될 수 있으므로, 지방조직은 지역의 요구가 국가정책에 반영될 수 있는 통로로서 역할을 한다. 셋째, 지방조직은 주민들을 보다 쉽게 정치와 접할 수 있게 함으로써, 지역 주민들의 정치참가 기회를 확대시킨다. 넷째, 지역 정당조직에 국회의원선거나 지방선거에 나설 후보자 선정 권한이 주어져 있을 경우, 지방조직은 지역 인물의 정치가로서 등용을 위한 중요한 관문이 된다. 다섯째, 유권자들은 지방조직에 대한 참가를 통해 국가수준의 정책방침이나 의원활동에 간접적이나마 통제력을 미칠 수 있다. 마지막으로 전국에 걸쳐 지방조직을 가지는 전국정당의 존재는 지역 간의 대립 또는 중앙과 지방 간의 대립을 조정·통합해서 국가를 안정화시키는 기능도 한다. 각 지역이 자기들만의 이익을 우선시함으로써 발생할 수 있는 원심화 경향을 정당 내의 지역 조직 간 연계를 통해서 완화시킬 수 있는 것이다 (Clark 2004, 39-40; Detterbeck 2012, 18-19).

그런데 지방 정당조직이 이와 같은 기능을 실제 어느 정도 발휘할 수 있는가는 지방조직이 중앙당과 어떠한 관계를 맺고 있는가에 달려 있다. 지방조직이 이러한 기능을 충분히 발휘하기 위해서는 무엇보다 중앙으로부터 독자성을 유지하지 않으면 안 된다. 중앙에 대한 지방조직의 독자성을 판단하는 기준으로서는 다음의 2가지 측면을 고려할 수 있다. 지방조직이 중앙과 분리되어 어느 정도 자율적으로 행동할 수 있는가 하는 '분리' 측면이고, 또 하나는 중앙의 결정과정에 지방조직이 어느 정도 참여할 수 있는가 하는 '참가' 측면이다.

　　　　　　　　　　　　　　　　　　　제 5 장 지방 정당

분리도가 높은 지방조직은 지방선거의 후보자 선정과 지역현안 결정 등에 있어 자율성이 높다. 이 경우 지방조직은, 전국정당에 속해 있으면서도 중앙당으로부터 간섭은 그다지 받지 않고, 지역 상황에 맞추어 자체적인 판단에 따라 선거와 의회운영을 행할 수 있다. 참가도가 높은 지방조직은 당의 정강정책 결정, 후보자 선정, 당 대표 선거 등에 있어 참여가 보장될 뿐만 아니라, 상당한 영향력도 미칠 수 있는 것을 말한다(建林正彦. 2013. 7-11). 이처럼 정당 내의 중앙-지방 관계가 어떠한 식으로 형성되는 지에 따라 지방조직의 역할과 활동범위가 결정되는 것이다.

2) 정당 조직 및 체계

현대 정치학에서 정당을 바라보는 시각은 크게 정당조직론(party organization)과 정당체제론(party system)으로 나눌 수 있다. 전자는 정당 내부 구성원 간의 관계에 초점을 맞추고 있으며, 후자는 정당들 사이의 관계에 관심을 가진다. 각각에 대해 간단히 설명하면 다음과 같다.

(1) 정당조직

정당조직은 의원이나 의회지도자와 같은 의회 내적 요소와, 당원(지방조직), 활동가(당본부 직원), 일반 지지자 등과 같은 의회 외적 요소로 구성된다. 정당은 의회정치의 발전과 함께 조직의 근간이 '의원 중심(의회 내 정당)'인가, '당원·활동가 중심(의회 외 정당)'인가에 따라 역사적으로 형태를 변모시켜 왔다.

가장 고전적 형태의 정당으로서는 간부정당(cadre party)을 들 수 있다. 19세기까지 제한선거가 실시되던 시기에 의원으로서 선출되는 사람들은 지역사회의 명망가들(영주, 지주, 기업가 등)이었다. 간부정당이라는 것은 그들이 의회 내에서 형성한 집단(의회 내 정당)을 가리키는 것이었다. 간부정당은 구성원이 모두 엘리트이고 명사들의 집합체였으므로, 의원들 사이의 결집력이 강하지 못한 느슨한 조직체에 지나지 않았다. 또한 의원들은 선거구에 확고한 개인적 기반을 가지고 있었기 때문에, 별도로 재정적 또는 정치적으로 대중의 조직된 지원은 필요로 하지 않았다. 따라서 간부정당에 있어서는 정당의 공식적인 산하 지방조직이 발달할 여지는 매우 적었다. 영국과 같이 정당정치가 일찍 발달한 나라의 보수 계열 정당들(보수당, 자유당)은 모두 이 범주에 속하였다.

20세기에 들어와 사회주의 정당 등이 대중을 조직해서 다수의 당원을 가지는 대중정당(mass party)이라고 하는 새로운 형태의 정당이 등장했다. 이와 같은 정당 조직의 변화에는 산업혁명 이후 확산된 사회주의 이념의 보급, 대중의 사회화, 그리고 선거권의 확대가 배경이 되었다. 대중정당은 수많은 당원들을 포함하고 있었으므로, 기존의 의회 내 조직 이외에 의회 외 조직을 발전시켜 나갔다. 점차 조직은 중앙당과 지방지부로 구성되는 계층적인 구조를 형성하게 되었고, 조직 운영을 위해 당비납부, 정기집회 등이 실시되었다. 조직이 갖춰짐으로써 정당 활동은 상시적으로 이루어졌으며, 그 운영과정에서 당 관료인 상근 활동가들의 역할이 중요해졌다. 선거에 나갈 후보자의 선정도 정당 계통을 통해 밑으로부터 이루어졌고, 선출된 의원들의 결합은 견고하였다.

초기 사회주의 계열 정당에서 시작된 대중정당화 움직임은, 서서히 유럽대륙의 기독교 계열 정당으로까지 확산되었으며, 이윽고 많은 국가들에서 정당의 전형적인 형태로 자리 잡게 되었다. 영국에서도 보수당과 자유당이 대중정당으로 전환하였다. 이렇게 되자 일반 국민들에게 있어 정당에 대한 참여는 곧 정치에 대한 참여를 의미하였고, 정당은 사회통합의 중요한 수단이 되었다.

그런데 20세기 중반 이후 복지국가화의 진전 등에 의해 계급대립이 약해짐에 따라 사회 집단들의 영향력도 약해져 갔다. 이러한 상황에서 정당은 전통적 지지기반 뿐만 아니라, 지지자를 폭넓은 범위에서 찾고자 하였다. 그렇게 되자 정당의 정강정책도 사회의 다양한 이익을 반영하기 위해 포괄적인 것이 되었고, 이데올로기적 성격도 정당 간에 불명확해져 갔다. 이처럼 기존 정당 조직의 중요한 특징이었던 사회계층이나 직업·지역·종교적 측면에서의 일체성에서 벗어나 어떤 형태의 유권자층으로부터도 지지를 얻으려고 하는 정당의 모습을 포괄정당(catch-all party)이라고 한다(Kirchheimer 1966, 184-191). 독일의 기독교민주당을 비롯해서, 미국의 공화당과 민주당은 대표적인 사례에 해당한다. 이외에도 1990년대 이후에는 독일

제 5 장 지방 정당

의 사회민주당과 영국의 노동당과 같은 탈이데올로기적 사회주의 정당들도 포괄정당화의 길을 걷고 있다.

포괄정당화의 경향이 강화될수록 정당조직은 약화될 수밖에 없었다. 당의 정강정책이 망라적이고 중도적인 내용을 가지게 됨으로써, 지금까지 당원들을 강하게 묶어왔던 연결고리는 느슨해졌다. 또한 당원 여하를 불문하고 정당이 일반국민들의 의향을 대변하게 되자, 당원으로 하여금 당내 활동에 적극적으로 참여하게 하는 유인은 거의 사라지게 되었다. 이러한 상황에서 선거 승리를 제일의 목적으로 하는 전문가로서의 정치가가 정당을 주도하게 되었다. 소위 선거전문가 정당(the electoral professional party)의 등장이다. 거기에서는 당원이나 조직으로서의 정당의 역할은 줄어들고, 일반국민들의 지지를 이끌어 낼 수 있는 고위급 지도자들의 영향력이 증대되었다.

(2) 정당체제

정당은 정권획득이나 유권자로부터의 지지확대, 혹은 정책실현을 위해 다른 정당과 경쟁하거나 협력한다. 정당체제는 이러한 정당정치에 참여하는 여러 정당 사이의 경쟁과 협력의 상호작용 패턴이라고 정의할 수 있다. 정당 간의 상호작용이 일어나는 패턴은 다양하게 설명할 수 있지만, 정당체제를 분류해 온 전통적인 방법은 정당 수에 의한 것이다. 정당 수는 의회에 있어서 다수파 형성의 양상을 결정적으로 좌우하고, 정당 간의 관계를 전형적으로 규정하는 지표라고 할 수 있다. 정당 수에 의한 정당체제는 일당제, 양당제, 다당제로 분류된다.

민주주의 정치체제를 상정할 경우, 정당이 하나밖에 존재하지 않는 일당제는 상상할 수 없다. 앞에서도 언급하였듯이 정당은 선거와 의회 정치에서 경쟁하는 주요 액터이기 때문에, 다원주의적 가치를 전제로 삼는 민주주의 사회에서는 복수 정당의 존재는 필수조건이 된다.

양당제는 두 개의 주요 정당이 서로 번갈아 가면서 정권을 담당하여 통치하는 정당제이다. 물론 양당제 하에서도 양대 정당 이외의 정당이 존재할 수 있다. 하지만 두 개의 주요 정당만이 국민 다수의 지지를 얻어 정치에 결정적인 영향력을 행사하며, 이 두 정당 간의 정권교체가 관례적으로 되어 있다. 영국의 주요 정당인 보수당과 노동당, 미국의 공화당과 민주당이 대표적인 양당제의 예이다.

다당제는 세 개 이상의 정당들이 정권획득을 위해 경쟁하는 체제이다. 의원내 각제를 채택하는 경우, 보통은 단일 정당이 정권을 담당할 수 있을 만큼 국민 다수 의 지지를 얻고 있지 못하기 때문에 몇 개의 정당이 연립내각을 구성하는 것이 일 반적이다. 이러한 형태의 정당제는 독일, 이탈리아 등 대부분의 유럽 국가들에서 볼 수 있다.

각국은 양당제와 다당제를 모형으로 해서 다양한 정당체제를 가지고 있다. 각 국별로 여러 형태의 정당체제가 나타나는 이유로서는 그 나라의 독특한 역사, 정치 문화 등도 중요하지만, 무엇보다 유권자의 의사를 의회 의석으로 변환시키는 선거 제도의 영향을 들 수 있다. 한 선거구에서 몇 명을 선출하는가라는 점에서 선거제 도는 크게 소선거구제와 대선거구제로 나눌 수 있다. 한 선거구에서 1명을 선출하 는 것을 소선거구제, 2명 이상을 선출하는 것을 대선거구제라고 한다.

이러한 선거제도가 정당체제 형성에 미치는 영향에 대해서는 뒤베르제가 정식 화한 '뒤베르제의 법칙'에 따라 설명할 수 있다. 즉 소선거구제는 양당제를 가져오 며, 대선거구제는 다당제를 가져온다는 것이다. 이것은 유권자들이 사표부정심리에 입각해서 당선 가능한 후보에게 투표를 하려는 경향을 보이기 때문에 나타나는 효 과이다. 선거제도의 이러한 영향으로 인해 한 국가의 유효정당의 수는 선거구 선출 정수에 1을 더한 수의 정당, 즉 'M+1'의 법칙이 성립한다(뒤베르제 1982, 31-48, 74-90).

정당의 수를 기준으로 해서 정당체제를 분류하는 것은 가장 일반적인 방법이 기는 하지만, 그러나 이것만 가지고서는 각국에서 볼 수 있는 다양한 정당체제를 설명할 수 없다. 같은 다당제라고 하더라도 국가에 따라 독특한 형태를 가지고 있 는 경우가 많기 때문이다. 따라서 정당 수 이외에도 여러 측면에서 정당체제를 구 분하려는 노력이 이루어졌는데, 그 대표적인 예가 사르토리의 분류이다(사르토리 1986, 169-317).

먼저 사르토리는 정당체제를 분류하기 위한 기준으로서 7가지를 제시한다. a.

정당의 수, b. 정당의 상대적 규모, c. 각 정당 간의 이데올로기 거리, d. 각 정당이 표명하고 있는 이데올로기에의 감정이입도(이데올로기 지향인가, 실용주의 지향인가), e. 정당의 운동방향이 구심적 경합인가 원심적 경합인가, f. 정당이나 하위클럽의 자율도, g. 정권교체의 수와 위치.

그는 이러한 분류 기준에 입각해서 정당체제를 다음과 같이 분류하였다.

① 일당제(one party system)　　하나의 정당만이 실질적으로 존재하고 있으며, 그 하나만의 존재가 법적으로 허용되는 경우이다. 일당제는 전체주의 일당제, 권위주의 일당제, 실용주의 일당제로 세분화된다.

② 헤게모니 정당제(hegemonic party system)　　일당 이외의 정당도 존재할 수 있으나, 어디까지나 지배정당의 제2차적 정당, 위성정당으로서만 허용되는 경우이다. 이것은 또 이데올로기 지향적 헤게모니 정당제와 실용주의 지향적 헤게모니 정당제로 나눌 수 있다.

③ 일당우위정당제(predominant party system)　　복수 정당 간의 합법적인 경쟁이 이루어지고 있기는 하지만, 하나의 정당이 장기간에 걸쳐 압도적인 우위를 보이는 정당체제이다.

④ 양당제(two party system)　　두 개의 대정당이 절대다수 의석을 차지하기 위해 경합을 벌이며, 그 중 하나가 단독으로 정권을 담당한다. 양대 정당 사이에서는 정권교체가 빈번하게 일어난다.

⑤ 온건다당제(moderate multipartism)　　정당의 수가 3−5개 정도이며, 정부구성은 연립정권이 일반적이다. 정당들 간의 이데올로기 거리는 비교적 짧으며, 연립정권의 축은 2개로 구성되어 있고, 정당들 사이의 경합 방향은 구심적이다.

⑥ 분극적 다당제(polarized multipartism)　　정당 수는 6-8개 정도이고, 정당 간의 이데올로기 거리는 매우 길다. 강력한 반체제 정당이 존재하고 있으며, 정권 교대의 축은 3개 이상인 경우가 보통이다. 각 정당들의 경합 방향은 원심적이다.

⑦ 원자화 정당제(atomized multipartism)　　뛰어난 정당이 없는 가운데 수많은 정당들이 난립하고 있는 경우이다. 전쟁 직후와 같이 혼란이 극심한 상황에서 볼 수 있다.

위의 7개 정당체제를 선거와 의회에 있어서 정당 간 경쟁 차원에서 구분해 본 다면, ①-②는 비경쟁적 정당체제이고, ③-⑦은 경쟁적 정당체제가 된다. 한편 정권형성 방식에서 본다면, ①-④는 단독정권 형성 정당체제이고, ⑤-⑦은 연립 정권 형성 정당체제이다.

2. 한국 정당의 지방조직과 지역에서의 정당 간 경쟁

1) 정당의 지방조직

(1) 2004년 이전 지방조직

한국 정당의 지방조직은 2004년 지구당 폐지를 계기로 해서 그 전후에 상당한 변화를 보이고 있다. 2004년 이전 정당들의 전국 조직은 중앙당-시·도지부-지 구당-당연락소로 구성되는 다층적인 구조를 띠고 있었다. 지구당은 국회의원 선 거구별로, 당연락소는 시·군·구 단위로 각각 설치되었다. 정당법에서는 기본적인 정당조직으로서 중앙당과 지구당만 규정하였고, 시·도지부와 당연락소는 필요한 경우에 한해 설치할 수 있었다(구정당법 제3조). 하지만 대부분의 정당은 시·도지부 를 설치하였고, 주요 정당에서는 당연락소도 갖추고 있었다. 이들 각 조직의 운영 을 위해서는 당 관료인 유급사무원이 배치되었다. 중앙당에는 150인 이내, 시·도지부는 5인 이내, 지구당에는 2인 이내, 당연락소는 1인을 각각 둘 수 있었다(구정당법 제30조 제1항).

이러한 계통조직 가운데 지역의 정당 활동에 있어 핵심적 위치를 차지한 것은 지구당이었다. 지구당은 정당법상 정당 구성의 기본단위로 위치 지워졌고,[2] 당원의 입당과 탈당, 당원명부 관리의 주체였다(구정당법 제20조, 제23조). 또한 유권자의 정치참여 및 후보자 선출·선거운동과 같은 지역 정치활동의 기초단위이기도 했다. 지구당은 특히 이러한 정치활동을 위해 산하에 방대한 조직을 갖추고 있는 것이 일반적이었다.

지구당의 구성은 정당마다 그리고 지구당별로 차이를 보였지만, 새누리당의 전신인 한나라당의 지구당은 대략 다음과 같이 구성되었다. 지구당은 본부조직과 기간조직으로 나뉜다. 먼저 본부조직에는, 지구당의 최고의결기관으로서 대의원들로 구성되는 지구당대회가 있으며, 그 수임기관으로 운영위원회가 있었다. 집행기관으로는 1인의 위원장과 복수의 부위원장이 있었고, 산하에 사무국을 두었다. 사무국에는 총무·조직·홍보·민원 등 일상업무를 보는 부서 이외에, 여성위원회·청년위원회·자치위원회와 같은 특별위원회와 직능별 분과위원회를 두고 있었다.

기간조직으로는 읍·면·동 단위의 당무협의회가 있었다. 협의회마다 회장·총무·청년회·여성회 등을 두고 운영하였다. 당무협의회 밑에는 몇 개의 투표구를 묶은 지역을 관할하는 지역장을 두고 있었으며, 지역장 산하의 리·통 단위에는 리·통책, 그리고 그 밑의 반에는 반책을 두었다(정영국 2003, 125-129; 이현출 2005, 103). 이처럼 기간조직은 피라미드형의 매우 체계적인 계선조직을 형성하고 있었는데, 선거 시에는 집표 머쉬인(machine)으로서 중요한 역할을 했다.

지구당은 조직규모에 어울리게 많은 당원들을 거느리고 있었다. <표 5-1>에서 볼 수 있는 것처럼, 2002년 당시 한나라당의 지구당별 평균 당원 수는 12,239

---

2 정당으로 등록하기 위해서는 국회의원 지역 선거구 총수의 1/10 이상에 해당하는 지구당을 설립하지 않으면 안 되었다(구정당법 제25조). 지구당이 하나의 광역자치단체에 집중하는 것을 방지하기 위해, 한 광역자치단체는 지구당 총 수의 1/4 이상을 가질 수 없었고, 그리고 지구당은 5개 이상의 광역자치단체에 설립되어야 했다(구정당법 제26조).

표 5-1 정당별 지구당 수 및 당원 수

	등록 지구당 수	당원 수	지구당 평균 당원 수	당비 납부자 수	진성당원 비율(%)
한나라당	227	2,778,185	12,239	52,559	3.5
민주당	226	1,889,337	8,360	17,280	2.5
자민련	210	1,097,246	5,225	663	6.1
민노당	73	25,465	349	25,465	100.0

출처: 이현출(2005), 106

명이나 되었다. 민주당과 자민련도 각각 8,360명, 5,225명에 이르렀다. 하지만 이 가운데 정기적으로 당비를 내는 당원들(진성당원)은 아주 소수에 지나지 않았다. 양대 정당인 한나라당과 민주당의 진성당원 비율은 각각 3.5%와 2.5%에 머물렀다. 당비를 내는 사람들이 실질적으로 당원으로서의 책임감과 참여의식을 가진다는 점을 감안할 때, 지구당 조직체계의 외형적 방대함과는 달리 주요 정당들의 지방조직은 탄탄한 기반을 가지고 있지는 못하였음을 알 수 있다. 다만 전원 진성당원으로 구성되었던 민노당만이 이 점에 있어서는 예외였다.

한편 지구당은 그 운영상에 있어 적지 않은 문제점도 드러냈다. 무엇보다 이와 같은 대규모 조직을 운영하기 위해서는 막대한 비용이 소요되었다는 점이다. 지구당을 운영하기 위해서는 사무실 임대료와 상근직원 급료 이외에도 행사비, 조직관리비, 지역주민 경조사비 등 상당한 비용 지출이 요구되었다. 한 연구에 의하면, 선거가 없는 평시에도 수도권에서는 월 1,000만원, 지방에서는 월 300만원 정도가 들었다고 한다(이정진 2010, 355; 전진영 2009, 176). 그런데 이 비용 염출을 거의 지구당 위원장 혼자서 도맡아 하지 않으면 안 되었다. 당비를 납부하는 사람은 <표 5-1>에서 보는 것처럼 극히 소수에 지나지 않았고, 오히려 대부분의 당원 활동가들은 돈을 받으면서 당 활동에 참여하고 있는 실정이었다. 물론 중앙당으로부터의 지원도 일부 있기는 하였지만, 턱 없이 부족한 상황이었다. 바로 이러한 점이 정치자금 조달과 관련된 부정이 싹틀 여지를 만들고 있었던 것이다(이현출 2005,

104; 전진영 2009, 176-177; 이정진 2010, 355).

다음으로 지구당은 위원장 1인 지배체제를 형성하였다. 운영경비 조달을 위원장에게 거의 전적으로 의존하게 된 결과, 지구당은 위원장의 독점적 지배하에 들어가게 되었다. 일반적으로 당원들은, 적극적인 정치활동을 위해 가입하였다기보다는, 위원장의 선거활동이나 정치활동에 편의를 제공하는 대가로 이권에 개입하거나, 직접적인 금전적 보답을 기대하고서 모인 사람들이 대부분이었다. 이러한 점에서 위원장과 당원 사이에는 후견인−수혜자(patron−client) 관계가 형성되어 있었다. 따라서 지구당은 보스인 위원장의 사조직과도 같은 존재가 되었다. 실제로 지방의원 및 단체장 선거에 나갈 당내 후보 선출에는 위원장의 의향이 결정적으로 중요하였으며, 사무국의 일상 업무도 조직관리, 경조사 파악 등 위원장의 국회의원선거를 대비한 활동에 초점이 맞추어졌다(정진민 2003, 32-33; 이현출 2005, 104; 이정진 2010, 355-346).

(2) 2004년 이후 지방조직

지구당 조직이 가졌던 이와 같은 문제점들은 고비용 정치구조의 타파와 정당운영의 민주성을 추구하는 정치개혁 논의에서 주요 테마로 다루어졌고, 결국 2004년 3월의 정당법 개정으로 지구당은 폐지되기에 이르렀다. 기존에 지구당이 가지고 있던 입당·탈당 등 당원관리 기능은 신설된 시·도당에 이관되었다. 이로써 정당 조직은 중앙당−시·도당 체제로 재편되었다.[3]

지구당 폐지는 정치의 효율성과 투명성 확보라는 점에서는 긍정적으로 평가되었지만, 지역 수준에서의 여론수렴 및 주민참여를 위한 통로가 차단되었다는 비판이 제기되었다(이정진 2010, 354). 이를 배경으로 2005년 6월에는 다시 정당법을 개정하여, 시·도당의 하부조직으로 국회의원 지역구 및 자치구·시·군·읍·면·동별로 당원협의회를 둘 수 있도록 하였다(정당법 제37조 제3항).[4]

---

3 중앙당에는 100명, 시·도당은 5명 이내에서 사무직원을 둘 수 있었다.

4 당원협의회가 법적으로 규정되기 이전에도 당시 양대 정당이었던 열린우리당과 한나라당은, 당원의 자발적 집회라는 형식으로, 시·군·구 단위에서 당원협의회를 설치하여 일상적인 정치활동을

그런데 이전의 지구당은 법정 조직으로서 정당 구성의 필수 요소였지만, 당원협의회는 그 설치를 각 당의 당헌·당규에 위임한 임의기구에 지나지 않았다. 실제로 소규모 정당에서는 당원협의회를 설치하지 않은 지역이 상당수에 이르렀다. 그리고 당원협의회는 사무소를 설치하지 못하고, 유급직원도 둘 수 없었기 때문에(정당법 제37조 제3항), 정당의 기층조직으로서 기능하기에는 적지 않은 한계가 있었다. 그런 점에서 당원협의회 허용은 지역 수준에서 통상적인 정당 활동을 보장하기 위한 최소한의 조치라고 할 수 있었다(이정진 2010, 367-369). 하여튼 이러한 한계는 있었지만, 주요 정당의 지방조직은 중앙당 산하에 시·도당－당원협의회의 이층제 구조를 가지게 되었다.

각 정당들의 구체적인 지방조직 구성은 매우 유사하다(<표 5-2>와 <표 5-3> 참조). 시·도당에는 최고의결기관으로서 시·도당대회(새누리당) 혹은 시·도당대의원대회(더불어민주당, 국민의당)를 두고 있고, 그 산하에 수임기구가 있다. 그리고 더불어민주당과 국민의당에서는 일상적 당무에 대한 심의기구로서 운영위원회를 설치하고 있다. 시·도당의 대표자로서는 위원장을 두고 있으며, 그 산하에 사무처리를 담당하는 사무처와 각종 상설 및 특별 위원회가 있었다. 위원장 선출은 경선이 벌어질 경우 최고의결기관에서 선거를 하였으나, 단독 후보인 경우는 수임기구에서 만장일치로 이루어졌다.

당원협의회 명칭으로서는 새누리당은 당원협의회, 더불어민주당과 국민의당은 지역위원회를 각각 사용하였다. 당원협의회의 구성은 어느 정당이나 국회의원지역구 선거구 단위로 하는 것이 기본이었다.[5] 단지 더불어민주당과 국민의당은 국회의원지역구가 두 개 이상의 자치구·시·군으로 된 때에는 각 자치구·시·군별로 지역위원회를 설치할 수 있도록 하였다. 새누리당에서는 당원협의회 내에 의결기구를 별도로 설치하지 않았으나, 더불어민주당과 국민의당은 최고의결기구와 그 수임기구를 두었다. 일상적 당무집행기관으로서는 모두 운영위원회를 두었고, 운영

하고 있었다(정진민 2005, 9)

5 예외적으로 정의당은 국회의원 지역구가 아닌, 자치구·시·구 단위로 지역협의회가 운용되고 있다.

표 5-2 주요 정당의 시·도당 구성

	새누리당	더불어민주당	국민의당
최고의결기구	시·도당대회	시·도당대의원대회	시·도당대의원대회
수임기구	운영위원회	상무위원회	상무위원회
당무 일상적 심의기구		운영위원회	운영위원회
대표자 직명	위원장	위원장	위원장
위원장 선출기구	시·도당대회	시·도당대의원대회	시·도당대의원대회
사무처리기구	사무처	사무처	사무처

표 5-3 주요 정당의 당원협의회 구성

	새누리당	더불어민주당	국민의당
명칭	당원협의회	지역위원회	지역위원회
구성 단위	국회의원 지역구	국회의원 지역구	국회의원 지역구
최고의결기구		지역대의원대회	지역대의원대회
수임기구		상무위원회	상무위원회
일상당무 집행기구	운영위원회	운영위원회	운영위원회
대표자 직명	운영위원장	지역위원장	지역위원장

위원회 위원장이 당원협의회를 대표하고 업무를 총괄하였다.

지방조직이 수행하는 역할도 정당 간에 별다른 차이를 발견할 수 없다. 시·도당은 일상적인 조직관리 외에, 지역차원의 정책개발, 선거 시 당 후보자에 대한 지원 등 지역 당으로서의 다양한 활동을 하고 있다. 하지만 시·도당의 가장 중요한 일은 각종 선거에 출마할 당 후보자를 선출하는 것이었다. 기초단체장선거, 광역 및 기초 의원선거에 나갈 후보자 선출은 시·도당에 구성된 공천심사위원회에서 신청·심사·결정 등 일련의 선출과정을 밟았다. 그리고 국회의원지역구 후보자와 광역단체장 후보자 선출은 중앙당의 공천심사위원회에서 관할하였으나, 신청자 간의 경선이 실시될 경우에는 선거인단 명부작성, 선거운동, 투개표 실시 등 일체의 경선관리를 시·도당에서 맡아 하였다.

당원협의회는 각 정당의 당헌·당규에 의하면, 당원모임, 당원교육, 지역현안의 파악 및 건의 등을 하도록 규정되어 있다. 하지만 사무실을 설치하거나 유급직원을 둘 수 없었기 때문에 당원들 간에 회합을 하거나 지역주민과의 의사소통에는 많은 지장이 초래되었다. 다만 현역 국회의원이 위원장으로 있는 경우는 국회의원 사무실을 이용해서 당원협의회 활동이 어느 정도 가능하였으나, 원외 위원장이 맡고 있는 경우에는 정상적인 당원협의회 운영은 어려운 실정이었다. 이러한 결과로 지구당이 있던 시절과 비교해서 당원교육이나 여론수렴 활동은 대폭 줄어들고 있고, 과거 지구당이 수행했던 민원해결 창구로서의 역할도 광역 및 기초 의원에게 상당부분 이관되고 있었다(전진영, 2009, 188-190; 이정진 2010, 370-373).

이상에서 살펴본 것처럼 주요 정당의 지방조직은 2004년의 지구당 폐지로 인해 상당히 축소되었고, 그 기능도 매우 저하되고 있다. 이런 점에서 한국 정당은 조직적 측면에서 2004년 이전은 대중의 조직에 기반을 둔 대중정당적 성격을 가졌다고 한다면, 2004년 이후는 느슨한 지지자 집단을 중시하는 선거전문가정당으로의 지향이 강하게 나타나고 있음을 볼 수 있다. 물론 2004년 이전에도 대중정당 형성의 중요 요소였던 이념적 정체성에 기반을 둔 당원들의 적극적 참여라는 점에서는 조직정당으로서의 성격이 부족한 것이 사실이었다. 하지만 적어도 대규모 조직 형성과 대중동원이라는 외형적 측면에서는 지방조직은 대중정당으로서의 조건을 어느 정도 갖췄다고 할 수 있을 것이다.

2) 지역에서의 정당 간 경쟁

각 지역에서의 정당들 간 경쟁관계에는 어떠한 특징이 있는가를 살펴본다. <표 5-4>는 최근에 실시된 두 번의 지방선거에서 광역의회를 구성한 정당들의 의석수를 제시하고 있다. 이 표에서는 각 지방의회에서 제1당과 제2당이 된 정당들의 의석수만 표시하고, 나머지 소수 정당 및 무소속 당선자들은 기타로 처리하였다.

<표 5-4>로부터는 우선 중앙정치에서 활동하는 정당들이 지방정치의 주요 무대인 지방의회에 있어서도 주요한 역할을 하고 있는 점을 지적할 수 있다. 정당들

표 5-4 광역의회 정당별 의석 분포

제5회 지방선거(2010년) 이후

	서울	부산	대구	인천	광주	대전	울산	경기
한나라당	27	40	27	6		1	13	42
민주당	79	2		23	20	5		76
기타			2	4	2	16	9	6
제1당 의석비율	73.2	95.2	93.1	69.7	90.9	72.7	59.1	61.3
	강원	충북	충남	전북	전남	경북	경남	제주
한나라당	22	4	6	1	1	48	38	12
민주당	14	22	13	35	49	1	3	18
기타	6	5	21	2	7	9	13	6
제1당 의석비율	52.4	71.0	52.5	92.1	86.1	82.8	70.4	50.0

제6회 지방선거(2014년) 이후

	서울	부산	대구	인천	광주	대전	울산	세종	경기
새누리당	29	45	29	23	2	6	21	5	50
새정치 민주연합	77	2	1	12	19	16	1	9	78
기타					1			1	
제1당 의석비율	71.3	95.7	96.7	65.7	86.4	72.7	95.5	60.0	60.9
	강원	충북	충남	전북	전남	경북	경남	제주	
새누리당	36	21	30	1	1	52	50	17	
새정치 민주연합	6	10	10	34	52	2	5	16	
기타	2			3	5	6		3	
제1당 의석비율	81.8	67.7	75.0	89.5	89.7	86.7	90.9	47.2	

주) 의석비율은 %.

표 5-5 광역의회 다수당과 단체장 소속 정당

제5회 지방선거(2010년) 이후

	서울		부산		대구		인천		광주		대전		울산		경기	
	의회다수	단체장	의회다수	단체장	의회다수	단체장	의회다수	단체장	의회다수	단체장	의회다수	단체장	의회다수	단체장	의회다수	단체장
	민주	한나	한나	한나	한나	한나	민주	민주	민주	민주	선진	선진	한나	한나	민주	한나
	분점정부		단점정부		단점정부		단점정부		단점정부		단점정부		단점정부		분점정부	

	강원		충북		충남		전북		전남		경북		경남		제주	
	의회다수	단체장	의회다수	단체장	의회다수	단체장	의회다수	단체장	의회다수	단체장	의회다수	단체장	의회다수	단체장	의회다수	단체장
	한나	민주	민주	민주	선진	민주	민주	민주	민주	민주	한나	한나	한나	무	민주	무
	분섬성부		단점정부		분점정부		단점정부		단점정부		단점정부		분점정부		분점정부	

제6회 지방선거(2014년) 이후

	서울		부산		대구		인천		광주		대전		울산		세종		경기	
	의회다수	단체장	의회다수	단체장	의회다수	단체장	의회다수	단체장	의회다수	단체장	의회다수	단체장	의회다수	단체장	의회다수	단체장	의회다수	단체장
	민주	민주	새누	새누	새누	새누	새누	새누	민주	민주	민주	민주	새누	새누	민주	민주	민주	새누
	단점정부		단점정부		단점정부		단점정부		단점정부		단점정부		단점정부		단점정부		분점정부	

	강원		충북		충남		전북		전남		경북		경남		제주	
	의회다수	단체장	의회다수	단체장	의회다수	단체장	의회다수	단체장	의회다수	단체장	의회다수	단체장	의회다수	단체장	의회다수	단체장
	새누	민주	새누	민주	새누	민주	민주	민주	민주	민주	새누	새누	새누	새누	새누	새누
	분점정부		분점정부		분점정부		단점정부		단점정부		단점정부		단점정부		단점정부	

주) 1) 제5회 지방선거: 한나—한나라당, 민주—민주당, 선진—선진당, 무—무소속
　　　제6회 지방선거: 새누—새누리당, 민주—새정치민주연합, 무—무소속
　　2) 단체장이 무소속인 경우에는 분점정부로 표기하였다.

간의 국회에서의 의석분포와 각 지방의회에서의 의석분포 사이에는 차이가 있지만, 국회의 제1, 2당이 대부분 지역에서 제1당 아니면 제2당을 차지하고 있다. 예외적으로 제5회 지방선거 결과 구성된 대전광역시 및 충청남도 의회에서는 선진당이 제1당을 차지하였는데, 이는 극히 이례적인 현상이다. 이처럼 한국의 지방의회 정당구성에 있어서는 중앙정당들의 직접적인 영향을 받고 있다. 이는 일본이나 독일과 같은 지방정치가 발달된 나라에서의 지방의회에는 중앙정당들 이외에도 그 지역에서 활동하는 정당들이 적지 않게 진출하고 있는 것과는 다른 점이다. 한국에서 볼 수 있는 이와 같은 중앙정당들의 지역정치 지배현상은, 다음 절에서 언급하는 바와 같이 지역에서만 활동하는 '로컬파티(Local Party)'를 허용하고 있지 않은 점에 크게 기인한다.

다음으로 <표 5-4>에서 볼 수 있는 특징은 영호남과 그 외 지역 사이에는 광역의회 내 정당 간 경쟁구도에 있어 큰 차이를 보이고 있다는 점이다. 영남과 호남에서는 각각 새누리당(한나라당), 새정치민주연합(민주당)이 90% 전후의 의석을 차지하고 있다. 이들 지역에서는 1991년 지방의회 부활 이후 특정 정당이 줄곧 절대적인 다수의석을 점하며, 이른바 '지역패권정당체제'를 형성하고 있다. 더욱이 소선거구 단수다수제로 선출되는 지역구 의원들만 본다면, 거의 전원이 특정 정당 출신이다. 이외의 정당들은 비례대표선거를 통해 극히 소수만을 광역의회에 진출시키고 있을 뿐이다. 이처럼 지역주의와 소선거구 단순다수제의 결합으로 인해 영호남 지역의 광역의회 정당 구성은 실질적으로 일당체제를 형성하고 있다. 그리고 기초의회에 있어서도 지역패권정당이 다수의석을 차지하고 있는 상황에는 다름이 없다. 다만 기초의원선출에 있어서는 한 선거구에서 2-4명을 뽑는 중선거구제를 채택하고 있으므로, 패권정당의 지배 정도는 광역의회보다는 상당히 낮다.

그런데 영호남에서는 지역주의의 영향으로 단체장마저 지역패권정당이 점하는 경우가 대부분이다. 그 결과 지방의회와 집행부가 단일정당에 의해 장악되는 단점정부가 출현하였다. <표 5-5>에서 볼 수 있는 바와 같이 2010년 지방선거에서는 영호남 8개 광역 지방정부 가운데 7개, 2014년 선거에서는 8개 지방정부 모두가 단점정부였다. 기초 지방정부의 구성도 대부분 이와 같은 형태였다. 이처럼 단점정부가 출현하는 상황에서는 의회와 집행부 간의 상호견제는 물론, 나아가 정당정치의 활성화도 기대할 수 없다.

반면 충청, 수도권 등의 광역의회에서는 영호남과는 다른 양상을 보여주고 있다. 특정 정당이 지속적으로 절대적인 우세를 차지하는 곳은 없으며, 두 개의 주요 정당이 대부분의 의석을 나누어 가지고 있다. 또한 이들 지역에서는 의회 내 제1당의 교체도 종종 일어나고 있으므로, 양당제적인 경쟁구도가 형성되고 있다.

이러한 양당체제 하에서는 광역의회 내 정당 간 경쟁도 활발할 뿐만 아니라, 의회와 집행부 사이의 분점정부 상황도 일상적으로 나타나고 있다. <표 5-5>에서 영호남 이외 지역의 경우, 2010년 선거에서는 8개 광역정부 가운데 5개가 2014년에는 9개 가운데 4개가 의회 다수파와 단체장이 속한 정당이 달랐다. 분점정부 하에서는 의회와 집행부를 각각 지배하는 정당들 간의 경쟁으로 정당정치는 더욱 활성화될 수 있다.

3. 지방 정당 활성화 방안

제2절에서 살펴본 것처럼, 현재 한국의 지방 정당들은 조직 면에서 매우 왜소한 상태에 있고, 정당들 간의 경쟁도 활발하지 못한 상황에 있다. 이하에서는 지방정치의 주요 구성 부분인 지방 정당의 활성화 방안에 대해 언급한다.

1) 지구당 제도의 부활

2004년에 폐지된 지구당의 부활에 대해서는 다양한 논의가 전개되고 있다. 우선 지구당 부활에 찬성하는 입장과 반대하는 입장을 간단히 정리한다. 지구당을 부활하자는 측은 무엇보다 지구당을 폐지함으로써 국민들과 당원들의 정치참여 기회가 줄어들고 있음을 지적한다. 지구당의 대체조직으로서 등장한 당원협의회는 사무소 설치 및 유급직원 배치가 허용되지 않음으로써 지역의사를 수렴하고 대변해야 할 하부조직으로서의 역할을 제대로 하지 못하고 있다는 평가이다. 둘째, 국회의원과 원외 당원협의회 위원장 간의 형평성 문제를 들고 있다. 국회의원은 국회의원 사무소를 활용함으로써 상시적으로 유권자와 접촉할 수 있는데 반해, 원외위원장에게는 이런 수단이 완전히 차단되어 있다. 이것은 국회의원과 원외위원장 간의 불공평한 경쟁을 야기하며, 결국 국회의원의 재선 가능성을 높이는 결과로 작용한다. 셋째, 현행 당원협의회는 운영의 투명성을 보장할 수 없다. 지구당의 경우는 법정조직으로서 그 활동상황과 자금의 수입·지출 내역은 선거관리위원회의 통제를 받고 있었다. 반면 현행 당원협의회는 임의조직으로 선거관리위원회의 규제를 받지 않음으로써 오히려 음성적인 활동을 양산할 수 있다는 것이다. 마지막으로 지구당 폐지 논거의 하나였던 막대한 운영경비로 인한 불법정치자금 증대의 문제는 그동안의 정치자금법 및 공직선거법의 엄격한 적용과 국민의식 향상으로 인해 상당 부분 해소되었다는 점을 들고 있다(전진영 2009, 189-191; 이정진 2010, 374-376; 윤종빈 2011, 75-76).

지구당 부활에 대해 반대하는 입장은 첫째, 개혁이 시행된 지 이제 10년 정도밖에 되지 않았고, 고비용 구조 해소 및 위원장 1인 지배체제 타파라는 개혁의 효과가 나타나고 있는 시점에서 지구당을 부활하는 것은 시기상조라고 주장한다. 특히 진성당원의 확보가 미흡한 상황에서 지구당 부활은 이전의 정치부패와 사조직 형성이라는 구태로 되돌아 갈 수 있다는 우려를 한다. 둘째, 현행 당원협의회 제도를 적극적으로 옹호하는 입장이다. 지구당이 당원협의회로 전환된 이후, 위원장의 권한이 크게 약화되었고, 당원들의 자발적인 조직이기 때문에 다양한 방식의 운영과 참여가 가능하게 된 점은 지역조직에서 풀뿌리 민주주의의 실현을 모색해 볼 수 있는 기회가 된다는 것이다(김용호 2008; 이정진 2010, 378-379).

이처럼 지구당의 부활에 대해서는 찬반 주장이 다양하게 제기되지만, 기초 정당조직으로서 지구당이 가지는 의의는 적지 않을 것으로 생각된다. 지구당은 지역주민들과 당원들의 일상적인 정치참여의 통로가 됨으로써 지역의 의사 형성 및 표출의 중요한 수단이 될 수 있다. 또한 2006년 이후 정당공천제가 시·군·구 의원 선출에까지 확대된 상황에서 지역 정치가의 발굴 및 훈련을 위해서도 필요하다. 현재와 같이 정치적 무관심이 팽배한 상황에서는 지구당의 적극적인 정당 활동을 통해 주민들의 정치의식을 증진시키는 데도 도움을 줄 수 있을 것이다.

지역에서의 정당정치를 강화하기 위해서는 지구당 허용이 필요하지만, 이전 지구당의 폐해를 답습하지 않기 위해서는 신중한 대처가 요구된다. 먼저 기존 지구당의 고비용 구조를 되풀이하지 않기 위해 사무소 규모를 줄이고, 자원봉사자를 적극 활용하는 방안을 강구할 필요가 있다. 다음으로 위원장 1인에게 권한이 집중되지 않도록 해야 한다. 지구당 운영방식을 복수의 위원으로 구성되는 운영위원회 체제로 전환하는 것도 하나의 방안이다. 지구당의 재정운용 상황에 대해서는 정기적으로 공표를 하고, 선거관리위원회의 관리·감독도 강화해야 한다. 그리고 무엇보다 진성당원을 많이 확보하여 인적·재정적 측면에서 지구당의 조직기반을 확고히 하는 것이 중요하다(정진민 2003, 34; 이정진 2010, 376−377).

2) 로컬파티의 허용

위에서 살펴본 것처럼, 한국의 정당정치는 중앙정당들이 지역적 하부조직을 형성하고 지방정치에도 깊숙이 개입하고 있었지만, 정당이 지역의 다양한 목소리를 정책결정과정에 반영하기는 매우 어려운 상황이었다. 더욱이 영호남 지역에서는 지역주의 경향과 맞물려 정당 간 경쟁 자체가 존재하지 않는 일당독점체제였다.

지방의 정당정치에서 볼 수 있는 이와 같은 문제점을 개선하기 위해서는 '로컬파티'를 허용하는 것이 하나의 방안이 될 수 있다. 로컬파티는 '전국가적인 국민의사 형성과정에의 참여는 이차적인 목적에 지나지 않고, 주로 지역문제의 해결 내지 지역적 의사형성에 참여하는 것을 주목적으로 하는 정치적 결사체'를 의미한다(장영수 1995, 341).[6]

---

[6] 중앙에 본부를 두고 있는 전국정당들의 지부조직을 지방정당이라고 부르고 있는 점을 고려해서, 여기에서는 특정 지역을 주 활동무대로 해서 성립한 정당을 '로컬파티'로 부르기로 한다. 로컬파티는, 전국정당이면서도 지역주의를 배경으로 해서 특정 지역에 주요 지지기반을 두고 있는 '지역주의 정당'과도 구별된다.

이러한 로컬파티가 형성될 경우, 중앙정치의 영향력에서 벗어날 수 있으므로, 전국정당 체제 하에서 충분히 대변되지 못했던 지역주민의 의사와 이해관계가 보다 원활히 집약·표출될 수 있다. 그리고 영호남에서는 지역패권정당에만 집중되었던 주민들의 지지가 그 지역에 기반을 두고 있는 로컬파티에도 분산될 수 있으므로, 지방정치의 역동성을 가져올 수 있는 장점도 있다.[7]

그런데 한국에서는 로컬파티의 설립이 원천적으로 금지되어 있다. 현행 정당법상 정당으로 등록할 수 있기 위해서는 서울에 중앙당을 두어야 하며(제3조), 전국에 5개 이상의 시·도에서 시·도당을 설립해야 하고(제17조), 각각의 시·도당은 1,000명 이상의 당원을 보유하지 않으면 안 된다(제18조). 이러한 정당설립 요건은 지방정치에 참여하고자 하는 지역의 정치세력들에게는 너무나 가혹한 조건이 아닐 수 없다. 결국 이러한 규정들은 다양한 정치세력들의 진입장벽으로 기능하면서 지방정치를 중앙정당들의 독과점 구조로 만들고 있다(강원택 2010, 5-8; 하세헌 2007, 38-39)

반면 대부분의 선진국들에서는 전국정당이든 로컬파티이든 어떤 형태의 정당설립도 자유로운 게 일반적이다. 이들 나라에서는 정당을 국민의 정치적 의사를 결집하기 위한 자유로운 결사체로서 이해하기 때문에, 결사체의 단위가 전국적인가 아니면 지역적인가에는 상관하지 않는다. 실제 독일, 영국, 미국, 일본 등에서는 특정 지역에 뿌리를 두고 있는 다양한 로컬파티들이 존재한다. 이들 로컬파티는 주민들의 생생한 목소리를 지역의 의사결정에 반영시킴으로써 풀뿌리 민주주의 실현에 중요한 역할을 하고 있다는 평가이다(하세헌 2007, 29-35; 2012, 67-78).

한국에서도 로컬파티를 허용하여 다양한 정치세력들에게 지방정치에 대한 참여 가능성을 열어주는 것은 지방 정당의 기능발휘를 유도하는 가장 좋은 방법의 하나가 될 수 있다. 이것은 또한 지역에서의 정당 간 경쟁을 촉진시킴으로써 전반적인 지방정치의 활성화에도 도움을 준다. 로컬파티를 육성하기 위해서는 정당법

---

7 한편 전국정당과 비교할 때, 로컬파티는 다음과 같은 단점도 가질 수 있다. 첫째, 인력과 재정 부족으로 인해 조직력과 전문성이 취약할 수 있다. 둘째, 전국적인 국민의사에 벗어나서 지역 이기주의에 빠질 우려가 있다. 셋째, 로컬파티가 난립할 경우, 주민들의 선택에 혼란을 줄 수 있다(강원택 2010, 13-14; 장영수 1997, 321; 하세헌 2007 28).

을 개선하는 것이 선결과제이다. 현행 5개 이상의 시·도당을 가져야 한다는 규정을 폐지하고, 정당을 어떠한 지역 단위에서든 자유롭게 설립할 수 있도록 해야 한다. 정당본부도 서울이 아닌, 그 지역에 두어야 함은 물론이다. 그리고 당원 수 요건도 지금보다 대폭 완화해야 할 것이다.

3) 선거제도의 개편

지방의 정당정치가 활성화되지 못한 또 하나의 이유는 정당 간 경쟁원리가 제대로 작동하지 못하고 있기 때문이다. 특히 영호남 지역의 국회의원 및 광역의원 구성은 거의 지역패권정당에 의해 독점되고 있다. 영호남에서 이와 같은 구도가 형성된 것은 특정 정당에 대한 유권자들의 지지가 압도적으로 많은 것에도 원인이 있지만, 이들 의원들의 선출에 주로 이용되는 소선거구제가 이러한 정당구도를 더욱 강화시킨 측면이 있다. 뒤베르제의 법칙에서 볼 수 있는 것처럼, 소선거구제는 다수정당에게 유리하기 때문에, 영호남에서는 패권정당 후보만이 당선되고 있는 것이다. 그리고 지역주의적 투표행태가 나타나지 않는 수도권 등에서도 양대 정당 이외의 후보는 당선되기 어렵다. 따라서 지방 정당의 경쟁구도를 확보하기 위한 가장 좋은 방법은, 소수정당 후보들도 비교적 쉽게 당선될 수 있도록, 지역구의원 선출방법을 중대선거구제로 개편하거나, 비례대표제 선출의원 비율을 대폭 높이는 것이다.

위에서 언급한 로컬파티가 법적으로 허용된다 하더라도 지방정치의 주요한 액터로서 활동할 수 있게 하기 위해서는 이와 같은 여건이 마련되지 않으면 안 된다. 일반적으로 설립 직후의 로컬파티는 소선거구제와 같은 제도 하에서는 당선자를 배출하기가 쉽지 않다. 신생정당이기 때문에 주민들의 인지도가 높지 않기 때문이다.

광역의원 및 국회의원 선거제도를 중대선거구제로 개편할 경우, 가능한 한 선거구에서 선출되는 의원 수를 늘려야 할 것이다. 현재 중선거구제를 채택하고 있는 기초의원선거의 사례가 보여주듯이, 영호남의 경우 2-3인 선거구에서는 패권정당 후보가 절대적으로 유리하다. 반면 4인 선거구에서는 다양한 정치세력이 진입하는 것을 볼 수 있다.

소수정당의 진출을 늘리기 위해 보다 중요한 것은 비례대표제의 확대이다. 지방 정당의 활성화를 위해서는, 국회의원으로 선출하는 비례대표 선출 의원수도 늘려야 하지만, 먼저 광역의원 및 기초의원 선출비율을 높이는 것이 필요하다. 현재 두 선거에 있어 각각 전체 선출 정원의 10%를 비례대표로 선출하게 되어 있으나, 이를 50% 정도까지 대폭 늘리는 노력이 필요하다. 비례대표 선출 의원수가 늘어나면, 정당 간 경쟁구도도 확대될 뿐만 아니라, 다양한 직종 및 여성 의원들이 늘어남으로써 지방의 정당정치는 한층 더 활발해 질 수 있다.

생각해 볼 문제

❶ 정당과 그 이외의 정치적 활동을 하고 있는 집단(이익집단, 시민단체 등) 사이에는 어떠한 차이점이 있는가?

❷ 영호남 지역에서 형성된 지역패권정당에 의한 일당지배체제가 그 지역의 정치에 미친 영향에 대해 생각해 보자.

❸ 다른 선진국과는 달리, 한국에서는 왜 전국정당만 인정되고 있는지 생각해 보자.

❹ 영국 보수당의 지방 정당조직을 조사해 보고, 그것을 한국 새누리당의 지방 정당조직과 비교해 보자.

❺ 자기가 살고 있는 지역의 특정 당원협의회를 선택하여, 그 조직구성 및 활동내역에 대해 조사해 보자.

❻ 독일과 일본의 로컬파티 사례에 대해 조사해 보자.

강원택. 2010. "폐쇄적 지역 정당 구조와 정치개혁: 지방정치를 중심으로." 『韓國政治硏究』 19(1).

김용복. 2009. "지방정치와 정당의 역할: 연구의 범위와 쟁점." 『지역사회연구』 17(4).

뒤베르제. 박희선·장을병 옮김. 1982. 『정당론(下)』. 문명사.

사르토리. 어수영 옮김. 1986. 『현대정당론』. 동녘.

이정진. 2010. "지구당 폐지를 둘러싼 담론구조와 법 개정 논의." 『한국정치외교사논총』 31(2).

윤종빈. 2011. "지구당 폐지와 한국정당의 민주성." 『한국정당학회보』 10(2).

이현출. 2005. "정당개혁과 지구당 폐지." 『한국정당학회보』 4(1).

장영수. 1995. "지방자치와 정당." 『정당과 헌법질서, 심천 계희열박사 화갑기념논문집』. 박영사.

_____. 1997. 『민주헌법과 국가질서』. 홍문사.

전진영. 2009. "지구당 폐지의 문제점과 부활을 둘러싼 쟁점 검토." 『현대정치연구』 2(2).

정영국. 2003. 『한국의 정치과정: 정당·선거·개혁』. 백산서당.

정진민. 2003. "정당개혁의 방향: 정당구조의 변화를 중심으로." 『한국정당학회보』 2(2).

_____. 2005. "지구당 폐지 이후의 새로운 정당구조와 당원중심 정당운영의 범위." 『의정연구』 11(1).

하세헌. 2007. "지방분권 실현과 지방정당의 육성." 『韓國地方自治硏究』 9(2).

_____. 2012. "지방정당 대두와 일본 지방정치 활성화: 새로운 지방정당 대두의 배경과 그 영향." 『日本硏究論叢』 9(2).

Burke, Edmund. 1770. *Thought on the Present Discontents* 1.

Clark. Alistair. 2004. "The Continued Relevance of Local Parties in Representatives

Democracies." *Politics* 24(1).

Detterbeck. Klus. 2012. *Multi−level Party Politics in Western Europe*. Palgrave Macmillan Publications.

Duverger, Mariuce. 1954. *Political Parties: Their Organization and Activity in the Modern State*. Methuen.

Kirchheimer, Otto, 1966. "The Transition of the Western Political System." J. Lapalombala and W. Weiner. eds., *Political Parties and Political Development*. New Jersey: Princeton University Press.

Ware. Alan. 1996. *Political Parties and Party Systems*. Oxford University Press.

川人貞史・吉野孝・平野浩・加藤淳子. 2011. 『現代の政党と選挙』. 有斐閣アルマ.

建林正彦. 2013. 『政党組織の政治学』. 東洋経済新聞社.

建林正彦・曽我謙語・待鳥聡史. 2008. 『政党組織の政治学』. 有斐閣アルマ.

CHAPTER

6 지방선거

한국의 지방자치가 1987년 민주화 운동으로 30여 년 만에 다시 재개된 것은 풀뿌리 민주주의의 실현이란 정치적 상징만이 아니라 민주화를 공고화시키기 위한 실천적 의미도 강하다. 1991년 3월과 6월 각각 기초(자치구·시·군)와 광역(광역시·도) 지방의원선거의 실시가 지방자치의 서막이었다면, 1995년 6월 광역과 기초의 단체장과 지방의원을 모두 동시에 선출함으로써 본격적인 지방자치 시대가 열린 것이다. 지방선거는 국회의원선거와의 주기를 맞추기 위해 1998년 한시적으로 3년 만에 실시하였으나, 그 이후로는 정기적으로 4년마다 치러져 안정적인 제도화 과정에 들어선 것을 볼 수 있다.

그러나 지난 20년 간 우리나라 지방정부의 기관구성은 광역단체의 창설이나 기초단체의 시군 통합 등으로 선출정수에 많은 변화가 있었다. 특히 우리나라는 지금까지 거의 매 지방선거마다 새로운 제도 도입의 실험장이라 할 만큼 다양한 선거제도 개편이 이뤄져왔다는 점이 주목된다. 이는 그만큼 새로 시작된 지방자치의 발전을 위하여 수많은 논쟁과 제도 실험이 진행되어 왔음을 의미한다. 예를 들어, 1995년 각급 지방선거의 전국 동시실시 제도와 광역의회의원의 비례대표제가 도입되었고, 2002년 광역의원선거에서 1인2표제의 비례대표 선출을 위한 정당투표와

50% 여성할당제가 도입되었다. 또 2006년에는 기초의원선거의 중선거구제 개편과 정당공천의 허용, 그리고 비례대표제 도입 및 비례대표 명부의 홀수 순번 여성할당제 확대가 시행되었고, 2010년에는 지역구 정당공천의 여성할당 의무제 도입, 그리고 최근 2014년에는 사전투표제가 도입된 것이다.

이 글은 우리나라 지방선거제도의 주요 특징과 변화, 쟁점을 살피고 1995년부터 지금까지 지방선거결과에서 나타난 변화와 지속성을 논의하는 데 중점을 둔다. 이러한 논의는 선거가 민의를 평가하는 주요 수단이며, 또 선거제도에 따라 민의 반영의 결과가 달라질 수 있다는 점에서 지방자치의 제도화 과정을 평가하고 지방 정치의 현실을 진단하는 데 중요한 기초를 제공할 것이다. 지방선거에서 나타난 공통적인 특징과 변화의 경향성은 새롭게 시작된 한국의 지방자치가 중앙정치와 지방정치의 영역 속에서 어떻게 자리매김하고 있는가를 보여줄 것이며, 그를 통해 자치발전을 위한 제도개선 노력에 무엇을 중시해야 할 것인가에 대한 함의를 찾는 데 중요한 기여를 할 것이다.

1. 지방선거제도의 특징

지방선거는 주민이 직접 지방의원과 단체장을 선출하여 지방정부의 기관을 구성하는 것으로, 특히 대의민주제 하에서 대표자 선출방법과 절차를 정하는 지방선거제도는 민주정치의 초석일 뿐 아니라 지방정부의 대표성과 운용에도 지대한 영향을 미치는 핵심적인 요소다. 다음은 기관구성의 대표성과 안정성에 중요한 영향을 미치는 주요 선거제도에 중점을 두고 각급 지방선거에 공통적으로 적용되는 선거제도가 국정선거와 어떤 차이를 지니는지, 그리고 각급 지방선거에 달리 적용되는 선거제도의 주요 특징은 무엇인지 살펴보자.

1) 각급 지방선거의 공통사항

(1) 선거권과 피선거권

지방선거의 선거권은 19세 이상으로 선거인명부 작성 기준일에 해당 지방자치 단체의 구역 안에 주민등록이 되어 있는 사람에게 주어지며, 이는 대통령선거나 국 회의원선거와 크게 다르지 않다. 그러나 외국인이라도 영주의 체류자격 취득일 후 3년 경과하고 해당 지방자치단체의 외국인등록대장에 올라 있는 사람에게도 지방 선거의 선거권이 부여되는 점(공직선거법 제15조 2항)이 국정선거와의 중요한 차이라 할 수 있다. 이는 지방자치가 지역사회를 구성하는 다양한 주민의 참여를 증진시키 는 데 주요 가치를 두고 있음을 나타낸다.

한편 지방선거의 피선거권은 국회의원선거와 달리, 단체장과 지방의원 선출에 공통적으로 거주요건을 두고 있는 것이 특징이다. 즉 피선거권은 선거일 현재 계속 하여 60일 이상 해당 지방자치단체의 관할구역에 주민등록이 되어 있는 25세 이상 주민이어야 한다(동법 제16조 3항). 이는 지역 연고와 주민과의 연대감을 확보하기 위 한 것으로, 주민대표성을 중시하는 지방자치의 정신이 담겨있다고 할 것이다.

(2) 선거주기와 선거기간, 선거일

지방선거는 국정선거와 같이 단체장과 지방의원을 따로 뽑지만, 임기가 각각 4년으로 동시에 실시한다는 것이 국정선거와의 가장 큰 차이다. 즉 국정선거는 대 통령과 국회의원의 임기가 각각 5년, 4년으로 선거주기가 다르고, 또 같은 해에 치 르더라도 분리하여 실시하는 반면, 지방선거는 4년마다 각급 선거를 모두 동시에 선출하되, 국회의원 선거주기의 중간에 실시한다는 것이 특징이다. 분리선거에서는 집행기관과 의결기관 간 독립성과 상호 견제의 의미가 강하다면, 동시선거는 한 번 에 총체적으로 책임을 물을 수 있어서 양 기관의 구성이 동일 정당에 의해 지배되 는 경향이 빈번할 수 있다.

한편 지방선거의 선거기간은 14일이며, 선거운동은 선거기간 개시일(후보자등록 마감일 후 6일부터)부터 선거일 전일까지 13일 간이다. 이는 국회의원선거와 동일한 기간이지만, 지방선거는 동시선거에 관한 특례(동법 203조 1항)에 의하여 6개 각급 지방선거에 교육자치선거까지 동시에 실시되기 때문에 14일의 선거기간 내에 선거운동도 전국에서 동시에 벌어진다. 따라서 유권자가 각급 선거에 출마한 후보를 구별하고 인지하는 데 큰 어려움을 겪을 수 있으며, 이는 각급 지방선거의 독립성이나 차별성을 살리는 데 한계로 작용할 수 있다.

지방선거의 선거일은 임기만료일 전 30일 이후 첫 번째 수요일, 즉 6월 첫 번째 수요일로 정해져 있다(동법 34조). 대통령선거일과 국회의원선거일이 각각 임기만료일 전 70일, 50일 이후 첫 번째 수요일인 것과 비교하면 상대적으로 짧은 업무인수인계 기간을 갖는 것이다.

(3) 보궐선거

지역구 지방의원과 단체장이 궐원 또는 궐위되었을 때는 보궐선거를 실시한다. 그러나 임기만료일 전 1년 미만이거나 지방의회 의원정수의 4분의 1 이상이 궐원되지 아니한 경우는 실시하지 않을 수 있다(동법 제201조). 이러한 특례 규정은 지방정부 기관구성의 안정성을 확보하기 위한 최소한의 요건을 말해주는데, 참고로 광역의회와 기초의회의 지역구 의원정수의 하한은 각각 19명, 7명이다(동법 제22조, 제23조).

한편 지방의회 비례대표의원이 궐원되었을 때는 명부순위에 따라 승계하되, 임기만료일 전 120일 이내에는 그러하지 않는데(동법 제200조), 광역과 기초 지방의회 비례대표의원 정수는 지역구 의원정수의 100분의 10으로, 하한은 각각 3명, 1명이다(동법 제22조, 제23조).

2) 각급 지방선거의 차이점

(1) 임기제한과 무투표 당선

단체장선거와 지방의원선거의 가장 큰 차이는 임기제한에서 찾을 수 있다. 광역 및 기초 단체장은 연이어 세 번 당선되면, 네 번째는 출마하지 못하는 3선제한 규정이 적용된다(지방자치법 제95조). 이는 민주화 이후 단임제의 대통령선거가 치러지는 이유와 같이 장기집권의 권력 독점을 제한하기 위해 고안된 제도라 할 수 있다. 그러나 지방의원은 국회의원처럼 선수제한 없이 계속 출마할 수 있다.

또 2010년 지방선거 이전에는 단체장 선거의 경우 단독 후보라도 투표를 거치게 하여 유효투표수의 1/3 이상을 얻어야 당선이 확정되었다. 이는 대표성을 확보하기 위해 대통령선거에 적용되는 요건과 같은 것인데, 그러나 2010년부터는 지방의원선거와 동일하게 단체장선거에서도 무투표 당선으로 변경되어 단독후보의 경우에 승인투표를 거치지 않는다.

(2) 선거구제와 정당공천제

광역과 기초 지방의원선거의 가장 큰 차이는 지역구 의원선출의 선거구제를 달리하고 있는 점이다. 광역의회의 지역구 지방의원은 하나의 선거구에 한 명이 당선되는 소선거구 다수대표제를 취하는 반면, 기초의회의 지역구 지방의원은 2006년 지방선거부터 하나의 선거구에 두 명에서 네 명을 선출하는 중선거구제 다수대표제를 채택하고 있다.

참고로 과거 2006년 이전에는 기초의회 지역구 지방의원도 소선거구로 선출하였으나, 그 때는 정당공천이 허용되지 않아 광역의원선거와의 가장 큰 차이가 정당공천제의 적용 여부에 있었다. 그러나 2006년부터 기초의원선거에도 정당공천이 허용되어 정당들이 선출정수 범위 내에서 후보를 공천할 수 있도록 함으로써, 이제 광역의원선거와는 선거구제가 다른 것이 주요 차이라 하겠다.

(3) 비례대표의석의 배분

지방의회선거의 비례대표의원은 정당투표를 거쳐 구성된다. 비례대표제는 1995년부터 광역의회 구성에서만 허용되다가, 2006년부터 정당공천이 허용된 기초의회 구성에서도 도입되었다. 그러나 정당투표로 비례대표의원을 선출하기 시작한 것은 2002년 지방선거부터이며, 그 이전에는 지역구 광역의원선거에서 정당후보들이 얻은 득표를 정당별로 합산하여 비례대표 의석을 배분하는 방식을 취하였는데, 이러한 1인2표제 도입은 2004년 17대 총선보다 앞서 시행된 것이다.

비례대표의 의석배분은 정당투표의 100분의 5 이상을 얻은 정당을 대상으로 한다는 점은 국회의원선거나 광역과 기초 지방의원선거 모두 동일하다. 그러나 광역의원선거의 경우에서만은 하나의 정당에게 비례대표 의원정수의 2/3 이상이 배분될 수 없도록 제한하고 있다(공직선거법 제190조의 2 제2항). 이는 지역주의 정당지지 등으로 하나의 정당이 지방의회를 독점하는 것을 방지하기 위한 규정으로 도입된 것이라 하겠다.

2. 지방선거제도의 개편과 쟁점

지금까지 지방선거제도는 지난 20년 간 다양한 제도 개편으로 많은 변화가 있었다. 특히 동시실시제와 정당공천제, 여성할당제, 선거구제 등을 비롯한 지방선거제도의 주요 변화는 선거결과에 결정적인 영향을 미치기 때문에 많은 관심과 논쟁의 대상이 되어왔다. 각급 지방선거의 전국 동시실시 제도는 선거관리와 비용 면에서 효율적일 수 있지만, 그러나 유권자가 인지해야 하는 각급 지방선거의 후보가 너무 많아 투표선택에 큰 혼란을 겪는 문제를 지닌다. 또 민주화 이후 지방자치가 재개될 때부터 지금까지 지방선거의 정당공천 문제는 찬반 논쟁이 첨예하게 대립되고 있는 것을 볼 수 있다. 여성의 정치적 대표성을 높이기 위한 지방선거의 여성할당제 역시 균형사회 실현이라는 규범적이고 당위적인 논거로 합의적인 성격이 강하지만, 정당공천의 현실에서는 늘 쟁점의 대상이 되곤 하였다. 특히 선거구제 개편은 핵심적인 선거규칙의 변화로서 선거과정의 주요 행위자인 정당, 후보, 유권자 모두에게 큰 영향을 미치며 정치권력에도 중대한 변화를 가져올 수 있기에 주목의 대상이 되었다.

1) 동시실시제

지금까지 지방선거의 동시실시 현황은 계속 확대 적용되어 온 것이 특징이다.

1991년 첫 지방의원선거는 광역과 기초 의원선거를 3개월의 시차를 두고 분리해서 실시했으나, 1995년 동시실시제가 도입되어 광역 및 기초의 단체장과 지방의원을 선출하는 1인4표제가 실시되었다. 2002년 지방선거에서는 광역의원의 비례대표 정당명부 투표가 추가되어 1인5표제가, 그리고 2006년 지방선거는 기초의원선거의 정당공천 확대와 함께 비례대표의원에 대한 정당투표도 추가되어 1인6표제가 실시되었다. 2010년 지방선거는 교육감과 교육위원을 선출하는 교육자치선거까지 추가되어 1인8표제로 실시됨으로써 유권자가 인지해야 하는 지역구 후보만도 평균 23명에 달하였다(황아란 2010a). 다만 2014년 지방선거에서는 교육위원선거가 제외되어 1인7표제로 실시되었다.

지방선거의 동시실시제도는 선거관리의 효율성을 높이고 유권자들의 선거관심을 증진시킬 수 있어 투표참여를 제고시키는 긍정적인 기대효과를 지니는 반면, 유권자의 인지혼란을 가중시키는 문제와 함께 유권자의 관심이나 참여의사가 없는 선거에 대해서도 투표하도록 만드는 제도적 강제성을 지니기 때문에 투표참여뿐 아니라 선거결과에도 중요한 영향을 미칠 수 있다. 이러한 비자발적 동원효과는 신중한 판단에 의한 후보선택을 방해하고, 또 그로 인해 선거결과가 유권자들의 진정한 의사를 제대로 반영하지 못하는 문제를 낳을 수 있다는 점에서 주의를 요한다.

동시선거제가 투표참여에 미치는 영향에 대한 연구들은 무엇보다 유권자의 선거관심이 다른 각급 선거의 동시실시가 실제 투표율을 높이는 부가적인 상승효과를 지니는지, 아니면 허위적인 관계의 동원효과인지를 밝히는 데 중점을 둔 것이다. 광역단체장과 광역의원 선거의 분리실시에 대한 모의실험 연구(이현우·황아란 1999)는 동시실시의 비자발적 동원효과가 단체장선거보다 지방의원선거에서 매우 크다는 사실을 보여주었다. 그러나 광역단체장 선거와 기초단체장선거의 당선경합도가 투표율에 미치는 영향을 분석한 연구(황아란 2011)에서는 동시선거제의 부가적인 상승효과를 주장하였다. 이는 단체장선거의 투표율이 지방의원선거와의 동시실시로 더 제고되는 것은 아닐 수 있지만, 광역단체장과 기초단체장 선거의 동시실시는 분리실시보다 투표율을 더 높일 수 있다는 것이다.

한편 전국 동시실시의 지방선거제도가 투표선택에 미치는 영향은 줄투표, 기호

효과, 1당독점 등 동시선거의 인지적 혼란에 따른 정당 효과의 강화 현상이 부인할 수 없는 현실임을 입증한다. 지방선거에서의 정당일괄 투표현상(이현우 1999; 이현우·황아란 1999)이나 기초의원선거에서의 기호편중 현상(정준표 2007; 황아란 2010a; 2010b) 등은 지방선거의 동시 실시에 따른 유권자의 후보인지 혼란으로 인한 제도적 동원의 결과이기 때문이다.

주시할 점은 이러한 제도적 동원이 지방의원선거와 같이 상대적으로 관심이 낮은 선거에도 유권자가 투표를 해야 할 경우, 후보의 소속 정당이 정보비용을 줄여주는 유용한 도구가 되어 정당에 의존하는 투표선택을 낳게 하는 주요 요인이라는 점이다. 여기에는 전국적으로 동시에 시행되는 지방선거가 중앙정당의 적극적인 개입을 유도하는 선거환경을 조성하며, 그 결과 지역의 이슈 대신 중앙정치의 쟁점과 정부·여당의 중간평가로서 심판론이 지방선거에서 가장 중요한 선거이슈로 부각되는 것이라 할 수 있다(황아란 2006).

지방선거가 중앙정치 중심의 행사로 치러지는 이러한 특징은 지방자치의 본질을 벗어난 것이라는 심각한 우려가 제기되는 이유이며, 다음에서 논의할 정당공천제의 폐지론과도 깊이 연계된다. 그러나 지방선거에 중앙정치의 영향이 큰 이유에는 정당공천제에 앞서 유권자가 동시선거의 각급 선거에 출마한 후보들을 인지하는 데 과도한 정보비용이 요구되기 때문일 수 있다. 특히 각종 선거규제(보름 남짓한 짧은 선거운동기간과 여론조사결과의 공포 금지, 시민단체 활동 제한 등)로 인하여 유권자가 각급 선거의 후보를 제대로 파악하기 어려운 한계를 가중시킨다 할 수 있다.

2) 정당공천제

지방선거의 정당공천제는 주로 기초단체선거를 중심으로 논쟁이 이어져 왔다. 특히 정당공천이 금지되었던 기초의원선거가 2006년부터 허용되면서 뜨거운 쟁점으로 다시 부상하였으며, 2012년 대통령선거에서 주요 후보들이 공통으로 내세웠던 기초단체선거의 정당공천폐지 공약이 2014년 지방선거를 앞두고 철회되어 논란을 빚기도 하였다. 정당공천의 찬성론자들은 대의민주제의 기본원칙, 책임정치의 기반, 정당정치의 제도화, 중앙정치와의 연계성, 후보인지의 정보제공 효과 등을 논거로 삼아 정당공천의 점진적인 개선안을 주장하는 반면, 반대론자들은 지방자치의 비정치성을 강조하며, 현실에서 나타나는 중앙정치의 예속과 지역주의 확산, 정당공천의 부패 등을 논거로 삼아 정당공천의 폐지 또는 잠정적인 배제안을 주장해 왔다(황아란 2010a).

하지만 정당공천제의 찬성론자와 반대론자는 그 폐해와 유용성에 대하여 어느 한 쪽을 강조하는 것이기는 하여도 다른 한 쪽을 전면 부인하는 것은 아니라는 점에서 정당공천제의 문제는 균형감을 요한다. 정당공천의 폐해는 비단 기초단체 선거에만 국한된 것이 아니며, 기초단체의 규모가 세계적으로 가장 크다는 점을 고려할 때 기초단체라는 이유로 정당공천의 배제를 주장하는 데는 무리가 따를 수 있다. 물론 정당공천제는 지역주의와 정부여당에 대한 중간평가와 맞물려 지방선거의 통제기능이 지방수준에서 제대로 작동되지 못하고 중앙정치에 좌우되며, 일당독점의 기관구성이 견제와 균형을 저해하는 문제가 심각한 수준인 것은 사실이다. 하지만 이러한 문제들은 광역단체 선거에서 더 강하다는 점과 다른 한편으로 정당공천체가 선거의 경쟁성을 높이고 여성의 대표성을 증진시킬 수 있으며 유권자의 낮은 선거관심과 정보부족으로 후보 선택에 곤란을 겪는 지방의원선거에서 정당이 그나마 투표선택의 유용한 기준을 제공한다는 점도 인정해야 할 것이다.

지방선거에서 정당공천이 유권자의 투표행태에 광범위하고 강한 영향을 미치는 것은 정당이 선거과정의 핵심적인 역할을 담당하는 주체이기 때문이다. 그러나 이는 유권자가 지방선거에 대한 관심과 후보에 대한 정보 수준이 매우 낮은 현실에 기인한 문제이기도 하다. 일괄투표가 빈번한 동시실시의 지방선거가 지닌 제도적 특성은 공직의 비중이 상대적으로 낮은 지방의원선거에 대한 유권자의 관심이 크지 않기 때문에 후보의 소속정당에 의존한 투표선택이 일반적인 경향으로 나타난 것이다. 지방선거의 정당공천제 폐해 역시 유권자의 낮은 선거관심과 중앙정치의 적극적인 개입에서 비롯된 것은 동시선거제도와 기초의원선거의 중선거구제와 맞물려 증폭된 것일 수 있다.

따라서 지방선거의 정당공천제 문제는 정당공천 과정의 민주화는 물론이고 지방정당의 설립요건 완화 등으로 지방에서의 정당 간 경쟁을 활성화시키고(강원택 2010), 분리 선거를 통해 혼란스러운 유권자의 후보선택을 줄이는 노력을 우선하는 것이 지방정치의 자율성과 독립성을 제고시키는 중요한 해법일 수 있다. 장기적으로는 정치 분권의 가장 큰 과제로서 기관구성의 유형과 선출 방법을 주민투표 대상으로 포함하는 것도 적극 고려할 필요가 있다.

3) 여성할당제

지방의원선거에서 비례대표제는 지역주의 1당 독점을 완화시키고 한국사회 내부의 소수파, 특히 여성의 정치적 대표성을 증진시키기 위하여 활용되어 왔다. 여성의 정치적 저대표성이 심각한 현실로 인정되어 비록 10%의 제한적인 비례의석이지만 여성할당의 적극적 조치는 합의쟁점의 성격이 강한 특징을 나타냈다. 비례대표 여성할당제에서 주목할 경향은 지금까지 그 범위가 확대되고 실효성도 강화되는 변화를 거쳐 왔던 점이다. 1998년 광역 지방의회 비례대표 선출에서 30% 여성할당이 정당의 당헌·당규에 의해 시행되었으며, 2002년부터 공직선거법에 비례대표선출을 위한 1인2표제의 도입과 함께 비례대표 여성할당제가 법제화되어 광역 비례대표 선출은 50% 여성할당과 2인마다 1인의 여성후보 의무배정으로 지퍼식 명부작성이 규정되었다. 2006년에는 광역과 기초의 비례명부 홀수순번의 여성 의무배정으로 강화시켜 비례의석이 홀수인 지방의회의 여성할당 효과를 증폭시켰고, 광역의회선거의 경우 홀수 의무배정 위반시 등록무효를 규정하여 실효성을 높였다. 2010년에는 기초의회선거까지 여성할당의 비례명부 규정 위반시 명부등록 무효처리의 강제조항을 확대 적용하였다.

광역의회 비례대표선출의 여성할당제와 정당명부에 대한 직접투표제의 도입효과를 분석한 연구(황아란 2005)는 여성 비례의원의 증가가 지방의원의 평균 연령을 낮추고 사회노동단체 출신을 증가시키는 변화를 가져온 것을 보여주었다. 다만 비례의석이 차지하는 비중이 낮아 제한적인 효과를 지닌 것으로 평가되었다.

한편 지역구 지방의원선거의 여성할당제는 2002년 광역의원 후보의 정당공천에 30% 여성할당을 권고규정으로 신설하여 정치자금지원 혜택을 부여하였지만 실효성이 없었다. 그러나 2010년 광역 및 기초 지방의원의 지역구 여성후보 의무공천제 도입과[1] 함께 이를 위반할 경우 후보등록을 무효화시키는 강제조항을 신설하였을 뿐 아니라 중선거구제의 기초의원선거에 복수 후보를 공천한 정당에게 기호배정의 자율성을 부여한 것 등이 여성의 정치적 대표성을 높이는 데 중요한 기여를 하였다(조정래·박지영 2011; 황아란·서복경 2011). 특히 2014년 기초의원선거에서 여성의원의 비율(25.3%)이 크게 증가한 것은 광역의원선거(14.8%)와 대비되는데, 처음으로 여성 지역구 기초의원(369명)이 비례대표(363명)보다 많은 결과를 나타냈다.

4) 선거구제

지방선거의 선거구제 개편은 2006년 기초의원선거에서 기존의 소선거구제를 중선거구제로 변경한 것으로, 의원유급제와 정당공천제 도입의 전면적인 개혁이 동반되었던 점이 주목된다. 하나의 선거구에서 여러 명의 기초의원을 선출하되, 유권자는 한 명의 후보에게 투표하는 단기 비이양식 중선거구제는 선거구 크기가 클수록 낮은 득표로도 당선될 가능성이 높기 때문에 여성이나 군소정당 후보의 진입이 용이하고, 지역주의 및 정당독점 현상의 완화와 사표발생의 감소 등에서 긍정적인 기대효과를 지닐 수 있다. 반면에 선거구역 확대로 선거비용이 증가하고, 대표범위가 넓어져 광역의원과 활동범위가 중첩되며, 대표의 책임을 다수에게 분산시키며, 정당의 복수 후보공천은 당내 파벌형성을 촉진할 수 있고, 또 유권자나 정당 모두 고도의 전략적인 판단이 요구되기 때문에 유권자의 선호를 제대로 반영하기 어렵다는 부정적인 효과도 지닌다.

중선거구제의 도입 효과는 선거구 크기가 관건이라 할 수 있는데, 2006년 기초의원 선거구는 2인선거구 610개, 3인선거구 379개, 4인선거구 39개로 획정되었

---

1 여성후보 의무공천제는 정당이 지역구 광역 및 기초 의원선거에 정수의 1/2 이상을 공천할 경우, 국회의원선거구 마다 1명 이상 여성을 추천하도록 규정하고 있다(공직선거법 제47조 5항, 제52조 2항).

다. 2010년 기초의원선거구 획정에서도 2인선거구와 3인선거구가 각각 19개, 7개 더 증가한 대신 4인선거구는 15개가 감소했으며, 2014년의 경우는 2인선거구가 감소한 대신 3인선거구와 4인선거구가 증가했지만, 2인선거구 612개, 3인선거구 393개, 4인선거구 29개로 획정되어 큰 변화는 없었다.

중선거구제의 기대효과를 높이기 위해서는 4인선거구가 많아야 하지만 각 시도의 선거구획정위원회에서 제안되었던 4인선거구들이 대도시에서 거의 모두 2인선거구로 분할되었던 이유는 한국 정당체계가 양당제 경향이 강하여 양대 정당이 의석을 나누어 갖기 유리하기 때문이다. 주시할 점은 선거구획정의 주요 기준인 인구등가성과 지역의 특성을 고려할 때, 대도시는 인구가 많고 생활권이 넓어 4인선거구가 많아야 하고, 반대로 인구가 적고 지역 공동체의 정체성이 강한 농촌은 2인선거구가 많아야 할 것이나, 실제는 2인선거구의 비중이 군 지역에서 가장 적고 자치구에서 가장 많은 반면, 4인선거구의 비중은 군에서 많고 자치구에서 적은 특징을 보여 왔다.

중선거구제의 도입효과에 대해서는 일부 긍정적인 평가를 주장하는 연구(김순은 2010; 안철현 2011)도 있지만, 대부분의 연구들은 군소정당의 약진과 지역주의 완화효과 등에 대하여 부정적인 평가가 지배적이다(강민제·윤성이 2007; 박재욱 2007; 이상묵 2007; 정준표 2010; 지병근 2014; 황아란 2007). 소수파 진입효과로서 무소속의 증가는 4인선거구가 농촌에 많은 도시화 요인에 의한 것이며, 영호남 지역주의 완화도 지역선호 정당과 무소속의 구성이란 점에서 미흡하며, 독점적인 정당구도는 소선거구제의 광역의원선거보다 줄어들기는 하였지만 1당 지배적인 의석점유 현상을 막지 못한 데다 선거구 크기에 비례하여 다수당의 의석점유율이 낮아지는 일정한 경향도 발견할 수 없으며, 사표발생을 줄이지도 못하면서 당선자 간 득표율 차이가 크게 벌어져 오히려 소수대표의 문제를 야기했기 때문이다(황아란 2007). 이는 한국 정당체계의 양당제적 경향과 도시화, 지역주의의 영향이 중선거구제 도입의 기대효과를 무력화시킨 것으로, 정당들이 기존의 구조화된 선거환경을 이용하여 기득권을 유지하려는 행태를 보임에 따라 실패한 제도개혁이란 평가가 제기되는 이유다.

3. 지방선거 결과의 변화와 지속성

　지방선거 결과에서 나타나는 변화와 지속성은 지방자치에 대한 주민의 관심뿐
아니라 지방정치가 중앙정치와의 관계에서 어떻게 제도화되고 있는가를 살필 수
있는 기회를 제공한다. 각급 지방선거의 후보 경쟁률과 투표참여율에서 나타나는
특징이 지방자치에 관심과 중요성을 가늠하는 한 지표가 된다면, 각급 지방선거의
정당 점유율이나 현직효과는 중앙정치의 정당영향과 지방정치의 후보요인이 선거
결과에 미치는 영향을 보여준다는 점에서 지방자치의 현실을 진단하는 데 중요하
다. 참고로 다음의 분석결과는 「중앙선거관리위원회」에서 제공한 역대 선거결과의
집합자료를 이용한 것이다.

1) 선거경쟁률과 투표참여율

　<표 6-1>은 역대 각급 지방선거의 선출정수와 후보 경쟁률을 보여준다. 먼

표 6-1 역대 지방선거의 경쟁률과 선출정수

	2014년	2010년	2006년	2002년	1998년	1995년
전　체	2.3 (3467)	2.4 (3436)	3.2 (3414)	2.5 (4342)	2.3 (4353)	2.7 (5661)
광역단체장	3.4 (17)	3.4 (16)	4.1 (16)	3.4 (16)	2.5 (16)	3.7 (15)
기초단체장	3.1 (226)	3.3 (228)	3.6 (230)	3.2 (232)	2.9 (232)	4.1 (230)
지역구 광역의원	2.4 (705)	2.6 (680)	3.1 (655)	2.5 (609)	2.5 (616)	2.8 (875)
지역구 기초의원	2.1 (2519)	2.3 (2512)	3.2 (2513)	2.4 (3485)	2.2 (3489)	2.6 (4541)

주) 괄호는 선출정수를 뜻함

저 단체장선거의 선출정수를 전국적으로 살펴보면, 1995년 지방선거에서는 15개 광역단체의 장, 230개 기초단체의 장을 선출하였으나, 1998년에는 울산이 광역시로 승격되어 16개 광역단체, 232개 기초단체에 대한 지방선거가 치러졌다. 또 2006년과 2014년에는 각각 제주특별자치도와 세종특별자치시가 기초단체 없이 창설되어 선거를 치른 반면, 기초단체는 통폐합 등으로 2006년 230개, 2010년 228개, 2014년 226개로 기초단체의 수가 줄어드는 경향을 보여 왔다.

특히 지방의원선거의 선출정수는 지방의회의 구성에 큰 변화가 있었음을 보여주는데, 전체적으로 광역과 기초의원의 지역구 의원정수는 1995년 각각 875명, 4541명에서 1998년 각각 616명, 3489명으로 대폭 줄었으며, 2002년 각각 609명, 3485명으로 유지되다가 2006년 의원유급제의 도입 등으로 또 한 번 큰 조정을 겪었다. 즉 지역구 광역의원은 655명으로 늘었으나, 기초의원은 2513명으로 크게 줄었다. 그 이후 지역구 광역의원은 2010년과 2014년 각각 680명, 705명으로 계속 증가되는 경향을 보이지만, 지역구 기초의원은 각각 2512명, 2519명으로 유지되어 왔다.

한편 역대 지방선거의 후보 경쟁률은 최저 2.3:1에서 최고 3.2:1을 기록하였는데, 이러한 차이는 선거경쟁의 정당구도와 밀접한 관련이 있다. 'DJP연대'로 민주당과 자민련이 공조했던 1998년 선거와 보수 군소정당이 새누리당으로 흡수되어 양당체제로 치러진 2014년 선거에서 경쟁률이 가장 낮은 반면, 민주당과 열리우리당이 분당된 2006년 선거에서 가장 높았다. 또 각급 지방선거의 후보경쟁률에서 나타나는 특징은 단체장선거의 경쟁률이 지방의원선거보다 높은 점과 대체로 광역선거의 후보경쟁률이 기초선거보다 높은 경향을 발견할 수 있다.

<표 6-2>는 역대 지방선거 투표율을 보여준다. 전국적인 투표율은 첫 동시 지방선거가 치러졌던 1995년에 가장 높았고(68.4%), 그 이후 하락세를 나타내어 2002년 가장 낮았다가(48.9%) 2006년부터 다시 오르기 시작하여 최근 2014년에는 56.8%로 지속적인 상승세가 이어져 왔다. 이러한 투표율 상승에는 특히 2006년의 기초의원선거의 정당공천제 확대와 2014년의 사전투표제 도입 등의 제도적 효과가 반영된 것일 수 있다.

표 6-2 **지방선거 투표율**

구 분	2014년	2010년	2006년	2002년	1998년	1995년
전 국	56.8	54.5	51.4	48.9	52.7	68.4
자치구	56.3 (68)	51.7 (69)	49.0 (69)	44.3 (69)	47.3 (69)	63.0 (65)
일반시	57.3 (75)	57.0 (73)	54.4 (75)	53.4 (74)	58.5 (72)	69.5 (67)
군	70.6 (79)	69.4 (86)	70.5 (86)	71.1 (89)	71.6 (91)	75.0 (98)

주) 괄호는 기초단체 수이며, 기초단체장선거 무투표와 제주(2006년부터)사례는 제외됨

지방선거 투표율에서 주목할 점은 도저촌고(都底村高) 현상으로, 도시의 투표율이 낮고 농촌의 투표율이 높은 특징이 역대 지방선거의 공통점이다. 흥미로운 점은 농촌의 투표율은 2002년 이후 70% 안팎의 수준에서 큰 변화가 없는 데 비하여, 도시의 투표율은 계속 상승하는 경향을 나타내는 것이다. 이는 투표율의 상승세가 도시에서 비롯된 것임을 말해주는데, 선거관심이 낮고 바쁜 도시 사람들의 참여가 증가한 점은 급속히 도시화 되고 있는 한국의 현실에서 매우 고무적인 변화라 하겠다.

2) 각급 지방선거 당선자의 정당분포

<표 6-3>의 역대 각급 지방선거 당선자의 정당분포는 중앙정치 차원의 정당요인이 지방선거에 미치는 영향이 얼마나 큰 지 가늠하게 해준다. 전체적으로 주요 정당이 대다수를 차지하며, 여·야 정당 간에는 대체로 제1 야당이 여당보다 훨씬 유리한 경향을 나타낸다. 특히 2002년과 2006년 지방선거에서 여당은 매우 참패했던 것을 볼 수 있으며, 또 2010년 지방선거는 여당인 한나라당이 선전한 듯 보여도, 한나라당이 야당이었던 2002년과 2006년의 점유율과 비교하면 크게 하락된 것이다. 그러나 1998년과 2014년 지방선거에서 여당은 제1 야당보다 높은 점유율을 기록하였다. 이러한 차이는 대통령 선거주기와 밀접한 관련을 나타내는 것으로, 대통령의 임기 초반에 실시된 1998년과 2014년 지방선거에서는 대통령의 인기에 힘입어 여당이 선전한 반면, 임기 중·후반에 실시된 2002년과 2006년, 2010년 지

표 6-3 각급 지방선거의 여당과 제1야당의 당선자 비율

	2014년		2010년		2006년		2002년		1998년		1995년	
	여	(야)	여	(야)	여	(야)	여	(야)	여	(야)	여	(야)
전　체	49.2	(40.0)	41.5	(37.8)	17.5	(61.1)	19.7	(67.9)	41.8	35.1	32.2	(39.3)
광역단체장	47.1	(52.9)	37.5	(43.8)	6.3	(75.0)	25.0	(68.8)	37.5	(37.5)	33.3	(26.7)
기초단체장	51.8	(35.4)	36.0	(40.4)	8.3	(67.4)	19.0	(60.3)	36.2	(31.9)	30.4	(36.5)
광역의원	53.2	(43.8)	37.1	(48.2)	5.0	(79.2)	19.9	(70.8)	44.0	36.4	32.7	(40.2)
기초의원	47.9	(39.3)	43.3	(34.7)	26.1	(55.8)	－		－			

주 1) 여당은 2014년 새누리당, 2010년 한나라당, 2006년 열린우리당, 2002년 민주당, 1998년 새정치
국민회의, 1995년 민자당이며, (괄호)의 제1야당은 2014년 새정치민주연합, 2010년 민주통합당,
2006년, 2002년, 1998년 한나라당, 1995년 민주당을 뜻함
2) 광역의원과 기초의원은 지역구 의석으로 비례대표 의석은 제외됨

방선거에서는 부정적인 정권심판론이 강한 영향을 미쳐 여당의 점유율이 크게 하락한 것이다. 하지만 이는 모두 정부 · 여당에 대한 중간평가로써 중앙정치의 이슈가 지방선거에 매우 큰 영향을 미친다는 것을 확인시켜 주는 것이다.

그런데 지방선거에 미치는 중앙정치의 정당 영향은 각급 선거 간에 다르다는 점에 주의를 기울일 필요가 있다. 지방선거의 실시 시기에 따라 정권 심판론 혹은 안정론이 미치는 영향은 일반적으로 광역선거가 기초선거보다 큰 것이 특징이다. 광역단체장은 사례수가 적어 비교에서 제외하면, 여당점유율에 미친 2006년의 정권 심판론의 부정적 영향은 광역의원선거(5%)가 기초의원선거(26%)보다 강했으며, 2014년 정권 안정론이 미친 긍정적 영향도 광역의원선거(53%)가 기초의원선거(48%)보다 높았던 것을 볼 수 있다.

3) 각급 지방선거의 현직효과

<표 6-4>의 역대 각급 지방선거의 당선율에서 나타나는 현직효과는 지방정치 차원의 후보요인 역시 매우 중요한 영향을 미친다는 것을 보여준다. 현직 단

표 6-4 각급 지방선거의 현직 및 비현직 후보의 당선율

	2014년		2010년		2006년		2002년		1998년	
	현직	(비)	현직	(비)	현직	(비)	현직	(비)	현직	(비)
전　체	69.8	(34.7)	58.0	(35.6)	48.3	(26.0)	56.4	(35.1)	68.4	(26.1)
광역단체장	60.0	(26.9)	72.7	(18.2)	80.0	(19.7)	87.5	(19.2)	80.0	(26.7)
기초단체장	74.2	(20.6)	59.4	(23.9)	66.4	(20.6)	53.7	(25.3)	76.0	(17.0)
광역의원	75.3	(31.6)	51.6	(35.7)	66.0	(25.8)	53.0	(36.7)	64.6	(29.9)
기초의원	68.1	(38.0)	59.1	(37.5)	44.7	(26.8)	56.9	(35.9)	n.a	

n.a.: 자료 미비로 제외됨

체장이나 지방의원의 당선율이 비(非)현직의 신인후보보다 훨씬 높은 현직효과는 정도의 차이는 있지만, 각급 지방선거와 역대 지방선거에서 일관된 특징임을 발견할 수 있다. 즉 현직효과는 지방선거의 시기적 요인에 따라 영향을 받지만 현직 후보의 인지적 이점을 포함한 여러 가지 이점이 당락에 중요한 요인임을 뜻한다. 예를 들어 전체적으로 2014년 현직 단체장과 지방의원의 당선율(70%)은 신인의 비현직 후보(35%)보다 두 배가량 높았다. 이러한 현직효과는 특히 2010년과 2002년의 지방선거와 비교할 때 비현직 후보의 당선율은 큰 변화가 없지만, 현직의 당선율은 2014년에 크게 상승한 것이며, 2006년 지방선거와 비교해서는 비현직 후보보다 현직의 당선율이 급증한 것이라 할 수 있다.

　또 현직효과는 일반적으로 단체장이 지방의원보다 높은 경향을 나타낸다. 광역선거의 경우 2014년 선거를 제외하고 모두 광역단체장의 당선율이 광역의원보다 높으며, 기초선거의 경우에는 2002년 제외하고 모두 기초단체장의 당선율이 기초의원보다 높았던 것을 볼 수 있다. 이러한 경향은 인지도와 지명도 면에서 단체장이 지방의원보다 앞서기 때문에 현직의 이점도 더 큰 것이라 하겠다.

4. 지방정부 기관구성의 특징과 유동성

　　광역과 기초정부의 기관구성에서 나타나는 권력구도와 유동성은 지방정부 운용에 매우 중요한 영향을 미치는 요소다. 지방정부의 기관구성은 기본적으로 광역과 기초 모두 지방의원과 단체장을 따로 선출하여 의결기관과 집행기관을 구성함으로써 견제와 균형의 원리를 통해 지방정부를 운용하도록 하는 것이다. 또 지방정부의 기관을 구성하는 단체장과 지방의원들의 교체율이 너무 높지 않아야 기관운용의 연속성을 지닐 수 있으며 축척된 공직의 경험으로 기관운용의 전문성도 높일 수 있을 것이다.

1) 일당지배의 기관구성

　　<표 6-5>는 지역별로 각급 지방정부 기관구성의 주요 정당 점유율을 보여준다. 우선 기초지방의회선거의 정당공천이 허용되기 시작한 2006년부터 지금까지 세 차례 지방선거 모두 각급 지방정부의 구성은 1당 지배적인 정당구도가 주요 특징으로 나타난다. 지역별로 살펴보면, 영·호남 지역주의 정당지지가 강한 곳은 물론이고, 전국적으로 1당 지배적인 기관구성이 확산되어 있는 것을 살필 수 있다. 양당 견제의 기관구성은 매우 예외적인 사례로 나타날 뿐 거의 일당독점으로 구성된 지방정부도 상당히 많다는 것을 확인할 수 있다.

　　이러한 현상은 기초보다 특히 광역의 지방정부 구성에서 확연히 들어나는데, 앞서 살펴보았던 지방선거에 미치는 중앙정치의 정당영향이 기초보다 광역에서 강한 특징이 기관구성의 결과에서도 나타나는 것이다. 여기에는 광역의원과 기초의원의 선출방식을 달리하는 선거구제의 제도적 효과 역시 중요한 요인일 수 있다는 점을 고려할 필요가 있다. 하나의 선거구에 여러 명을 선출하는 기초의원선거에서는 한 명을 선출하는 광역의원선거보다 다양한 정당 또는 무소속 후보가 당선될 가능성이 높기 때문이다.

표 6-5 광역 및 기초 지방정부 기관구성의 지역별 정당점유율

	2014년				2010년				2006년			
	광역		기초		광역		기초		광역		기초	
	단체장	의회다수의석	단체장	의회다수의석	단체장	의회다수의석	단체장	의회다수의석	단체장	의회다수의석	단체장	의회다수의석
서울	민	민 (75.0%)	민 (80.0)	민 (52.2)	한	민 (77.1)	민 (84.0)	한 (50.0)	한	한 (100.0)	한 (100.0)	한 (63.7)
인천	새	새 (67.7)	새 (60.0)	새 (52.5)	민	민 (70.0)	민 (60.0)	한 (47.4)	한	한 (100.0)	한 (90.0)	한 (62.9)
경기	새	민 (62.1)	민 (54.8)	새 (48.9)	한	민 (63.4)	민 (61.3)	한 (48.8)	한	한 (100.0)	한 (87.1)	한 (67.3)
부산	새	새 (100.0)	새 (93.8)	새 (58.2)	한	한 (88.1)	한 (81.3)	한 (58.9)	한	한 (100.0)	한 (93.8)	한 (86.7)
대구	새	새 (100.0)	새 (100.0)	새 (75.5)	한	한 (96.2)	한 (75.0)	한 (68.6)	한	한 (100.0)	한 (100.0)	한 (97.1)
울산	새	새 (100.0)	새 (100.0)	새 (69.8)	한	한 (57.9)	한 (60.0)	한 (58.1)	한	한 (100.0)	한 (80.0)	한 (58.1)
경북	새	새 (88.9)	새 (87.0)	새 (74.9)	한	한 (84.6)	한 (69.6)	한 (65.6)	한	한 (100.0)	한 (82.6)	한 (74.1)
경남	새	새 (94.0)	새 (77.8)	새 (67.1)	무	한 (71.4)	한 (61.1)	한 (60.2)	한	한 (100.0)	한 (70.0)	한 (74.8)
광주	민	민 (100.0)	민	민 (79.7)	민	민 (94.7)	민 (80.0)	민 (74.6)	민	민 (100.0)	민 (100.0)	민 (57.6)
전북	민	민 (94.1)	민 (50.0)	민 (68.8)	민	민 (97.1)	민 (92.9)	민 (68.8)	열	열 (58.8)	민 (35.7)	열 (49.1)
전남	민	민 (92.3)	민 (63.6)	민 (73.5)	민	민 (88.2)	민 (68.2)	민 (69.2)	민	민 (93.5)	민 (45.5)	민 (64.0)
대전	민	민 (73.7)	민 (80.0)	민 (51.9)	자	자 (79.0)	자 (60.0)	자 (41.8)	한	한 (100.0)	한 (100.0)	한 (54.6)
세종	민	민 (61.5)	—	—	—	—	—	—	—	—	—	—
충북	민	새 (67.9)	새 (54.6)	새 (57.9)	민	민 (71.4)	민 (41.7)	민 (39.5)	한	한 (89.3)	한 (41.7)	한 (53.5)
충남	민	새 (77.8)	새 (60.0)	새 (58.3)	민	자 (52.8)	자 (43.8)	자 (39.5)	한	한 (55.9)	국 (43.8)	한 (43.4)
강원	민	새 (52.6)	새 (83.3)	새 (58.9)	민	한 (52.6)	한 (55.6)	한 (61.6)	한	한 (94.4)	한 (100.0)	한 (63.0)
제주	새	새 (44.8)	—	—	무	민 (55.2)	—	—	무	한 (65.5)	—	—

주 1) 의회 다수의석은 지역구의석으로 비례대표의석은 제외됨

주 2) 2014년 새:새누리당, 민:새정치민주연합. 2010년 한:한나라당, 민:민주당, 자:자유선진당, 무:무소속

2006년: 한:한나라당, 민:민주당, 열:열린우리당, 국:국민중심당, 무:무소속

제 6 장 지방선거

하지만 광역이나 기초 지방정부의 구성이 정도의 차이가 있을 뿐 일당지배적인 특징을 공유하고 있다는 점은 전국 동시실시제의 지방선거가 중앙정치의 심판대로서 정부·여당에 대한 중간평가 이슈가 가장 두드러지는데 기인한 것이라 하겠다. 이는 선거의 통제기능이 지방이 아닌 중앙정치 차원에서 작동되고 있음을 드러낸다는 점에서 지방정치의 자율성에 큰 우려가 제기되는 이유다.

그런데 보다 주시할 점은 기관구성의 이러한 특징이 기관운용에도 중요한 영향을 미칠 수 있는 권력구도의 문제라는 점이다. 지방정부의 분리형 기관구성의 취지에 비추어 볼 때, 일당지배적인 권력구도가 양 기관 간 협력으로 안정적인 지방정치의 기반이 될 것인지, 아니면 담합의 구조로 견제와 균형의 원리가 작동되기 어려운 환경을 제공하는 것인지에 대해서는 앞으로 보다 더 면밀한 검토를 요한다.

2) 기관구성의 현직 교체율

<표 6-6>은 각급 지방정부 기관구성의 유동성을 살펴보기 위하여, 특히 지방의원 유급제 도입과 기초의원선거의 정당공천 허용 등 급격한 제도변화를 겪은 2006년부터 지금까지 세 차례의 각급 지방선거를 대상으로 전체 당선자 중에 현직

표 6-6 지방정부 기관구성의 유동성: 현직 지속율과 교체율

	광역단체장	기초단체장	지역구 광역의원	지역구 기초의원
소 계	30.6 (69.4)	40.9 (59.1)	31.6 (68.4)	38.9 (61.1)
2006년	25.0 (75.0)	36.1 (63.9)	30.8 (69.2)	37.9 (62.1)
2010년	50.0 (50.0)	36.0 (64.0)	24.3 (75.7)	36.1 (63.9)
2014년	17.7 (82.3)	50.9 (49.1)	39.4 (60.6)	42.9 (57.1)

주) 현직 지속율은 전체 당선자 중에 현직의 비율을 뜻하며, (괄호) 안의 교체율은 전체 당선자 중에 신인의 비율을 뜻함

의 비율이 어느 정도 차지하는지를 보여준다. 이는 기관구성의 현직 지속율(또는 교체율)을 나타내는 것으로, 역대 모든 각급 지방정부 구성의 유동성이 매우 높은 것이 공통된 특징이다.

전체적으로 볼 때, 역대 각급 지방정부의 기관구성에서 현직보다 새로 들어온 신인이 훨씬 많다는 것이 일반적인 현상이다. 구체적으로 살펴보면, 사례수가 적은 광역단체장을 제외하더라도, 기초단체장은 2014년 유일하게 과반을 약간 웃도는 지속률(51%)을 나타냈을 뿐, 2010년과 2006년에는 약 64%가 초선으로 교체되었다. 지역구 기초의원도 2014년 초선의 비율(57%)이 비교적 낮을 뿐 2006년과 2010년 모두 3/5 이상이 새로 교체되었다. 특히 광역 지방의회 구성은 더 심각한 불안정성을 드러내는데, 2014년의 지역구 광역의원의 교체율은 3/5, 2010년에는 무려 3/4 이상이 초선이었다.

이러한 현직의 높은 교체율은 정치쇄신에 대한 유권자의 요구가 매우 높은 현실을 반영하는 것일 수 있다. 그러나 문제는 지방정부 구성의 유동성이 이렇듯 큰 것이 기관운영의 안정성을 심각하게 저해할 수 있는 매우 높은 수준이라는 점이다. 특히 지방의회의 높은 교체율은 의정의 연속성이 확보되기 어렵고, 전문성도 쌓이기 힘든 구조적 문제를 내재하는 것이다. 참고로 재선에 성공한 지방의원도 대부분 2선으로 3선 이상의 의원은 소수에 불과하다. 지역구 광역의원 중에 3선 이상은 5%−7%로 한 자리 수치의 비율을 차지하며, 지역구 기초의원도 3선 이상은 10%대 초반의 비율을 차지할 뿐이다.

그런데 현직후보는 신인후보보다 인지도나 자원 등 여러 면에서 유리한 이점을 지니기 때문에 현직의 당선경쟁력이 더 높다는 사실은 앞서 당선율의 현직효과에서도 살펴보았다. 선거에서 현직의 이점이 큰 데도 현직의 교체율이 높은 이유는 무엇인가? <표 6−7>은 지난 세 차례 지방선거에서 현직의 출마현황과 당선결과를 보여준다. 우선 출마한 현직후보들 중에 당선된 현직이 낙선한 현직보다 많은 점은 현직효과를 확인시켜 준다. 다만 2006년 지역구 기초의원선거의 예외적인 사례는 정당공천제 도입과 대폭적인 정수 감축이 주요 이유라 할 것이다.

그렇다면 현직의 이점에도 불구하고 현직의 교체율이 이렇듯 큰 것은 무엇보

표 6-7 각급 지방선거의 현직 출마여부와 당락

	광역단체장			기초단체장			지역구 광역의원			지역구 기초의원		
	출마		불출마	출마		불출마	출마		불출마	출마		불출마
	당선	낙선		당선	낙선		당선	낙선		당선	낙선	
2006년	4	1	11 (3)	83	43	107 (41)	202	104	303	952	1180	1353
2010년	8	3	5 (1)	82	56	92 (10)	165	155	335	906	628	979
2014년	3	2	11 (1)	115	40	73 (15)	278	91	311	1080	507	925

(괄호) 안은 3선제한 규정에 의해 불출마한 현직단체장의 숫자를 뜻함

다 현직의 출마율이 낮은 데 기인한 문제라 할 수 있다. 이는 공통적으로 낙선한 현직후보보다 불출마한 현직이 훨씬 많은 데서 잘 나타난다. 단체장선거는 3선 출마 제한으로 출마하지 못한 경우를 고려하더라도 광역단체장이나 기초단체장 중에 불출마한 경우가 낙선한 경우보다 많았다. 이러한 양상은 단체장보다 현직효과가 상대적으로 적은 지방의원의 경우에 훨씬 뚜렷한 차이를 보인다. 예를 들어 현직이 비교적 많이 출마한 2014년 지방의원선거도 불출마한 지역구 광역의원(311명)은 낙선한 경우(91명)보다 3배 이상 많았고, 불출마한 지역구 기초의원(925명)도 낙선한 경우(507명)보다 더 많았다. 이는 단체장보다 인지도나 지명도에서 뒤떨어지는 지방의원의 현직효과가 재출마에도 중요한 영향을 미친다는 것을 보여준다.

현직이 불출마하는 요인에 대해서는 정당공천이나 당적, 연령 등 다양한 요인에 대한 면밀한 검토가 요구되지만(황아란 2014), 지방정부 기관구성의 불안정성이 현직의 공직수행에 대한 유권자의 심판에 의해 낙선한 현직이 많았던 것에 기인하기보다 불출마한 현직으로 인해 새로운 의원 교체가 훨씬 더 많았다는 사실은 주목할 특징이라 하겠다.

5. 지방정치 발전을 위한 쟁점과 과제

　　지방선거의 특징과 변화, 그리고 지방선거에 지대한 영향을 미치는 선거제도의 정치적 효과는 우리나라 지방정치의 현실을 진단하고 이해하는데 매우 중요하다. 특히 지방선거의 동시실시제, 정당공천제, 여성할당제, 선거구제 등은 유권자의 투표참여와 선택에 중요한 영향을 미치는 선거제도의 핵심적인 요소로, 지방정부 구성의 대표성과 다양성, 안정성 등을 좌우하는 주요 요인이라 할 수 있다. 주목할 점은 이러한 선거제도가 각기 상반된 정치적 효과를 지닌다는 것이다. 동시실시제는 투표율을 제고시키는 반면, 후보인지 혼란으로 신중한 투표선택을 방해한다. 정당공천제는 유권자의 후보선택을 용이하게 하고 여성의 정치적 대표성을 제고시키는 반면, 중앙정치의 강한 영향과 일당 지배적인 기관구성을 전국적으로 확산시키는 효과를 지닌다. 기초의원선거의 중선거구제는 여성과 무소속 등 소수파의 진입이 용이하고 일당 독점적인 정당구도가 줄어드는 효과를 지니지만, 기초단위에서 선거구역 확대로 대표범위가 넓어지고 책임을 분산시키는 것이 적절하지 않다는 근본적인 문제를 지닌다. 따라서 지방선거의 현실에서 나타나는 문제점을 처방하는 선거제도 개편은 그에 따른 장·단점의 효과와 더불어 선거제도 간의 조응성을 고려해 신중할 필요가 있다. 또 같은 선거제도라도 각급 지방선거 간에 달리 나타나는 효과에 대해서도 주의를 기울여야 할 것이다.

　　지금까지 지방선거의 공통된 특징 가운데 하나는 중앙정치의 정당영향이 매우 강하다는 점이다. 지방선거는 지역주의 정당지지와 더불어 중앙정부와 여당에 대한 중간평가로서 정권심판론 이슈가 지배적이고 대통령의 인기에 따라 여당의 점유율이 증가하고 감소하는 현상 등을 통해 1당 지배적인 기관구성의 강시장체제가 전국적으로 확산되는 양상을 보여 왔다. 이러한 현상이 기초보다 광역선거에서 강한 특징은 정당의 영향이 광역선거에서 더 크게 작용한다는 것을 의미한다. 그러나 다른 한편으로, 현직의 후보요인 역시 지방선거에 중요한 영향을 미친다는 사실은 현직 단체장이나 지방의원에 대한 유권자의 인지효과를 드러내는 것이다. 이는 지방선거가 중앙정치의 '대리전'만이 아니라 지방차원에서도 정치과정이 작동되고 있음을 뜻하며, 이러한 현직효과가 지방의원선거보다 단체장선거에서 더 강한 특징은 단체장의 지명도와 인지도가 더 높기 때문이라 할 것이다.

특히 지방선거에서 주시할 투표율의 상승현상은 지방자치에 대한 주민의 관심이 증가하고 있음을 나타낸다는 점에서 고무적이다. 또 여성의 정치적 대표성이 증가되는 현상도 주목되는데, 정당공천에 의한 비례대표의 여성할당제 효과만이 아니라 최근 기초 지역구선거에서 여성의원이 이례적으로 많이 탄생한 데는 여성 의무공천제와 정당의 자율적인 기호배정 효과에 기인한 바가 컸다고 할 수 있다.

결론적으로 지방선거를 통해 바라본 지방자치의 제도화 과정은 중앙정치의 강한 영향 속에 지방정치의 자율성이 취약한 현실을 보여주지만, 투표율의 상승세와 현직효과로 드러나는 후보 요인의 중요성은 지방정치에 대한 유권자의 관심과 평가 역시 중요하게 자리 잡아 가고 있음을 의미한다. 그러나 지방정부가 일당지배의 기관구성으로 견제와 균형의 원리가 작동되기 어려우며, 특히 지방의회의 높은 교체율로 인한 불안정성으로 의정의 연속성도, 전문성도 기대하기 어려운 지방정치의 구조적 문제에 대한 해결은 지방자치 발전의 핵심과제로 삼아야 할 것이다. 지방정치의 자율성과 책임성을 저해하는 중앙정치의 과도한 영향과 독점적인 기관의 구성과 유동성이 낳는 폐해를 줄이기 위해서는 지역차원에서의 선거 경쟁을 높이면서 의정의 연속성을 제고시킬 수 있는 방안모색이 중요하다. 물론 지방정치는 중앙정치와 연계된 정치과정이라 할 수 있으며, 지방선거에서 제기되는 이러한 문제점들은 단순히 지방선거제도 개편만으로 해결될 수 있는 것이 아니다. 여기에는 지방정부의 자율성과 책임성을 향상시킬 수 있는 분권의 노력과 함께 지방정치의 환경적 요인으로서 1960년대부터 시작된 급속한 도시화에 따른 공동체 해체나 1980년대 중반부터 나타난 지역주의와 같이 이미 구조화된 선거문화를 어떻게 개선해야 하는가에 대한 고민도 뒤따라야 할 것이다.

중앙정치와 지방정치는 어떻게 연계되는 것이 바람직할까?

❶ 지방선거에 미치는 중앙정치의 영향을 줄이는 방안은 무엇일까? 지방선거가 현직
단체장과 지방의원의 공직수행 평가로써 지방정치의 영향을 높일 수 있는 방안은
무엇일까?

❷ 만약 정당공천제 폐지가 한 방안이라면, 이는 또 어떤 새로운 문제(경쟁성, 책임성
등)를 낳을까? 이를 해결하기 위해 어떤 상황과 조건이 마련되어야 할까?

지방정치 환경의 구조적 한계 원인과 처방

❸ 지방정치의 낮은 자율성을 제고시키는 분권의 (정치적, 행정적, 재정적) 방안은 무엇
일까?

❹ 지방선거에 대한 관심과 효능감을 높이기 위한 지방정부의 적정규모와 후보인지를
도울 수 있는 선거운동의 개선 방안은 무엇일까?

참고문헌

강민제 · 윤성이. 2007. "선거구획정과 선거결과의 왜곡: 2006년 지방선거를 중심으로." 『한국 정당학회보』 6(2): 5 − 28.

강원택. 2010. "폐쇄적 지역 정당 구조와 정치개혁: 지방정치를 중심으로." 『한국정치연구』 19(1): 1 − 20.

김순은. 2010. "기초의회 중선거구제의 효과분석." 『한국지방자치학회보』 22(3): 27 − 55.

박재욱. 2007. "2006년 이후 지방자치제도 변화의 정치적 효과." 『21세기정치학회보』 17(3): 281 − 309.

안철현. 2011. "기초의회 선거에서의 중선거구제 효과." 『21세기정치학회보』 21(2): 43 − 60.

이상묵. 2007. "지방서거제도 변화의 정치적 효과 분석: 경기도를 중심으로." 『한국지방자치학 회보』 19(1): 53 − 70.

이현우. 1999. "동시선거제도와 유권자의 선택." 조중빈 편. 『한국의 선거 III』. 서울: 푸른길.

이현우 · 황아란. 1999. "선거제도에 따른 지역주의 효과의 변화." 『한국과 국제정치』 15(2): 89 − 118.

정준표. 2007. "5 · 31 기초의원선거에서 나타난 선거제도의 효과: 도시와 농촌의 차이." 『한국 정당학회보』 6(2): 29 − 63.

정준표. 2010. "현행 기초의원 선거의 선거구제: 문제점과 그 개선 방향." 『대한정치학회보』 18(1): 347 − 70.

조정래 · 박지영. 2011. "여성의무공천제의 효과성에 관한 연구: 지방정치에서 여성 대표성의 확대를 중심으로." 『국가정책연구』 25(3): 5 − 28.

지병근. 2014. "선거구 제도와 군소정당 지지자들의 투표행태: 2010년 기초의회선거 사례분 석." 『한국정치연구』 23(2): 185 − 210.

황아란. 2005. "2002년 시도의회 비례대표선출의 변화와 특징." 『지방행정연구』 19(1):

29−54.

황아란. 2006. "정당경쟁과 한국지방선거의 구조화." 『한국과 국제정치』 22(2): 1−28.

황아란. 2007. "기초 지방의원 선거의 중선거구제 개편과 정치적 효과." 『지방정부연구』 11(1): 209−225.

황아란. 2010a. "지방선거의 정당공천제와 중앙정치의 영향." 『21세기 정치학회보』 20(2): 31−53.

황아란. 2010b. "기초 지방의원선거와 기호효과." 『한국정치학회보』 44(1): 107−124.

황아란. 2011. "광역 및 기초 단체장 선거경쟁이 동시선거 투표율에 미친 영향." 『한국행정학보』 45(4): 283−299.

황아란 · 서복경. 2011. "여성의 정치적 대표성과 선거제도 효과." 『선거연구』 1(1): 99−128.

황아란. 2014. "현직 기초단체장의 재출마 결정요인 분석: 2010년 지방선거를 중심으로." 『한국정치연구』 23(3): 29−53.

LOCAL POLITICS

CHAPTER

7 주민참여제도와 민주주의[1]

1. 서론: 지방정치와 풀뿌리 참여

　지방자치제도는 풀뿌리 민주주의를 지향하여 주권자인 주민의 이해와 요구를 실현하고 지방의 자주적인 정치·정책과정을 확립하기 위해 도입한 제도이다. 특히 중앙의 정치적 독점과 지방의 예속을 탈피해서, 지방 차원에서 주민들의 풀뿌리 참여를 강화하여 분권을 학습하는 민주주의 교육장의 역할도 수행할 수 있다. 이를 통해 지방정치는 정치적 효율성과 책임성을 높여 민주주의의 품질을 높일 수 있다. 중앙정치에 비해 지방정치는 분권화된 지역 단위의 과제를 주민과 협력적으로 수행하기가 용이하고, 이 과정에서 주민의 이익을 도모하는 지방정치집단의 책임성을 강화할 수 있다. 즉 풀뿌리 민주주의는 시민이 자기 삶에 영향을 미칠 수 있는 의사결정에 공적이고 지속적으로 참여함으로써 자치의 주체로서 의식과 지위를 회복해가는 과정으로서의 민주주의를 뜻한다(하승수 2007).

　한국의 지방자치제도 운용은 1991년 부활된 이래 20여 년을 경과하고 있다. 우리나라의 지방자치는 오랜 민주화운동의 결실이라는 점에서 사뭇 각별한 의미를

---

1 이 글은 필자가 『오토피아』 26권 1호(2011년)에 게재한 "지방정치와 시민참여"의 내용을 포함하고 있음.

지니고 있다. 그리고 그에 부응하듯 그동안 지역 수준에서의 제도적 권력 분점, 자치행정, 풀뿌리 정치참여 등의 민주적 성과들을 축적해왔다. 그럼에도 갖가지 병폐들은 대의민주주의의 위기를 중앙에서 전국으로 확산시키는 결과를 낳았다. 지역주의에 편승한 연고정당의 지방권력 독점은 지방선거에서 늘 되풀이되어온 현상이다. 정치문화와 선거제도의 불합리성에서 기인한 탓이 크지만 어쨌든 이는 유권자가 선택한 결과이다. 한편 대표의 선출 이후에 반복되어온 정치엘리트들의 독선적 리더십, 부패, 정책실패 등은 또 다른 차원의 지방정치의 위기 현상이다. 행정안전부에 따르면 민선 1기부터 5기까지 지방의원 22,600여명 가운데 1,052명이 사법처리되었고 이 중 492명이 의원직을 상실하였다. 그리고 시간이 갈수록 사법처리되거나 의원직을 상실하는 의원들의 비율이 증가하고 있다. 지방자치단체장의 경우에도 상황은 비슷하며 해마다 수명의 자치단체장들이 사법처리되었다.

이처럼 선거와 선거 사이의 대표실패(representation failure)는 지방정치 회의론을 대두시키고 있는 가장 직접적인 요인이다. 따라서 민주화의 성과가 오히려 지방자치의 위기를 초래하는 역설적 현상에 대한 대응을 강구하지 않을 수 없다. 이에 대하여 지방자치제도의 철회와 같은 극단적 주장은 현실적으로 수용되기 어렵다. 그것은 분권 민주주의 패러다임에 역행할 뿐만 아니라 지방정치의 순기능을 송두리째 부정하기 때문이다. 반면 지방정치엘리트들에 대한 제도적 통제는 보다 생산적인 방책으로 검토될 수 있다. 그렇지만 이 또한 이미 부과된 대표의 권한과 지위를 제약하거나 박탈하는데 따른 정치적 갈등, 법률적 공방, 비용 손실 등의 부작용을 수반할 수 있다. 그럼에도 추구될 수 있는 대안의 범위가 넓지 않다는 점 그리고 주인에 의한 대리인의 통제가 민주주의 원리에 부합한다는 점에서 이에 대한 다각적인 접근과 정책적 대응이 정당화될 수 있다.

대표실패의 처방을 위한 지방권력 통제는 세 측면에서 접근할 수 있다. 첫째, 지방권력 내집단에서의 상호 견제를 통한 자구이다. 이는 기본적으로 권력분립의 원리에 의거한 입법 통제의 성격을 띤다. 지방의회는 의결권 행사, 감사 및 조사 그리고 주민청원의 권고 등을 통해 자치단체장을 통제할 수 있다. 그리고 자치단체장은 재의 요구 및 제소, 선결처분, 동의권 및 의견진술권을 통해 지방의회를 통제할 수 있다. 둘째, 중앙정부 등 상위기관에 의한 행정통제이다. 이 방식으로는 지방정부에 대한 지원 및 지도 감독, 시정명령, 직무이행명령, 감사 그리고 지방의회에 대한 재의 요구와 직접 제소, 자치입법 금지 등이 있다. 셋째, 지역 주민들의 직접 참여를 통한 제도적 통제이다. 이 통제방식은 가장 늦게 도입되었는데, 주민감사청구, 주민소환, 주민소송 등이 있다(이기우 외 2007).

입법통제와 행정통제는 주로 지방사무에 그 효력 범위를 한정하고 있고 상급 대표와 하급 대표 간의 정치갈등으로 비화될 수 있다는 점에서 한계를 노출한다. 이런 면에서 2000년대에 들어 풀뿌리 참여를 통한 지방권력 통제 제도의 도입은 크게 주목을 끈다. 그 흐름을 살펴보면 우선 2000년에 주민감사청구제와 주민발의제가 도입되었다. 이어서 2004년 주민투표제도와 2006년 주민소송제도가 도입되었다. 그리고 2007년 정치권과 시민사회에서 격렬한 공방을 불러일으키며 주민소환제가 도입되었다. 이로써 주민들의 지방권력 통제의 기본 골격이 완성되었다.

이 글에서는 주민들의 지방권력 통제를 골자로 그 현황과 개선방안을 논의한다. 구체적으로 우선 지방정치에서 참여민주주의가 가지는 의미를 논의한다. 특히 대표실패를 통제하기 위해 왜 주민참여가 요구되는지에 주안을 둔다. 다음으로 우리나라에 도입된 주민참여제도의 유형과 취지를 살펴본다. 이와 관련한 주요 제도로는 주민투표, 주민발의, 주민소환, 주민소송, 주민감사가 있다. 이어서 특히 선출직 대표의 권한과 지위를 직접적으로 제약·박탈하는 주민소환제의 특징과 운용 사례를 고찰하고 문제점을 규명한다. 사례로는 초미의 관심사가 되었던 2007년 하남시장 주민소환과 2009년 제주자치도지사 주민소환 건을 선정하였다. 마지막으로 결론에서는 지방정치와 참여민주주의의 품질을 개선하기 위한 주민참여제도 개선방안을 제시한다.

2. 지방정치와 참여민주주의

지방정치는 주민에 의한 자율적인 지역 문제 해결을 지향하는 이른바 '풀뿌리

민주주의' 또는 '직접민주주의'의 실현을 기본 취지로 하고 있다. 따라서 문제의 초점은 지방정치가 과연 풀뿌리 민주주의를 실현하고 한국정치의 민주화에 기여할 수 있느냐가 될 것이다. 우리나라의 지방정치는 지방자치제도는 존재하되 민주적 지방정치는 확립되지 못하였다. 지방정치의 생명은 무엇보다 주민참여에 달려 있다. 즉 주권자인 주민의 참여가 취약한 지방정치는 민주적 지방정치로 평가받기 어렵다. 그러나 일반 국민들은 지방정치에서 주민참여의 중요성을 그리 심각하게 인식하지 못하고 있는 것이 현실이다. 실제로 지방정부나 지방의회 활동에서 실질적인 주민참여는 거의 관심사 밖에 있으며 잘 이루어지고 있지도 않다. 결국 주민참여의 실종이 민주적 지방정치의 실종을 가져오고 그로 인해 중앙정치로부터 지방분권을 강화하지 못하는 악순환이 초래되고 있다(정영국 1998).

지방정치는 지역 공동체에서 주민의 의사를 기초로 해서 지방정부와 지방의회를 구성하고 주민이 정치·정책과정에 주체적으로 참여하여 협치(governance)를 실현하는 것을 뜻한다. 따라서 지방정치는 개별 국가별로 독특한 역사적 경험, 정치적 전통, 사회경제 발전 경로, 문화적 양식에 따라 공통적이거나 이질적인 실행의 맥락을 가지고 있다. 그리고 현대사회에서는 국내외적으로 사회 제 부문의 역할과 위상이 변모하고 상호작용함으로써 지방정치의 성격과 관행도 변화의 과정을 겪고 있다.

지방정치의 유형은 크게 단체자치형과 주민자치형으로 분류할 수 있다. 전자의 경우 중앙정부로부터 일정한 수준의 독립된 법인격을 부여받은 지역공공단체가 통치의 주체이다. 이는 의결기관과 집행기관으로 분리된다. 지방권력은 중앙권력과의 계층적 구조체를 형성하기 때문에, 중앙정부로부터 상대적 자율성과 자치권을 확보하는데 주된 관심이 모아진다. 후자는 지역공동체의 공동사무를 주민들이 자기책임 하에 처리하는 정치사회적 자율성이 부여된 주민구성체로 이해된다. 이는 민주주의 사회에서 지역의 자율성과 독립성 그리고 주민자치 전통의 발달을 반영한다. 이 유형에서는 지역공동체의 의사결정에서 주민참여의 제도화 및 지방정부와 주민 간의 민주적 관계 구축에 초점이 모아진다(정재욱 2004). 참여민주주의와 선출직 대표에 대한 주민의 통제는 지방정치의 두 번째 논거로부터 정당화된다. 즉 풀뿌리들의 이해가 다원화되고 지역 정치시장이 활성화되면서 주민자치형 지방정치가 더욱 중요해지기 시작한 것이다.

권위주의로부터 민주주의로 이행하는 과정에서 재도입된 한국의 지방자치제도는 중앙정부 관계에 있어서 뿐만 아니라, 지방정치 자체의 민주화에 있어서도 심각한 도전에 직면해 있다. 그렇다면 왜 지방정치가 민주화되어야 하는 것일까? 첫째, 지방정치가 민주화되지 않으면, 단체장 임명화와 같은 중앙집권으로의 회귀 구실을 주고, 정당공천을 통한 후보 선출과 중앙정부 보조금 산정 등의 난제를 해결할 기회를 줄이는 역효과를 초래한다. 둘째, 지방정부의 효율적 운용을 위해서도 지방정치 민주화는 필수적이다. 행정 효율성은 중앙보다 지방 수준에서 훨씬 용이하게 추진할 수 있다. 지방정치 민주화 없는 지방자치제도 운용은 부패의 전국적 확산과 토호정치에 의한 지역 내의 정경유착으로 귀결될 가능성이 크다. 셋째, 지방정치 민주화는 민주주의의 산교육을 통해 제도적 차원에서 뿐만 아니라 의식과 관행의 차원에서 민주주의에 대한 가치 있는 소프트웨어를 제공한다. 넷째, 경제의 세계화 시대에 국가경쟁력 제고와 협치를 위해서도 민주적 지방정치는 필수적 요소이다(강명구 2002).

지방정치의 심각한 문제 중 하나는 지방정부의 장이 '제왕적' 권한을 행사한다는 것이다. 주요 정책의 입안과 결정은 지방정부의 장의 고유 권한으로 여겨진다. 이에 따른 인사권과 예산편성권도 지방정부의 장에게 전속되어 있다. 그리고 각종 인·허가권과 도시계획 관련 권한도 지방정부의 장이 사실상 전권을 가지고 있다. 반면 지방의회는 역량 부족과 제도의 한계로 견제 기능을 거의 수행하지 못하고 주로 조정자 역할에 머무르고 있다. 지방정부의 장과 의원을 동시에 선출하는 지방선거 방식에 따라, 지역의 다수 정당이 지방정부와 지방의회를 동시에 장악하는 현실 또한 견제 기능을 더욱 취약하게 만들고 있다(하승수, 2007). 지역주의에 편승해서 연고정당이 뿌리를 내린 지역에서는 견제 기능이 거의 와해되어 있다. 이와 함께 지방의원 또한 지역토호와의 이해관계와 그로 인한 부패의 사슬로부터 자유롭지 못하다는 점도 지방정치의 심각한 문제이다. 이는 지방의원의 취약한 전문성 문제와 함께 지방의회의 필요성에 대하여 회의를 불러일으키는 원인이다. 따라서 지방정부의 장은 물론 지방의원을 포함해서 대표실패를 통제해야 하는 과제가 제기된다. 그리고 이러한 점에서 주권자의 직접 참여에 의한 대표실패의 통제와 민주적 지방정치가 요청되는 것이다.

주민참여는 의원과 관료의 의사결정에 대해 영향력을 행사하는 것을 궁극적인 목적으로 하는 시민의 행동(Parry, 1992)으로서, 공직자의 선출에서 퇴출까지 그리고 정책의 입안에서 결정까지 일련의 정치·정책과정에 시민의 주체로서 개입하고 역할을 수행하는 것을 뜻한다. 주민참여는 몇 개의 유형으로 분류할 수 있다. 첫째, 가장 전통적인 구분으로 관습적(conventional) 참여와 비관습적(unconventional) 참여이다. 관습적 참여는 투표, 토론, 선거운동 참여, 정당 가입 등 법제의 보장을 통한 정치참여를 가리킨다. 반면 비관습적 참여는 청원, 시위, 파업, 정치적 암살 등과 같이 비일상적 정치참여를 가리킨다. 비관습적 참여는 합법적 형태와 비합법적 형태로 나눌 수 있으며, 비합법적 정치참여에는 흔히 폭력 행위가 수반된다(김흥우 외 2001). 둘째, 쉬운 참여와 어려운 참여로 분류할 수 있다. 이러한 구분은 합리적 선택의 시각에서 제안된다. 즉 개인의 정치참여 결정이 비용과 참여로부터의 편익을 고려함으로써 이루어짐을 의미하는 것으로, 상대적으로 비용이 적게 들어가는 쉬운 참여와 비용이 많이 들어가는 어려운 참여로 구분할 수 있다(김욱 2005). 셋째, 참여자의 자발성을 기준으로 적극적 참여와 소극적 참여로 분류할 수 있다. 일반적으로 법적 주기에 따라 몇 번 안 되는 기회에 공직후보나 정당을 선출하는 선거 참여는 소극적 참여로 간주할 수 있다. 그리고 정치인 접촉, 청원, 선거운동 참여, 거리시위, 파업 등은 보다 직접적으로 의사를 표출하는 적극적 참여로 볼 수 있다(박찬욱 2005, 이숙종 외 2011).

그렇다면 대표실패를 제도적으로 통제하기 위한 주민참여는 어떤 성격과 효과를 나타내는가? 가령 주민소환제를 예로 들자면, 주민소환이 제도적 범주와 절차 내에서 진행된다는 점에서 이에 대한 주민참여는 관습적 참여라 할 수 있다. 반면 참여를 둘러싼 편익 타산이 엇갈리고 참여의 자발성 여부가 균일하지 않기 때문에 그 외의 특정 유형으로 분류하기는 어렵다. 그럼에도 경험적으로 주민소환제가 쉬운 참여와 적극적 참여를 유인하지는 못하고 있다. 그 주된 이유는 주민소환 청구와 효력을 성립시키는 제도적 문턱이 높기 때문이다. 전영상·현근(2009)의 분석에 따르면 2007년 5월부터 2009년 2월까지 주민소환이 제기된 사례는 모두 43건인데, 이 가운데 실제로 주민소환청구대표자 등록을 하고 서명활동요청단계까지 진행된 사례는 9건에 불과하다. 더욱이 이 중에서 주민소환투표가 진행된 사례는 1건에 불과하며 주민소환이 궁극적으로 성공한 사례는 전혀 없다. 이러한 제도적 제약과 함께 주민참여 자체에 대한 이해당사자와 사회 일각의 거부감도 주민소환제를 무기력하게 만들고 있다. 즉 어떠한 통치제도라 하더라도 결점을 가지고 있기 때문에, 대의 원리에 따라 위임 기간 동안 대표의 임기를 보전시켜야 하며 행정통제와 사법통제가 주민소환제를 대체할 수 있다는 것이다.

그렇지만 오히려 대의 원리에 따라 대표실패에 대한 주민의 제도적 통제는 더욱 적극적으로 추구되어야 한다. 임기제도의 장점은 주민의 대표자나 집행기관이 시시각각 변화하는 주민여론에 휩쓸리지 않고 소신 있는 결정을 할 수 있다는데 있다. 이러한 대의제의 장점은 동시에 대의제의 단점으로 부각된다. 즉 주민에 의해서 선출된 자가 주민의 의견이나 복리를 무시하고 특수이익을 추구하는 경우에도 통제하기가 쉽지 않다는 점이 이에 해당한다. 임기 중의 지방자치단체장이나 지방의회가 주민의 기대와는 전혀 다른 방향으로 정책을 추진하고 주민들에게 묵과할 수 없는 손해를 끼칠 것이 예상되는 경우에도 임기가 만료될 때까지 주민들이 감수해야 한다는 것은 지나친 위험을 수반한다고 할 수 있다(천성권 2006). 이러한 맥락에서 정연정(2007)은 주민소환제의 의미를 다음과 같이 요약한다. 첫째, 유권자들이 무능하고 부정직한 공직자들을 다음 선거까지 기다리지 않고 해임함으로써 공직자의 책임성을 확보한다. 둘째, 주민의 과도한 행동주의(activism)를 제한함으로써 주민 저항을 제도적 장치로 여과하는 역할을 할 수 있다. 셋째, 유권자의 소외감을 줄이고 시민교육의 장으로 역할할 수 있다. 넷째, 지방행정에 대한 중앙통제로 인해 지방의 자율성이 침해되는 것을 방지한다.

3. 주민참여제도의 유형과 특징

주민참여제도는 대의민주주의의 보완과 직접민주주의의 구현이라는 두 목표를 동시에 추구한다. 현실적으로 주민참여가 지방자치의 대체재가 되기는 어렵다. 예컨대, 물리적 조건, 현대사회의 복잡성, 통치 효율성 그리고 제도적 경로의존 등의 이유로 지방자치가 직접민주주의 체제로 운용된다는 것은 불가능하다. 따라서 주민참여제도는 지방 수준에서의 대의민주주의의 보완재로 이해된다. 동시에 보다 적극적인 의미에서 주민참여제도는 직접민주주의의 발현이다. 주민참여 없는 지방자치는 행정적 자치에 다름 아니며 나아가 의사결정과 정책집행으로부터 배제된 주민은 지방자치의 장식물에 불과하다. 이런 면에서 민주화 이후 통치(government)에서 협치(governance)로의 패러다임 전환은 주민참여에 정당성을 부여하고 직접민주주의적 제도 도입을 촉진해왔다. 특히 지방정치에서 2000년대 주민참여제도의 도입은 직접민주주의를 신장하는데 적지 않게 기여해왔다.

지방자치에 도입된 주요 주민참여제도로는 주민투표(referendum), 주민발의(initiation), 주민소환(recall), 주민소송(suit), 주민감사청구(audit)가 있다. 주민투표는 주민이 직접 지역의 중요 사항에 대해서 결정권을 행사하고 의회의 의결 기능을 보완하는 제도이다. 주민발의는 주민이 능동적으로 정치사회에 관여해 단체장이나 의회 의원의 권한을 일부 제약하거나 행사하는 제도로서 주민의 조례 제정·개폐 청구권 등이 있다. 주민소환은 선출직 공직자를 임기 중에 소환해 탄핵하는 제도이다. 주민소송은 공직자의 불법 부당한 행위로 인해 주민에게 끼친 손해를 사법심사를 통해서 예방하게 하는 제도이다. 주민감사청구는 지방정부에서 처리한 일이 법에 저촉되거나 공익을 해한다고 인정 되는 경우 주민들이 상급기관에 감사를 요청할 수 있는 제도로 주민소송 청구 이전에 반드시 경유해야 한다(강용기 2008).

그렇다면 각 주민참여제도의 취지와 특징은 무엇일까? 이에 대하여 주요 내용을 개관하기로 한다. 첫째, 주민투표제는 지방정부의 주요 안건을 해결하는 제도로서 지방정부의 중요한 사항을 결정할 때, 주민 전체의 의사를 물어 결정하는 제도

표 7-1 주민참여제도 도입 현황

	주민투표	주민발의	주민소환	주민소송	주민감사청구
입법일	1994. 3.	1999. 8.	2006. 5.	2005. 1.	1999. 8.
최근 개정일	일부개정 2009. 2.	일부개정 2007. 5.	일부개정 2007. 5.	일부개정 2008. 2.	전부개정 2009. 8.
법적 근거	지방자치법 제2장 14조	지방자치법 제2장 20조	지방자치법 제2장 16조	지방자치법 제2장 17조	지방자치법 제2장 16조
취지	지방행정에 대한 견제와 감독 및 주민 의사결정	주민 의사에 조응하는 조례의 개정·폐지	선출직 지방공직자들에 대한 주민 통제	주민 공동의 이익 보호	지방행정 예산편성·집행에 대한 주민 감시와 참여

이다. 2004년 1월 주민투표법이 제정되어 주민투표제도가 정착되었다. 주민투표는 네 가지 개념적 요소를 포함한다. 우선 주체가 주민이라는 점이다. 그리고 주민투표 대상 지역이 한정되어 있다. 이어서 주민투표는 미리 정해진 질문에 응답하는 절차이다. 마지막으로 주민투표의 대상은 원칙적으로 인사 문제가 아닌 공적 쟁점이다(양영철 2007). 주민투표제도는 결과의 구속력 여부에 따라 개념이 달라질 수 있다. 즉 법적 구속력이 있을 경우, 주민투표는 주민이 지방정부의 권한에 속하는 사항을 직접 결정하는 제도로 인식된다. 반면 법적 구속력이 없을 경우, 주민투표는 주민에게 지방정부의 주요한 사항에 관한 의사결정권을 보장하는 제도로 이해된다. 우리나라의 경우 주민투표 결과의 법적 구속력을 규정하고 있다.

둘째, 주민발의제는 일정 수 이상의 유권자 서명을 받아 지방정부의 장에게 조례 제정·개폐를 청구하면, 그 조례안을 지방의회의 안건으로 회부하는 제도이다. 조례는 지방의회의 의결을 통해서 제정되는 자치입법의 한 형태로서 주민에게 일정한 규제력을 행사하는 일종의 법규이다. 종래에는 조례의 제정과 개폐가 지방의회의 고유 권한이었으나, 1999년 8월부터 주민의 조례 제정·개폐 청구권이 신설되었다. 그리고 이후 지방자치법 개정을 통해서 조례에 관한 청구절차를 간소화하였다. 또한 주민으로부터 청구된 조례를 일정 기간 공람하는 것을 의무화해서, 자연스럽게 주민들과 지방의원들에게 인지되도록 제도화하였다. 나아가 청구된 조례에 관한 논의를 활성화하고자 이의신청 및 심의절차를 규정하고, 하자가 없을 경우 자동적으로 지방의회에 부의되어 심의될 수 있도록 주민의 조례청구권을 강화하였다(박희봉 2006). 그러나 우리나라의 주민발의제는 '발의'제도라기보다는 '청구'제도라 할 수 있다. 즉 주민발의 단계여서 캠페인 단계와 투표 단계가 없고, 중요한 요소들을 제약하고 있어, 주민의 직접 참여에 의한 정책결정이라는 입법 취지에 부합하지 않고 효과도 의문시된다(김영기 2008).

셋째, 주민소환제는 지방정부와 지방의회의 선출직 공직자에 대해 임기를 마치기 전에 주민들이 해직을 청구하는 제도로 2006년 5월에 입법되었다. 즉 일정한 수 이상의 주민이 서명해서 대상 공직자에 대한 해임을 청구하면, 그에 관해서 주민투표를 실시하고 기준과 결과에 따라 해임 여부를 결정하는 방식이다. 주민소환제는 그 구성 요건에 의거해서 특징들을 다음과 같이 요약할 수 있다. 첫째, 주민소환의 주체는 선거권을 가진 지역민들이다. 둘째, 주민소환의 대상은 선출된 지방공직자이다. 셋째, 주민소환은 그 주체의 청원 또는 청구 절차를 거쳐서 주민투표를 통하여 효력을 발생시킨다. 넷째, 주민소환은 공직자가 공직선거법을 비롯한 법률을 위반한 검찰과 법원 등 사법기관에 의하여 심사하여 결정하는 사법적 절차와 구별되는 정치적 성격의 정치적 절차이다(김영기 2008). 주민소환제는 일반적으로 주민투표제와 연계해서 시행되는 것이 특징이다. <표 7-3>에 정리되어 있듯이 미국의 경우도 주민소환제만 채택하고 있는 주가 6개 주인 반면, 주민소환제와 주민투표제를 모두 채택하고 있는 주는 21개 주로 나타나고 있다.

넷째, 주민소송제는 사법적 방법에 의한 주민참여제도로서, 주민들에게 손해를 입힌 지방정부의 장이나 공직자에게 그 손해를 집단적으로 배상하도록 하는 제도이다. 즉 주민소송제는 주민이 지방정부의 재산관리나 공금의 지출이 위법하거나 부당하게 행해진 경우에 그 시정을 청구하여 부정부패 차단과 지방재정의 건전한 운용을 유도하는 사법제도이다. 행정소송법상 행정소송은 항고소송, 당사자소송, 민중소송, 기관소송의 네 가지로 구분되는데, 주민소송은 이 중 민중소송에 해당하는 경우이다. 유사한 예로는 미국의 납세자 소송제와 일본의 주민소송제가 있다.

표 7-2 주민소환제 비교: 한국 · 일본 · 미국 · 독일

	한국	일본	미국	독일
근거	지방자치법 제13조의8	지방자치법 §13	주 헌법/법률, 지방헌장 ※주 정부: 18개 주 지방정부: 36개 주 (지방정부의 61% 도입)	각 주 지방자치법 ※바이에른, 바뎀-뷔르템베르크는 실시하지 않고 있음
소환 대상	단체장, 선출직 지방의원	단체장, 의회의원 주요 임명직 -부지사, 조역, 출납장, 수입역, 감사·선관·공안위원 ※지방의회 포함	집행부, 입법부, 사법부 선출직 공직자 망라 ※일부 주는 판사 제외	지방자치단체장 -지방의원까지 확대 추세
청구 요건	광역단체장투표청구권자 10% 기초단체장 15% 지방의원 20% ※청구사유는 명시하지 않으며, 특정 지역 중심의 청구방지를 위한 규정 등	선거권자 1/3 이상 (유권자 40만명 초과시 1/6 특례 적용) ※청구사유는 명시하지 않음	일반적으로 총선 투표자의 25% ※대다수 주는 청구사유를 제한하거나 명시하지 않으나, 일부 주는 특정사유 규정	지방의원 발의 -재적의원 1/2-3/4 이상 청구, 재적의원 2/3-3/4 이상 찬성으로 의결 주민발의 (일부 주) -유권자 주민의 15-33% 이상 범위 내에서 발의
주요 제한 요건	임시 시작·임기 만료 1년 기간 동안 소환 제외 1년 내에 재실시 청구 불가	단체장·의원·보좌기관 -취임일·해직청구 투표일로부터 1년 기간 동안 제외 ※위원회 위원 -취임일·해직의결일로부터 6일 기간 동안 제외	대부분의 주가 임기시작·임기만료 6월 기간 동안 제외 임기중 1회만 허용(2개 주) 재소환 금지(5개 주) 재소환 유예기간 설정(3개 주)	임기시작·임기만료 6월 기간 동안 제외 소환투표가 부결된 경우 1년 동안 재발의 금지
해직 요건	투표권자의 1/3 이상 참여, 과반수 찬성	선출직은 투표자 과반수 동의로 해직 ※임명직은 지방의회에서 결정 -재적 2/3 출석, 3/4 동의	지방선거 참여 유권자의 50% 이상 참여, 과반수 찬성	유권자 주민의 20-50% 투표 참가, 과반수 찬성
운영 사례	2007.5.25.부터 시행	1947-1995년 기간 -의원은 242명 해직	주지사 소환 2회(노스다코타, 캘피포니아)	Brandenberg주의 경우 1993-2002년 동안 전

제7장 주민참여제도와 민주주의

		시장 · 의원 소환(1996 – 2001년) ー 시장 41% 발의, 17.6% 소환 ー 시의원 5.3% 발의, 29.2% 소환	체 직선 단체장의 10% 가 소환됨 ※ 1994 – 1997년 동안 청구요건이 10%로 낮아 소환이 남발되지 1998년 이후 청구요건 강화 (15% 이상)
	청구되어 67명 해직 ー 단체장은 565명 해직청구되어 85명 해직		

출처: 김현준(2006).

주민소송제도는 내용적으로 개선의 여지가 적지 않지만, 지방정부의 예산 낭비나 부적절한 사용이 심각하다는 점에서, 지방행정의 공정성·민주성·투명성을 향상시키고 주민의 실질적인 참정권을 보장하는데 기여하고 있는 것으로 여겨진다(강용기 2008; 박효근 2012).

다섯째, 주민감사청구제는 지방정부와 그 장의 권한에 속하는 사무의 처리가 법령에 위반되거나 공익을 현저히 해한다고 인정되는 경우 주민들이 감사를 청구하는 제도이다. 주민감사청구제는 주민의 권리 보호라는 목적과 함께 직접적인 주민참여를 활성화하는 취지에서 도입되었다. 우리나라 지방자치법은 일반 주민이 전문적 지식을 요하는 직접 감사를 수행하기 어렵기 때문에, 상급기관이나 전문 감사기관에 감사를 청구할 수 있도록 주민감사청구제를 시행하고 있다. 주민감사청구제는 주민의 힘으로 위법하고 부당한 행위를 직접 시정하고자 하는 것으로 주민발의의 한 유형으로 간주될 수도 있다. 다만 수사나 재판에 관여하게 되는 사항, 사생활 침해 우려가 있는 사항, 다른 기관에서 감사했거나 감사 중인 사항은 감사청구 대상에서 제외된다(허훈, 2003; 강용기 2008).

그러나 이러한 주민참여제도의 운용과 성과는 아직까지 저조하다. 그것은 무엇보다도 제도화된 주민참여에 불편함을 갖는 적지 않은 지방정치엘리트들의 부정적 인식 때문이다. 이들은 전통적 통치방식의 습성으로부터 여전히 자유롭지 못하다. 반면 상기의 제도들은 목적의식적으로 대표에 대한 견제와 통제를 의도하기 때문에 이러한 정치엘리트들의 습성과 상충될 여지가 대단히 크다. 아울러 주민참여 역

표 7-3　미국 주정부의 주민발의, 주민투표, 주민소환 채택 현황

전부 채택	주민소환, 주민투표 채택	주민발안 채택	주민투표 채택	주민소환 채택	전부 채택하지 않음
알래스카 애리조나 캘리포니아 콜로라도 아이다호 미시간 몬테나 네바다 오리건 워싱턴	아칸소 플로리다 일리노이 메인 매사추세츠 미주리 네브래스카 오하이오 사우스다코타 유타 와이오밍	미시시피	켄터키 메릴랜드 뉴멕시코	조지아 캔자스 루이지나 미네소타 뉴저지 위스콘신	앨라배마 코네티컷 델라웨어 하와이 인디애나 아이오와 뉴햄프셔 뉴욕 노스캐롤라이나 펜실베이니아 사우스캐롤라이나 테네시 버몬트 버지니아 웨스트버지니아

출처: 양영철(2007).

량 문제도 간과할 수 없는 원인이다. 전반적으로 지방 수준에서 정치·행정에 대한 주민들의 관심과 전문성은 취약하다. 따라서 소수의 시민단체와 활동가에 의존하는 참여 행태에 큰 변화가 일어나고 있지 않으며, 이는 아래로부터의 참여가 제도적 기능에 의해서만 충족될 수 없음을 함의한다. 이러한 문제들은 제도의 도입과 아울러 그에 상응하는 의식의 전환이 병행되어야 한다는 것을 시사한다. 요컨대 현대 정치의 주요한 화두인 협치 패러다임의 착근 여부에 따라 주민참여제도는 물론 지방 민주주의의 발전과 퇴행의 기로가 엇갈릴 수 있다. 다음 장에서는 2006년과 2009년 하남시장과 제주도지사 주민소환운동 사례를 중심으로 제도 운영 현황과 쟁점을 토의하기로 한다.

4. 주요 사례분석과 토의

1) 사례개요

우리나라의 주민소환 절차는 주민소환청구 과정, 주민투표 과정, 주민소환투표 이후의 과정으로 나눌 수 있다. 이 중 앞의 두 절차가 실질적으로 중요하다. 각 과정은 주민소환법에 의하여 정의되며 여기에는 제한규정이 부속되어 있다. 그리고 제주자치도특별법을 두어 관련 규정을 준수하도록 하고 있다. 제주자치도특별법의 경우 교육감과 교육의원에 대한 주민소환 규정을 마련하고 있다. 주민소환과정은 광역단체장의 경우 적어도 7개월 이상, 기초단체장의 경우 5개월 이상이 걸리고 있다. 또한 선거법에 의한 선거가 실시되는 경우와 다른 선거와 통합 실시하게 되면 기간은 더욱 길어질 수 있다.

주민소환제와 관련하여 우리나라에서 현재까지 가장 주목받는 사례는 2007년 광역화장장 유치를 이유로 경기도 하남시 주민들이 시장과 일부 시의원에 대하여 주민소환을 추진한 일이다. 광역화장장 유치를 통해 경기도로부터 2,000억원의 발전 지원금을 보상받아 그것을 기반으로 지하철 건설 등 지역 발전에 힘쓰겠다는 하남시장의 계획에 대다수 주민들은 시작부터 반대를 표명했다. 그러나 시장이 본래의 계획을 강행하면서 시민들은 반대 의견을 조직화하여 시장과 시의원에 대한 주민소환 청구투표에 나섰고, 2007년 12월 12일에 헌정 사상 처음으로 주민투표가 실시된 결과 시의원 2명이 소환되었다(김윤환·최영 2008).

하남시는 재정자립도 47%, 가용 예산 400억원의 열악한 재정 상태에 있었기 때문에, 경기도와 인접 자치단체들과의 연계를 통한 인센티브 확보로 지역경제를 활성화하려는 목표를 추진하고 있었다. 이에 하남시는 외자 유치와 대형 복합단지 건설을 위해 외국계 회사와 투자 협약을 체결하고 광역화장장(이하 '화장장') 유치를 통한 재원 확보에 나섰다. 2006년 10월 하남시는 경기도로부터의 2,000억원 인센티브 약정을 근거로 화장장 유치를 공식 발표하였다. 그렇지만 하남시 주민들은 비민주적 정책결정 절차에 이의를 제기하며 화장장 유치를 반대하였다. 그리고 하남시 내 시민사회단체들은 광역화장장 유치반대 범시민대책위원회(이하 '대책위')를 결성하여 조직적으로 대응하였다. 일부 시의원은 화장장 건립 관련 사업비 의결 절차의 잘못에 대하여 예산안 무효 확인소송을 제기하기도 하였다. 아울러 하남시 아파트 입주자 대표들은 직권남용 및 직무유기 등의 혐의로 하남시장을 검찰에 고소하며 화장장 건립에 제동을 걸었다(김강민 2010).

화장장 건립을 둘러싼 하남시와 주민들 간의 갈등 쟁점은 다음과 같이 요약된다.[2] 하남시는 "전문기관의 연구 결과, 10년 후 화장률이 80%에 달하여 곧 인근 시의 화장시설이 포화상태에 이를 것이므로 광역화장장 건설비용은 물론, 유치에 따른 인센티브를 얻을 수 있는 지금이 화장장 설치의 기회"라고 주장하였다. 반면 광역화장장 유치반대 범시민대책위원회(이하 '대책위')는 "시 인구를 볼 때 1기로 충분한 화장로를 16기나 도입하는 광역화장장은 사실상 서울 강남권을 대상으로 하는 것으로 무리한 규모이며, 무엇보다 공약사항도 아닌 중차대한 문제를 강행하는 시장의 독선적 행태를 두고 볼 수 없다"고 맞섰다.

주민소환운동이 본격화되자 하남시는 헌법재판소에 주민소환금지 가처분 신청으로 대응했으나 기각되었다. 곧이어 하남시장주민소환추진위(이하 '소환추진위')는 32,000명의 서명으로 하남시장과 3인의 시의원에 대한 주민소환투표를 청구하고, 하남시 선관위는 이에 대한 주민소환투표 청구인 대표자 증명서를 교부하였다. 그런데 주민소환투표청구를 통해 투표일이 공고되면서 주민소환절차가 순항하는 듯했으나 하남시장의 행정소송에 이은 법원의 주민소환투표청구 무효 판결로 상황이

---

2 구체적으로 하남시의 입장은 다음과 같다. ①지방자치단체의 화장장 설치를 의무화하는 '장사 등에 관한 법률'이 통과되면 하남시도 어차피 지어야 할 시설인데, 경기도 광역화장장은 도 예산으로 지어서 시가 운영하는 2종의 이점이 있다. ②화장장 건립에 따른 2,000억원의 인센티브로 그린벨트 해제 지역을 대형 쇼핑센터나 명품관으로 개발할 인프라를 구축할 수 있다. ③지하철 연장 등 주민숙원사업이 해결될 수 있다. ④경부고속도로나 중부고속도로에서 화장장으로 직행하는 전용 도로를 설치할 수 있다. 반면 대책위의 입장은 다음과 같다. ①평균 사망률을 감안할 때 1기의 화장로만으로 충분하며, 지역마다 소규모 화장장을 설치하게 되면 하남시의 광역화장장은 수요 없이 청정 도시의 이미지만 훼손한다. ②화장장 유치에 대한 인센티브 약정이 시도 간에 체결된 바 없다. ③한국도로공사에 따르면 해제된 그린벨트 지역개발계획의 경제성이 검증된 바 없다. 고속도로에서 화장장으로 직행하는 전용도로 설치는 불가능하다.

반전되었다. 이후 소환추진위는 27,000명의 서명으로 주민소환을 재청구하여 주민소환투표를 성사시켰지만 투표율 미달로 하남시장의 주민소환에 실패하였다. 즉 하남시장과 시의원 1인은 전체 유권자 1/3 이상이 투표에 참여해야 하는 요건을 충족시키지 못해 투표가 무효 처리되었다. 한편 다른 시의원 2인은 투표율 37.7%에 주민소환법상의 찬성률이 충족되어 소환되었다. 주민소환의 무산과 함께 하남시장은 주민투표로 화장장 유치를 결정하겠다는 의사를 표명하였다.

이어서 두 번째 사례인 김태환 제주특별자치도지사(이하 '제주도지사') 주민소환투표는 광역단체장으로서는 유례가 없었기 때문에 제주도를 넘어 전국적으로 귀추를 주목시켰다. 제주도지사의 주민소환은 직접적으로 서귀포시 강정마을의 해군기

표 7-4 김황식 하남시장 주민소환운동 주요 일지

일 자	개 요
2006. 10. 16.	김황식 하남시장, 경기도 광역화장장 유치 계획 발표
2006. 10. 23.	화장장 유치반대 대책위 구성
2007. 5. 25.	주민소환법 발효
2007. 5. 25.	하남시, 광역화장장 후보지(상산곡동) 선정 발표
2007. 7. 13.	하남시장, 소환추진위 서명활동 금지 가처분 신청 (헌법재판소 기각)
2007. 7. 23.	소환추진위, 주민소환투표 청구 (32,000명)
2007. 8. 31.	하남시 선관위, 주민소환투표 발의, 하남시장 직무정지
2007. 9. 13.	수원지법, 청구인서명부에 청구사유 미기재로 주민소환투표청구 무효 판결, 하남시장 권한 회복
2007. 10. 4.	하남시장, 소환청구인 대표 등 주민 4명 '허위사실 청구'로 고소
2007. 10. 10.	소환추진위, 하남시장 및 시의원 3명에 대해 주민소환투표 재청구 (27,000명)
2007. 10. 30.	하남시장, 주민소환투표 청구(2차) 수리처분 취소 청구소송 제기
2007. 11. 16.	선관위, 주민소환투표 재발의, 하남시장 두 번째 직무정지
2007. 11. 22.	주민소환투표 운동 개시
2007. 12. 11.	주민소환투표 운동 종료
2007. 12. 12.	전국 최초 주민소환투표 시행, 투표율 31.1%(하남시장) 및 23.8%(시의원 a)로 불개표, 투표율 37.7%(시의원 b) 및 37.6%(c)로 주민소환

지 입지가 발단이 되었다. 그동안 입지 후보지가 수차례 바뀌는 등 해군기지 문제
는 도내의 심각한 갈등사안이었다. 즉 해군기지는 2002년에 건설이 공식 발표된
뒤 서귀포시 화순과 위미 등을 대상으로 입지 검토와 주민 반발 그리고 논의 보류
와 재검토의 악순환을 되풀이해왔다. 그리고 종국에는 2007년 5월 제주도지사가
주민 여론조사를 사유로 강정마을을 해군기지로 전격 결정하면서 반대운동이 격화
되기 시작하였다. 이어 정부가 민군복합항 건설 추진을 결정하고 국방부·국토해양
부가 제주도와 기본협약서를 체결함으로써 강정마을의 해군기지 유치는 공식화되
기에 이르렀다.

　　해군기지 입지 결정은 중앙정부와 지치단체 간의 공조에 토대했지만 그 방
식이 일방적이었기 때문에 지역 민심은 크게 이반되었다. 해군기지 유치 결정의 사
유였던 도민·주민 여론조사부터 도의회의 행정사무조사와 감사위원회 조사를 받
을 만큼 공신력이 담보되지 않았다. 아울러 직접적인 이해당사자인 강정마을의 자
체 주민투표 결과는 94%의 압도적인 반대 여론을 입증시켰다.[3] 제주도의회 또한
기본협약서 체결을 굴욕적 협상으로 규정하고 나섰다(강호진 2009). 그리고 이러한
반대 여론의 조성과 함께 해군기지 유치 백지화운동의 조직화가 본격화되기 시작
했다. 2009년 5월 도내 35개 시민사회단체들은 제주군사기지저지와 평화의섬 실현
을 위한 범도민대책위원회를 결성하였다.

　　해군기지 유치와 함께 각종 개발사업 추진 과정에서 나타난 독선적 리더십은
주민소환운동을 파급시킨 또 하나의 요인이었다. 제주자치도는 시·군 기초자치단
체가 폐지되고 광역자치단체인 도청을 중심으로 단일 행정계층구조로 통폐합되면
서 도지사의 권한이 더욱 막강해졌다. 특히 지방분권 확대에 따른 중앙 권한까지
지방으로 대거 이양되면서 제왕적 도시자로 군림하게 되었다. 이러한 상황에서 제
주지역 곳곳에서는 국제자유도시 선도 프로젝트 등 개발사업들이 잇따라 추진되었
다. 2009년에는 4단계 제도개선이 정부에 요구되었는데, 관광객 전용 카지노 허용,

3　도민 여론조사에서 해군기지 유치 찬성 54.3%, 반대 38.2%의 결과가 나왔으며, 입지 후보지 주민
　여론조사에서의 찬성률은 강정 56.0%, 화순 42.2%, 위미 36.1%의 결과가 나왔다. 이를 근거로
　제주도지사는 강정 해군기지 유치를 결정하였다.

투자개방형 병원(영리병원), 국세자율권 부여 등의 사업들이 포함되었다(김동욱·한영조 2010). 이러한 의제들은 대단히 민감한 반응과 논쟁을 불러일으켰는데, 특히 제주도시자가 의료민영화 도입론자로 알려진 탓에 투자개방형병원 문제는 전국적 문제로 파급되었다. 그런데 강력한 권한을 배경으로 힘으로 정책을 밀어붙이면서 불신과 갈등이 증폭되었다.

제주도와 중앙정부 간에 해군기지 건설 기본협약서가 체결되자 관내 시민사회단체들은 주민소환운동본부(이하 '운동본부')를 중심으로 소환서명운동에 돌입하였다. 2009년 6월 29일 77,367명의 주민소환투표 청구 서명부가 제주도 선관위에 제출되고 이어 주민소환투표 일정이 공고되었다. 그리고 8월 6일 주민소환투표가 발의

표 7-5 김태환 제주특별자치도시자 주민소환운동 주요 일지

일 자	개 요
2007. 5. 14.	김태환 도지사, 강정 마을을 최우선 해군기지 대상지로 선정
2007. 6.	국방부, 제주도에 해군기지 건설 지역 결정 통보
2008. 9.	정부, 해군기지를 민군복합항으로 건설하기로 결정
2009. 4. 27.	제주자치도와 국방부·국토해양부, 해군기지 건설 기본협약서 체결
2009. 5. 6.	김태환 도지사 주민소환운동본부, 주민소환운동 선언
2009. 5. 13.	도선관위, 주민소환투표 청구인 대표자 증명서 및 서명인 명부 교부
2009. 5. 14.	주민소환운동본부 소환 서명운동 돌입
2009. 6. 24.	해군기지 환경영향평가 공청회 개최
2009. 6. 29.	주민소환투표 청구 서명부(77,367명) 제출
2009. 7. 27.	도선관위, 주민소환투표 일정 확정
2009. 8. 6.	주민소환투표 발의, 도지사 직무정지
2009. 8. 7.	주민소환투표 운동 개시
2009. 8. 25.	주민소환투표 운동 종료
2009. 8. 26.	주민소환투표 시행, 투표율 11%로 불개표

출처: 강호진(2009) 보완·재정리.

되어 제주도지사의 직무가 정지되었다. 주민소환투표 운동 기간에 제주시와 운동 본부는 찬반대결과 함께 선거운동 방해 문제 등을 둘러싸고 극심한 갈등을 벌였다. 이후 주민소환투표 운동이 종료되고 8월 26일 최초의 광역단체장 주민소환투표가 시행되었다. 그리고 주민소환 요건에 턱없이 못 미치는 11%의 투표율로 개표과정 없이 주민소환운동은 막을 내렸다.

2) 쟁점 분석과 토의

먼저 양 사례에서 주민소환청구 단계에서의 쟁점은 다음과 같이 비교할 수 있다. 첫째, 청구사유를 둘러싼 문제이다. 양 사례는 공히 주민소환 사유를 둘러싸고 격한 공방을 초래하였다. 하남시장과 제주도지사 주민소환운동은 단체장의 독선과 전횡이 주된 사유였다. 광역화장장과 해군기지 유치라는 사안의 중차대성에도 불구하고 단체장이 주민 의사에 반하여 일방적으로 정책을 밀어붙였다는 것이었다. 제주도지사의 경우 리더십과 정책결정 행태에 대해 더 많은 사유들이 포괄적으로 덧붙여졌다.[4] 이에 단체장들과 주변의 지지 세력은 정치적 반대 세력이 제도를 오·남용하여 공무를 위해할 뿐 아니라, 주민소환제도 자체의 미비한 법적 규정이 이를 부채질하고 있다고 공박하였다. 이와 관련해서 헌법재판소는 주민소환제는 소환사유를 제한할 수 없는 것이 본래 취지라는 결정을 내린 바 있다.

지방자치법 제20조[5]는 주민소환에 관해 주민의 소환 권리가 있음을 명시할 뿐

---

4 하남시의 주민소환 사례와 차이점은 지방자치단체 스스로의 정책결정에 있어 주민의견과 충돌로 야기되었지만 제주특별자치도지사의 주민소환은 국책사업 추진과정에서 이루어졌고 그 대상이 사상 처음으로 광역자치단체장이었다는 것이다. 그리고 투표 불참을 유도하는 선거운동으로 민주적 과정에도 문제점이 제기되었다. 추진과정에 있는 국책사업 등 정책추진과정에 있는 내용을 대상으로 주민소환을 할 수 있느냐는 문제를 비롯해 독선과 전횡이라는 주관적인 관점의 내용을 평가의 대상으로 삼을 수 있느냐는 등이다. 반면 주민소환 청구사유는 포괄적으로 규정되어 있어 법적으로는 아무런 문제가 되지 않는다는 관점 등 다양한 의견들이 제시되고 있다(김동욱·한영조, 2010).

5 제20조(주민소환) 제1항과 제2항의 조문은 각각 다음과 같다. "주민은 그 지방자치단체의 장 및 지방의회의원(비례대표 지방의회의원은 제외한다)을 소환할 권리를 가진다." 그리고 "주민소환의 투표 청구권자·청구요건·절차 및 효력에 관하여는 따로 법률로 정한다."

제 7 장 주민참여제도와 민주주의

소환청구 사유를 제한하지 않고 있다. 그렇지만 일찍이 주민소환제 입안과정에서부터 주민소환의 사유를 일정한 경우로 제한할 것인지가 논란이 되었다. 미국의 대다수 주와 일본에서는 주민소환의 사유를 제한하지 않고 있다. 독일 또한 법률적으로 주민소환 사유를 구체화하지 않고 있다. 선출직 공직자의 부패, 무책임, 독선 등을 주민들이 견제하고자 하는 제도적 취지로 볼 때 그것을 명시적 한정적으로 규정하는 것은 타당하지 않기 때문이다. 그러나 제도의 남용 가능성을 우려하는 측에서는 그 사유를 부패 등의 경우로 제한하려 하였다(신봉기 2004; 하승수 2006). 이런 면에서 헌법재판소의 결정은 주민소환의 본래 성격이 사법적 절차가 아니라 정치적 절차임을 논증하는 것이었다.[6]

둘째, 주민소환투표 청구요건을 둘러싼 문제이다. 주민소환청구 단계에서 이를 성립시키기 위해 가장 중요한 것이 법정 서명자수이다. 주민소환에 관한 법률은 광역단체장과 기초단체장의 경우 각각 주민소환투표청구권자 총수의 10% 및 15% 이상의 주민소환투표를 청구할 수 있도록 규정하고 있다. 양 사례의 주민소환투표일을 기준으로 하남시 같은 기초자치단체에서는 소환청구요건이 되는 서명 주민의 수가 시장의 경우는 15,759명이고, 시의원의 경우는 10,914명과 10,098명으로 소환청구가 실현될 가능성에 문제가 없었다. 광역단체장의 경우 서울은 807,835명, 제주자치도는 41,390명으로 주민소환청구 요건을 충족시키기가 상대적으로 어려웠다(정일섭 2009).[7] 그럼에도 양 사례에서 소환 이슈와 운동이 대단히 강하게 표출되었기 때문에 주민소환투표청구 법정 서명자수는 충족되었다. 그렇지만 법정 서명자수에 관한 논란은 오히려 가열되었다. 일본은 우리나라에 비해 해직 또는 해산청구를 위한 서명자수 요건이 전체 유권자의 1/3 이상이다. 이 때문에 일본의 광역자

---

6 미국의 경우 주민소환을 정치적 절차와 사법적 절차로 보는 시각이 양분되어 있다. 전자의 시각에서 주민 소환은 대상 공직자의 배임, 직권남용, 의무불이행 등의 혐의를 요건으로 하지 않기 때문에 방어자의 권리를 보호하기 위한 사법적 절차를 적용하지 않는다. 후자의 시각에서 재량행위는 공직자의 소환 사유를 구성하지 않는 것으로 인식되는 반면, 배임 등 그 요건을 구성하는 상기 사유들은 주민소환을 성립시키는 근거가 된다(김영기, 2002).

7 더욱이 2007년 개정 이전의 제주특별자치도 특별법은 주민소환투표청구권자 총수의 20%를 청구 요건으로 정하여 실질적으로 주민소환제를 무력화시키고 있었다.

치단체인 도도부현지사에 대한 주민소환제도는 사실상 사문화되어 있다(하승수, 2006). 반면 미국에서 가장 일반적인 소환 요건은 지난 선거에서의 투표자수나 소환 대상자의 득표수의 25%의 서명이기 때문에 주민소환의 문턱이 매우 낮다. 그렇지만 이렇게 완화된 서명요건에도 불구하고 주지사 소환에 성공한 경우는 1921년 노스다코타주와 2003년 캘리포니아주 두 차례에 불과하다.

이밖에 청구요건에 관련된 문제들로는 소환주체를 둘러싼 논쟁을 들 수 있다. 주민소환에 관한 법률은 기본적으로 주민소환투표인명부 작성일 현재 19세 이상의 주민으로 지방자치단체의 관할구역에 주민등록이 되어 있는 자를 주민소환투표권 자로 규정하고 있다. 그런데 동법은 주민소환투표권자로부터 주민소환투표청구권 자 및 주민소환투표운동이 가능한 자를 분리하여 규정하고 있다. 그런데 주민소환 투표권자 규정은 전년도 12월에 전입한 주민은 당년도 1월에 주민소환투표를 청구 할 수 있는 반면, 당년도 1월에 전입한 주민은 12월에도 주민소환투표를 청구할 수 없게 되어 있어 유권자들 간의 형평성은 물론 참정권 자체를 과하게 제약하는 문 제를 안고 있다(전영상 · 현근 2009; 정일섭 2009). 하남시와 제주도의 사례는 해당되지 않지만, 이는 종종 주민소환투표청구가 기각되는 사유로 작용해왔다.

다음으로 양 사례에서 주민투표 단계에서의 쟁점은 다음과 같이 비교 · 정리할 수 있다. 첫째, 이 단계에서 가장 중요한 쟁점은 역시 투표율이다. 주민소환에 관 한 법률은 주민소환투표권자의 1/3 이상의 투표와 과반수 이상의 찬성으로 주민소 환의 효력을 발생시키고 있다. 그리고 주민소환투표권자의 1/3 미만의 투표율을 기록할 경우 개표를 하지 않도록 규정하고 있다. 양 사례 모두 주민소환투표를 성 사시켰지만 공히 투표율 미달로 개표를 하지 못했다. 외국의 입법례들과 비교할 때 우리의 투표율 요건은 비교적 낮은 편은 아니지만 그 정도가 크지는 않다.[8] 이 때 문에 과반수 찬성은 물론 과반수 투표로 효력 발생 요건을 강화해야 한다는 주장 도 제기된다(명재진 2007). 즉 소환 사유가 주민들의 이론 없는 공분을 불러일으킬

---

8 주요 국가들 중에서 가장 완화된 투표율 요건을 가지고 있는 경우로는 일본의 주민소환제를 들 수 있다. 일본은 청구서명요건이 엄격한 대신 별도의 투표율 규정을 두고 있지 않으며 투표자의 과반수 동의로 주민소환투표의 효력을 발생키시고 있다.

만큼 명약관화하다면 선출직 대표의 자격을 박탈하는데 임계 수준의 투표율은 담보되어야 한다는 논리인 것이다. 헌법재판소 또한 1/3 이상의 투표 요건에 별 문제가 없음을 지적한 바 있다. 이렇듯 투표율은 대표의 성립과 박탈의 정당성을 좌우하는 가장 실질적인 요건이라 할 수 있다. 그럼에도 권력경쟁의 홍행으로 여겨지는 보궐선거에서조차 30% 내외의 투표율이 이루어지는 현실에 비추어보건대, 현행 주민소환투표의 효력 요건을 달성하기 어렵다는 점은 분명하다.

그렇다면 정치참여의 거래비용을 감소시키는 것으로 이 문제를 해소할 수 있을 것인가? 가령 투표일이나 투표기간을 조정하는 식의 제도적 보완책을 고려할 수 있으나 이는 다른 선거의 투표방식과의 형평성 문제로 상정할 수 없다. 투표율 문제는 이보다는 주민소환투표운동의 공정성 문제와 관련해서 논의를 확대할 수 있다. 주민소환에 관한 법률은 주민소환투표운동을 찬성과 반대를 모두 포괄하는 행위로 규정하고 있다. 즉 투표참여와 투표불참 캠페인이 모두 가능한 것이다. 양 사례는 주민소환투표 단계에 이르자 투표율을 높이려는 운동과 낮추려는 운동 간의 대대적인 접전을 확인시켜주었다. 이 과정에서 합동연설회나 TV토론회를 무산시키려는 시도가 공공연하게 이루어지고 지자체 공무원들의 관권 개입도 늘 논란을 불러일으켰다. 이는 최종적인 국면에서 투표율을 둘러싼 공방과 불법행위로 인해 주민소환의 제도적 취지가 무력화될 수 있음을 시사한다.

투표율과 관련해서 지적할 수 있는 또 하나의 문제는 개표 요건이다. 전술했듯이 현행 법률은 투표율이 1/3을 밑돌 경우 개표를 허용하지 않고 있다. 투표율이 1/3을 넘기 어렵다는 것을 인지하는 상황에서 사표방지 심리 등으로 인해 유권자는 투표에 참여하는 비용을 지불하지 않으려는 경향을 드러낸다. 또한 지역의 특성상 투표불참운동집단의 감시도 적지 않은 부담으로 작용하여 투표의사자의 참여효능감(participatory efficacy)을 저하시킬 수 있다. 결국 이는 실질적으로 투표율을 경향적으로 저하시킬 뿐만 아니라 의도하지 않게 투표불참운동을 조장하게 되는 결과를 초래한다. 나아가 주민소환에 성공하지 못했을지라도 개표 결과가 지시하는 여론의 공표가 원천적으로 차단되는 것은 검토해야 할 소지가 역력하다. 즉 주민소환의 불성립과는 별개로 개표는 투표참여자들 다수의 의사를 확인시킴으로써 잔여

임기 동안 대표실패를 억제할 견제 요인으로 작용할 수 있다. 이런 면에서 1/3 규정이 야기하는 딜레마는 공론에 부쳐 다각적으로 검토할 필요가 있다.

5. 결론 및 제도 개선방안

지방자치제도의 본질은 권력의 분립과 주민이 주권자가 되는 지방정치를 실현하는 것이다. 이를 위해서 주민참여 확대와 협치의 활성화는 필수적이다. 그러나 그동안 정치 자원과 권한을 독점해온 지방정부와 지방의회로서는 '실질적인' 시민참여와 협치에 부정적인 경향이 크다. 즉 자원과 권한을 시민과 분점하고 의사결정을 그들과 공유하는 것은 불편하고 비효율적인 일이기 때문이다. 그리고 시민의 적극적인 개입은 행정과 정책과정을 복잡하게 만들거나 정책 의도를 좌절시킬 수도 있다. 또한 시민이 이성적인 판단과 전문적인 정책결정 역량을 갖추었는지도 의문시된다. 이러한 이유들로 '형식적인' 수준의 협치에 머무르는 경우가 다반사이다. 반면 협치의 부재는 견제와 균형이 취약한 우리나라 지방정치 실정에서 대표실패를 제어하지 못하는 결정적인 문제를 안고 있다. 가령 동일 집단이 지방정부와 지방의회를 장악하는 현상이 고착된 수도권이나 영호남 광역시·도의 경우 이러한 문제가 구조화되어 있다. 따라서 무엇보다 대표실패를 통제할 수 있는 주민참여제도가 바로 협치의 출발점이다.

그러나 앞의 주민소환사례 분석에서 확인되는 바처럼, 주민참여제도는 규정과 운영에서 개선해야 할 문제점을 적지 않게 안고 있다. 요컨대, 우리나라 주민참여제도의 문제점은 성립 요건과 실행 절차가 지나치게 까다롭고 복잡하다는 것인데, 이는 주민참여를 기피하고 가로막기 위한 의도가 규정에 투영되어 있기 때문이다. 물론 어떠한 제도나 정책이라 할지라도 그것은 관련된 집단의 이해를 조율한 결과물이기 때문에 완전할 수는 없다. 오히려 그러한 불완전성으로 인해 제도의 개선은 불가피하고 지속적으로 요청되는 것이다. 따라서 주민참여의 취지를 제약하는 주민참여제도는 마땅히 개선되어야 하며, 아래에서는 주요 골자를 제안하며 본고를 마무리한다.

　우선, 주민투표의 경우, 청구요건을 완화하고 국가사무에 대한 주민투표 대상을 확대하는 한편, 둘째, 지방정부의 장과 공무원의 중립성을 기해 투표운동의 공공성을 제고해야 한다. 아울러 이·통·반장을 투표운동 금지 대상에 포함시켜 정치적 중립 시비를 차단하고, 부재자 신고 및 거소투표 절차도 정비해야 한다. 셋째, 주민투표를 실시하기에 앞서 투표의제에 대한 합리적 공론화와 숙의적 의사결정을 위하여 프랑스의 국가공공토론위원회와 같은 주민투표토론위원회를 설치·운영할 필요가 있다(정정화 2012). 넷째, 획일화된 토론을 지양하고 소지역별·계층별 이해를 표출할 수 있는 다양한 프로그램을 진행할 필요가 있다. 다섯째, 개표 기준을 완화하거나 폐지해서 주민투표 결과와 주민여론 동향을 공유하고 정책에 참고해야 한다.

　그리고 주민발의의 경우, 제한 영역을 예시하고 그 외의 영역은 제한 없이 주민발의가 가능하도록 하여 조례의 초안 작성 단계부터 지방정부 법무팀 등이 적극적으로 조력할 수 있도록 제도 운영을 개선해야 한다. 둘째, 주민발의 서명자수는 지역 인구(수 또는 비율)를 기준으로 신축성을 기해야 한다. 셋째, 캠페인 단계에서 지방의회의 개입을 배제해서 주민발의의 근본 취지를 보호해야 한다. 넷째, 주민발의안의 내용을 홍보물을 통해 홍보하고 공청회와 토론방송을 활용해서 공론의 장에서 논의하고, 캠페인 기간도 최소한 3개월 이상 보장해서 주민의 관심과 참여를 높여야 한다(김영기 2008). 다섯째, 투표율은 주민소환법 개정을 준용해서 조정할 필요가 있다. 여섯째, 주민발의를 통한 조례개정이 실질적인 성과를 낳기 위해서는 화하기 위해서는 시민사회단체와 전문가 집단을 통한 물리적 지적 차원의 주민조직화를 도모해야 한다.

　또한 주민소환투표의 경우, 제한 규정이 너무 많고 까다로워 주민소환법이 주민소환을 방해하고 있어, 소환청구 사유의 적절성 여부를 비롯한 관련 사항에 대한 사전심의기구가 필요하다. 둘째, 주민소환청구자나 소환투표운동을 할 수 있는 자의 제한규정을 완화하고 관련 정보를 충실하게 제공할 수 있도록 법을 개정해야 한다. 셋째, 주민소환법은 지방정부의 장과 지방의원 등 선출직 공직자로 소환 대상을 제한하고 있는데, 비례대표 지방의원과 교육감을 포함해서 대상을 확대해야 한다. 넷째, 주민소환투표 실시에 앞서 양측이 대화를 통해 조정할 수 있는 제도적 장치를 마련해야 한다(김동욱·한영조 2010). 다섯째, 주민소환 결과는 결국 주민투표 결과를 따르기 때문에, 주민소환법의 1/3 투표율 규정은 완화하거나 폐지해서 여론 동향을 공유해야 한다.

다음으로 주민소송의 경우, 이를 위해서는 주민감사청구절차를 거쳐야 하므로 행정적·시간적 낭비가 발생하고 있다. 따라서 주민감사청구인수를 절반으로 줄이거나, 감사청구를 생략하고 직접 주민소송을 제기할 수 있도록 법을 개정해야 한다. 둘째, 주민소송을 해당 사건 발생 후 2년이 넘으면 제기할 수 없어 은폐되거나 알려지지 않은 행위는 주민감사청구 시기를 놓칠 수 있어 이를 5년 이내에 주민소송이 가능할 수 있도록 개정해야 한다. 셋째, 주민들이 지방정부 내부의 재무회계 행위에 대한 정보에 대한 접근이 어렵기 때문에, 주민소송 제기 단계에서는 대상의 특정을 엄격하게 요구하지 말아야 한다. 그리고 명백한 실정법 위반 외에도 직권남용과 직무유기 등의 위법행위도 판단의 여지를 두어야 한다. 넷째, 과잉소송을 통한 행정 파행을 막기 위해 이해당사자들 간의 대화와 조정을 제도화해야 한다(박효근 2012).

이어서 주민감사청구의 경우, 청구인수를 완화해야 하고 전문적인 감사기관의 확대 설치가 필요하다. 둘째, 감사청구대상 사무범위를 확대해야 한다. 셋째, 주민감사청구 단계별 처리절차, 즉 감사청구서 작성과 대표자 증명서 신청·교부, 청구인명부 서명, 청구인명부 사전확인 절차, 청구요건 심사, 감사결과에 따른 후속 필요조치 등을 전체적으로 보완하고 간소화해야 한다(김상호 2013). 넷째, 감사결과에 대한 엄격한 사후조치를 강제할 수 있도록 제도를 개선해야 한다. 다섯째, 주민감사청구자 및 서명자들에 대한 불이익을 차단할 수 있는 장치를 마련해야 한다.

마지막으로 주민발의의 경우, 주민이 직접 법률안을 기초하고 찬반 논의를 거쳐 주민투표로 법률안을 확정하는 단계를 설정하고 각 단계에 직접적인 참정의 핵심요소들을 배열하는 것이 그 원형이다. 이에 비하여 우리나라의 주민발의는 핵심 단계와 핵심요소들이 빠져 있어서 주민들이 서명을 받아 조례 제정을 청구하여도 불발에 그치는 경우가 허다하다. 주민발의의 본질은 시민에 의한 법률제정 또는 직접입법이지만 우리나라의 주민발의는 이에 근접하지 못하고 있다(김영기 2008). 따라서 주민발의의 절차를 지엽적으로 개선하기보다는, 본질적으로 일정 요건을 충족하면 곧바로 부의할 수 있도록 재설계해야 한다.

생각해 볼 문제

❶ 지방정치는 왜 필요할까?, 지방정치는 여러분의 삶에 어떤 영향을 미치고 있나?

❷ 현행 주민참여제도의 문제점과 개선방안을 더 고민해본다면?

❸ 대표실패를 통제하고 지방정치를 활성화하기 위해 추가로 도입할 필요가 있는 주민참여제도가 있다면?

❹ 우리 지역의 주요 현안과 제정 · 개폐해야 할 조례를 찾아보세요.

❺ 우리 지역의 지방정부의 장과 지방의원 활동을 모니터해보세요.

강명구. 2002. "한국의 지방정치 민주화." 박종민·이종원(편). 『한국 지방민주주의의 위기』 21-56. 서울: 나남출판.

강용기. 2008. 『현대지방자치론』. 서울: 대영문화사.

강호진. 2009. "현장통신 '미완성'으로 끝난 제주도의 풀뿌리 자치: 제주도지사 주민소환 운동을 되돌아보며." 『환경과 생명』 61: 261-225.

김동욱·한영조. 2010. "제주특별도시자 주민소환사례를 통한 주민소환제 문제점 고찰 및 개선방안." 『한국지방자치학회보』 22(1): 73-97.

김상호. 2013. "비교적 관점에서 현행 주민감사청구제도의 문제점과 개선방안." 『지방정부연구』 17(2): 211-232.

김영기. 2008. "미국과 스위스, 한국의 주민발의제도 비교연구." 『지방행정연구』 22(2): 117-144.

김욱. 2005. 『정치참여와 탈물질주의: 한국과 스웨덴의 비교』. 서울: 집문당.

김윤환·최영. 2008. "주민소환제 관련 보도의 시민저널리즘 가치 구현에 관한 연구: 하남시의 사례를 중심으로." 『언론과학연구』 8(4): 336-366.

김현준. 2006. "주민소환제의 의미와 과제." 『공법학연구』 7(3): 177-198.

김홍우 외. 2002. 『정치학의 이해』. 서울: 박영사.

박찬욱. 2005. "한국인 정치참여의 특징과 결정요인: 2004년 조사결과 분석." 『한국정치연구』 14(1): 147-193.

박현희. 2010. "주민발의제도의 운영 현황과 특성." 『한국행정학회 공동학술대회자료집』.

박효근. 2012. "주민소송제도의 현황 및 향후 과제." 『한양법학』 23(4): 113-135.

박희봉. 2006. "주민조례청구제도의 운용과 과제." 『지방행정』 8: 26-32.

양영철. 2007. 『주민투표제도론』. 서울: 대영문화사.

제 7 장 주민참여제도와 민주주의

LOCAL POLITICS

이기우·하승창. 2007. 『지방자치법』. 서울: 대영문화사.

이숙종·유희정, 2010. "개인의 사회자본이 정치참여에 미치는 영향." 『한국정치학회보』 44(4): 287－313.

전영상·현근. 2009. "주민소환제도의 운영실태와 효과성 분석." 『정책분석평가학회보』 19(1): 137－169.

정연정. 2007. "주민소환제도 도입과 발전 방안: 해외 사례의 제도적 시사점을 중심으로." 『지역정책연구』 18(2): 1－20.

정영국. 1998. "한국의 민주주의와 지방자치." 한국정당정치연구소. 『한국 민주주의와 지방자치』 15－30. 서울: 문원.

정정화. 2012. "주민투표제도의 운영실태와 개선방안." 『한국지방자치학회보』 24(4): 89－113.

정일섭. 2009. "주민소환제도에 대한 평가." 『한국지방자치학회보』 21(1): 79－96.

하승수. 2006. "주민소환제도의 특징과 시민사회에 주는 함의." 『시민사회와 NGO』 4(2): 77－103.

하승수. 2007. 『지역, 지방자치 그리고 민주주의』. 서울: 후마니타스.

허훈. 2003. "주민감사청구제도의 운용실태와 개선방안." 『한국지방자치학회보』 15(1): 5－262.

PART

3

우리나라의 지방정치의 쟁점과 과제

L O C A L P O L I T I C S

8 지역언론과 시민단체/이익집단

시민이 정치에 적극적으로 참여하려면 여러 가지 조건들이 필요하다. 가장 기본적인 조건은 관련된 정보이다. 관심을 가질 만하거나 가지고 있는 사안에 관한 기본적인 정보가 있어야 토론이나 정책결정에 적극적으로 참여할 수 있기 때문이다. 그런 의미에서 지역언론은 지방정치에 중요한 영향을 미칠 수밖에 없다. <한국언론진흥재단>의 '2014년 일간신문발행부수현황'을 보면, 전국으로 배포되는 전국지가 총 49개에 발행부수가 약 807만부이고 지역지가 총 106개에 발행부수가 약 113만부이다. 전국지의 본사가 모두 서울에 위치하고 있다는 점을 고려하면 전국이나 수도권의 정보가 훨씬 많이 유통되는 셈이다. 그리고 공영방송, 민영방송, 종편 등 언론산업의 '2014년 지역별 매출액 현황'을 보면 서울특별시가 약 7조 4,883억원으로 전체의 85.4%를 차지한다. 방송 역시 수도권에 위치하고 있으니 중앙과 지방의 격차가 심하다고 볼 수밖에 없다. 한국처럼 수도권으로 정보가 집중된 사회에서 시민들은 어디서 지방정치에 관한 정보를 구해야 할까?

그리고 시민의 정치참여를 촉진시킬 수 있는 또 다른 조건은 지역의 중요한 현안에 관한 정보를 설명하고 함께 논의할 장을 마련하는 시민단체나 이익집단이다.

<행정자치부>의 '2016년 비영리민간단체 등록현황'(2016.03.31 기준)을 보면, 중앙행정기관에 등록된 단체가 1,572개, 서울특별시와 경기도에 등록된 단체가 3,992개, 나머지 시도에 등록된 단체가 7,542개이다. 시민단체들도 수도권에 많이 모여 있고 각종 협회나 전국단체의 중앙회는 거의 모두가 서울에 있다. 이런 환경에서는 지방정치가 독자적인 의제를 만들어 활동하거나 여론을 만들기가 어렵다.

또한 <국가통계포털 사회조사(KOSIS)>에서 2015년 기준 '지난 1년간 참여한 단체' 통계를 보면 응답자 중 가장 높은 참여율을 보인 단체는 친목 및 사교단체로 전체의 55.7%이고, 종교단체 18.3%, 취미, 스포츠 및 레저 단체 15.4%, 시민사회단체 4.8%, 지역사회모임 2.6%, 학술단체 2.0%, 이익단체, 0.9%, 정치단체 0.2%이다. 이 조사결과가 의미하는 바는 무엇일까? 민주화 이후에도 시민들의 참여가 반(反)정치적이거나 비(非)정치적인 단체활동에 그치고 있다고 보기는 어려울까?

이 장에서는 이런 고민들을 함께 나누려 한다.

1. 지방정치와 지역언론

존 키인(J. Keane)에 따르면, "민주주의의 뛰어난 장점은 평화롭고 조용하고 훌륭한 결정을 내리는 데에 있는 것이 아니라, 시민들로 하여금 이러한 결정들의 질을 (또한 판단을 재고하게끔) 판단하게 하는 권리를 부여하는 데에 있다." 즉 "민주주의는 대중들이 공개적으로 판단하는 규칙이다."(키인 1995, 211) 이렇게 보면 언론은 정보를 제공하고 시민들의 판단을 도우면서 민주주의에서 핵심적인 역할을 맡는다.

1) 언론의 중앙화와 지역신문발전위원회

한국의 언론환경은 어떨까? 국제적인 언론감시단체인 <국경없는 기자회(RSF)>가 발표하는 '언론자유 지수'에 따르면, 2015년 한국의 순위는 전체 180개국 중 60위를 차지했다. 이 지수는 2006년에 31위까지 올라갔으나 계속 떨어지고 있다(한겨레 2015/03/20). 언론의 자유지수가 떨어진다는 것은 언론의 공정성과 공공성이 침해당하는 심각한 문제이다. 따라서 언론의 자유를 지키려는 시민들의 관심이 필요하다.

그리고 한국의 언론은 수도권에 집중되어 있다. <한국언론진흥재단>의 '2014년 일간지 발행부수'에서 상위 10개를 따로 뽑으면 전국지는 6,025,024부, 지역지는 648,450부로 약 10배 정도의 차이를 보인다. 그리고 언론의 자율성을 강화시킬 수 있는 매출현황을 보면, 2014년을 기준으로 전국종합일간지의 매출액은 약 1조 4438억원인데, 이에 반해 종수가 훨씬 많은 지역종합일간지의 매출액은 약 4,200억원이다. 지역종합일간지의 매출액은 전국종합일간지의 약 30% 정도에 그친다. 발행부수로 보나 매출액으로 보나 지역종합일간지들의 상황이 더욱더 열악하다.

더구나 한국의 시민들은 방송보다 신문에서 더 많은 정치정보를 얻는 것으로 알려져 있다(정상호 2011, 23-24). '사회자본(social capital)'이라는 개념을 유행시킨 로버트 퍼트남(R. Putnam)은 『사회적 자본과 민주주의』에서 시민성 형성을 측정하는 주요한 지표로 신문구독률을 꼽았다(퍼트남 2006). 가족 중 최소한 한 사람이 일간신문을 읽는 가정의 비율이 높을수록 시민활력과 결사체 활동도 활발해진다는 것이다. 그런데 여기서의 신문은 중앙지가 아니라 지역의 소식을 알리는 지역신문이다. 그러니 지역 소식을 잘 알려주고 관련된 의제나 정책결정에 관심을 가지는 시민들이 참여하도록 돕는 지역언론이 늘어나야 지방정치도 활성화될 수 있다.

한국의 언론환경이 수도권으로 집중되어 있기 때문에 <문화관광부> 산하에 <지역신문발전위원회>(http://www.cln.or.kr/index.php)라는 기구가 만들어져 그동안 지역언론을 지원해 왔다. <지역신문발전위원회>는 2004년 3월에 제정된 '지역신문발전지원특별법'에 따라 설립된 기구로서 "지역신문의 건전한 발전기반을 조성하여 여론의 다양화, 민주주의의 실현 및 지역사회의 균형발전에 이바지함을 목적으로 한다"는 목적을 세우고 있다. 지역신문발전기금은 다음과 같은 목표를 세우고 운용되어 왔다.

<지역신문발전위원회>는 이런 목표를 실현하기 위해 지역신문발전기금을 조

그림 8-1 지역신문발전기금의 목표

출처: 한국언론진흥재단 홈페이지

성하고 지원사업을 실시하며 지역신문 발전을 위한 조사, 연구, 교육사업 등을 실행하고 있다. 2005년 지역신문 경쟁력 강화를 위한 지원사업으로 62억원을 지원한 것을 시작으로 매년 수십억원의 기금을 지역신문사에 지원해 왔다. 지역사회의 공공성을 강화하고 지역언론의 경쟁력을 회복시키려는 취지가 담겨 있다.

2) 계도지와 개발연합

그렇다면 이렇게 십년 이상 지역신문을 발전시키려는 지원사업이 실시되었으니, 지역신문들의 상황이나 지방정치의 현실이 나아졌을까? 정부지원을 받으며 지역신문사의 공공성이 강화되어 지역주민의 여론을 반영하고 지방정치를 활성화시켜야 할 텐데, 정작 주민들은 지역신문이 이런 지원을 받는다는 사실조차 잘 모른다. 지역사회가 건강한 지역언론을 만들기 위해 다양한 자원을 모으고 여러 활동을 조직해야 할 텐데, 현실은 정반대이다.

이것은 지역언론의 소유구조와 깊은 연관이 있다. <미디어오늘>은 2006년 3월까지 등록된 지역일간신문사 88개사 중 30개사의 소유주식현황을 분석한 결과 "조사대상 신문사의 절반이 건설·운수·서비스 등 지역토착 기업이거나 이들 업체의 대주주를 1, 2대 주주로 두고 있다"고 보도했다(미디어오늘 2006/04/04). 지역민간

방송사의 상황도 다르지 않다. 1990년대에 상업방송이 도입될 때부터 공익성을 위해 소유와 경영을 분리시키고 대주주의 사유화를 막아야 한다는 주장이 끊임없이 제기되었지만 "지나친 고율배당, 대주주에 의한 방송사 길들이기식 부당감사, 유보금 오용, 무리한 수익사업, 극단적 내핍경영으로 인한 제작여건의 악화, 방송경영에 대한 무분별한 개입 등"의 문제점이 계속 제기되고 있다(박민 2013). 지역신문과 방송사가 소수의 대주주나 기업가의 손에 좌우되면서 언론의 공공성과 공정성은 계속 위축되어 왔다.

더구나 각 지방정부에는 계도지 예산이라는 것이 잡혀 있다. 원래 계도지 예산은 1960, 70년대에 중앙정부가 관변단체와 통·반장들에게 정부정책을 홍보하기 위해 모든 기초자치단체에 편성했던 예산으로 지방정부는 이 예산으로, 지역신문을 구매해서 산하 기관에 나눠줬다. 지방정부가 지역신문의 발전을 위해 예산을 들여 보급하는 것 같지만 실제로는 '권언유착'의 사례로 지목된다. 지방정부에 신문을 판매하는 지역언론사는 정부정책을 충실히 따를 수밖에 없고 주로 정부정책을 알리는 기사를 담기 때문이다.

지방자치제도가 실시된 이후에도 언론사와 관계를 잘 유지하기 위해 지방정부는 계도지 예산을 책정해 왔다. 실제로 "토착기업자본신문의 경제분야에 대한 부정적 기사는 단 1건도 없었고, 행정 분야의 부정적 기사비율도 4.8%에 그쳐 기업이 지역신문을 운영할 경우, 경제 분야에 대한 보도성향이 호의적일 뿐만 아니라, 모기업의 각종 인·허가 문제를 의식하여 행정 분야의 보도자료를 호의적으로 보도할 가능성이 높다."(남효윤 2009, 131) 이런 상황이다 보니 중앙/지방정부가 지역언론을 지원하는 것을 무조건 긍정할 수만은 없는 현실이다.

실제로 지방정부와 지역언론의 유착관계는 지역의 크고 작은 개발사업에서 불거지고 있다. '개발연합(growth coalition)'은 지역사회를 개발해서 이익을 취하려는 다양한 이해당사자들의 연합을 가리키는데, 지역언론은 이런 개발사업들의 정당성을 홍보하고 주민들의 기대효과를 부추기는 역할을 맡는다. 지역언론이 지방정부의 부패나 실정(失政)을 감시하고 비판하며 지역사회의 공공성을 강화시키는 역할을 맡지 못하고 있고, 제대로 된 정보를 제공하지 않는다면 지방정치도 활성화되기 어렵다.

제 8 장 지역언론과 시민단체/이익집단

3) 풀뿌리언론운동(바른지역언론연대)과 지방정치

물론 지역언론이 개발연합이 아닌 다른 역할을 맡을 수도 있다. 31개 지역언론 사들이 연합한 <바른지역언론연대>는 1995년 정부의 탄압에 공동으로 대처하려 는 홍성신문, 부천시민신문, 영천신문, 해남신문, 나주신문 등 5개 신문사의 '바른 지역언론을 지키기 위한 연대'에서 시작되었다. 그뒤 확대개편과정을 거치면서 회 원사가 늘어났고 2001년에는 사단법인으로 거듭났다. 2004년 지역신문발전지원특 별법이 제정된 뒤에도 기자상을 시상하고 기자연수와 회의를 조직하고 있으며 풀 뿌리미디어(http://www.bjynews.com/)라는 기사공유플랫폼을 운영하고 있다.[1]

<바른지역언론연대>는 1996년 4월 20일 윤리강령을 채택하고, 공동의 편집 규약과 광고윤리에 관한 강령 및 실천요강, 신문판매윤리강령 및 공정경쟁규약을 제정했다. 이 공동편집규약은 중앙일간지나 지역일간지보다 빨리 제정되었는데 편 집권의 자율성을 보장하기 위해 "OOO신문사는 외부의 어떤 기구나 단체로부터 독립된 종합신문으로, 지역주민들이 자신의 삶에 주인이 되는데 필요한 정보를 최 대한 충실하고 공정하게 제공하며, 대한민국 헌법이 보장한 기본권과 질서를 존중 하고, 민주적인 지역공동체를 지향한다. OOO신문사는 바지연 윤리강령을 준수한 다."는 규약을 담고 있다. 지역신문이 언론의 역할을 제대로 맡겠다는 다짐이다. 실제로 <바른지역언론연대> 회원사 중 하나인 옥천신문은 뇌물 수수 의혹 등을 보도해 현직 군수를 구속시키기도 했다.

물론 현실적으로는 작은 지역언론사가 하나의 기초자치단체를 상대하기도 어 렵다. 하지만 이렇게 지역언론사들이 서로 연대하여 담론을 만드는 것은 중요한 활동이다. <바른지역언론연대>는 2016년 3월에 <희망제작소>와 협약을 맺고

---

1 2016년 3월 현재, 바른지역언론연대 회원사는 서울·경기도의 구로타임즈, 자치안성, 평택시민신 문, 용인시민신문, 고양신문, 충청도의 당진시대, 태안신문, 충남시사신문, 뉴스서천, 홍주신문, 옥 천신문, 전라도의 해남신문, 진안신문, 광양신문, 담양주간신문, 담양곡성타임즈, 시민의 소리, 강 원도의 원주투데이, 설악신문, 경상도의 경주신문, 성주신문, 영주시민신문, 경산신문, 한산신문, 양산시민신문, 남해시대, 거제신문, 뉴스사천, 고성신문, 주간함양, 제주도의 서귀포신문 등 31개 사이다.

2016년 국회의원 총선거에서 ▲중앙 − 지방 협력회의설치, ▲자치입법권 강화, ▲ 기관위임사무 폐지와 사무배분 사전검토제 도입, ▲자치기구, 정원 운영의 자율권 강화, ▲국세대비 지방세 비율 8:2에서 6:4로 확충, ▲국회 내 상설 '지방분권특별위원회'설치, ▲지방분권형 헌법 개정 등의 7개 공약을 제안하기도 했다. 지역언론이 먼저 지방자치의 쟁점과 대안을 제안함으로써 지방정치를 강화시키는데 중요한 역할을 맡을 수 있음을 보여주는 사건이다.

존 키인은 대항 커뮤니케이션 네트워크의 중요성, 특히 탈중앙적 커뮤니케이션 네트워크의 중요성을 강조하면서 "'하향식' 민주주의의 위험을 전달해주며 시민사회 내에서 밑으로부터 뿌리를 내린 다양한 결사체를 통하여 과거의 유산들을 보존하고 현재의 안정을 기하고 미래의 희망을 갖게 한다"고 지역언론의 중요성을 강조한다(키인 1995, 171).

최근에는 지역주민들이 협동조합신문사를 세우는 사례도 늘어나고 있다. 기획재정부가 운영하는 협동조합 사이트(http://www.coop.go.kr)에 따르면, 전국에서 언론이나 신문이라는 이름을 내건 협동조합들의 수는 42개이고, 지역은 충북 괴산, 전남 순천과 구례, 전북 장수와 진안, 경남 거창과 진주, 강원 춘천, 경기도 양평과 파주, 포천 등으로 다양하다. 그러니 한국 지역언론의 실험은 현재 진행형인 셈이다.

2. 시민단체와 생활정치

테다 스카치폴(T. Skocpol)는 시민참여와 정치를 분리시키려는 보수적인 시각에 반대하면서 "전국적 커뮤니티와 적극적 정부, 민주적 동원이 활발한 시민사회를 창출하고 유지하는데 매우 중요하다"고 주장한다(스카치폴 2010, 24). 국가의 개입과 시민사회의 참여를 대립시키는 이원론적 시각보다 시민의 자원활동이 정부의 활동이나 시민정치와 밀접하게 연관되어 있다는 점을 깨달아야 한다. 그런 의미에서 전국적인 회원단체의 쇠퇴와 애드보커시 전문단체의 등장은 민주주의나 공공성의 강화가 아니라 전문가집단의 강화와 미국 시민민주주의의 쇠퇴를 불러왔다고 스카치폴은 평가한다.

스카치폴은 시민단체의 수가 아니라 지역으로 제한되지 않는 시민단체의 역할과 계급을 횡단하며 시민의 정치력을 강화시키는 시민사회의 구조가 민주주의에 중요하다고 본다. 그렇다면 한국의 상황은 어떨까?

1) 관변단체와 비영리민간단체등록법

스카치폴의 관점을 빌린다면 한국에서 가장 정치력이 강한 단체들은 소위 '관변단체'라 불리는 새마을운동, 바르게살기운동, 자유총연맹이다. 1970년에 만들어진 새마을운동중앙회는 현재 210만명의 회원을 가진 전국단체이고(홈페이지 소개 내용) 전국 각 동단위까지 조직된 거의 유일한 단체이다. 이 새마을운동은 1980년에 제정된 '새마을운동조직육성법'에 따라 중앙정부와 지방정부에게 운영과 사업에 필요한 예산을 지원받는다. 정부예산을 지원받고 조직운영이 정부의 영향을 받기 때문에 그동안 새마을운동은 정부정책을 지지하거나 대변하는 역할을 주로 해왔다. 그리고 1991년 지방의회가 부활하면서 새마을운동에서 일한 사람들이 대거 지방의원으로 진출했는데, 1991년 지방의회 의원선거에서 무려 1,040명의 새마을지도자(전직 포함)들이 기초 및 광역의회에 진출했고, 이는 전체 지방의원의 20.1%에 달했다(정상호 2001, 171-172). 지방정치에서 가장 영향력있는 단체를 꼽으면 새마을회가 단연 앞선다.

바르게살기운동은 1989년에 창립된 조직으로 진실, 질서, 화합을 3대 이념으로 내세우는 단체이다. 1991년에 제정된 '바르게살기운동조직육성법'에 따라 지금과 같은 조직으로 만들어졌고 전국에 지부를 두고 있는데, 새마을회와 마찬가지로 정부의 출연금과 보조금을 받는 단체이다. 자유총연맹은 1954년에 만들어진 아시아민족반공연맹의 한국지부로 시작해 1964년 한국반공연맹으로, 1989년 한국자유총연맹으로 명칭이 변경되었다. 자유총연맹운동은 1989년에 제정된 '한국자유총연맹 육성에 관한 법률'에 따라 국·공유재산 및 시설을 무상으로 대부하거나 사용할 수 있고 운영경비와 시설비, 그밖의 경비를 정부에게 보조받을 수 있다.

이들 3대 단체는 개별 법률에 따라 보호를 받고 중앙/지방정부에게 보조금과 사업비를 지원받기에 정부의 편에서 여론을 만들거나 정책을 지지하는 경우가 많다(2014년 기준으로 이들 3대 단체가 정부에게 받은 지원금은 약 350억원에 달한다). 그런 점에서 시민들의 자발적인 결사체라기보다는 정부에 의해 만들어진 동원단체이고, 스카치폴이 지적한 시민민주주의의 이념과는 거리가 멀다.

그렇지만 이들 단체 출신들이 제도정치권에 상당수 들어가 있다는 점은 무시할 수 없고, 실제로 지방정치에도 많은 영향을 미치고 있기에 이들 단체를 빼고 지방정치를 논하기는 어렵다. 이들 단체에서 활동하는 회원들 중 상당수가 자영업에 종사하고 있어 선거에 영향력을 행사하고 이권과 연결되어 있다는 비판을 받고 있다고 해도 말이다(정상호 2001, 169-170; 하승수 2007, 106).

이런 관변단체들 외에 시민들이 자발적으로 만든 단체들도 있다. 1989년 경제정의실천시민연합(경실련)이 만들어진 뒤에 환경운동연합(1993년), 참여연대(1994년)처럼 사회운동의 성격과 공익성을 동시에 가진 비정부기구(NGO)들이 만들어지기 시작했다. 오늘날 한국의 시민단체들은 정부와 기업의 권력을 견제하고 부조리하고 불평등한 정책의 변화를 요구함으로써 시민의 권리를 옹호할 뿐만 아니라 공공서비스를 제공하기도 하고 사회적 약자의 이익을 대변하기도 한다. 그리고 사회의 갈등을 조정하고 시민교육을 담당하기도 한다.

이런 시민단체들의 활동은 1990년대를 거쳐 2000년대 이후 보다 다양하고 전문화되어 현재 정치, 경제, 환경, 여성, 인권, 교육 등은 물론이고 주민자치, 문화, 사회복지, 언론, 소비자, 정보화, 경제, 자원봉사 등 다양한 영역에서 이루어지고 있다. 최근에는 제3세계나 다른 나라의 시민들과 연대하는 국제시민단체(INGO)들도 늘어나고 있다.

이렇게 시민단체들이 활동영역을 넓혀가고 복지나 교육 부문의 공백을 보완하는 역할을 맡자 정부는 시민단체들의 사업을 지원하기 위해 2000년에 '비영리민간단체지원법'을 제정하고 필요한 행정지원과 재정지원의 길을 열었다. 이에 따라 2015년 기준으로 행정자치부는 90억원의 예산으로 236개 단체, 223개 사업을 보조했다. 지방정부가 지방재정법에 따라 사회단체보조금이나 민간행사지원 명목으로 지원하는 예산까지 합치면 시민단체가 받는 지원금 규모는 훨씬 늘어난다(이들 단체에는 기존의 관변단체들도 다수 포함되어 있다).

이런 정부보조를 통해 시민단체의 수와 단체규모, 사업의 수는 매년 늘어났다. 그렇다면 이런 활동이 지방정치에도 긍정적인 영향을 미쳤을까? 앞서 개별법에 따라 지원을 받는 3대 관변단체는 기성정치를 옹호하는 역할을 담당하면서 지역토호의 기득권을 강화시킨다는 비판을 받아 왔다. 시민단체들도 사업을 지원받기 시작하면서 예전의 비판과 감시, 견제 기능이 약화되고 정부의 들러리가 되어가고 있다는 비판을 받고 있다. 그리고 비영리민간단체지원법은 공익활동증진과 민주사회발전을 목적으로 삼지만 정치활동을 배제하거나 특정 정당이나 정치인에 대한 지지를 금지하고 있다. 스카치폴은 "당파활동과 비당파활동의 사이에 방화벽 설치를 목적으로 한 규칙을 폐지 또는 수정해야 한다"고 주장했는데 한국에는 정치활동에 대한 반감이 아직도 심하다(스카치폴 2010, 292). 이런 상황에서 정부의 지원 없이 자체 회비나 수익만으로 시민단체가 활동을 하기는 어렵고 정부지원을 받으려면 정치를 배제해야 하는 모순이 발생하고 있다.

2) 시민단체의 중앙화, 풀뿌리운동

한때 '시민 없는 시민운동'이라는 말이 유행했다. 이 말은 전문가나 활동가가 시민단체를 운영하고 시민참여가 부족했다는 시민운동의 자기반성 과정에서 처음 사용되었다. 그러다가 시민운동을 비난하려는 사람들이 이 말을 가져다 쓰기 시작하면서 유행어가 되었고 상당히 강력한 비판의 언어가 되었다. 하지만 활동가나 전문가도 시민이고 단체의 내부의사소통구조가 있기 때문에 실제로 시민이 없이 시민운동이란 있을 수 없다.

그동안 시민운동의 문제들이 없지는 않다. 전문가나 활동가가 시민단체를 운영하고 이런 단체들 상당수가 수도권에 집중되어 있다보니 활동의 의제도 중앙화된다. 시민단체가 견제, 감시하는 행정부나 기업들 대다수가 수도권에 집중되어 있고 여론을 만드는 언론사들도 전국언론이다보니 점점 더 중앙으로 집중된다. 시민이

냐 아니냐의 논쟁보다 중요한 것은 시민사회운동의 방식이다. 이런 집중화를 극복하고 아래로부터의 민주주의를 실현하려는 노력이 필요했는데, 지금도 중앙화된 운동관행은 계속되고 있다. 예를 들어, 전문가와 활동가들이 중앙언론(지역풀뿌리언론은 배제되었다)을 대상으로 기자회견을 열고 이슈파이팅을 하는 모습은 얼마나 바뀌었을까? 법과 제도를 바꾼다는 명목으로 전문가들이 단체의 주요한 요직을 차지하며 중앙/지방정부와 협상을 벌이는 방식은 얼마나 바뀌었을까? 열심히 회비를 납부하거나 회원 동아리를 꾸리는 것 외에 딱히 회원의 역할이 없는 단체의 내부구조는 얼마나 바뀌었을까?

1996년 5월 13일 <한겨레>는 시민운동의 위기를 점검한다며 "회원들 자발적 참여 거의 없어 정체성 흔들/회비납부도 저조, 대중보다 언론 의식 자성"이라는 타이틀로 "87년 6월 항쟁 이후 우리 사회에서 꾸준히 영향력을 확대해온 시민운동이 시민들의 외면 속에 심한 정체성 위기에 시달리고 있다. 특히 15대 총선에 시민운동권의 대표적 인사들이 대거 출마했다가 낙선한 뒤 중견운동가들의 공백과 운동의 순수성 훼손 논란 등으로 어려움이 더해졌다."는 기사를 실었다. 20년이 지난 지금의 상황은 이와 얼마나 달라졌을까?

풀뿌리운동은 이런 흐름에 대한 반성으로 등장했다. 보통 풀뿌리운동은 특정 지역을 근거로 삼는 운동으로 이해되지만 그건 절반의 진실이다. 풀뿌리운동은 법과 제도를 바꾸는 것보다 수동적인 주민을 능동적인 주체로 성장시키려는 목적을 가진다. 그래서 중앙으로 집중하기보다 아래에서 정치적인 변화를 힘을 만들고자 한다. 그런 의미에서 특정 지역을 근거지로 삼더라도 주민이 직접 의제를 만들고 운동을 주도하지 못한다면 풀뿌리운동이라 보기 어렵다. 풀뿌리운동은 운동과정에서 형성된 주민들의 리더십이 지방정치의 힘을 만들고 지방권력과 대등해지는 자치를 지향한다.

이런 풀뿌리운동의 역사는 꽤 오래 되었는데, 예를 들어 1991년부터 경기도 부천시의 부천YMCA는 주부들과 함께 42개 학교 주변에 있는 담배자판기의 위치와 이용실적을 분석해서 담배자판기 설치를 제한할 수 있는 조례를 제정할 것을 중앙/지방정부에 요구했다. 그 결과 당시 재무부는 지방의회가 조례로 담배자판기 설치를 제한할 수 있도록 새로운 '담배사업법시행규칙'을 만들었고, 1997년 7월 담배자판기 설치를 제한하는 조례가 부천시의회를 통과했다. 그리고 이미 설치된 담배자판기가 철거되고 지방자치법이 개정되어 조례를 위반할 경우 기초의회가 1,000만원 이하의 과태료를 부과할 수 있게 되었다. 이처럼 풀뿌리운동이 법과 제도의 변화를 유도하기도 한다.

그러면서도 풀뿌리운동은 주체의 성장과 다양성이라는 강점을 제대로 살리고 있는지를 계속 점검한다. 주민구성이 특정 아파트나 마을을 넘어 다양해지고 넓어지고 있다면, 그러면서 지역과 사람의 독특성을 드러내며 단단한 관계망을 만들고 있다면 풀뿌리운동의 힘은 강해지고 있다고 할 수 있다. 신뢰로 형성된 관계망을 통해 정치활동이 펼쳐진다면 풀뿌리운동은 지방정치, 지방민주주의를 이끄는 동력이 될 수 있다.

지역사회에서 기존의 관변단체와 풀뿌리운동의 지방정치에 미치는 영향력은 어느 정도일까? 기존의 논의들은 지방권력과 결탁된 단체들이 단일하게 지역사회를 장악하고 있다는 엘리트론(elitism)이나 지역의 권력구조가 다양하고 분산되어 있어 협력과 협상이 가능하다는 다원주의론(pluralism)으로 구분되어져 왔다. 관변단체의 영향력과 지방정부(단체장＋지방의회)의 구성을 보면 엘리트론이 맞는 듯하지만 풀뿌리운동이 활성화된 지역에서는 엘리트들이 견제를 받고 관변단체 내에도 다양한 차이들이 존재한다는 점을 고려하면 다원주의론의 시각도 포기될 수 없다. 특히 지방자치제도는 하나의 위계질서 속에 존재했던 지역과 중앙의 권력구조를 다양화시켰다.

3) 지방자치제도의 복원과 생활정치

민주주의의 학교라 불리는 지방자치제도가 1991년에 부활되었지만 자치를 실현하고 있는 지역은 드물다. 모범사례로 얘기되는 몇몇 지역들이 있지만 그 지역들도 꼼꼼하게 살펴보면 몇몇 인물이나 몇몇 단체가 밖으로 부각되는 것이지 지역사회 자체가 풀뿌리민주주의를 실현하고 있다고 말하기는 어렵다. 그리고 한국처럼 지역에 사는 대부분의 주민들이 여전히 권력에서 소외되고 정치를 경험하지 못하며, 제도를 활용하거나 참여문화를 만들지 못하는 사회에서는 풀뿌리민주주의가 공허한 가치로 여겨질 수밖에 없다. 뜻은 좋지만 현실에서는 무기력한 가치. 그러다 보니 풀뿌리민주주의라는 말보다 풀뿌리보수주의라는 말이 더 익숙하고, 시장이나 군수같은 단체장들은 지역사회의 제왕이라는 평가를 받고 있다. 제왕이 있는 사회에서 민주주의를 논할 수 있을까?

시민의 눈높이에서 이런 구조적인 문제들에 개입하려는 운동들이 생활정치이고 풀뿌리운동의 주요한 정치전략이다. 정치보스들이 정치를 좌지우지하는 한국사회에서 생활정치라는 말이 등장한 것은 그리 오래되지 않았다. 생활정치라는 말이 등장하려면 먼저 그런 정치의 준비조건이 마련되어야 했고, 지방자치제도의 부활 이후에야 그런 조건이 마련되었기 때문이다. 그리고 생활정치가 이루어지려면 각종 정치적인 사건들에 관해 시민들이 자유로이 말할 수 있어야 하는데 중앙일간지들이 여론을 주도하니 지역 소식이 묻혔기 때문이다.

한국사회에 생활정치라는 말이 처음 등장한 것은 1992년 총선 때였다. 이때는 단순히 주민들을 위한 정치를 펼치겠다는 의미로 생활정치라는 말이 사용되었다. 그러다 생활정치라는 말이 기성정치와 다른 의미로 사용되기 시작한 것은 여성단체를 비롯한 시민단체들이 1995년 지방선거를 준비하면서부터였다. 보육과 교육, 복지 등 지역사회와 생활세계를 잘 아는 여성들이 지방의회로 진출하거나 그런 생활의제들이 선거공약으로 만들어지는 과정에서 생활정치라는 말이 조금씩 확산되기 시작했다.

그리고 <YMCA>를 비롯한 시민단체나 주민운동단체, 풀뿌리운동단체들이 '생활정치아카데미'나 '생활정치네트워크'를 결성해서 지방선거에 후보자를 낼 뿐 아니라 시민교육, 즉 민주적인 토론역량과 합리적인 갈등해결능력, 정치적인 의사표현능력 등을 키우고 가부장적 권위주의를 극복하며 시민의 정치역량을 강화시키자는 운동을 펼치기 시작했다. 그러면서 일본생협의 생활정치운동이나 대리인운동이 소개되기 시작했고, 생활정치의 실험들도 늘어났다.

그동안 한국사회에서 생활정치가 전개되어온 과정을 살펴보면 몇 가지 특징을 발견할 수 있다. 일단 생활정치가 활성화되려면 정치의 장이 다양하게 구성되고 구체적인 지역현실에서 고유하고 구체적인 의제가 개발되어야 했는데 그렇지는 못했다. 한국사회에서 정치는 중앙정치, 수도권정치였기 때문에, 지방이나 지역사회의 주체나 의제들이 시민들의 관심을 받지 못했다. 둘째, 한국사회에서 정치는 주로 선거로 대표되었고 선거를 준비하는 정당들이 정치의 중심에 있었다. 그런데 한국의 정당들은 보스 정치인의 통제를 받으며 비민주적으로 운영되었고 사회의 다양한 이해관계를 대표하지도 못한 채 보수화되었기 때문에 제도정치와 생활정치의 거리가 매우 넓어졌다. 그러다보니 생활정치는 제도정치를 변화시키지도 '정치적인 것'의 개념을 확장시키지도 못하는 애매한 위치에 놓였다. 셋째, 일제 식민지 시기부터 뿌리를 내려온 지역의 토호세력들이 지방자치제도의 부활 이후에도 지방의회나 지방정부를 장악하며 지방자치를 보수화시키고 생활정치를 가로막았다. 넷째, 급격한 도시화와 산업의 집중화로 일터와 삶터가 점점 분리되면서 생활정치의 의제가 노동의제를 배제하게 되었다. 보육과 교육, 복지를 다루는 과정이 노동력의 재생산(출산)과 노동조건, 경제정책을 다루는 과정과 분리될 수 없는데, 한국사회에서는 두 과정이 점점 분리되었다. 다섯째, 한국의 시민사회운동들이 주요한 사회적 의제들을 정책으로 만들며 정당의 빈 곳을 메워온 것은 맞지만 공공성이라는 추상적인 가치를 구체적인 생활상의 의제로 만들지는 못했다. 그리고 시민사회운동이 전문가나 활동가를 중심으로 진행되었고 시민의 생활로 파고들지 못했다. 그러다보니 생활정치 역시 추상적인 가치로만 얘기되지 실제 생활을 바꾸는 운동으로 인식되지 못했고, 생활정치의 주체여야 할 시민들도 관객은 아닐지라도 여전히 운동의 객체나 수혜자로 머물 수밖에 없었다(하승우 2011, 155-158).

지방자치제도가 곧 지방민주주의를 의미하지는 않는다. 제도는 어떤 목적을 실현하기 위한 중요한 수단이지 그 자체가 목적은 아니다. 제도가 제대로 작동하려면 그 제도를 원래 목적에 맞도록 운용할 사람과 문화가 필요하다. 목적에 맞도록 제도의 방향을 정하고 논의할 사람들이 있어야 하고, 치열하게 갈등하고 소통하고 합의하며 공존할 문화가 있어야 한다.

그런데 지금 한국의 상황은 사람을 지원하고 문화를 만드는 흐름을 부수적인 것들로 여긴다. 조례나 법을 제정하거나 개정하는 과정에는 시민사회운동단체들의 힘이 집중되지만, 정작 그 제도를 운용할 사람을 교육하고 지원하며 문화를 만드는 과정에는 힘이 모이지 않는다. 그래서 제도는 상당히 빨리 만들어지지만 정작 제도가 제대로 성과를 거두는 경우는 아주 드물다.

3. 이익집단과 이해관계의 정치

사익/공익의 이분법으로 본다면 시민단체는 공익을, 이익집단은 사익을 지향한다. 그런데 집단이라는 점에서 이익집단의 이해관계는 개인의 이해관계만을 다루지 않고 일정정도 사회의 집단적인 이해관계를 담고 있다는 점에서 사익으로만 보기는 어렵다. 이익집단은 회원들이나 단체에게 이득이 되도록 정치 결과에 영향을 미치고 다른 이익집단들과 경쟁하는 '이익정치'를 추구한다(정상호 2011, 6).

이런 이익집단들은 누구에게 어떤 방식으로 지방정치에 영향을 미칠까? 정상호는 1987년 민주화 이전과 이후 상관없이 이익집단이 영향을 받거나 접촉을 시도하는 빈도에서 국회보다 행정부가 단연 앞선다고 지적한다. 강력한 대통령제와 관료체제에 바탕을 둔 발전국가체제이기에 이익집단은 행정부와의 관계에 더 많은 신경을 쓰고 국회와의 관계는 부차적이다. 지방자치제도에서도 단체장에게 더 많은 권한을 주고 있기 때문에 이익집단에게는 행정부와의 관계가 중요해질 수밖에 없다. 그리고 이익집단은 공식·비공식 접촉과 공청회, 간담회, 위원회 참여와 같은 인사이드 로비와, 언론을 대상으로 한 활동, 캠페인, 세미나, 토론회 개최, 시위, 집회, 서명 등 집단행동을 통해 아웃사이드 로비를 병행한다(정상호 2011, 12-22). 시민단체들이 여론에 호소하는 아웃사이드 로비를 선호한다면, 이익집단은 인사이드 로비를 선호하고 바로 그 점 때문에 문제가 발생하기도 한다.

1) 이익집단과 제도정치와의 연관성

1989년에 김명석이 연구한 정당의 지구당 간부의 직업을 보면, 여당의 경우 상업과 사업을 하는 사람의 비중이 65.7%로 압도적으로 높다. 그리고 야당의 경우 상인과 정치인, 회사원, 건설업자의 비중이 높다. 여야를 막론하고 상업과 사업의 비중이 높은데, 정상호는 이런 자영업 집단이 통반장 제도를 통해 공무원들과 접촉하며 미시적인 권력망을 형성해 왔다고 지적한다(정상호 2001, 154-157).

그리고 접촉을 넘어서 해당 이익집단의 구성원이 직접 선거에 나가기도 한다. 만일 선거 후보자가 직업상 특정한 이익집단에 속해 있다면 당선 이후에 그 영향을 받지 않을까? 예를 들어, 부동산을 많이 가지거나 건설업에 종사하는 사람이 건설위원회에, 숙박업에 종사하는 사람이 보건복지위원회에 소속되면 의정활동이 제대로 될 수 있을까? 더구나 국회의원과 달리 지방의원들은 공공기관이나 농협의 임원 등이 아니라면 겸직이 완전히 금지되지는 않는다. 그러니 이해관계에서 자유롭기 어렵다. 실제로 2014년에 <마창진참여자치시민연대>가 경상남도 내 광역·기초의원의 겸직 상태를 분석한 결과를 보면, 겸직 신고를 한 지방의원이 24.2%나 되고 자기 직업과 직접적인 이해관계를 가진 상임위원회에 배정된 의원도 적지 않았다(경남도민일보, 2014/12/03). 이렇게 이익집단과 제도정치의 거리가 가까워지면 가까워질수록 내부거래가 생기기 쉽다.

경상남도만의 특수성일까? 지난 지방선거에서 당선된 광역자치단체장의 직업을 살펴보면 정당에 소속된 정치인이 압도적으로 많고(총 96명 중 51명) 그 다음이 공무원(28명)이다. 이렇게 보면 직업이 지방정치와 직접 연관된다고 보기는 어렵지만, 앞서 지구당 간부의 직업에서 상업과 사업의 비중이 압도적으로 높다는 것은 이익집단의 이해관계가 정책결정에 영향을 미칠 수 있는 가능성이 높다.

그렇다면 기초자치단체장은 어떨까?

기초자치단체장의 직업을 보면 공무원이 가장 많고, 그 다음이 정치인이다. 공무원이 많으면 기초자치단체장이 이해관계에서 자유로울까? 그렇지는 않다. 공무원들도 직업이 공무원일 뿐 여러 이해관계 속에 있고 혈연, 학연, 지연 등의 영향

표 8-1 기초자치단체장 직업 현황

	정당인	정치인	농업	상업	공업	광업	수산업	운수업	건설업	출판업	공익사업	의·약사	변호사	종교인	회사원	교육자	공무원	기타	계
1대	2	63	24	15	3	0	3	3	5	7	5	0	1	3	7	1	41	47	230
	단체장	정치인	농축산업	상업	광·공업	수산업	운수업	건설업	금융업	출판업	의·약사	변호사	종교인	회사원	교육자	공무원	무직	기타	계
2대	0	32	4	5	1	1	0	0	1	0	0	1	0	6	2	152	12	15	232
	단체장/지방의원	정치인	농축산업	상업	광·공업	수산업	운수업	건설업	금융업	출판업	의·약사	변호사	종교인	회사원	교육자	공무원	무직	기타	
3대	99/8	70	5	3	2	1	0	2	0	0	4	2	0	3	7	0	10	13	232
4대	9	71	1	6	0	0	2	3	1	0	0	1	1	1	7	89	8	31	230
5대	6	79	3	1	0	2	1	3	1	0	1	3	0	3	9	72	5		228
6대	8	81	6	1	0	0	0	0	0	0	0	1	0	0	6	91	4	26	226
계	130	328	43	31	6	7	6	15	3	7	5	9	4	20	32	445	39	132	1,378
비율	9.4	23.8	3.1	2.2	0.4	0.5	0.4	1.1	0.2	0.5	0.4	0.7	0.3	1.5	2.3	32.1	2.8	9.6	

출처: 중앙선거관리위원회 선거통계시스템

을 받는다. 그리고 공무원과 정치인을 제외하면 농업과 상업이 각각 3.1%와 2.2%를 차지하고 건설업도 1.1%이다. 광역의원으로 들어가면 지방의원도 하나의 직업이 되고 있음을 알 수 있고, 정치인의 비중이 가장 높다. 그리고 농축산업이나 상업, 공무원의 비중은 점점 낮아지고 있지만 여전히 유의미한 비중을 차지하고 있다.

기초의원으로 들어가면 지방의원의 비중이 점점 높아지고 있고 정치인의 비중도 높아진다. 그리고 농축산업이나 상업만이 아니라 건설업의 비중도 낮지 않다. 그리고 4대부터는 지방의원 유급제로 전환되고 선거구도 소선거구제에서 중선거구제로 전환되어 직업군이 더 다양해질 것 같은데 별로 큰 차이를 보이지 않고, 기성의원 수가 줄고 정치인이 대폭 늘어나고 농축산업과 상업, 건설업 종사자가 대폭

표 8-2 광역의원 직업 현황

1대	정당인	정치인	농업	상업	공업	광업	수산업	운수업	건설업	출판업	공익사업	의·약사	변호사	종교인	회사원	교육자	공무원	기타	계
	1	167	125	131	24	16	17	66	14	42	5	1	30	6	6	3	27	194	875

2대	단체장	정치인	농축산업	상업	광·공업	수산업	운수업	건설업	금융업	출판업	의·약사	변호사	종교인	회사원	교육자	공무원	무직	기타	계
	0	102	50	87	11	6	9	25	16	4	22	2	0	20	5	158	16	83	517

	광역/기초	정치인	농축산업	상업	광·공업	수산업	운수업	건설업	언론인	금융업	출판업	의·약사	변호사	종교인	회사원	교육자	정보통신	공무원	무직	기타	계
3대	112/22	116	47	64	7	4	8	35	2	12	3	12	1	0	19	14	6		7	118	609
4대	147	169	38	42	0	3	5	27	0	7	1	6	1	0	17	16	4	14	13	145	655
5대	141	205	32	29	0	4	3	22	1	4	5	6	0	0	18	16	1	4	14	175	680
6대	208	257	24	27	1	1	4	20	1	3	2	0	0	0	11	10	0	1	8	121	705
계	630	1,017	316	380	59	35	95	143	4	42	57	53	34	6	91	64	11	204	58	836	2,649
비율	23.8	38.4	11.9	14.3	2.2	1.3	3.6	5.4	0.1	1.6	2.6	2.0	1.3	0.2	3.4	2.4	0.4	7.7	2.2	31.6	

출처: 중앙선거관리위원회 선거통계시스템

줄어든다.

지방선거 당선자의 직업으로만 본다면 지방권력과 가장 이해관계가 많은 집단은 정당이고 그 다음은 공무원집단, 농축산업, 상업, 건설업, 회사원, 교육자 등으로 볼 수 있다.

그리고 지역구 없이 당의 공천을 받는 비례대표후보가 정당을 통해 드러나는 이익집단의 이해관계를 가장 잘 드러낸다고도 볼 수 있는데, 비례대표 현황을 보면 정치인이 가장 높은 비중을 차지하고 있고 상업과 의사·약사, 농축산업, 회사원, 교육자의 비중이 높다. 자영업자의 비중이 높은 비례대표의 경우 이익집단의 영향력이 작용하기 쉽다.

표 8-3 기초의원 직업 현황

	정당인	정치인	농업	상업	공업	광업	수산업	운수업	건설업	출판업	공익사업	의·약사	변호사	종교인	회사원	교육자	공무원	기타	계
1대	126	146	1,038	1,012	115	9	62	61	334	17	22	96	1	0	186	8	11	1,297	4,541

	단체장	정치인	농축산업	상업	광·공업	수산업	운수업	건설업	금융업	출판업	의·약사	변호사	종교인	회사원	교육자	공무원	무직	기타	계
2대		141	718	611	55	36	37	229	77	11	35	0	0	114	8	782	101	534	3,489

	광역/기초	정치인	농축산업	상업	광·공업	수산업	운수업	건설업	언론인	금융업	출판업	의·약사	변호사	종교인	회사원	교육자	정보통신	공무원	무직	기타	계
3대	2/762	111	718	524	20	45	24	230	2	84	7	20	1	0	132	21	16		116	650	3,485
4대	623	307	286	284	13	15	24	143	3	29	5	8	0	1	95	27	6	18	52	574	2,513
5대	735	468	227	162	8	16	10	83	4	14	2	10	0	0	72	25	6		32	631	2,512
6대	801	609	217	162	3	8	13	57	2	6	0	5	1	0	73	26	5	6	37	488	2,519
계	3,049	1,782	2,904	2,755	223	182	169	1,076	11	133	42	78	3		672	115	35	822	338	4,174	19,059
비율	15.8	9.3	15.2	14.4	1.2	0.9	0.9	5.6		0.7	0.2	0.4			3.5	0.6	0.2	4.3	1.8	21.9	

출처: 중앙선거관리위원회 선거통계시스템

이상의 통계를 종합해 보면, 정치인의 직업에 따른 이해관계가 지방정치에 영향을 미칠 가능성은 낮아 보인다. 그렇지만 정치인의 겸직이 가능하고 답변을 회피한 기타의 비중이 높기 때문에 중앙선관위의 자료만으로 이해관계의 유무를 판단하기는 어렵다. 다만 다른 직업군에 비해 단체장이나 지방의원 비중이 높은 농·축산업과 상업, 건설업은 일정한 이해관계망을 가지고 있다고 볼 수 있다.

권경환은 1995년－2001년까지 전국 195개 지자체에 대한 시계열횡단면회귀분석을 통해 지역의 경제엘리트인 광공업체와 의사집단이 세출예산결정과정에 미친 영향을 분석한다. 이 분석에 따르면, 이익집단이 세출예산결정과정에 미친 영향력은 미미하고, 이보다는 "단체장 우위의 지방권력구조, 리더십 승계를 의미하는 연임여부, 그리고 전년도 예산과 IMF외환위기 등의 변수"가 더 중요한 영향을 미쳤다(권경환 2007, 679). 특정한 이익집단이 지방정치를 지배하고 있다고 평가하기는 어렵고 다양한 세력들이 경합하고 있다고 봐야 하지만 다원적 엘리트주의(plural elit−

표 8-4 비례대표의원 직업별 현황

		광역/기초	정치인	농축산업	상업	광·공업	수산업	운수업	건설업	언론인	금융업	출판업	의·약사	변호사	종교인	회사원	교육자	정보통신	공무원	무직	기타	계
광역	3대	2/0	24	1	4	0	0	2	1	0	0	0	4	0	0	3	1	0		1	30	73
	4대	3	25	6	3	1	1	1	0	0	0	1	6	0	0	3	11	1	0	1	15	78
	5대	3	22	0	5	1	0	0	1	0	2	0	2	0	0	4	4	0	0	4	33	81
	6대	1	22	2	4	0	0	0	3	1	1	0	4	1	0	7	3	0	0	3	32	84
	계	9	93	9	16	2	1	3	5	1	3	1	16	1	0	17	19	1	0	9	110	316
	비율	2.8	29.4	2.8	5.0	0.6	0.3	0.9	1.6	0.3	0.9	0.3	5.0	0.3	0	5.3	6.0	0.3	0	2.8	34.8	
기초	4대	3	77	18	19	0	0	0	6	0	2	1	5	0	1	8	21	0	1	32	181	375
	5대	4	82	20	21	1	0	0	3	0	1	0	1	0	1	11	13	0	0	38	180	376
	6대	2	110	19	33	1	0	0	5	0	1	0	3	0	1	9	12	0	0	36	145	379
	계	9	269	57	73	2	1	1	14	0	4	1	9	0	3	28	46	0	1	106	506	1,130
	비율	0.8	23.8	5.0	6.4	0.1			1.2	0	0.3		0.8	0	0.2	2.4	4.0	0		9.4	44.8	

출처: 중앙선거관리위원회 선거통계시스템

ism)의 비판처럼 특권적 지위를 갖고 있는 소수가 정치적 대표성을 제한하고 있다는 비판은 한국에서도 여전히 제기되고 있다.

2) 정경유착과 밀실정치

이익집단이 이해관계를 추구하는 것을 무조건 부정적으로 볼 이유는 없다. 사실 이해관계 추구를 부정적으로 보고 이를 회피해왔기 때문에 이익집단에 대한 연구가 제대로 되지 않았고 "정경유착으로 상징되는 정치권력과 대기업 간의 불법적인 사적 거래 관행"도 제대로 밝혀지지 않았다. 정상호는 "로비스트와 정치활동위원회(PAC)가 이익정치의 미국적 특성을 보여주는 것이라면 한국에는 정경유착과 학연·혈연·지연을 활용한 비공식적 접촉의 오랜 관행이 있다"고 지적한다(정상호 2006, 42).

정부과천청사에서 근무했던 한 공무원의 자기고백적인 이야기는 한국의 관료제가 다른 이해관계를 대변하며 그 과정에서 자기 이익을 추구하는 수준을 넘어서 독자적인 이해관계를 만들고 있다는 점을 보여준다(이경호 2006).

"용역비 있잖아? 난 용역비가 아까워죽겠어. 연구할 게 뭐가 있다고 왜 매년 수천억 원의 용역비를 낭비하는 거야?"

"용역비, 그거 눈먼돈이야. 먼저 보는 놈이 임자야."

"정말이지 그런 놈의 용역이 무슨 소용이 있는지 모르겠어."

"소용이 있지. 건설부와 상공부는 산하연구기관에 용역을 주면서 용역보고서에 자기네가 원하는 내용을 써넣어 작성하라고 한 대. 그래서 소용이 있는 거야!"

"자자, 술이나 먹어. 쓸데없는 예산이 어디 용역비 뿐이겠어? 판공비, 출장비, 일반수용비도 다 쓸데없잖아?"

"그런 그렇고 우린 언제까지 가라공문을 작성해야 하는 거야? 가짜 공문으로 예산을 빼내자니 일말의 양심이 느껴져."

"판공비를 차라리 장관·차관·국장에게 월급으로 줘버렸으면 좋겠어. 어차피 그 사람들 주머니로 들어갈 거니까"

……

"건교부는 택지개발을 위해 평소 산하 연구기관에 신도시개발관련 용역을 주고 있어요. 이 용역에는 토질 전문가, 지질학 전문가, 문화재 전문가 등이 다수 참가해요. 이들은 지표조사를 통해 지질조사, 토양조사를 하고, 조사가 끝나면 어느 지역이 양토인지 사토인지 파악을 하지요. 동시에 어느 지역이 택지개발지역이고 택지개발 가능지역인지를 결정하구요. 그리고 용역기관은 이런 결과를 담은 '신도시 개발 용역보고서'를 건교부에 제출하지요. 그런 후 입소문을 통해 관련 개발정보가 좌악 퍼져 건교부 직원들은 다 알게 되요. 그리고 그들은 이 정보를 자기 친인척에게 알려주고 땅을 구입하라고 하지요."

"아니? 그게 사실이야?"

"네, 사실예요. 그리고 건교부 주택국은 이런 '신도시개발 용역보고서'를 항상 몇 건씩 비치해 놓고 있어요. 그러다가 아파트 투기가 일어날 때마다 적당한 시간에 적당한 용역보고서를 끄집어 내어 '어디어디 신도시개발!'하고 떠드는 거예요. 그러니 판교신도시 개발은 짜고 치는 고스톱이에요."

"그래서 1989년도에 아파트 200만호 건설할 때, '분당·일산 신도시건설!', "평촌·산본·중동 신도시건설!'하면서 호들갑을 떨었군."

"그런데 웃기는 것은 이런 '신도시 개발 용역보고서'가 5년 전부터 강남 중개업소를 돌아다녔다는 거예요. 중개업자나 기획부동산 놈들이 돈주고 개발정보를 빼낸 거지요. 이들은 땅투기꾼·복부인·건설사에게 이 용역보고서를 보여주면서 땅을 구입하라고 부추기지요. 그래서 정작 건교부장관이 신도시개발정책을 발표할 때는 그 지역은 이미 건교부 고위직·건교부 직원 친인척·투기꾼·복부인·건설사 놈들이 땅 구입을 완료한 상태지요."

"건교부 놈들이 부동산투기를 완전 조장하고 있군!"

실제로 기초단체장이나 지방의원, 공무원들이 비리에 직접 연루된 경우가 많다. 2000년 이후 지방자치단체장과 지방의원 884명이 부정이나 비리로 중도하차할 정도이다(옴부즈만뉴스 2016/02/05). 그리고 구속되지 않더라도 편법을 일삼는 경우가 많다. 하청업체를 통해 사업을 수주하거나 사업권역이 광역화되는 만큼 행정권역을 넘나들며 서로 사업을 봐주는 경우도 있다. 건설업자들이 서로 짜고 자기 자치단체의 사업을 다른 구 의원에게 넘기고 그 자치단체의 사업을 자신이 받아오는 사례도 있었다. 현직만이 아니라 전직 단체장이나 의원이 부정을 일삼는 경우도 있다. 현직에 있으면서 맺은 인간관계로 영향력을 행사하는 경우도 있다. 1991년부터 2009년까지 2만 2600여 명의 지방의원 가운데 5%에 이르는 1025명에 대해 사법처리가 이뤄졌을 정도이다(주간동아 2009/05/26).

이것은 지방자치제도의 문제이기도 하다. 한국의 지방자치제도는 단체장에게 지나치게 많은 권한을 집중시켰다. 단체장은 지방정부의 예산을 쌈짓돈삼아 부패를 일삼을 수 있고 재선을 위해 자신의 이름을 알릴 수 있다면 터무니없는 사업들도 집행할 수 있다. 예산편성·집행권과 각종 사업의 인·허가권, 공무원 인사권 등을 가진 단체장에게 맞설 지방의회의 힘은 약할 뿐 아니라 단체장이 소속된 정당이 다수당인 경우가 많아 견제기능을 상실하고 있다. 더구나 선거 때의 공약을 지켜야 하는 지방의원들은 공약을 실현해줄 권한을 가진 단체장과 어느 정도 결탁할 수밖에 없다. 지방공무원들(또는 그들의 관료주의)도 한편으로 인사권을 가진 단체장에 복종하지만 다른 한편으로 자기 조직이나 개인의 독자적인 이해관계를 추구한다. 아무리 강한 명분을 내세우더라도 이런 구체적인 이해관계를 극복하기는 쉽지 않다.

그리고 어떻게 보면 많은 예산을 쓰는 대형사업들이 기획되는 건 지방선거 때문이기도 하다. 지방선거가 실시되면서 단체장과 지방의원들은 자신의 임기 중에 자신을 대표할 만한 대형사업을 하려하고, 공무원들은 인사권을 쥐고 있는 단체장을 만족시키려 국내외의 사례를 짜깁기해서 사업계획서를 만들게 된다. 지방선거가 이를 부채질하니 지방선거의 역설이라고 부를 만하다. 그리고 이런 사업기획을 돕는 온갖 '업자'들이 여기저기 흩어져 있고, 이권을 노리는 단체들도 많다.

그리고 이런 제도화된 권력을 뒷받침하는 각종 관변단체들이 지역사회에 자리를 잡고 있다. 앞서 살핀 새마을운동협의회, 자유총연맹, 바르게살기협의회를 빼고도 대한노인회, 각종 보훈단체, 체육단체, 한국예총, 여협, 로타리, 라이온스, 청년회 등의 단체들이 지방정부의 사회단체보조금을 독점하며 영향력을 행사한다. 그들은 지방정부의 각종 자문위원회와 주민자치위원회, 청소년선도위원회, 평화통일자문위원회, 읍·면개발위원회 등 수십 개의 위원회들을 장악하고 있다.

또한 지역의 상공회의소들도 정치인, 관료, 학계, 관변단체들을 연계해 개발사업을 추진하고 영향력을 행사한다. 주로 건설업자들의 소유인 지역언론사들도 지역사회의 여론을 주도하며 개발사업을 정당화시키고, 지역의 대학들도 지방정부의 각종 용역을 받아 지방권력을 비호한다(대학교수들이 공무원 다음으로 위원직을 많이 차지하고, 각종 재단과 시설에서 영향력을 행사한다). 그리고 의사, 약사, 각종 직능단체들의 지역조직도 지역사회에서 이익을 거래하며 영향력을 행사한다.

예를 들어 전북도의 지역혁신협의회에는 "정관계가 5명, 학계가 3명, 직능대표가 10명, 민간단체가 5−10명, 언론계가 3명이다. 구체적으로 학계는 대학총장들이며, 직능대표는 상공회의소장, 지방중소기업청장, 전북은행장, 전북무역관장, 중소기업지원센터장이다. 언론계는 지역신문사와 방송사 대표이며, 시민단체로는 통합시민단체라는 이름으로 대체로 관변단체의 성격을 지닌 시민단체와 여성단체가 참여하고 있다. 그 외 전문성과 대표성을 가진 자를 참여인원으로 두고 있지만 이들 역시 전문가집단으로서 대다수의 지역주민을 대표하는 노동계나 농어민단체들

과는 관련이 없다."(조성익 2007, 155)

이런 다양한 사람과 집단들이 중앙에서 지역까지 다양한 권력망들을 구성하고 서로 이해관계를 타협하며 공생하고 있다. 한번 움직이면 수백에서 수천 명이 조직적으로 동원되고, 공권력이나 자본이 그들의 뒤를 적극적으로 봐준다. 이런 이권의 그물망은 공개적인 이해관계의 정치를 가로막고 밀실정치를 추구한다.

서울시 8개 자치구 소속 공무원들을 대상으로 지방정책과정에서 이익집단의 영향력과 활동패턴을 연구한 결과, 이익집단의 영향력이 강력하지는 않지만 단체장이나 지방의회와의 접촉을 통해 영향력을 행사하려 하고 있고 특히 정책의제설정단계와 결정단계에서 그 영향력이 두드러진다(박천오 2013, 147). 그런데 지방정부는 이익집단과의 관계를 여전히 '청탁'의 수준에서 받아들이고 있다. 이익집단이 지역의 여론을 대변한다는 점을 고려하면 지방정부와 이익집단의 '직접 접촉'을 넘어서 서로의 이익을 다룰 공론장이 필요하다.

3) 공개성의 확보와 다양성의 정치

하버마스는 『공론장의 구조변동』에서 유럽에서 부르주아 공론장이 구성되고 발전하는 과정과 그 구조를 분석한다. 하버마스가 강조하는 부르주아 공론장의 특징은 비판적 공개성(publicity)이다. 신문을 읽고 커피하우스와 살롱, 학회에서 토론을 일삼고 서로 편지를 교환하던 부르주아들은 공중(the public)을 구성하고 여론(public opinion)을 만들었다. "정보 없이는 참여 없다"는 말처럼 행정기관의 정보공개는 필수적이고 정보의 흐름을 왜곡하는 잘못된 지역언론을 제어하는 것도 필요하다. 그런 점에서 충청북도 청주시와 경기도 안산시의 경우 '청주시민참여기본조례'(2004년 제정)와 '안산시주민참여기본조례'(2005년 제정)를 제정해 각종 위원회의 자료를 공개하고 위원회 구성과 예산편성에 주민참여를 보장하는 등 포괄적인 참여를 제도화했다. 이 조례들은 참여에 필요한 정보를 공개하고 그와 관련된 공론이 미디어를 통해 순환될 때, 그리고 그런 참여가 실질적인 결정권한을 가지고 주민들이 책임을 질 때 정치적인 활력이 생성되고 지역사회의 공론장이 계속 활성화될 수 있다는 상식을 반영하고 있다.

그렇지만 한국의 모든 지역이 이런 상식을 실현하고 있는 것은 아니고 외려 갈등이 불거지는 경우가 더 많다. 지역/중앙언론과 시민단체, 이익집단, 지방정부의 역학관계가 잘 드러난 대표적인 사건은 2003년에 전라북도 부안군의 방사성폐기물 처리장(이하 방폐장) 유치와 관련된 사건이다. 1986년부터 중앙정부가 방폐장을 건설할 곳을 전국에서 찾았지만 어려움을 겪던 중 2003년 5월 중앙정부와 전북 부안군수는 폐기장 유치를 반대하는 부안군민의 다수의견을 뒤집고 위도 주민 80%의 서명을 받아 핵폐기장 유치를 신청했다. 부안의 지역언론을 표방하던 <부안저널>, <새부안신문>은 유치 찬성 편에서 기사를 썼고 주민들은 찬성과 반대로 나눠져 갈등하기 시작했다. 그러다 부안군민들의 반대집회가 본격화되고 180여 일의 촛불집회가 시작되었다.

그런데도 중앙/지방정부는 주민들과 대화하거나 합의를 유도하기는커녕 공권력을 투입해 강제로 촛불집회를 막고 탄압했다(이 과정에서 구속된 사람이 43명이고 수백 명의 주민들이 부상을 당했다). 그리고 중앙언론들은 지역이기주의, 폭력사태 등의 자극적인 헤드라인을 뽑으며 부안주민들을 몰아붙였다. 오랫동안 생계를 포기하고 반대운동을 하면서 입은 경제적인 손실은 말할 것도 없고, 각종 흑색선전과 거짓말이 유포되면서 군민들 사이에는 큰 감정의 골이 생겼다.

그렇게 갈등이 깊어지다 부안주민들은 방폐장 유치에 관한 주민투표를 받아들였다. 처음에는 주민투표를 반대했던 주민들도 부안군민의 솔직한 목소리를 듣기 위해 주민투표를 받아들였다. 하지만 외려 중앙정부와 군청이 주민투표를 거부하면서 주민들은 스스로 주민투표를 준비하기 시작했다. 2004년 2월 14일에 실시된 주민투표는 72.04%의 시민이 참여했음에도 법적인 효력을 갖지 못했지만 투표한 시민의 91.83%가 방폐장에 반대한다는 점을 증명했다. 이는 무시할 수 없는 비율이었고 결국 중앙정부는 방폐장 건설방침을 철회해야 했다.

부안의 주민투표과정을 준비했던 하승수 씨는 부안 주민투표의 의의를 다섯 가지로 정리한다. 한국의 민주주의 현실에 대한 전면적인 문제제기였고, 지역주민이 직접민주주의의 모범을 만들었으며, 국책사업의 추진과정에서 절차적 민주주의를 확립하는 계기가 되었고, 지역이 전국적인 연대를 구성하는 새로운 경험을 했으며, 국가적인 정책 전환의 계기가 되었다는 것이다(하승수 2004). 사실 이 주민투표는 엄청난 사건이었다. 왜냐하면 시민들이 정부 없이도 선거를 치를 수 있다는 사실을 증명했기 때문이다. 「광장을 지키는 사람들: 부안핵폐기장 반대투쟁, 세 달의 기록」이라는 다큐멘터리를 보면 주민들이 어떻게 주민투표를 준비했는지가 나온다. 군청의 비협조와 방해에도 주민들은 집집마다 전화를 돌리고 직접 방문해서 선거인명부를 작성했다. 만 20세 이상의 주민들에게 투표권이 주어졌고, 외지에 나가 있는 사람에게 부재자신고접수를 받아 부재자 투표도 진행했다. 20일 동안의 주민투표운동기간이 보장되었고, 투표 당일에 필요한 인력은 자원봉사로 해결되었다. 37개 투표소마다 1명의 변호사가 배치되었고 전국에서 달려온 600여 명의 자원봉사자들이 실무를 맡았다. 그리고 초·중·고교의 교사들이 자원봉사로 개표를 진행했다. 심지어 부안의 주민투표는 약자들의 권리까지 존중해서 찬성 쪽의 색깔을 파란색, 반대쪽의 색깔을 노란색으로 표시해 글을 모르거나 시력이 약한 사람도 쉽게 구분할 수 있도록 했다.

　이처럼 부안의 주민은 정부 없이도 주민들이 스스로 투표를 진행할 수 있다는 점을 증명했다. 이렇게 진행된 주민투표는 그 이후 발효된 주민투표법에 따라 진행했던 주민투표와 다를 수밖에 없었다. 왜냐하면 주민들이 선거를 준비하고 진행하는 과정에서 소외되지 않고 그 과정을 주도하는 주체로 등장했기 때문이다. 민주주의의 숙제는 민주주의를 실현하며 스스로 존엄해지고자 하는 사회적 주체를 찾고 그들이 정치를 실천할 수 있는 장을 구성하는 것이라고 할 수 있다.

　그리고 이런 사건들이 새로운 정치 상상력을 부추기기도 한다. 주민투표 이후 부안에서 <부안독립신문>이 창간된 것도 이와 맥을 같이 한다. 왜 독립신문일까? <부안독립신문> 창간호가 나왔을 때 방폐장 반대운동에 참여하던 문규현 신부는 국민을 국민으로 대접하지 않는 나라에서 독립하고자 <부안독립신문>을 창간했다고 밝혔다. 자주적인 지역언론이 이런 큰 갈등을 통해 생겨났다는 점은 지역의 공론장이 중요하다는 점을 역설적으로 증명한다.

　다양한 사람들이 함께 생활하는 지역사회 내에서는 크고 작은 갈등들이 있을 수밖에 없다. 그렇다면 주요한 공공갈등사안에서 이해관계를 은폐하는 것이 아니라 드러내고 논의하는 장이 중요하다. 한편으로는 소위 김영란법(부정청탁 및 금품 등의 수수 금지법)을 통한 처벌이 중요하고, 다른 한편으로는 이익집단들이 공개적으로 자신들의 이해관계를 드러내고 설득할 수 있는 장도 필요하다. 이해관계를 부정적인 것으로 거부하는 것보다 이를 양성화하고 논의하고 협상하도록 절차를 만드는 것이 지방정치 활성화에 중요하기 때문이다. 그런 점에서 앞서 청주나 안산의 시민참여기본조례처럼 지방정부의 각종 위원회의 명단이나 회의록을 공개하거나 지방정부의 예산이나 도시계획, 보건의료계획 등을 설명하고 함께 논의하는 과정을 마련하는 것이 바람직하다.

4. 결론: 지방정치 활성화를 위한 지역언론, 단체들의 역할은?

지방정치가 제대로 활성화되려면 지역언론이 정론직필(正論直筆)의 관점에서 지방권력을 감시하고 주민들에게 정보를 제공하고 여론을 조성하며 정치의 기초를 다져야 한다. 이를 위해서는 지역언론사의 지배구조가 민주화되어야 한다. 1989년 11월에 창간된 충청북도 옥천군의 <옥천신문>은 주민들을 주주로 모셔 설립 자본금을 모았고, 222명의 주민이 약 2,700만원을 출자했다. 주민들의 신문이기에 <옥천신문>은 주민의 관점에서 지역의 정보를 공개하고 스스로 계도지 예산이나 군정홍보 예산을 거부하면서 지역사회의 공공성을 지키는 보루 역할을 자처하고 있다.

그렇지만 외부의 지원이나 이권을 거부하는 만큼 언론사의 재정은 좋지 않다. 최근에는 지역언론협동조합들이 출현해서 공동의 힘으로 공론장의 토대를 다지고 있지만 재정적인 어려움은 여전하다. 그리고 2015년 11월에 공포된 신문법 시행령은 인터넷신문의 설립요건을 강화시켜서 규제를 강화하고 있어 독립매체를 위협하고 있다. 이런 내외부의 환경들은 지역언론의 가능성을 약하게 만든다.

그런데 지난 몇 년간 종이매체의 감소와 변화되는 언론매체의 환경을 고려할 때 신문이나 방송을 만드는 것도 필요하지만 이미 존재하는 미디어나 제도들을 주민들이 활용할 수도 있다. 그리고 블로그나 개인방송사이트를 이용한 1인 미디어도 새로운 공론장의 가능성을 열 수 있다. 또한 미디어를 자처하지 않더라도 온/오프라인 카페나 주민자치센터, 도서관 등의 공공시설을 통해 주민들이 직접 여론을 만들 수 있다. 중요한 것은 우리 매체가 있느냐 없느냐보다는 지역사회에 공론장을 만들 수 있으냐 없느냐이다.

그리고 전통적으로 시민단체들은 지방정부를 감시하고 비판하는 역할을 해왔다. 거버넌스가 확산되면서 이제는 시민단체가 지방정부와 협치(協治)를 논하는 단계로 접어들었지만 정치와 시민단체의 거리는 아직 잘 좁혀지지 않고 있다. 지방자치제도의 실시와 생활정치의 활성화에도 주민들의 정치력은 아직 잘 살아나지 않고 있다.

하지만 작지만 강한 실험들이 진행 중인 곳들도 있다. 2013년 12월에 경상남도 진주시에서 창립한 <생활정치 시민네트워크 진주같이>는 ▲민주주의 원칙에 철저할 것이며 우리 지역과 시민생활을 중심으로 소수의 이름 있는 사람에 의존하지 않고 아래로부터 변화를 만드는 활동을 펼쳐 나간다 ▲머리를 맞대 우리 지역의 문제를 토론하고 십시일반 힘을 모아 실천해 나간다 ▲시정과 의정이 시민을 위해 있도록 감시 비판 지원 하고 돈과 권력에 비굴하지 않은 정치인을 찾고 키워 나간다 ▲시민의 목소리를 알리고 소통할 수 있는 지역 언론에 힘 쓸 것을 강조했다(경남도민일보 2013/12/11). 생협과 정당을 비롯한 지역 내의 다양한 단체들이 모여 만든 <진주같이>가 직접 후보를 내지는 않지만 참여회원이 시의원으로 당선되기도 했고, 시정을 모니터하고 대안정책을 제안하고 활성화시키는 역할을 맡고 있다. 그리고 경기도 과천시의 <과천 풀뿌리>라는 단체는 ▲시민의 참여로 만들어가는 세상, ▲더불어 함께 사는 세상, ▲지속가능한 삶이 있는 세상을 꿈꾸며 2014년 7월에 창립했다. 이 단체는 2014년 지방선거에서 시의원 2명을 배출하며 제도정치와의 연계고리를 만들었는데, 주민을 대변하는 정치인이 아니라 주민들이 직접 정치의 주체가 되는 실험을 진행하고 있다. <과천풀뿌리> 역시 생활정치와 주민자치, 지역정당을 실현하려 노력하고 있다.

아직 한국의 정당법이 이런 지역정당을 인정하지 않고 있고, 비영리민간단체지원법이나 협동조합기본법 등 시민사회 활성화와 관련된 법안들이 정치활동을 명시적/암묵적으로 금지하거나 규제하려는 의도를 담고 있어 시민단체와 정치의 간극은 여전히 크다. 그리고 지역권력이 다원화되었다고 하지만 지역 전체에 미치는 영향력을 놓고 보면 단체장과 공무원들이 많은 결정권을 행사한다. 그리고 재정과 제도 면에서 중앙정부가 지방정부를 지배하고 있다. 또한 주민들은 시민단체가 정치적 중립을 지켜야 한다고 생각한다. 이런 구조에서는 시민사회의 정치력이 쉽게 살아나기 어렵다.

그래서 시민단체나 이익집단들이 조금 더 공식적으로 정치와 관계를 맺도록 하고 투명하고 책임성 있게 활동하도록 만들어야 한다는 의견도 있다. 그런 점에서 다른 한편에서는 이익집단의 정치를 제도화하기 위해 미국처럼 로비활동을 제도화해야 한다는 논의도 있다. 불법로비를 규제하고 정책과정의 투명성을 확보하자는 논의인데, 이미 제 17대 국회부터 제안된 바이다. 그렇지만 현행법 하에서도 로비와 유사한 활동이 가능하기 때문에 제도를 만드는 것만큼 중요한 것은 정책결정과정을 더욱더 투명하게 만드는 일이다.

❶ 우리 지역에는 어떤 언론이 있을까? 그리고 주민들은 그 언론을 얼마나 이용하고 있을까? 언론은 지역의 중요한 의제들을 얼마나 제대로 알리고 있을까? 지역언론사의 재정은 어떻게 운영될까?

❷ 지역공론장은 어떻게 만들어질 수 있을까? 지역에 관한 정보를 나누고 분석하고 토론하며 대안을 찾아나갈 힘은 어떻게 만들어질 수 있을까? 지방정치에 관심을 가진 시민들을 어디에서 만날 수 있을까?

❸ 우리 지역에는 얼마나 많은 시민단체나 이익집단들이 있을까? 회원들은 얼마나 되고 단체는 어떻게 운영될까? 지방의원이나 단체장 중에서 이 단체에 소속되었거나 소속되어 활동하는 사람들은 얼마나 될까?

❹ 시민단체, 이익집단의 정치화가 어느 정도로 바람직할 것인가? 보통 시민단체나 이익집단들은 정치적 중립성을 많이 얘기하고 요구받아 왔는데, 지방정치 현실을 고려할 때 이는 바람직한 일일까, 벗어나야 할 구속일까?

참고문헌

권경환. 2007. "기초자치단체 예산결정에 대한 이익집단의 영향분석." 『한국행정논집』 19(3): 661-684.

남효윤. 2009. "언론의 소유구조가 분야별 보도자료에 미치는 영향 연구: 지역신문을 중심으로." 『언론과학연구』 9(3): 103-137.

박민. 2013. "지역민방의 바람직한 거버넌스 개선방안." 전국언론노동조합 '지역민방의 공공성과 거버넌스 개선방안' 토론회. 대전. 9월.

박천오. 2013. "이익집단의 이익표출: 한국 지방정책과정에서의 영향력과 활동 패턴." 『한국사회와 행정연구』 24(3): 129-150.

이경호. 2006. 『과천블루스』. 지식더미.

정상호. 2001. "한국사회의 지역권력과 자영업 집단의 이익정치." 『사회연구』 (1): 151-182.

_____. 2006. 『NGO를 넘어서: 이익정치의 이론화와 민주화를 위한 탐색』. 서울: 한울 아카데미.

_____. 2011. "한국의 민주화와 이익정치의 변화와 연속성에 대한 연구." 『한국정당학회보』 10(1): 5-34.

조성익. 2007. "민주적 제도의 도입이 어떻게 민주주의의 후퇴를 가져오는가?." 『경제와 사회』 (74): 139-170.

하승수. 2004. "부안 주민투표의 경과와 의의, 향후 발전방향." 『도시와 빈곤』 67: 130-159.

하승우. 2011. "2012년, 생활정치의 시대가 열릴까?" 『내일을 여는 역사』 (45): 153-171.

Putnam, Robert 저·안청시 역. 2006. 『사회적 자본과 민주주의』. 서울: 박영사.

Skocpol, Theda 저·강승훈 역. 2010. 『민주주의의 쇠퇴: 미국시민생활의 변모』. 서울: 한울 아카데미.

CHAPTER

9 지방정치와 재정

1. 지방정치와 재정의 본질

1) 지방정치와 지방재정의 의미

1945년 해방 이후 1950년에 처음으로 지방선거를 실시하였고 그 이후 1960년 까지 지방선거가 있었으나, 시대적 혼란으로 말미암아 민주적 제도로 정착되지 못 하였다. 1961년에는 군사쿠데타로 인해 한국적 민주주의가 토착화될 때까지라는 미명 하에 지방선거가 중단되었다가 1991년에 복원되었으나, 1991년의 지방선거 는 지방의회 의원 선거에 한정되었다. 따라서 한국의 지방자치는 법제도적 관점에 서 볼 때 1995년 통합 지방선거(자치단체장과 지방의원 선거)로 시작되었다고 할 수 있다.

지방자치는 민주주의 실현을 위한 중요한 제도의 하나로서 일정한 지역의 주 민이 자신과 관련된 일을 스스로 재원을 마련하여 운영하는 것이라 할 수 있다. 일 정한 지역은 지방정치가 구현되는 지리적 공간이라 할 수 있으며, 지리적 공간 내 에서는 지역주민의, 지역주민에 의한, 지역주민을 위한 정치가 실현된다. 그러나 지방자치를 실현함에 있어 현실적으로 부딪치는 문제점 중의 하나가 스스로 재원 을 마련할 수 있는가의 문제이다. 지방자치를 실시하면서 국세와 지방세의 비중이

8:2의 구조로 시작되면서 지방의 중앙정부에 대한 의존은 자연스러운 현상이 되었고, 지방재정이 인구수에 따라 결정되는 구조로 인해 인구 과다에 따른 지역간 재정 불균등 현상이 나타나고 있으며, 재정 불균등 현상은 지역주민의 불균등한 서비스 차별을 초래하고 있다. 따라서 지방정치의 구체적 실현을 위해서는 지방재정 구조에 대한 체계적 이해가 선행되어야 한다.

오늘날 지방정부는 헌법, 지방자치법이라는 기본적 법규에 의해 독립의 주체로서의 지위가 보장되고 자치행정권이 부여되어 있지만, 야경국가시대와 같이 주민의 생명·재산의 안전을 지키고, 공공의 질서를 유지하던 소극적인 행정이념에 근거하는 것이 아니라, 지역주민의 생활수준의 향상을 도모하기 위해 각종의 공공서비스를 제공하는 적극적인 행정이념에 의해 지지되고 있고 국민생활의 모든 분야를 활동영역으로 하고 있다. 이 때문에 이러한 행정서비스의 실시에 필요한 재정자금의 확보와 지출에 관계된 지방정부의 경제적 성격이 강하게 나타나고 있고 독립의 경제주체로서의 지위와 기능을 논할 필요가 있다. 지방재정이란 이와 같이 지방정부의 경제주체로서의 활동을 종합적으로 의미하는 것인데, 지방정부가 수행하는 자치행정활동을 그 경제적 측면에서 파악한 것이라고 할 것이다(원구환 외, 2006: 440).

2) 지방재정과 국가재정의 조화

지방재정은 국가재정에 대칭하여 사용되는 개념이지만, 국가와 지방재정은 상호 배타적인 개념이 아니라 조화와 협력을 유지해야 하는 개념이다. 국가재정이나 지방재정은 모두 다양한 재정 활동을 영위하고 있는데, 단지 공공재정을 수량적으로 분담해 가는 것이 아니라 복지국가의 실현이라는 공통의 목표를 위해 각각이 지니는 본래적인 기능에 따라 담당할 분야를 달리하면서 상호 협조해야 할 관계에 있다.[1]

오늘날과 같은 복지국가의 발달 단계에서는 공공재정에 의해 자원을 배분해야

---

1 지방재정과 국가재정의 조화에 대해서는 안용식·강동식·원구환(2006: 443-444)에서 수정·발췌하였다.

하는 기능이 더 한층 강조되고 있는데, 국가만의 행정 기능으로 국민적 요청에 근거한 공공 서비스를 제공하기는 쉽지 않으며 필연적으로 지방정부의 협력을 필요로 한다. 즉 국가재정과 지방재정은 상호 협력해 가면서 복지국가의 목표를 위해 역할을 분담하고 있다. 지방재정의 기본법인 지방재정법은 제3조에서 그 관계를 "지방자치단체는 주민의 복리 증진을 위하여 그 재정을 건전하고 효율적으로 운용하여야 하며 국가의 정책에 반하거나 국가 또는 다른 지방자치단체의 재정에 부당한 영향을 미치게 하여서는 아니 된다"라고 규정하고 있다.

그러나 지방과 국가와의 관계에서 행정사무의 배분과 경비의 부담 원칙, 행정사무 집행을 위한 국가와 지방의 재원배분 규정이 확립되지 않으면 지방재정의 자주성은 손상되게 된다. 이 때문에 지방자치법은 국가와 지방정부 간에 사무 분담의 기본 원칙을 정하고 있고, 지방재정법은 국가와 지방 간에 경비 부담의 원칙을 정하고 국가와 지방의 재정상의 질서를 유지하려고 하고 있다. 즉 국가가 처리하는 사무는 지방자치법 제11조에 명시되어 있으며, 지방재정법은 지방정부에 의해 실시되는 사무에 소요하는 경비에 대해 재정 부담의 원칙을 명확히 규정하고 있다. 국가와 지방 간의 재정 부담 원칙으로는 첫째, 지방정부의 관할 구역의 자치사무에 관하여 필요한 경비는 그 지방정부가 전액을 부담한다(제20조). 둘째, 지방정부나 그 기관이 법령에 따라 처리하여야 할 사무로서 국가와 지방정부 간에 이해관계가 있는 경우에는 원활한 사무처리를 위하여 국가에서 부담하지 아니하면 안 되는 경비는 국가가 그 전부 또는 일부를 부담한다(제21조 제1항). 셋째, 국가가 스스로 하여야 할 사무를 지방정부나 그 기관에 위임하여 수행하는 경우 그 경비는 국가가 전부를 그 지방정부에 교부하여야 한다(제21조 제2항).

3) 지방재정의 기능

일반적으로 정부의 재정은 사기업에 의해 공급될 수 없는 공공 서비스의 급부를 포함한 자원배분의 기능, 국민소득의 편차를 시정하고 평등한 분배를 목표로 하는 소득재분배의 기능, 경제의 안정 및 성장을 유지하기 위한 경기 조정 기능을 수

행한다 (Musgrave & Musgrave, 1984).[2]

(1) 자원배분기능

자원배분기능이란 어떤 재화나 서비스를 어느 방법으로 얼마나 누구에게 나눠 줄 것인가를 결정하는 것이다. 이용 가능한 자원을 적절히 효율적으로 배분하지 못하고 비효율적으로 배분한다면 자원을 효율적으로 나눴다고 볼 수 없으며, 이는 사회 전체적으로도 큰 손실이 될 것이다. 자원의 효율적 배분은 사회 전체적으로 볼 때 매우 중요하다. 따라서 자원배분기능은 효율성이라는 사회적 가치를 중시하게 된다.

그러나 정부가 재원을 배분함에 있어 우선적으로 고려해야 할 부분은 바로 재원이 한정되어 있다는 점이다. 재원이 한정되어 있기 때문에 모든 기능에 재원을 충분히 배분할 수 없는 딜레마의 상황에 처하게 된다. 특정 기능에 보다 많은 재원을 배분하면 다른 기능에 대한 배분 규모를 줄일 수밖에 없게 된다. 짧은 담요처럼 머리를 덮으면 발이 나오고, 발을 덮으면 머리가 나올 수밖에 없다.

지방정부의 재정도 한정되어 있다. 특히 지방정부는 국가로부터 재정을 지원받는 구조이므로 한정된 재원의 효율적 배분을 통해 지역주민의 복리를 향상시키는 문제는 매우 중요하다. 지역의 재정자원을 효율적으로 배분함으로써 지역적 공공성을 확보할 수 있기 때문이다.

(2) 소득재분배기능

성장률이 저하되고 소득불평등의 속도가 빠르게 증가하고 있는 현실 속에서 자원을 효율적으로 배분하는 것 못지않게 공평하게 분배하는 것 또한 중요하다. 사회에는 구성원의 능력 및 제도적 차이로 인해 빈부 격차가 존재하게 되는데, 일부만이 잘 살게 된다면 사회적으로 바람직하지 못하다. 따라서 정부는 대다수가 골고루 잘사는 정책을 취하게 되는데, 이는 소득재분배정책으로 귀결된다. 따라서 소득

---

2 지방재정의 기능에 대해서는 원구환(2014: 68-78)의 내용을 수정·보완하였다.

재분배 기능은 형평성(혹은 공평성)이라는 가치를 중시하게 된다.

사회적 형평성은 과세이론적 측면에서 다시 수평적 형평성, 수직적 형평성, 세대 간 형평성 등으로 구분해 볼 수 있다. 수평적 형평성은 동일한 조건에서 동일한 소득을 얻는 사람들이 동일한 액수의 세금을 내야 한다는 것이며, 수직적 형평성은 소득이 낮은 사람보다는 소득이 높은 사람이 상대적으로 더 많은 세금을 부담해야 한다는 것이다. 또한 세대 간 형평성은 현재 세대와 미래 세대 간에 세금 부담이 어느 정도 조화를 이뤄야 한다는 개념이다. 현실적으로 수평적 형평성의 경우는 모든 사람의 소득 수준을 정확하게 파악하고 있어야 실현이 가능한 개념이다. 또한 수직적 형평성은 정부의 소득재분배정책에서 핵심적 위치를 점하고 있는 개념으로 사회적 약자에 대한 고려가 전제된 개념이다. 사회적 약자에 대한 부담을 완화함으로써 사회적 균형을 유지하려는 것이다. 아울러 세대 간 형평성은 적자 재정과 밀접한 관련성이 있다. 즉 현재의 재원을 미래 세대의 부담으로 조달할 경우 그 혜택 및 부담이 현재 세대와 미래 세대 간에 균형을 유지해야 한다는 것이다.

따라서 사회적 형평성을 위한 정부의 재정정책은 중요한 의미를 지닐 수밖에 없으며, 사회적 불평등으로 인한 사회적 손실을 감소시킬 수 있는 재정정책의 수립과 집행은 사회 전체의 후생함수를 극대화할 수 있는 방안이라 할 수 있다. 특히 사회적 불평등은 지역마다 상이한 양상을 지니므로 지방정부의 입장에서는 소득재분배를 통해 지역의 복리증진을 모색할 필요가 있다.

(3) 경제성장 및 안정기능

정부 재정은 국민경제의 완전고용, 경제 안정 및 경제 성장과 같은 경제정책적 목표를 달성하기 위한 재정 수단으로 등장하게 되었다. 특히 국가적 위기 상황에서는 모든 사회경제 문제가 재정문제와 긴밀하게 연계되고 있으며, 단순히 경제지표만의 문제가 아니라 사회의 구조적 특징과 연계하는 정책이 필요하게 되었다 (우명동, 1998: 91-92). 세계대공황과 이에 이은 경기 침체는 자유자본주의 경제 체제에 의해 경제적 자원의 완전 이용이 자동적으로 달성 유지되어 풍요한 사회가 실현되리라는 기대를 완전히 무산시켰으며, 여기서 정부정책은 종래의 소극적 재정에서 적극적 재정인 재정정책(fiscal policy)으로 전환되었다. 재정정책은 정부의 재정을 경제 안정을 위한 조정 요인(balancing factor)으로서 이용하는 것을 의미하며 불황 극복의 수단으로 등장했다. 즉 수요가 공급을 초과하는 경우 다시 말하면 인플레이션의 경향이 있을 때에는 증세(增稅)와 재정지출의 삭감을 통해 총수요를 감소시키고, 반대로 수요가 공급에 미달할 경우, 즉 디플레이션과 과소 고용의 경우에는 감세(減稅)와 재정지출의 증가를 통해 유효 수요를 증대시키는 정책이다 (김두희, 1982: 279－281).

이러한 재정정책의 등장은 케인스이론과 밀접한 상관성을 지니고 있다. 즉 케인스는 자유방임적 자본주의 및 이를 이론적으로 뒷받침하는 고전파 경제학을 비판하고 유효수요이론을 전개했다. 케인즈는 경제성장 및 안정 기능을 도모하기 위한 정책적 수단으로 금융정책, 조세정책, 재정정책을 제시하고 있는데, 그 중에서도 정부의 재정정책을 경제성장 및 안정기능을 도모할 수 있는 중요한 방안으로 제시하고 있다.

4) 지방재정분권과 지방경제성장과의 관계

일반적으로 분권과 대비되는 집권화는 조직성과에 부정적인 영향을 미친다는 것이 보편적인데, 집권화와 조직성과간의 관계에 대한 경험연구의 결과는 전반적으로 음(－)의 관계가 있는 것으로 나타나고 있으며(Dalton et al, 1980: 57－59), 낮은 경제성장의 해결방안 중의 하나로 제시되는 정책이 재정분권화이다(Bird, 1993).[3]

일반적으로 재정분권화가 지역경제성장에 미치는 영향을 분석한 연구결과는 다음과 같이 정리할 수 있다. 전통적 재정분권이론(Oates, 1993)에 의하면 재정분권화가 경제효율성을 증가시켜 경제성장을 촉진한다는 것이다(Wasylenko, 1987; Lin & Liu, 2000; Zhang & Zou, 2001). 그러나 재정분권화와 경제성장간에 부정적인 관계를 입증한 연구결과도 존재한다.[4] 또한 재정분권화와 경제성장간에 상관관계가 유의

---

3 지방재정분권과 지역경제성장 간의 관계에 대해서는 원구환(2010)에서 발췌하였다.
4 최병호·정종필(2001)의 연구에서는 지방정부의 세출 구성 변화로 재정분권화와 경제성장간에 부

미하게 도출되지 않은 경우와 국가마다 상이하다는 연구결과가 존재하고 있다. 특히 국가마다 상이하다는 연구결과는 국가의 경제발전상태가 재정분권화의 정도에 영향을 미칠 수 있다는 것으로 대체적으로 선진국의 재정분권화가 개도국 및 후진국의 재정분권화보다 상대적으로 높다는 것이다(Kee, 1977; Panizza, 1999). 아울러 다른 연구에 의하면 국가면적이 넓을수록, GDP가 높을수록, 인종이 다양할수록, 민주화수준이 높을수록, 청렴한 국가일수록 재정분권 수준이 높고(이영·현진권, 2006: 112–113), 단일국가이지만 면적 또는 민족적 이질성이 큰 경우에는 재정분권 수준이 높다(Osterkamp and Eller, 2003)는 연구결과를 고려한다면, 면적도 좁고 민족적 동질성이 강한 우리와 같은 국가는 재정분권이 낮다고 유추할 수 있다.

결국 재정분권화를 통한 경쟁 유발은 효율적인 자원배분과 높은 경제성장률에 기여한다는 것이다(Baskaran & Feld, 2009: 2). 모든 지역에 일률적으로 공공서비스를 공급하기보다 지역별로 차별화된 공공서비스를 제공할 수 있다면 사회 전체적으로 후생함수를 극대화할 수 있다는 것이 전통적인 분권화 정리(decentralization theorem)라 할 수 있다(Oates, 1972). 물론 재정분권화가 재정불균형을 심화시키고 거시 경제성장을 저해할 수 있다는 주장(Prud'homme, 1995; Tanzi, 1996)이 존재하지만, 재정분권화 이론은 공공재 공급에 경제적 효율성을 증대시키고 경제개발사업의 효과적 실시와 효과적 지방재정 운용을 통한 책임성을 증대시킬 수 있다는 논거에서 출발한다(Wasylenko, 1987: 57–58; Bird & Vailancourt, 1998; Shah, 1999). 즉 재정분권은 조세 및 지출에 관한 의사결정권을 포함한 재정적 권한과 책임을 이양[5]하는 것인데, 재정권한의 지방 이양은 경제적 효율성을 증가시키고 결국은 경제성장을 촉진한다는 것이다(최병호, 2007: 130; 이용모, 2004: 95).

의 관계가 성립되었음을 입증하고 있다. 즉 1991년에서 2000년 사이 지방정부의 총 재정지출 가운데 자본지출이 차지하는 비중이 70%에서 58%로 감소한 반면 경상지출은 30%에서 42%로 늘었는데, 자본지출이 경상지출에 비해 경제성장에 긍정적인 기여를 한다는 점에서 부(−)의 관계가 성립되었다는 것이다.

5 분산(deconcentration)은 중앙정부가 하위정부에 기능을 재배치하는 것이고, 위임(delegation)은 중앙정부가 하위정부에 권한을 주지만 궁극적 책임은 중앙정부가 책임을 지는 형태이다. 이에 반해 이양(devolution)은 권한과 책임을 전적으로 하위정부에 귀속시키는 것이다(Rondinelli, 1981).

그림 9-1 **지방세 구조**

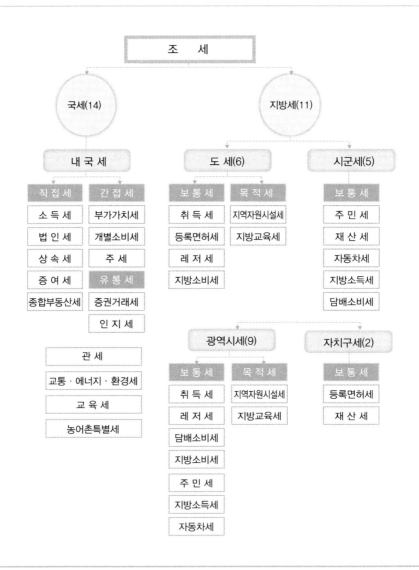

자료: 행정자치부 내부자료

2. 지방재정의 구조

1) 자체 재원

(1) 지방세 구조

지방세는 지방재정의 근간이 되는 재원으로 2011년에 전면 개정되었다. 즉 기존 지방세법이 2011년부터 지방세기본법, 지방세법, 지방세특례제한법 등 3개 법안으로 분법되었다.[6]

지방세는 지방정부별로 상이한 구조를 지니고 있는데, 특별시·광역시세, 도세, 시군세, 자치구세 등으로 구분되며 세원의 종류가 상이하다. 지방세의 구조가 상이한 지방세는 과세 목적에 따라 보통세와 목적세로 구분되는데, 보통세(ordinary tax)는 조세의 징수 목적이 용도가 정해지지 아니한 일반적인 경비에 충당하기 위해 과징하는 세원으로 보통 일반재원에 충당되며, 목적세(earmarked tax)는 특정한 목적을 위해 사용되는 수입원이다. 또한 지방세는 과세 대상의 성격에 따라 재산, 소득, 소비과세로 구분되는데, 지방세수의 대부분이 재산 관련세이며 소비과세(담배소비세, 지방소비세)와 소득과세(지방소득세)의 비중은 상대적으로 낮은 수준이다. 따라서 지방세는 소득과 소비의 탄력성이 낮은 세목으로 구성되어 있어 국세에 비해 상대적으로 세원이 빈약하다.

자치재정권의 본질이라 할 수 있는 과세권이 지방세법의 통제를 받고 있으며, 지방세의 세목·세율·과세 방법 등이 전국적으로 획일적으로 적용되고 있다. 그러나 지방정부에 과세자주권을 부여할 경우 대도시와 중소도시, 도시와 농촌 간 등 지역 간의 세원 편차가 매우 심각한 상황에서 지역 간 차등 과세가 되어 지방의회나 주민들의 조세 저항이 나타나기 쉬우며 지역 간의 부익부 빈익빈의 현상을 가속화시킬 수 있다. 아울러 세원이 부족한 지방정부는 자주재원의 확보보다는 중앙

---

6 지방재정의 구조에 대해서는 원구환(2014: 336-350)에서 발췌하였다.

그림 9-2 지방세외수입의 체계

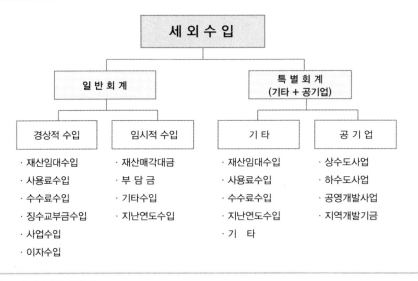

자료: 행정자치부 내부자료

으로부터의 이전재원에 의존하려는 경향이 강한데, 지방세수 증대는 곧 지방교부세의 감액으로 나타나기 때문이다.

(2) 세외수입

지방세외수입은 자치단체의 자체재원 중에서 지방세를 제외한 나머지 수입으로 그 구조가 매우 복잡할 뿐만 아니라 다양하다.[7]

지방세외수입은 회계 성질별로 일반회계 세외수입과 특별회계 세외수입으로 구분되며, 수입이 일정한가의 여부에 따라 실질적 세외수입과 명목적 세외수입으로 구분된다. 즉 실질적 세외수입은 법령 또는 지방정부의 조례로서 회계연도마다 지속적으로 확보할 수 있는 수입인데 비해, 명목적 세외수입은 특수한 상황에 따라 불규칙적으로 확보되는 수입이다. 따라서 이러한 두 가지 기준에 따라 네 가지 유

---

7 세외수입에 관한 내용은 안용식·강동식·원구환(2006: 452-45)에서 발췌했다.

형의 지방세외수입의 구조를 확인할 수 있는데, 지방세외수입의 경우 최협의의 개념은 경상적 수입만을 의미하고 협의의 개념은 실질적 세외수입을, 그리고 광의의 개념은 네 가지 유형을 모두 포함하는 것으로 이해한다.

지방세외수입의 종류를 간단히 요약해 서술하면 다음과 같다.

첫째, 사용료(user charge)는 경상적 세외수입의 한 형태로서 지방정부가 주민의 복지를 증진하기 위해 설치한 공공시설을 특정 소비자가 사용할 때 그 반대급부로서 조례에 의거 부과 · 징수하는 공과금이다. 즉 지방정부는 공공시설의 이용 또는 재산의 사용에 대해 사용료를 징수할 수 있다 (지방자치법 제136조). 사용료는 도로 · 하천 · 상하수도 · 공유수면 · 시장 · 도축장 · 증기 등의 사용료, 운동장 · 공연장 등의 입장료와 사용료, 공원 · 관광지 · 묘지 · 복지회관 · 시민회관 등 공공시설 및 재산의 사용료 등이 있다.

둘째, 수수료는 당해 지방정부의 사무가 특정인을 위한 것일 경우 징수할 수 있다(지방자치법 제137조). 수수료는 지방정부의 활동에 의해 개별적으로 특수한 이익을 누리게 되는 사람으로부터 그 비용의 일부 또는 전부를 반대급부로 징수하는 수입이다. 제증명서 발급에 따른 수입, 각종 공공시험에 관한 증지 판매 수입 등은 대표적이다. 이러한 수수료가 사용료와 다른 점은 수수료는 지방정부가 특별한 활동에 의해 이익을 받은 경우에 부과하는 데 대해 사용료는 지방정부의 공공시설을 개인이 이용함으로써 이익을 받는 경우 부과하는 점이 다르다. 따라서 수수료는 특수한 이익을 누리게 되는 사람에게 부과해야 한다는 특수성의 원칙, 지방정부의 활동이 특정한 일 개인을 위한 것이어야 한다는 응익성의 원칙, 지방정부가 특정인을 위해 들인 노력의 대가의 일부 또는 전부를 변상해야 한다는 비용 변상의 원칙에 입각해야 한다.

셋째, 분담금은 지방정부가 그 재산 또는 공공시설의 설치로 인해 주민의 일부가 특히 이익을 받는 경우에는 이익을 받는 자로부터 그 이익의 범위 안에서 징수할 수 있는 공과금이다(지방자치법 제138조). 이를 부담금이라고도 한다. 수수료는 일반 사인으로서가 아니고 공공시설의 이용자 또는 공물의 사용자의 지위에 있는 자에게 부과되는데 대해 분담금은 일반 사인인 지위에서 부과된다는 점이 서로 다르다. 또한 수수료는 현실적으로 이용 관계에 들어간 것에 대한 이용의 대가인데 대해 분담금은 현재 이용하고 있느냐의 여부에 관계 없이 그것을 이용할 예정으로 있는 자에 대해 부과되는 점이 다르다.

넷째, 재산임대수입이란 지방정부가 국·공유재산(임야, 토지 등)을 관리·운영함으로써 발생하는 수입을 의미하며, 사업장수입이란 자치단체가 직접 운영·관리하는 사업장(종축장, 원종장 등)에서 얻어지는 생산물 매각 수입을 의미한다. 또한 징수교부금이란 국세·도세·도로사용료 및 하천사용료 등을 시·군이 징수할 경우 징수위임기관(국가 또는 도)이 수수료의 위임 처리에 대한 대가로 교부하는 수입이다.

다섯째, 재산매각수입이란 공유재산을 매각·처분함으로써 발생하는 수입을 의미하며, 순세계잉여금이란 지방정부의 전년도 결산에 따른 이월금에서 명시이월금, 사고이월금, 계속비 이월금, 보조금 사용 잔액을 제외한 금액을 의미한다. 또한 이월금이란 전년도의 결산 결과 생긴 잉여금 중 당해 연도로 이월된 분(分)을 의미하며, 전입금이란 당해 지방정부 내부의 다른 회계 또는 기금으로부터의 자금 이동으로 발생한 회계상의 수입이다. 아울러 과년도수입이란 징수 결정된 수입금이 당해 연도의 출납 폐쇄 종료 기한이 만료가 되기까지 수납되지 않고 그 후에 납부되었을 때에는 그 납부된 날이 속하는 연도의 수입으로 지난연도수입으로 정리한다.

여섯째, 예탁금 및 예수금이란 일반회계와 특별회계 상호간 및 특별회계 내의 계정 간의 예탁금(예수금)을 의미하며, 잡수입이란 이러한 각종 세외수입 이외의 것을 의미한다.

2) 의존재원

(1) 교 부 세

지방교부세는 지방정부의 기본 행정 운영에 필요한 최소한의 재원을 보장하고 지역 간의 재정 불균형을 시정하기 위해 재정력이 약한 지방정부에 국세의 일부를 이전해 재정 부족액을 충당하는 제도다. 이러한 지방교부세는 국가와의 세원 공유에 따른 세원 배분의 한 형태로서 지방정부의 고유재원이라는 성격을 지니고 있다.

| 표 9-1 | 지방교부세법에 의한 교부세의 재원과 교부 기준 |

재원	① 내국세 총액의 19.24%(목적세, 종합부동산세, 담배에 부과하는 개별소비세 총액의 20%, 다른 법률에 따른 세목은 제외) ② 종합부동산세 총액 ③ 개별소비세법에 따라 담배에 부과하는 개별소비세 총액의 100분의 20에 해당하는 금액 ④ 내국세 예산액과 그 결산액의 차액으로 인한 교부세의 차액을 정산한 금액 ⑤ 종합부동산세 예산액과 그 결산액의 차액으로 인한 교부세의 차액을 정산한 금액 ⑥ 개별소비세법에 따라 담배에 부과되는 개별소비세 총액의 100분의 20에 해당하는 예산액과 그 결산액의 차액으로 인한 교부세의 차액

유형 및 기준	보통 교부세	배분	= (① + ④) × 100분의 97
		기준	기준재정수입액이 기준재정수요액에 못 미치는 자치단체에 미달액을 교부 다만, 자치구의 경우에는 기준재정수요액과 기준재정수입액을 각각 해당 특별시 또는 광역시의 기준재정수요액 및 기준재정수입액과 합산하여 산정한 후, 그 특별시 또는 광역시에 교부
	특별 교부세	배분	= (① + ④) × 100분의 3
		기준	1. 기준재정수요액의 산정 방법으로는 파악할 수 없는 지역 현안에 대한 특별한 재정 수요가 있는 경우: 40% 2. 보통교부세의 산정기일 후에 발생한 재난을 복구하거나 재난 및 안전관리를 위한 특별한 재정수요가 생기거나 재정수입이 감소한 경우: 50% 3. 국가적 장려사업, 국가와 지방자치단체 간에 시급한 협력이 필요한 사업, 지역 역점시책 또는 지방행정 및 재정운용 실적이 우수한 지방자치단체에 재정 지원 등 특별한 재정수요가 있을 경우: 10%
	부동산 교부세	배분	= ② + ⑤
		기준	부동산교부세는 지방자치단체에 전액 교부 특별자치시·시·군·구의 재정 여건(50%), 사회복지(30%), 지역교육(10%), 부동산 보유세 규모(5%)에 따라 산정한 금액 *제주특별자치도: 부동산교부세 총액의 1천분의 18에 해당하는 금액
	소방 안전 교부세	배분	= ③ + ⑥
		기준	국민안전처장관은 지방자치단체의 소방 및 안전시설 확충, 안전관리 강화 등을 위하여 소방안전교부세를 지방자치단체에 전액 교부 1. 소방 및 안전시설 현황과 투자 소요: 100분의 40 2. 재난예방 및 안전강화 노력: 100분의 40 3. 재정여건: 100분의 20

즉 지방교부세를 중앙정부에 의한 하향적인 재원 원조로 이해하기보다는 본래 지방세로 배분되어야 할 세원을 지방정부의 세원 편재에서 비롯되는 재정 격차의 심화를 방지하기 위해 국세로서 징수하고 일정한 합리적인 기준에 의거해 지방에 재

배분되어 지방 고유재원으로 사용되는 것이다 (안용식·강동식·원구환, 2006: 458).

지방교부세의 종류는 보통교부세, 특별교부세, 부동산교부세, 소방안전교부세로 구분한다. 보통교부세는 모든 자치단체가 일정한 행정 수준을 유지할 수 있도록 표준 수준의 행정수행 경비를 산출해 그 충당 부족분을 일반재원으로 보전하는 것이며, 특별교부세는 보통교부세의 산정상 부득이 피할 수 없는 획일성과 시기성으로 인해 각 지방정부의 재정 현실을 정확하게 반영하지 못하는 경비를 지원하는 경비다. 또한 종합부동산세는 종합토지세 대신 국세인 종합부동산세(일정한 기준을 초과하는 토지 및 주택의 소유자에게 부과되는 세금)가 도입됨에 따라 발생하게 되는 재산세 감소분을 보전하고 자치단체 간 재정 형평성을 제고하기 위해 2005년에 신설되었다. 중앙정부가 징수한 종합부동산세 총액을 예산으로 하여 지방정부에 전액 교부된다. 소방안전교부세는 2015년 담배값 인상에 따른 개별소비세 총액의 20%를 지방정부의 소방 및 안전시설 현황, 소방 및 안전시설 투자 소요, 재난예방 및 안전강화 노력, 재정여건 등을 감안하여 교부한다.

(2) 보 조 금

보조금이란 국가 외의 자가 행하는 사무 또는 사업에 대하여 국가가 이를 조성하거나 재정상의 원조를 하기 위하여 교부하는 보조금(자치단체에 대한 것과 기타 법인·단체 또는 개인의 시설자금이나 운영자금으로 교부하는 것만 해당), 부담금(국제조약에 의한 부담금은 제외), 기타 상당한 반대급부를 받지 아니하고 교부하는 교부금을 의미한다 (보조금 관리에 관한 법률 제2조). 즉 국고보조금이란 지방정부가 행하는 사무 또는 사업에 대하여 국가가 이를 조성하거나 재정상의 원조를 하기 위하여 교부하는 재원으로, 국가가 정책상 필요하다고 인정할 때 또는 지방정부의 재정 사정상 특히 필요하다고 인정할 때 예산의 범위 안에서 지급되는 재원이다(지방재정법 제23조 제1항).

국고보조금의 특징을 살펴보면 첫째, 국가보조금은 매년 자치단체장의 신청에 의해 주어지는 경상적 재원으로서 특정 사업에 대해 중앙관서의 장의 통제를 받는 의존재원이며, 용도 외의 사용이 금지되어 있는 재원이다. 둘째, 국고보조금은 특정 용도가 지정된다는 점에서 지방교부세와 다르며, 재원이 미리 국세의 일정 부분

그림 9-3 국고보조금의 지급체계

으로 정해져 있지 않다는 점에서 다르다. 셋째, 국고보조사업에 대해서는 상급기관의 행·재정적 감독을 받게 되어 지방정부의 재정 자율성이 약화될 수 있다. 넷째, 국고보조금은 지방비 부담이라는 전제 조건(국가가 전액 지원하는 국고보조사업의 경우는 제외)이 있기 때문에 지방재정력이 양호한 지방정부의 경우는 큰 문제가 없으나, 재정력이 약한 지방정부는 지방비 부담 능력의 부재로 국고보조사업을 포기할 수밖에 없다. 즉 국고보조사업의 경우에는 지방정부 간 재정력 격차가 반영될 수밖에 없다.

　국고보조금 지급 체계는 크게 지방정부 보조와 민간 보조로 구분되며, 대상에 따라 직접보조와 간접보조로 구분할 수 있다. 간접보조금이란 국가 외의 자가 보조금을 재원(財源)의 전부 또는 일부로 하여 상당한 반대급부를 받지 아니하고 그 보조금의 교부 목적에 따라 다시 교부하는 급부금을 말한다(보조금 관리에 관한 법률 제2조 제4호).

표 9-2	지역발전특별회계의 구조	

구분	광역·지역발전특별회계	지역발전특별회계
목적	·지역 특화 발전 및 광역경제권 경쟁력 향상 지원	·지역주민의 삶의 질 향상 및 지역 경쟁력 강화
회계 구조	·① 지역개발계정 * 24개 포괄보조금사업으로 구성	·① 생활기반계정으로 개명 * 지역행복생활권협력사업을 추가하여 25개 포괄보조금사업으로 구성 * 지특회계, 일반회계 등에서 포괄보조 사업으로 전환을 검토
	·② 광역발전계정 * 지역연계협력사업 중점지원	·② 경제발전계정으로 개명 * 5 + 2 권역을 폐지, 시·도를 중심으로 "지역협력권"으로 전환
	·③ 제주특별자치도계정	·③ 제주특별자치도계정
		·④ 세종특별자치시계정(신설)
예산 편성	예산신청 (5.31일)　예산요구 (6.30일) 지방 → 부처 → 기재부 평가결과 (6.30) ↑ 지역위	예산신청 (5.31일)　예산요구 (6.13일) 지방 → 부처 → 기재부 예산편성의견(5.31) 평가결과(6.13일) ↑ 지역위
예산 집행	·최대 이월가능기간을 2회계연도로 제한 (미집행시 국고 반납) ·사업 집행 후 남은 잔여예산은 유사한 사업에 전용 가능	·최대 이월가능기간을 2회계연도로 제한 (미집행시 국고 반납) ·사업 집행 후 남은 잔여예산은 유사한 사업에 전용 가능

자료: 기획재정부(2014). 지역발전특별회계 예산편성 관련 설명자료.

(3) 지역발전특별회계

지역별 특성과 비교우위에 따른 지역의 특화 발전을 지원하고, 지역 주민의 삶의 질 향상 및 지역경쟁력 강화를 위한 사업을 효율적으로 추진하기 위하여 지역발전특별회계를 설치하고 있다(국가균형발전특별법 제30조).

기존 국가균형발전특별법에서는 광역·지역발전특별회계를 설치하도록 규정하였으나, 개정 특별법에서는 지역발전특별회계로 개정하였다(2015. 1. 1 시행). 특히 특별회계의 설치 목적도 '지역의 특화 발전 및 광역경제권 경쟁력 향상 지원'에서 '지역주민의 삶의 질 향상 및 지역 경쟁력 강화'로 개정하였으며, 회계구조도 지역개발계정, 광역발전계정, 제주특별자치도계정에서 생활기반계정, 경제발전계정, 제주특별자치도계정으로 변경하였으며, 세종특별자치시계정을 신설하였다.

지역발전특별회계는 생활기반계정, 경제발전계정, 제주특별자치도계정 및 세종특별자치시계정으로 구분되는데, 지역발전특별회계는 기획재정부장관이 관리·운용하며, 회계의 예산은 중앙행정기관의 조직별로 구분할 수 있다(동법 제32조).

생활기반계정은 ① 성장촉진지역, 특수상황지역, 농산어촌 및 도시활력 증진지역 등의 개발사업으로서 지역생활권 생활기반의 확충과 관련한 사업, ② 지역사회 기반 시설의 확충 및 개선 관련 사업, ③ 지역의 문화·예술·체육 및 관광자원의 개발 및 확충 관련 사업, ④ 지역의 물류·유통기반 확충 등 산업기반 조성 등에 관한 사업, ⑤ 지역의 특성 있는 향토자원의 개발 및 활용에 관한 사업, ⑥ 그 밖에 대통령령으로 정하는 사업을 제외한 지방정부의 보조사업 등에 지출된다(동법 제34조).

경제발전계정은 ① 경제협력권 활성화 및 지역경쟁력 강화를 위한 교통·물류망 확충 관련 사업에 대한 출연(出捐)·보조 또는 융자, ② 지역특화산업 및 경제협력권산업의 육성과 투자 및 일자리 창출 촉진에 관련된 사업에 대한 출연·보조 또는 융자, ③ 지방대학의 경쟁력 향상 및 지역인적자원의 개발 관련 사업에 대한 출연·보조 또는 융자, ④ 지역의 과학기술 진흥 및 특성화 관련 사업에 대한 출연·보조 또는 융자, ⑤ 공공기관·기업 및 대학 등 인구집중유발시설의 지방이전에 관한 사업에 대한 융자 등 필요한 경비의 지원, ⑥ 지역의 문화·관광자원 육성 촉진 및 환경 보전 사업 등에 대한 출연·보조 또는 융자, ⑦ 지역의 주요 성장거점에 대한 출연·보조 또는 융자 등에 지출된다.

(4) 자치구 조정교부금

조정교부금은 교부세와 같은 성격의 재원으로 서울특별시 및 광역시가 해당 자치구의 기본 행정 운영에 필요한 최소한의 재원을 보장하고 자치구 간의 재정 불균형을 시정하기 위해 특별시 및 광역시세의 일부를 일정한 기준에 따라 자치구에 교부하는 재원을 의미한다. 즉 특별시장이나 광역시장은 지방재정법에서 정하는 바에 따라 해당 지방정부의 관할 구역 안의 자치구 상호 간의 재원을 조정하여야 한다(지방자치법 제173조).

(5) 시 · 군 조정교부금

시 · 군 조정교부금은 시도(서울특별시 제외)가 해당 시군에 교부하는 재원으로 ① 시 · 군에서 징수하는 광역시세 · 도세(화력발전 · 원자력 발전에 대한 지역자원시설세, 특정 부동산에 대한 지역자원시설세 및 지방교육세는 제외)의 총액, ② 해당 시 · 도의 지방소비세액을 전년도 말의 해당 시 · 도의 인구로 나눈 금액에 전년도 말의 시 · 군의 인구를 곱한 금액의 27%(인구 50만 이상의 시와 자치구가 아닌 구가 설치되어 있는 시의 경우는 47%)에 해당하는 금액을 관할 시 · 군 간의 재정력 격차를 조정하기 위한 조정교부금의 재원으로 확보하여야 한다(지방재정법 제29조 제1항).

시 · 군 조정교부금의 종류는 시 · 군의 행정운영에 필요한 재원을 보전하기 위한 교부금(일반조정교부금)과 시 · 군의 지역개발사업 등 시책추진을 지원하기 위한 교부금(특별조정교부금) 및 지방교부세법 제6조 제1항의 규정에 의한 보통교부세가 교부되지 아니하는 시 · 군에 대하여 그 재정적 결함을 보전하기 위하여 지급하는 조정교부금으로 한다(동법시행령 제36조 제1항, 제4항).

일반조정교부금의 재원은 조정교부금 총액의 100분의 90에 해당하는 금액으로 하고, 특별조정교부금의 재원은 조정교부금 총액의 100분의 10에 해당하는 금액으로 하며(동법시행령 제36조 제2항), 보통교부세가 교부되지 아니하는 시 · 군에 대해서는 해당 시 · 군이 조정교부금의 재원 조성에 기여한 금액보다 작은 경우에는 일반조정교부금의 재원에서 관할 시 · 군의 재정운용상황을 고려하여 시 · 도의 조례가 정하는 금액을 해당 시·군에 우선하여 배분할 수 있다(동법시행령 제36조 제4항).

일반조정교부금을 배분함에 있어서는 일반조정교부금 총액(일반조정교부금이 우선 배분되는 경우에는 그 배분금액의 총액을 일반조정교부금 총액에서 뺀 금액)의 100분의 50에 해당하는 금액은 당해 시·군의 인구수에 따라 배분하고, 100분의 30에 해당하는 금액은 당해 시·군의 광역시세·도세 징수실적에 따라 배분하며, 100분의 20에 해당하는 금액은 재정력지수(지방교부세법에 따라 산정한 매년도 기준재정수입액을 기준재정수요액으로 나눈 값)가 1 미만인 시·군을 대상으로 1에서 당해 시·군의 재정력지수를 뺀 값을 기준으로 배분한다(동법시행령 제36조 제3항).

3) 지방채

지방채란 지방정부가 투자재원의 조달을 위해 과세권을 실질적인 담보로 하여 자금을 조달하는 채무로써 그 채무의 이행이 1 회계연도를 넘어서 이뤄지며 증서 차입 또는 증권 발행의 형식을 취한다. 지방채의 발행 목적은 지역 주민의 복지 증진을 위한 필요 사업에 경비를 조달하기 위함이며, 발행 주체는 지방정부(조합도 가능)로 채무 이행 기간은 2 회계연도 이상에 걸쳐 이뤄진다.

지방정부의 장은 ① 공유재산의 조성 등 소관 재정투자사업과 그에 직접적으로 수반되는 경비의 충당, ② 재해예방 및 복구사업, ③ 천재지변으로 발생한 예측할 수 없었던 세입결함의 보전, ④ 지방채의 차환을 위한 자금 조달에 필요할 때에는 지방채를 발행할 수 있다(지방재정법 제11조 제1항). 그러나 지방채의 무분별한 발행으로 인한 지방재정의 부담을 억제하기 위하여 지방채의 발행은 지방재정법과 지방재정법 제11조의2에 규정된 법률에 의하지 아니하고는 발행할 수 없다.

지방정부의 장이 지방채를 발행하려면 재정 상황 및 채무 규모 등을 고려하여 대통령령으로 정하는 지방채 발행 한도의 범위에서 지방의회의 의결을 얻어야 한다. 다만, 지방채 발행 한도액 범위더라도 외채를 발행하는 경우에는 지방의회의 의결을 거치기 전에 행정자치부장관의 승인을 받아야 한다. 그러나 지방정부의 장이 행정자치부장관의 승인을 받은 경우에는 승인받은 범위에서 지방의회의 의결을 얻어 지방채 발행 한도액의 범위를 초과하여 지방채를 발행할 수 있다 (지방재정법 제11조 제2항, 제3항).

또한 지방자치단체조합의 장은 그 조합의 투자사업과 긴급한 재난복구 등을 위한 경비를 조달할 필요가 있을 때, 또는 투자사업이나 재난복구사업을 지원할 목적으로 지방정부에 대부할 필요가 있을 때에는 지방채를 발행할 수 있다. 이 경우 행정자치부장관의 승인을 받은 범위에서 조합의 구성원인 각 지방자치단체 지방의회의 의결을 얻어야 하며, 발행한 지방채에 대해서는 조합과 그 구성원인 지방정부가 상환과 이자의 지급에 관하여 연대책임을 지도록 규정하고 있다 (지방재정법 제11조 제4항, 제5항).

3. 지방정부의 예산과정

1) 지방재정계획의 수립

(1) 지방재정계획의 의의

지방재정계획이란 단년도 예산편성방식에서 유래되는 비효율성과 지방재정과 계획과의 불일치를 극복하기 위하여 다년도(보통 3–5년) 재정계획을 수립하고, 이에 따라 단년도 예산을 연동적으로 편성·집행케 함으로써 한정된 재원의 효율적 관리를 모색하는 제도라 할 수 있다. 이러한 지방재정계획은 계획지향의 예산제도 (Schick, 1966: 243–258)에 입각하고 있는 것으로 지역발전을 위한 정책형성의 합리화·계획화기능, 국가시책 등 상위계획과의 연계기능, 지방재원의 확충기능, 재정운영의 지표적 기능, 지방자원사업의 합리적 선정 및 투자효율의 극대화기능, 지방의회에 대한 예산심의 준거제공기능 등의 다양한 기능을 수행한다.[8]

---

8 지방자치단체의 예산과정에 대해서는 안용식·강동식·원구환(2006: 488–495)에서 수정·발췌하였다.

(2) 지방재정계획의 수립절차

지방정부의 장은 지방재정을 계획성 있게 운용하기 위하여 매년 다음 회계연도부터 5회계연도 이상의 기간에 대한 중기지방재정계획을 수립하여 예산안과 함께 지방의회에 제출하고, 회계연도 개시 30일 전까지 행정자치부장관에게 제출하여야 한다. 지방정부의 장이 중기지방재정계획을 수립할 때에는 행정자치부장관이 정하는 계획수립 절차 등에 따라 그 중기지방재정계획이 관계 법령에 따른 국가계획 및 지역계획과 연계되도록 하여야 한다. 또한 행정자치부장관은 매년 중기지방재정계획의 수립에 필요한 지침을 지방정부에 통보할 수 있다(지방재정법 제33조).

행정자치부장관은 각 지방정부의 중기지방재정계획을 기초로 매년 종합적인 중기지방재정계획을 수립하고, 국무회의에 보고하여야 하며, 행정자치부장관이 종합적인 중기지방재정계획을 수립할 때에는 국가재정법에 따른 국가재정운용계획과의 연계성을 높일 수 있도록 관계 중앙관서의 장과 협의하여야 한다(지방재정법 제33조).

(3) 지방재정계획의 방향

지방재정계획의 의의를 제도화하기 위해서는 다음과 같은 몇 가지 사항이 고려되어야 할 것이다(한국지방행정연구원, 1989: 18−19).

첫째, 계획재정을 구현하고 장기적 발전방안을 구축하기 위하여 지방재정계획제도를 정착시키고 지역간 재정불균형을 완화시키도록 하는 지방재정조정제도의 역할과 기능을 강화시켜야 할 것이다.

둘째, 지방재정운용의 합리성과 효율성을 제고하기 위하여 예산편성·집행을 합리화하고 동시에 건전재정운용을 견지할 수 있도록 경영재정체제를 보다 확대·강화해야 한다.

셋째, 투자재원을 안정적으로 확보하고 그 배분을 최적화하기 위하여 자체재원의 조달방안을 강화하고 합리적으로 투자우선순위를 설정하는 동시에 부문별·사업별 투자심사를 전문화해야 한다.

넷째, 재정운용의 공개제도를 확립하고 지역주민의 참여를 확대하기 위하여 매

표 9-3 **투·융자심사의 사업범위**

구분	심사대상사업 범위
시도	가. 총사업비 40억원 이상의 신규 투자사업 나. 총사업비 10억원 이상의 신규 투자사업으로서 외국차관도입사업 또는 해외투자사업 다. 총사업비 5억원 이상의 신규 투자사업으로서 공연·축제 등 행사성 사업과 홍보관(弘報館) 사업
시군구	가. 총사업비 20억원 이상의 신규 투자사업 나. 총사업비 5억원 이상의 신규 투자사업으로서 외국차관도입사업 또는 해외투자사업 다. 총사업비 3억원 이상의 신규 투자사업으로서 공연·축제 등 행사성 사업과 홍보관 사업

년 예산을 공개함은 물론 주민, 시민단체, 전문가들의 의견을 최대한 수렴해야 한다.

2) 지방재정 투·융자 심사제도

투자심사는 재원이 한정된 상황 하에서 투·융자사업에 대한 타당성을 사전에 분석하고 투·융자사업의 우선순위를 결정함으로써 투·융자의 효율성을 극대화하고 주민의 복지를 최대한으로 향상시키려는 제도라 할 수 있다. 이러한 투·융자심사제도의 법적 근거는 지방재정법과 동법시행령, 그리고 지방재정투융자사업심사규칙 및 자치단체 재무회계규칙에 명시되어 있다.

즉 지방재정법 제37조에서는 '지방자치단체의 장은 재정투융자사업에 관한 예산을 편성하고자 하는 경우에는 대통령령이 정하는 바에 의하여 그 사업의 필요성, 사업계획의 타당성 등에 대한 심사를 해야 한다'고 규정하였으며, 제36조 제3항에서는 '자치단체의 장이 예산을 편성하고자 할 때에는 중기지방재정계획과 투·융자심사결과를 기초로 하여야 한다'고 규정하고 있다. 지방자치단체의 장은 <표 9-3>에서 예시된 사업에 대해서 지방재정 투·융자심사를 하여야 한다. 그러나 재해복구 등 원상복구를 목적으로 하는 사업과 행정자치부령으로 정하는 사업은 그러하지 아니하다(지방재정법시행령 제30조 제2항).

3) 지방정부의 예산과정

지방정부의 예산과정은 크게 4단계, 즉 지방정부에 의한 예산편성, 지방의회의 심의·의결, 예산의 집행, 그리고 결산단계로 구성되며 회계연도[9]는 1월 1일부터 12월 31일까지이다.

(1) 예산편성단계

지방정부는 법령 및 조례가 정하는 범위 안에서 합리적인 기준에 의하여 그 경비를 산정하여 예산에 계상하여야 하며, 모든 자료에 의하여 엄정하게 그 재원을 포착하고 경제의 현실에 적응하도록 그 수입을 산정하여 이를 예산에 계상하여야 한다(지방재정법 제36조).

행정자치부장관은 국가 및 지방 재정의 운용 여건, 지방재정제도의 개요 등 지방정부의 재정운용에 필요한 정보로 구성된 회계연도별 지방정부 재정운용 업무편람을 작성하여 지방정부에 보급할 수 있으며, 지방재정의 건전한 운용과 지방정부 간 재정운용의 균형을 확보하기 위하여 필요한 회계연도별 지방정부 예산편성기준은 행정자치부령으로 규정하여 통보할 수 있다(지방재정법 제38조).

예산편성은 행정자치부장관의 예산편성기준과 예산편성매뉴얼을 바탕으로 기획(관리)실장의 예산방침 통보, 각 부서장 및 기관장의 예산요구서 작성·제출, 예산주관부서의 예산요구서 사정 및 예산안 편성,[10] 예산안의 제출 등의 절차를 거치게 된다. 지방정부의 장은 회계연도마다 예산안을 편성하여 시·도는 회계연도 시작 50일 전(11월 11일)까지, 시·군 및 자치구는 회계연도 시작 40일 전(11월 21일)까지 지방의회에 제출하여야 한다(지방자치법 제127조).

---

9 일본, 영국, 캐나다의 회계연도는 4월부터 다음 연도 3월까지이며, 미국과 독일은 10월부터 다음 연도 9월까지로 되어 있다.

10 예산요구서가 제출되면 예산주관부서는 예산요구부서장의 설명을 청취한 후 자치단체장의 시정 방침, 재정상황, 사업의 효율성 등을 충분히 검토하여 예산요구액을 사정한다.

제 9 장 지방정치와 재정

(2) 예산편성과 주민참여예산제도

지방정부의 장은 예산편성과정에 주민이 참여할 수 있는 절차(주민참여예산제도)를 마련하여 시행하여야 하며, 지방정부의 장은 예산 편성 과정에 참여한 주민의 의견을 수렴하여 그 의견서를 지방의회에 제출하는 예산안에 첨부하여야 한다(지방재정법 제39조).

주민참여 예산제도란 지방정부의 예산편성 과정에 주민이 참여하는 제도이며, 예산편성과정에의 주민 참여는 임의 규정이 아니라 당연 규정이다.

(3) 예산심의·의결단계

예산의 심의·의결과정으로 지방의회에 제출된 예산은 시도의회에서는 회계연도 개시 15일전까지, 시군구의회에서는 회계연도 개시 10일전까지 의결되어야 한다. 이 때 지방의회는 자치단체장의 동의 없이 지출예산 각 항의 금액을 증가하거나 새 비목(費目)을 설치할 수 없다(지방자치법 제127조). 이 과정은 본회의에서의 자치단체장의 제안설명, 상임위원회에서의 예비심사, 예산결산특별위원회의 종합심사, 본회의의 부의 및 의결 등의 절차를 거치며, 예산안이 의결되면 지방의회 의장은 3일 이내 자치단체장에게 이송하고, 이송 받은 자치단체장은 상급기관에 보고하고 이를 고시하여야 한다(지방자치법 제133조). 이러한 예산심의·의결과정은 지방의회 의원들의 전문성 결여와 짧은 심의기간, 합리적 심의보다는 정치적 심의 등의 문제점을 야기시키고 있다. 따라서 예산심의과정을 전문화시킬 수 있는 방안과 심의과정의 공개 등을 모색하여야 할 것이다.

(4) 예산집행단계

예산이 의결되면 구체적으로 확정된 예산에 따라 예산이 집행된다. 예산집행의 절차는 각 실·과장은 예산성립 후 즉시 세입예산 및 세출예산 월별집행계획서를 작성하여 세입주관과와 예산주관과에 제출한다. 이 때 예산주관과장은 세입주관과장이 제출한 자금수급계획서를 기준으로 하여 세출예산 월별·분기별 배정계획서를 작성하여 자치단체장의 결재를 얻어 최종 확정하고 이를 각 실·과에 배정한다 (지방재정법시행령 제35조 및 지방자치단체 재무회계규칙 제18조). 예산집행은 예산이 정한대로 집행해야 하나, 예산성립 후 여건이나 정세변동에 탄력성 있게 적용할 수 있도록 예산집행의 신축성 확보방안이 지방재정법[11]에 명시되어 있다. 이러한 집행단계는 형식적·소비적 예산의 집행, 연말에의 과도한 예산집행, 쓰지 않은 예산(不用豫算) 등의 문제를 안고 있다. 따라서 집행의 자율성과 신축성을 보장하되, 이월제도의 활성화를 통해 예산의 낭비를 줄이는 방안을 고려해야 할 것이다.

(5) 결산단계

지방정부의 장은 출납 폐쇄 후 80일 이내에 결산서와 증빙서류를 작성하고 지방의회가 선임한 검사위원의 검사의견서를 첨부하여 다음 연도 지방의회의 승인을 받아야 한다. 결산의 심사결과 위법 또는 부당한 사항이 있는 경우에 지방의회는 본회의 의결 후 지방정부 또는 해당 기관에 변상 및 징계 조치 등 그 시정을 요구하고, 지방정부 또는 해당 기관은 시정요구를 받은 사항을 지체 없이 처리하여 그 결과를 지방의회에 보고하여야 한다. 지방정부의 장은 결산 승인을 받으면 5일 이내에 시·도에서는 행정자치부장관에게, 시·군 및 자치구에서는 시·도지사에게 각각 보고하고 그 내용을 고시하여야 한다(지방자치법 제134조). 특히 2007년부터 지방정부의 장은 당해 지방자치단체의 재정상태 및 운용결과를 명백히 하기 위하여 발생주의와 복식부기 회계원리를 기초로 하여 행정자치부장관이 정하는 회계기준에 따라 거래의 사실과 경제적 실질을 반영하여 회계처리하고 재무보고서를 작성하여야 한다(지방재정법 제53조).

이러한 결산과정의 문제점은 의원들의 무관심(결산보다는 심의중심)과 무지(회계지식의 미비 등), 결산결과 부당한 집행사실에 대한 사후조치 미비 등으로 형식화되는 경향이 있다. 따라서 결산과정의 합리화를 위해서는 결산에 따른 사후조치를 명확히 하는 것이 가장 급선무라 할 수 있으며 결산결과에 대한 고시도 관보에의 게재

---

11 지방재정법 제42조(계속비), 제43조(예비비), 제44조(채무부담행위), 제45조(추가경정예산), 제46조(준예산), 제47조(예산이체), 제49조(예산의 전용), 제50조(예산의 이월) 등을 규정하고 있다.

제 9 장 지방정치와 재정

등과 같은 소극적 방법에서 벗어나 언론공개 등과 같은 적극적인 방법을 고려해야할 것이다.

4. 지방자치와 주민의 재정참여제도

국가 재정제도에는 없지만, 지방정부의 재정과 관련하여 도입된 주민의 재정참여 제도가 존재한다. 주민참여 예산제도와 주민소송제는 대표적인 예인데, 이는 국가 예산제도에는 존재하지 않는 제도이다.

1) 주민참여 예산제도

(1) 주민참여 예산제도의 개념

주민참여 예산제도란 지방정부의 예산편성과정에 주민이 참여하는 제도를 의미한다. 주민참여 예산제도는 다음과 같은 의미를 지니고 있다.[12]

첫째, 주민참여 예산제도는 국가의 예산편성과정에 주민이 참여하는 제도가 아니라 지방정부의 예산편성과정에 주민이 참여하는 제도를 의미한다. 따라서 지방정부에만 해당하는 제도로서 국가의 예산편성과정과는 무관하다.

둘째, 주민참여 예산제도는 지방정부의 예산편성과정에 참여하는 제도이다. 일반적으로 국가든 지방이든 예산과정은 예산편성과정, 예산심의·의결과정, 예산집행과정, 결산과정으로 구분되는데, 주민참여 예산제도는 예산편성과정에 참여하는 제도이다. 예산편성과정은 행정부의 고유권한으로 인정되어 있으며, 예산심의·의

---

12 주민참여 예산제도의 대표적인 사례는 브라질의 포르투알레그리 시의 경우인데, 1988년 브라질의 지방자치단체 선거에서 노동자당(PT, Partido dos Trabalhadores)이 승리하면서 주민들이 시 예산안을 짜는데 직접 참여하는 제도(OP, orcamento participativo)를 정착시키는 데 성공하였다. 또한 남아프리카공화국은 예산 작성 과정에 대한 시민사회의 영향력을 확대하고 헌법에서 보장한 국회의 예산 조정 권리를 보완하기 위해 민중예산제도를 도입하였다. 주민의 재정참여제도에 대해서는 원구환(2014: 437−443)을 참조하였다.

결과정은 의회(지방의회)의 고유권한으로 인정되어 예산에 대한 상호 견제와 균형을 유지하도록 하고 있다. 그러나 예산심의·의결과정에 참여하는 지방의회의 경우는 주민의 대표기관으로서의 의미를 지니고 있는데 비해 예산을 편성하는 집행부의 입장은 주민이 참여하는 제도적 과정이 미흡하여 집행부 위주의 예산편성이 이루어지는 경향이 강하다. 따라서 집행부 위주의 예산편성과정에 주민참여를 보장하고 주민들의 세금가치를 구현하기 위해 도입된 제도가 주민참여 예산제도이며, 의회의 예산심의 및 의결과정과는 무관한 제도이다.

셋째, 주민참여제도는 임의규정이 아니라 당연규정이다. 즉 지방정부가 예산을 편성하는 과정에서 의무적으로 이행해야 하는 것으로 2011년부터 9월부터 지방재정법 개정을 통해 의무적으로 이행되고 있다. 지방재정법 제39조 및 동법시행령 제46조에서는 지방정부의 예산편성과정에 주민이 참여할 수 있는 방법으로 주요사업에 대한 공청회 또는 간담회, 주요사업에 대한 서면 또는 인터넷 설문조사, 사업공모, 기타 주민의견 수렴에 적합하다고 인정하여 조례로 정하는 방법 등을 예시하고 있다.

(2) 주민참여 예산제도의 도입

지방정부 예산에 대한 전국적인 참여가 이뤄진 것은 1999년이다. 전국 30여 개 시민단체가 참여해 '예산감시네트워크'(함께하는 시민행동)를 결성하여 예산참여 활동이 본격화되었으며, 참여연대가 2001년 4월 지역의 시민단체와 함께 '판공비 전국네트워크'를 결성, 자치단체장에 대한 판공비 정보공개운동을 중심으로 예산감시 운동을 전개한 사례나 2001년도에 '서울지역예산감시네트워크'가 결성돼 서울시 예산에 대한 참여운동이 시작된 것은 대표적인 사례이다.

또한 2002년 6월 13일 지방선거를 통해 주민참여 예산제도에 대한 공약이 추진되었고, 2003년도에 각 지방정부에 시달된 2004년도 지방자치단체 예산편성기본지침에서 예산편성과정의 주민참여 보장과 예산정보를 투명하게 운영하고 공개할 것을 권고하였다. 이후 참여정부에서는 주민참정제도를 확충하기 위해 주민발안제도 개선, 주민투표제 실시, 주민소환제, 주민감사청구제 및 주민소송제, 정책과정에 주민참여 확대, 참여적 예산편성 및 집행 등을 강화하는 지방자치법 및 지방재정법을 개정하였으나, 주민참여 예산제도는 임의규정으로 강제력을 갖지 못하고 몇몇 지방정부에서 조례 제정을 통해 시행되었다.

주민참여 예산제도가 법적으로 의무규정으로 전환된 계기는 2010년 6월 지방선거를 통해 중점 공약추진사항으로 제기되었고, 지방재정법의 개정을 통해 2011년 9월부터는 모든 지방정부가 의무적으로 이행해야 하는 제도로 전환되었다.

(3) 주민참여 예산제도의 발전방안

주민참여 예산제도가 실효성을 거두기 위해서는 다음과 같은 사항을 고려할 필요가 있다.

첫째, 주민참여에 대한 의식의 전환이 중요하다. 주민참여 예산제도는 주민들의 세금가치를 구현하고 재정민주주의를 보장하기 위한 제도이므로 주민, 집행기관, 의회, 시민단체 등이 올바른 참여의식을 지니고 있어야 한다.

둘째, 주민참여의 대표성을 확보할 필요가 있다. 주민 참여의 형태를 구분할 때 주민들이 실제로 의사결정과정에 참여하여 영향력을 행사하는가의 여부에 따라 실질적 참여와 형식적 참여로 구분할 수 있는데(Arstein, 1969), 주민참여 예산제도의 경우 주민참여가 형식적으로 이행되는 경향이 강하다. 따라서 지방정부의 예산편성과정에 참여하는 예산참여시민위원회의 구성과 대표성을 확보하는 것이 무엇보다 중요하다.

셋째, 지방정부의 예산편성과정에 대한 단계적 이해가 필요하다. 즉 지방정부의 장이 예산을 편성하는 때에는 중기지방재정계획과 재정투·융자사업에 대한 심사결과를 기초로 하여야 하며, 예산이 여성과 남성에게 미칠 영향을 미리 분석한 보고서를 작성하여야 한다. 또한 지방정부의 예산은 행정자치부 장관이 하달한 지방자치단체 예산편성기준과 예산의 과목구분에 따라 편성되며, 집행기관의 각 부서로부터 예산요구서가 제출되면 지방정부의 장과 예산 주무부서는 각 부서로부터 예산요구에 대한 설명을 청취한 다음 예산안에 대한 사정을 끝내고 예산 주무부서는 예산안을 편성하여 지방의회에 제출한다. 따라서 지방정부의 예산편성과정에 주민이 참여할 수 있는 단계별 참여전략을 마련하는 것이 중요한데, 중기 지방재정 수립단계, 각 부서의 예산요구서 작성단계, 예산요구서 사정단계, 의회 제출 전 단계 등으로 구분하여 효율적 참여전략을 수립해야 한다.

넷째, 다양한 주민참여 방안을 고려할 필요가 있다. 현행 규정에서는 공청회, 간담회, 서면 또는 인터넷 설문조사, 사업공모, 기타 등의 방법을 제안하고 있으나, 예산편성 단계별로 가장 합리적인 방안을 모색할 필요가 있다.

2) 주민소송제[13]

(1) 주민소송제의 연혁

주민소송제는 본래 영국의 납세자소송에서 발달되어 미국으로 전파되었으며, 일본은 미국을 본보기로 1948년 지방자치법을 개정하여 납세자소송제를 도입·시행하였다. 특히 일본은 1963년 지방 재무회계제도의 개혁을 내용으로 하는 지방자치법 개정을 통해 주민소송이라는 명칭을 사용하였다. 우리나라도 과거 지방자치법에서 주민소송제를 도입하였으나, 미활용으로 1962년 법 개정으로 폐지되었다. 그러나 2004년 1월 16일 지방분권특별법의 제정으로 주민소송제에 대한 도입근거가 마련되었으며, 2005년 1월 27일 주민소송제 도입을 주된 내용으로 하는 지방자치법이 공포(2005년 8월 5일 동법시행령 공포)됨에 따라 2006년 1월 1일부터 시행되고 있다.

민선자치 실시 이후 각종 이권을 둘러싼 지역 토착세력과의 민관유착으로 자치단체장 등 일부 지방 공직자의 부패와 비리가 상존하고, 자치단체장의 선심성·행사성 사업추진과 중복투자 등에 기인한 방만한 재정운영으로 지방재정의 어려움이 가중되고 있다. 더욱이 각종 감사를 통한 위법·부당 사례 적발도 대부분 주의 촉구 수준에 그쳐 동일 사례의 재발방지라는 예방효과를 기대하기 어려운 실정이다. 따라서 효과적 주민통제 체제 구축을 통한 심리적 예방효과로 지방재정 운영과

---

13 주민소송제에 대해서는 안용식·강동식·원구환(2006: 163−173)에서 수정 발췌하였다. 외국이 주민소송제에 대해서는 행정자치부(2005)를 참조할 것.

정에서 발생하는 부정부패를 사전에 차단하기 위한 목적으로 주민소송제가 도입되었다.

(2) 주민소송제의 개념

주민소송제는 지방정부의 위법한 재무회계행위에 대해 지역주민이 자신의 개인적 권리·이익의 침해와 관계없이 그 위법한 행위의 시정을 법원에 청구할 수 있는 제도이다. 주민소송은 지역주민에게 당연히 인정되는 권리가 아니고 특정한 법규에 의해서 인정되는 실체법상의 권리이다.

주민소송은 공익소송으로서 주민 대표소송의 한 종류이며, 주민의 개인적 권리·이익의 침해가 아닌 지방공공의 이익보호 내지 침해의 예방을 위해 제기하는 소송으로서 기본적으로 객관소송[14] 중 민중소송[15]의 법적 성격을 지닌다. 행정소송법상 민중소송의 개념은 국가 또는 공공단체의 기관이 법률에 위반되는 행위를 한 때에 직접 자기의 법률상 이익과 관계없이 그 시정을 구하기 위하여 제기하는 소송이다.

우리나라의 주민소송제는 일본과 마찬가지로 감사청구전치주의를 채택하고 있는데, 위법한 재무회계행위에 대해 직접 소송을 제기할 수 있는 것이 아니라 주민감사를 청구하고 소송을 제기해야 한다는 점이다. 또한 미국은 재무회계 뿐 아니라 비재무회계 사항도 소송에 포함하지만, 우리의 경우는 위법한 재무회계에 한해서만 소송을 제기할 수 있다.

---

14 주관소송은 주로 당사자의 권익보호를 목적으로 하는 소송이다. 일반적으로 행정소송은 국민의 권리구제를 1차적 목적으로 한다는 점에서 원칙적으로 주관소송의 성격을 지니며, 따라서 소송의 대상과 소송을 제기하는 자 간에 일정한 이해관계의 관련성이 있을 것을 소송제기의 요건으로 한다. 즉 주관소송에 있어서는 권익을 침해받은 자만이 소송을 제기할 수 있다는 제기 요건 상의 제한이 있다. 이에 반해 객관소송은 주로 행정작용의 객관적 적정성(적법 타당성)을 목적으로 하는 소송이다. 객관소송은 개인적 이해관계에 대한 다툼과는 직접적인 관계가 없으므로 주관소송과 같은 소송제기 자격의 제한이 없다.

15 민중소송은 국민투표에 관한 소송(국민투표법 제72조), 선거에 관한 소송(공선법 제222조) 같이 직접적 이해관계를 갖지 않는 다수인에 의해 제기되는 소송유형인데 비해, 기관소송은 국가 또는 공공단체 기관 상호간에 제기되는 소송(예: 지방자치단체장이 지방의회의 의결의 위법을 이유로 제기하는 소송 등)유형이다.

(3) 주민소송의 결과

주민소송의 결과에 따라 손해배상금 등의 지불청구와 변상명령이 가능하다.

우선 손해배상금 등의 지불청구로서 지방정부의 장(해당 사항의 사무처리에 관한 권한을 소속 기관의 장에게 위임한 경우에는 그 소속 기관의 장)은 소송에 대하여 손해배상청구나 부당이득반환청구를 명하는 판결이 확정되면 그 판결이 확정된 날부터 60일 이내를 기한으로 하여 당사자에게 그 판결에 따라 결정된 손해배상금이나 부당이득 반환금의 지불을 청구하여야 한다. 다만, 손해배상금이나 부당이득 반환금을 지불하여야 할 당사자가 지방정부의 장이면 지방의회 의장이 지불을 청구하여야 한다. 또한 지방정부는 지불청구를 받은 자가 기한 내에 손해배상금이나 부당이득 반환금을 지불하지 아니하면 손해배상 · 부당이득반환의 청구를 목적으로 하는 소송을 제기하여야 한다. 이 경우 그 소송의 상대방이 지방정부의 장이면 그 지방의회 의장이 그 지방정부를 대표한다(지방자치법 제18조).

다음으로 변상명령을 할 수 있다. 즉 지방정부의 장은 소송에 대하여 변상할 것을 명하는 판결이 확정되면 그 판결이 확정된 날부터 60일 이내를 기한으로 하여 당사자에게 그 판결에 따라 결정된 금액을 변상할 것을 명령하여야 한다. 변상할 것을 명령받은 자가 같은 항의 기한 내에 변상금을 지불하지 아니하면 지방세 체납처분의 예에 따라 징수할 수 있다(지방자치법 제19조).

5. 지방정치와 지방재정의 개선과제

지방재정의 효율적 개선을 위해서는 국가재정과 지방재정의 조화, 지방재정의 내적 혁신을 도모할 필요가 있다.

우선 국가재정과 지방재정의 조화를 위해서는 다음의 과제를 고려할 필요가 있다.

첫째, 국가와 지방정부의 재정분담과 관련해서는 국무총리 소속의 지방재정부담심의위원회의 역할을 강화할 필요가 있다(지방재정법 제27조의2). 국가와 지방재정 간의 재정분담의 합리적 조정을 위한 지방재정부담심의위원회의 역할을 강화하여 중앙과 지방의 재정 갈등을 완화할 수 있어야 한다.

둘째, 저출산 고령화사회에서는 사회복지비의 비중이 가중될 것이므로 이에 대한 합리적 조정이 필요하다. 즉 국세와 지방세의 비중이 8:2구조인데, 실제 국가와 지방의 실집행액은 4:6구조이므로 중앙 정부의 사회복지와 관련된 비용 부담을 증액시키는 방안을 고려할 필요가 있다.[16]

셋째, 중앙정부가 지방정부에 지원하는 국고보조금에 대한 체계적 관리가 필요한데, 이를 위해서는 무엇보다 부처 간의 칸막이를 제거할 수 있는 방안과 중복된 국고보조사업이 투입되지 않도록 유도할 필요가 있다. 낭비성·전시성 사업 축소, 유사 중복된 사업 통폐합, 관행적 지원 사업 정비 등을 모색할 필요가 있다.

다음으로 지방재정의 내적 혁신을 도모하기 위해서는 다음의 과제를 고려할 필요가 있다.

첫째, 주민참여형 재정통제를 강화할 필요가 있다. 지방자치 하에서 자치단체장과 지방의회는 지역 주민의 인기에 영합하기 위한 예산편성을 도모하거나, 관료적 예산편성과정에서 야기될 수 있는 예산낭비나 비효율성을 노정시킬 수 있다. 따라서 지방재정의 운영과정에 주민을 직접 참여시켜 주민의 예산감시 및 자치행정 욕구에 대한 대응성을 제고함으로써 투명성과 책임성을 확보할 필요가 있다.

둘째, 지방정부의 자주재원을 확보하기 위해서는 세입 증대와 세출 조정을 도모할 필요가 있는데, 세입 증대는 신 세원의 발굴, 법정외 세목 도입,[17] 탄력세율 활용, 국세의 지방 이양, 은닉 세원의 발굴 등을 모색할 필요가 있으며, 세출 조정으로는 비효율적 경상경비의 절감, 순세계잉여금의 활용 방안을 강화할 필요가 있다.

셋째, 지방재정을 통합적으로 인식할 필요가 있다. 즉 지방정부의 예산(일반회

---

16 국가와 지방자치단체가 부담할 경비 중 지방자치단체가 부담할 경비의 종목 및 부담 비율에 관하여는 대통령령으로 정하도록 규정하고 있다(지방재정법 제22조).

17 법정외세란 법률로 정한 세목 이외에 각 지방정부가 조례에 의해 세목을 설치하여 과세하는 조세를 의미한다. 현행 헌법이나 지방세법에는 법정외세에 대한 명시적 규정은 존재하지 않는다.

계, 특별회계) 및 기금, 지방공사 및 지방공단, 자치단체의 출자 및 출연기관, 지방교육재정을 개별적으로 이해하기보다는 지역통합재정으로 인식하여 지방정부의 책무성을 강화할 필요가 있다.

넷째, 단년도 중심의 재정운영 기조에서 탈피하여 중장기적 관점에서 중기지방재정계획을 수립하고 지방정부의 미션과 비전을 구체화할 필요가 있으며, 한정된 재원을 효율적으로 배분하기 위한 투융자 심사를 강화하고, 예산과정의 효율적 관리와 지방재정분석 및 공개제도를 강화하여 시민의 세금가치를 구현하는 방안을 모색해야 한다.

다섯째, 1994년 지방재정법 개정(1994. 12. 24)으로 도입된 지방재정분석제도와 지표 분석체계를 재정환경변화에 따라 지속적으로 재조정할 필요가 있으며, 과거의 실적에 대한 분석 이외에 미래의 재정상황을 예측할 수 있는 지표로 개편될 필요가 있다.

생각해 볼 문제

❶ 지방재정을 확대하기 위한 방법의 하나로 국세를 지방세로 이양하는 방안이 제시되고 있다. 국세를 지방세로 이양할 때 나타날 수 있는 문제점을 지역간 형평성의 차원에서 논의해 보자.

❷ 지방자치가 확대되면서 재정민주화를 위한 노력이 강화되고 있다. 지방재정의 민주화를 위한 제도적 장치는 어떤 것들이 있으며, 가장 효과적인 재정 민주화 수단은 무엇이라고 생각하는가?

❸ 지역의 인구분포가 지방재정에 미치는 영향을 분석해 보자.

❹ 지방재정이 열악한 상태에서 사회복지적 수요가 증대하고 있다. 사회복지 수요 증대를 해결할 수 있는 재정관리방안을 고찰해 보자.

참고문헌

김두희. 1982. "재정수지의 경제적 효과." 『경제논집』 21(3): 279－300. 서울대학교경제연구소.

백완기. 1998. 『행정학(제4전정판)』. 서울: 박영사.

안용식 · 강동식 · 원구환. 2006. 『지방행정론(개정판)』. 서울: 대영문화사.

우명동. 1998. "재정사회학적 재정론의 특성에 관한 연구." 『사회과학논총』 11: 91－112. 성신여자대학교 사회과학연구소.

원구환. 2010. "세입 및 세출분권과 지역경제성장간 상관성 분석." 『현대사회와 행정』 20(1): 49－71. 한국국정관리학회.

원구환. 2014. 『재무행정론(개정판)』. 서울: 대영문화사.

이 영 · 현진권. 2006. "한국의 재정분권 수준은 과연 낮은가?." 『공공경제』 11(1): 93－120. 한국재정 · 공공경제학회.

이용모. 2004. "한국의 재정분권화가 거시경제의 안정과 경제성장에 미치는 영향." 『한국정책학회보』 11(3): 89－116. 한국정책학회.

최병호 · 정종필. 2001. "재정분권화와 지역경제성장간의 관계에 관한 연구: 재정분권화 지표의 개발과 실증분석." 『한국지방재정논집』 6(2): 177－202. 한국지방재정학회.

Baskaran, Thushyanthan and Feld, Lars P. 2009. Fiscal Decentralization and Economic Growth in OECD Countries: Is there a Relationship? CESIFO Working Paper 2721.

Bird, R. M. 1993. Threading the Fiscal Labyrinth: Some Issues in Fiscal Decentralization. *National Tax Journal* 46: 207－227.

Bird, R. M. and Vaillancourt, Francois. 1998. Fiscal Decentralization in Developing Countries: An Overview. In Richard Bird (ed.). Fiscal Decentralization in

Developing Countries. Cambridge, Uk: Cambrige University Press.

Dalton, D. R., Todor, W. D., Spendohm, M. J., Fielding, G. J., & Porter, L. W. 1980. Organization Structure and Performance: A Critical Review. *Journal of Occupational Psychology* 5: 49−64.

Kee, W. S. 1977. Fiscal Decentralization and Economic Development. Public Finance Quarterly 5(10): 79−97.

Lin, Justin Yifu and Liu, Zhiqiang. 2000. Fiscal Decentralization and Economic Growth in China. *Economic Development and Cultural Change* 49: 1−22.

Musgrave, R. A. & Musgrave, P. B. 1984. *Public Finance in Theory and Practice*. New York: McGraw−Hill.

Oates, W. E. 1972. *Fiscal Federalism*. New York: Harcourt Brace Jovanovich.

Osterkamp, R. and Eller, M. 2003. *Functional Decentralization of Government Activity*. CESinfo DICE Report 36−42.

Panizza, Ugo. 1999. On the Determinants of Fiscal Centralization; Theory and Evidence. *Journal of Public Economics* 74(1): 97−139.

Prud'homme, Remy. 1995. The Dangers of Decentralization. *The World Bank Research Observer* 10(2): 201−220.

Shah, A. 1999. Fiscal Federalism and Macroeconomic Governance: For Better or For Worse. In K. Fukasaku and L. R. DeMello(eds.). *Fiscal Decentralization in Emerging Countries*: Governance Issues. Paris: OECD 37−54.

Tanzi, Vito. 1996. Fiscal Federalism and Decentralization: A Review of Some Efficiency and Macroeconomic Aspects. In M. Bruno and B. Pleskovic (ed.). *Annual World Bank Conference on Development Economics*. Washington, D.C.: The World Bank.

Wasylenko, Michael. 1987. Fiscal Decentralization and Economic Development. *Public Budgeting & Finance* 7(4): 57−71.

Zhang, T. and Zou, H. 2001. The Growth Impact of Intersectional and Intergovernmental Allocation of Public Expenditures: With Applications to China and India. *China Economic Review* 12: 58−81.

제 9 장 지방정치와 재정

LOCAL POLITICS

10 지방정치와 자치

　지방자치는 자치행정을 민주적이고 능률적으로 수행하고, 지방을 균형있게 발전시키며, 대한민국을 민주적으로 발전시키기 위한 것이다(지방자치법 제1조). 우리나라 지방자치제도는 복잡한 정치상황과 이해관계에 얽혀 우여곡절을 겪으면서 마침내 1991년 기초자치단체인 구·시·군의회의원 선거의 실시와 광역자치단체인 시·도의회의원 선거의 실시로 시작되었다. 그러나 지방자치단체장의 선거는 1995년으로 연기되었다가 1995년 6월 27일에 제2대 지방의회의원 선거와 초대 지방자치단체장의 선거가 함께 실시됨으로서 지방자치제도는 완전한 출발을 하였다.

　지방자치제의 실시로 본격적인 지방화 시대가 시작되어 오늘에 이르고 있다. 그러나 사회적 환경의 변화에 따라 다양한 지방자치제도가 도입되면서, 새로운 모습의 지방자치제도로 변화가 꾸준히 이루어지고 있다. 본 장에서는 지방자치의 본질이 무엇인가에 대해서 살펴보고, 지방자치제도의 중요한 구성요소인 자치경찰제도와 교육자치제도에 대해서 알아본다. 지방자치제도에 대한 기본적 이해를 바탕으로 실제 자치경찰제도와 교육자치제도가 어떻게 실시되고 있는가를 살펴본다. 또 교육자치와 경찰자치의 제도적인 설명뿐만 아니라, 현재 한국의 교육자치와 경찰자치의 실태와 문제점, 그리고 한계 및 개선방향에 대해서도 살펴본다.

1. 지방자치의 본질

1) 지방자치의 개념과 성립요건

(1) 개   념

일반적으로 지방자치(local autonomy)는 일정한 지역의 주민들이 지방자치단체를 구성하여 국가의 감독 아래 지역의 공동 문제를 자기 부담에 의해 스스로 처리하는 것을 말한다. 즉, 일정한 지역과 주민을 기초로 한 공공단체가 중앙정부로부터 상대적으로 독립하여 자율성을 가지고 그 지방의 행정사무를 주민이 선정한 기관을 통해 주민의 의사에 따라 주민의 부담으로 처리하는 것이다(김현조, 2009. 35-36). 따라서 지방자치를 실시한다는 것은 지역중심의 지방자치단체가 독자적인 자치기구를 설치해서 그 자치단체의 고유사무를 국가기관의 간섭없이 스스로의 책임아래 처리하는 것을 말한다.

(2) 성립 요건

지방자치를 실현하는데 필요한 요건은 다음과 같다

① 지역(area)

지역은 국가의 영토와 같은 관할구역으로서 지방자치단체의 지배권이 미치는 지리적 범위를 가리킨다. 이러한 지역적 범위가 설정되면 자동적으로 특정 지방자치단체의 인적 구성 범위도 설정된다.

② 지방자치단체(local government)와 주민(residents)

지방자치단체는 인위적으로 만들어진 권리 의무의 주체이지만 법인격을 가지고 있기 때문에 자연인처럼 계약 당사자로서 재산을 취득·관리·처분하는 등 다양한 법적 능력을 갖는다. 그러나 이러한 행위 능력을 가진 법적 주체라 하더라도 현실적으로는 주민대표자들의 역할을 통해 그 목적이 실현된다.

③ 자치권(right of autonomy)

자치권은 국가의 주권과 같은 의미를 가지며, 자치단체가 일정한 지역에서 자치사무를 자신의 책임 하에 처리할 수 있는 권한을 말한다.

④ 자치기관(organs of autonomy)

지방자치단체는 주민의 의사를 표현하고 실천할 수 있는 기구로서의 자치기관이 필요한데, 여기에는 지방의회와 자치단체장, 행정조직 등이 있다.

⑤ 자치사무(affairs of autonomy)

자치사무는 지방자치단체가 수행해야 할 대상 사무로서 의식주 등 기본 욕구 충족에 관한 일에서부터 자녀교육, 문화·예술, 환경 보전에 관한 일에 이르기까지 매우 다양한 사무들이 존재한다.

⑥ 재정자원(fiscal resources)

자치사무를 처리하는 데 소요되는 비용으로서 자치재정권에 기초하여 조달되는 자주재원과 중앙정부가 지원하는 의존 재정이 있다.

2) 지방자치의 유형과 구성요소

지방자치의 유형에는 어떠한 것들이 있으며, 지방자치를 구성하는 요소에는 무엇이 있는가를 살펴보면 다음과 같다.

(1) 지방자치의 유형

① 주민자치

주민자치는 정치적 의미의 자치라고 하며 주로 영·미에서 발달한 제도이다.

주민의 자치권이 국가 성립 이전부터 존재하여, 국가의 인정과는 관계없이 주민과 지역이 본래 가지고 있는 권리이다. 주민자치는 지방자치단체의 구성 주체인 주민이 자신이 부담과 책임 하에 스스로 구성한 기관을 통해 자신의 공공사무를 처리하는 민주정치의 요소를 존중한다.

② 단체자치

단체자치는 국가가 자신의 영토 내에 일정한 구역을 설정하고 그 구역을 기초로 하여 독자적인 행정처리 능력을 가진 지방자치단체를 기초로 한다. 따라서 자치를 단순히 정치적인 현상으로 파악하지 않고 국가와의 관계에서 법률효과를 도출할 수 있는 법적 현상으로 이해한다. 자치권도 주민이 향유하는 당연한 권리가 아니라 법으로 국가에 의해 부여되는 전래적 권리로 본다.

③ 양자의 비교

자치의 중점이 어디에 있느냐에 따라서 양자를 비교하면, 주민자치는 자치단체와 주민의 관계에 중점을 두고 있고, 단체자치는 중앙정부와 자치단체의 관계에 초점을 두고 있다.

그러나 현실적으로 양자는 별개로 존재하는 것이 아니다. 먼저, 지방자치가 실현되기 위해서 당연히 중앙정부로부터 독립된 조직이나 재정 등을 갖춘 지방자치단체가 존재해야 하므로 우선 단체자치가 확보되어야 한다. 그러나 독립적인 지방자치단체가 존재하더라도 자연히 지방자치가 이루어질 수 없다. 주민이 배제된 단체자치는 있을 수 없고, 단체자치 없는 주민자치도 생각하기 어렵기 때문이다. 만약 지방자치단체가 중앙정부에 종속된 단체라면 주민의 의사가 지방자치단체의 의사결정에 반영되기 어렵기 때문에 주민자치는 이루어질 수 없다(백승기, 2010: 440-441).

결국 주민자치와 단체자치는 상호보완적인 관계로서, 지방자치는 극단적인 두 이념모형에 의존하기보다 중도적인 혼합모형으로 운영하는 것이 효율성을 확보할 수 있다.

(2) 지방자치의 구성요소

① 자치입법권

자치입법권이란 지방자치단체가 스스로 법규를 제정할 수 있는 권능을 말한다. 자치입법권의 근거로 헌법 제117조 제1항에서 "지방자치단체는 …법령의 범위 안에서 자치에 관한 규정을 제정할 수 있다"고 규정하고 있다. 이에 따라 지방자치단체는 자치에 관한 규정으로 조례와 규칙을 제정할 수 있다. 일반적으로 조례가 규칙에 우선하는데 조례는 지방자치단체가 법령의 범위 안에서 그 권한에 속하는 사무에 관하여 지방의회의 의결로써 제정하는 법을 말하며, 규칙은 지방자치단체의 장이 법령 또는 조례가 위임한 범위 내에서 그 권한에 속하는 사무에 관하여 제정한 법이다.

② 자치행정권

자치행정권이란 원칙적으로 국가의 관여 없이 지방자치단체가 자기의 독자적 사무를 가지고 자주적으로 처리할 수 있는 권능을 말한다. 우리나라의 자치행정권에 대한 중앙정부의 관여와 감독은 매우 강한 편이다.

행정사무의 수행에 있어서 주체, 장소, 이해관계자의 귀속 등에 따라 자치행정과는 별도로 지방행정을 구분한다. 일반적으로 지방자치단체가 수행하는 사무를 총괄하여 자치행정이라 하고, 지역 차원의 지방에서 이루어지는 사무는 지방행정이라 한다. 지방에서 처리되는 행정사무를 관치행정사무와 자치행정사무로 구분할 수 있는데, 중앙정부의 특별지방행정기관에 의해 처리되는 사무인 관치사무 예를 들면 지방병무청, 지방국세청 등은 지방이라는 명칭을 갖고 있지만 전혀 자치사무가 아니다. 그리고 지방자치단체가 수행하지만 지방의 고유한 사무가 아니라 중앙정부의 지시 또는 위임에 의한 사무 역시 지방행정에는 포함되지만 자치사무는 아니다. 따라서 자치적 분권을 통해 이루어지는 지방행정을 자치행정이라고 한다(이강웅 외 2인, 2016, 137).

③ 자치조직권

자치조직권이란 지방자치단체가 가진 자치권, 즉 자기의 조례, 규칙 등에 의하여 자기의 조직을 자주적으로 결정하는 권능을 말한다. 기구, 보수, 사무분장 등을 지방의 실정에 맞게 구성하는 것이며, 현실적으로 상위법인 국가법에 의한 규제 또는 한계가 설정되어 있다.

④ 자치재정권

자치재정권이란 지방자치단체가 자치사무를 수행하는데 필요한 경비를 자주적으로 거둘 수 있는 권능과 확보한 재원을 자주적으로 관리할 수 있는 권능을 말한다. 즉 지방자치단체가 조세권에 기초하여 주민들에게 세금을 부과 징수하고, 거두어들인 재원으로 자치예산을 편성하여 집행하는 권능을 말한다.

3) 지방자치단체의 유형과 조직

(1) 자치단체의 유형

지방자치단체의 유형은 공간적 차원인 구역을 중심으로 하는 경우와 특정한 정책이나 특수한 사무처리와 같이 목적을 중심으로 하는 경우로 구분된다. 전자는 보통지방자치단체이고, 후자는 특별지방자치단체이다.

① 보통지방자치단체

보통지방자치단체는 해당 지역 내에서 종합적인 지방행정을 수행하는 자치단체이다. 일반적으로 지방자치단체를 말할 때는 보통지방자치단체를 주로 일컫는다.

우리나라는 2층제의 지방자치단체 구조를 갖고 있다. 먼저 상위 즉 광역자치단체의 경우에 특별시·특별자치시·광역시·도·특별자치도의 5가지로 총 17개 광역자치단체가 있다. 다음으로 하위 즉 기초자치단체로 시·군·자치구의 3가지로 2015년 1월 기준으로 226개가 있다.

② 특별지방자치단체

특별지방자치단체는 자치행정상 특정한 목적을 수행하거나 특수한 사무를 처리하기 위해 또는 행정사무의 공동 처리를 위해 설치되는 자치단체이다. 보통지방자치단체가 구역 중심이라면 특별지방자치단체는 특정의 행정구역을 벗어나 2개 이상의 지방자치단체가 공동으로 또는 지방자치단체의 일부 지역에 대한 특정한 행정수요를 처리하기 위해 만든 것이다.

우리나라의 경우 서울특별시와 인천광역시 그리고 경기도가 해당 지역에서 배출되는 폐기물처리를 위해 만든 수도권매립지운영관리조합이 해당된다. 또한 부산·진해의 경제자유구역청도 이에 해당된다.

(2) 지방자치단체의 조직

지방자치단체의 조직은 크게 의결기관과 집행기관으로 나뉜다. 국가의 통치 조직이 입법부, 행정부, 사법부라는 삼권으로 분립되는데 반해 우리나라 지방자치단체는 입법부 즉 국회에 해당하는 지방의회와 행정부에 해당하는 집행기관의 두 가지가 존재한다.

또 지방자치단체의 의결기관과 집행기관이 단일 기관에 속하는가 아니면 분리되어 각각의 기능을 수행하는가에 따라 기관통합형과 기관분리형으로 구분되고 이 두 형태가 절충된 것을 절충형이라고 한다. 기관통합형은 국가의 내각책임제와 유사하고 기관분립형은 대통령 중심제와 유사한 형태이다.

우리나라는 기관분립형을 취하고 있는데 의결기관인 지방의회와 집행기관을 각각 살펴보면 다음과 같다.

① 지방의회

지방의회는 주민으로부터 선출된 의원들로 구성되어 지방정부의 의사를 결정하는 의결기관이며, 집행기관을 감시하는 주민대표기관이다. 즉 지방의회는 주민을 대표하여 조례안과 예산안을 의결하며, 주요 정책을 심의·결정하는 동시에 행정이 올바르게 수행될 수 있도록 집행기관에 대한 감시·감독권을 행사한다. 따라서 지방의회가 결정한 의사는 바로 주민의 의사로 간주되며, 지역 주민 전체를 위한 공공의 혜택과 비용을 배분하는 정책결정 기관이라는 점에서 지방의회는 지역 주민의 대표자, 수탁자로서의 역할이 요구된다.

② 집행기관

지방자치단체의 집행기관은 법령에 의해 전속적 권한에 속한 사무의 집행과 지방의회에서 의결된 사항을 구체적으로 실현한다. 현대 사회는 구조적으로 복잡하고 기능적으로 다양하여 조직 구조가 방대할 뿐만 아니라 업무도 전문화되어 있다. 대체로 지방의회는 정치적 과정을 통해 선발된 사람들로 구성되기 때문에 지방행정에 관한 전문성이 다소 떨어질 수 있지만 집행기관은 처음부터 이 분야에 전문 지식을 갖춘 사람들을 중심으로 충원하기 때문에 전문성이 높은 집단이라 할 수 있다(김현조, 2009. 206-207).

지방자치단체 집행기관은 순수 지방적 사무라 할 수 있는 고유사무의 처리는 물론이고 중앙정부로부터 위임받은 위임사무도 처리하는 기관이므로 이중적 지위를 갖는다. 즉 고유사무를 처리할 때는 지방자치단체 기관으로서의 지위를 가지며, 위임사무를 처리할 때는 국가기관으로서의 지위를 가진다. 이러한 이중적 지위는 우리나라가 단체자치 유형의 국가에 속하고 기관분립형의 지방정부 형태를 취하고 있기 때문이다.

집행기관에는 지방자치단체의 대표 지위를 갖는 지방자치단체장이 있다. 우리나라의 광역자치단체인 특별시, 광역시 그리고 도의 경우에 시장, 도지사가 있으며, 기초자치단체인 시, 군, 구에서는 시장, 군수, 구청장이 있다.

지방자치단체장이 가지는 권한은 대표통할권, 지휘감독권, 사무관리 및 집행권, 사무위임 및 위탁권, 행정기관 설치권, 직원의 인사권, 재정관리권, 행정규칙 제정권, 재의요구권, 선결처분권, 임시회의 소집권, 조례의 공포 및 거부권 등을 들 수 있다. 이러한 다양한 권한들을 유형화하면 대표통할권, 관리집행권, 의회견제권으로 요약할 수 있다.

집행기관의 보조기관으로는 부단체장, 행정기구 및 공무원이 있다. 부단체장에는 특별시와 광역시 등에는 부시장, 도에 부지사, 시에 부시장, 군에 부군수, 자치구에 부구청장을 두고 있다. 그리고 지방자치단체는 지방 사무를 수행하기 위하여 행정기구를 설치하고 그 소속으로 지방공무원을 둔다. 행정기구의 설치와 지방공무원의 정원은 대통령령으로 정하는 기준에 따라 그 지방자치단체의 조례로 정하는데, 이 때 행정안전부 장관은 지방자치단체의 행정기구와 지방공무원의 정원이 적정하게 운영되고 다른 지방자치단체와의 균형이 유지되도록 하기 위해 필요한 사항을 권고할 수 있다.

지방자치단체는 그 소관 사무의 범위 안에서 필요하면 대통령령으로 정하는 바에 따라 소방기관, 교육훈련기관, 보건진료기관, 연구기관 등 직속기관과 대체로 독립채산제로 운영되는 각종 사업소 그리고 출장소, 각종 위원회 등을 설치할 수 있다.

그리고 지방자치단체는 하부행정기관을 설치할 수 있다. 행정구와 읍·면·동이 이에 해당되는데, 이러한 행정계층에는 구청장, 읍장, 면장, 동장 등이 배치된다. 특히, 우리나라는 인구 50만명 이상인 시의 경우에 자치구가 아닌 행정구 즉 일반구를 둘 수 있다. 전국에 걸쳐 일반구는 모두 33개가 설치되어 있다. 그리고 제주특별자치도의 경우에는 기초자치단체가 없고 단지 행정시가 2개 있으며, 세종특별자치시의 경우에도 기초자치단체는 없고 바로 읍·면·동을 두고 있다.

4) 우리나라의 지방자치제도

(1) 지방자치제도의 연혁

우리나라에서 근대적 의미의 지방자치가 시도된 것은 1948년 대한민국 정부가 수립된 다음 해인 1949년 「지방자치법」이 제정되면서 부터이다. 1949년 7월 4일 지방자치법이 공포되었으나 실시가 유예되다가 1952년에 지방의회의원 선거가 실시되었다. 이후 여러 차례의 법 개정을 거쳐 제2공화국 시절인 1960년 12월 지방자치가 시작되었다. 그러나 1961년 5월 16일 군사 쿠데타가 일어나고 이른바 군사혁명위원회 포고 제4호에 의거하여 지방의회가 해산되고 지방자치단체장들은 내각과 도지사가 임명하도록 하였다. 동년 9월 1일에는 「지방자치에 관한 임시조치법」을 제정하여 우리나라 지방자치제도에서 자치적 요소를 전면적으로 철폐하였다. 특히 1972년에 제정된 유신헌법에서는 지방의회를 조국통일이 있을 때까지 구성하지 않는다는 부칙조항을 두었다.

이러한 시기에 자치적 요소가 배제된 지방행정제도의 골격은 계속 유지되었다. 다시 말해 지방자치가 정지되었던 시절에도 그 내실이야 어떻든 지방자치제의 형태만은 유지되었다. 지방자치단체라 불리는 지방행정기구와 지방공무원이 줄곧 있었고 지방자치단체의 고유사무와 위임사무를 구분하는 명목상의 제도로만 유지되었다.

그 후 제6공화국 헌법은 지방자치를 실시하는 것으로 하고 지방자치단체의 종류와 지방의회·단체장의 선임 방법을 법률에 위임한다고 규정하였다. 이에 따라 1988년 4월 6일 지방자치법의 전문을 개정하였다. 그러나 복잡한 정치상황과 이해관계에 얽혀 우여곡절을 겪은 뒤 비로소 1991년 3월 26일 기초자치단체인 구·시·군의회의원 선거가 실시되었고 이어서 6월 20일 광역자치단체인 시·도의회의원 선거가 실시되었다. 지방자치단체장의 선거는 1995년으로 연기되었다가 1995년 6월 27일에 제2대 지방의회의원 선거와 초대 지방자치단체장의 선거가 함께 실시되었다.

이와 같이 1990년대에 다시 모습을 갖춘 우리나라 지방자치제도는 주민감사청구제도(2000년), 주민조례제정 및 개폐 청구제도(2000년), 주민투표제도(2004년), 주민소환제도(2006년), 주민참여예산제도(2011년) 그리고 2005년에 지방의원 유급제가 도입되었다.

우리나라는 광역의회의원, 기초의회의원, 광역자치단체장, 기초자치단체장에 대한 4대 동시지방선거를 4년마다 실시하고 있으며 모두 정당공천을 허용하고 있다. 최근에 기초의회의원과 기초자치단체장에 한해 정당공천제를 폐지하자는 의견이 강하게 대두되고 있고 또한 광역시의 경우에 지방자치를 단층제로 하자는 의견도 제기되고 있다.

(2) 지방자치제의 계층구조

일반적으로 지방자치제의 계층구조는 자치계층과 행정계층으로 구분된다. 우리나라 지방자치제의 자치계층은 크게 광역자치단체와 기초자치단체로 구분된다. 그리고 지방자치가 실시되는 자치계층과는 별도로 행정계층이 있다.

① 광역자치단체

광역자치단체는 전국에 걸쳐 17개 자치단체가 구성되어 있다. 서울특별시와 6개의 광역시(부산, 대구, 대전, 인천, 광주, 울산), 8개의 도(경기도, 강원도, 충청북도, 충청남도, 전라북도, 전라남도, 경상북도, 경상남도) 그리고 세종특별자치시와 제주특별자치도가 있다. 이에 따라 17명의 광역자치단체장이 있으며 광역지방의회의원의 경우에 전국 17개 시·도의 광역지방의회에 794명의 지방의원(교육의원 5명 포함)이 있다.

② 기초자치단체

기초자치단체는 2015년 1월 기준으로 시·구·군이 226개 설치되어 있는 만큼, 시장·군수·구청장이 226명이 있으며 동시에 기초의회의원 2,898명이 있다.

우리나라 지방행정의 현황을 구체적으로 살펴보면, 서울특별시에 25개의 자치구가 있으며, 6개 광역시에 자치구 44개와 군 5개, 그리고 8개 도에 시 75개와 군 77개를 설치하고 있다. 여기서 세종특별자치시와 제주특별자치도는 기초자치단체를 두고 있지 않다.

③ 행정계층

지방자치가 실시되는 자치계층과는 별도로 행정계층이 있다. 먼저 도의 75개 시 중에서 인구가 50만명이 넘는 15개 시의 경우에 자치권이 없는 일반구가 35개 있고, 제주특별자치도에 행정시 2개가 있다. 그리고 일선 행정기관으로 전국에 걸쳐 읍 218개, 면 1,195개, 동 2,083개 설치되어 있고, 통 57,479개, 리 36,725개, 반 486,092개 설치되어 이러한 행정보조기관에 각각 통장, 이장, 반장이 임명되어

일선 행정을 보조하고 있다(행정자치부, 2015, 139-149).

이와 같이 우리나라 지방자치 및 지방행정의 계층 구조는 다양한 모습을 보인다. 즉, 자치계층이 특별시, 광역시, 도의 경우에 2계층으로 이루어진다. 반면에 특별자치시(세종특별자치시)와 특별자치도(제주특별자치도)는 각각 1계층이다.

그리고 행정계층의 경우에 특별시와 광역시 및 특별자치도는 모두 3계층이며, 특별자치시는 2계층이다. 반면에 도는 다소 복잡한 모습을 보인다. 즉, 도 - 시 - 읍·면·동 또는 도 - 군 - 읍·면의 경우는 3계층이지만, 도 - 시 - 일반구 - 읍·면·동의 경우는 4계층의 구조를 갖는다(이강웅 외 2명, 2016, 137).

2. 자치경찰제도

1) 자치경찰의 본질

(1) 자치경찰에 대한 새로운 인식

본래 경찰(警察)이란 말의 뜻은 '경계하여(警) 살핀다(察)'는 의미를 가지고 있다. 국민의 생명과 신체를 보호하고 공공의 안녕과 질서 유지를 위하여 경계하고 살핀다는 것이다. 이와 같은 넓은 의미에서 경찰의 역할과 기능은 크게 두 가지로 구분되는데 즉, 규제적 기능과 봉사적 기능이다.

먼저, 규제적 기능이란 공공의 안녕·질서를 유지하기 위해 국가 권력에 근거하여 국민에게 명령·강제하는 행정작용이다. 구체적으로는 국민의 생명·재산 및 권리를 지키고, 범죄의 수사, 용의자의 체포 등을 실행하는 기능과 역할을 말한다. 다음으로 봉사적 기능이란 국민의 생명과 재산을 보호하고 공공의 안녕과 질서를 유지하기 위하여 경찰서비스를 제공하는 활동이다. 구체적으로는 생활안전을 위한 방범서비스, 교통질서를 유지하기 위한 교통서비스, 질서유지를 경비서비스 등을 들 수 있다. 규제적 기능이 법집행(Law Enforcement)적 성격의 작용이라고 한다면, 봉사적 기능은 경찰서비스(Police Service)의 제공이다.

이러한 관점에서 자치경찰의 기능과 역할에 대한 새로운 인식이 필요하다. 자치경찰은 권력적·법집행적 성격의 작용에 중점을 둔 규제적 기능보다는 주민에 대한 경찰서비스 제공에 중점을 둔 봉사적 기능이 되어야 한다. 지역주민의 생명과 재산을 보호하고, 지역주민의 안녕과 질서유지를 위하여 경계하고 살피는 것이 자치경찰의 임무이다. 따라서 주민을 위한 양질의 자치경찰 서비스를 어떻게 제공할 것인가 하는 것이 자치경찰체제를 구성하는데 있어서 우선시 되어야 한다. 자치경찰의 기능은 공권력에 기초한 권력적 경찰작용보다는 지역주민에 의한, 주민을 위한 치안서비스를 생산하는 것이 되어야 한다(최종술, 2010, 10).

(2) 자치경찰의 의미

자치경찰제도(Local police system)란 지방분권의 정치사상에 따라 지방경찰이 지방자치단체의 권한과 책임하에 지역주민의 의사에 기하여 치안임무를 자주적으로 수행하는 제도이다(이황우, 1998, 5) 경찰행정에 대한 주민의 참여를 유도하고, 지역치안에 대한 경찰의 책임감을 강화하는 제도이다. 따라서 국가경찰과 달리 경찰권의 행사방법은 주민의 자유와 권리를 철저히 보호하는 선에서 적법절차를 거쳐 경찰권의 남용을 방지하는 방법으로 행사되어야 한다.

지방경찰제도, 지방자치경찰제도, 자치체경찰제도 등의 명칭이 사용되기도 한다. 자치단체장 선거 등을 통하여 나타난 주민의사가 치안행정에 적극 반영되는 주민을 위한 경찰제도이다. 즉,『주민에 의한 경찰행정』,『주민을 위한 경찰행정』,『주민의 경찰행정』에 기초한 경찰제도이다. 자치경찰의 경찰권 행사는 정치적 영향에 좌우되지 않고 오로지 주민의 편익을 위한 법집행과 불편부당한 치안행정을 구현하고, 중앙정부의 획일적인 지시에서 벗어나 지역주민의 의사와 편의를 우선시 해야 한다.

자치경찰의 운영형태를 보면, 크게 국가경찰제, 자치경찰제, 혼합형 경찰제로 구분된다. 우리나라의 경우 전형적인 국가경찰제도를 실시하고 있다, 자치경찰제도는 미국형과 유럽대륙형으로 구분되는데, 미국형 자치경찰제도는 자치단체별로 다양한 자치경찰을 운영하고 있다. 유럽대륙형 자치경찰제도는 국가경찰을 중심으로 하되, 자치단체별로 자치경찰을 운영하는 형태로서 스페인, 프랑스, 이탈리아, 그리스 등이 있다. 혼합형 경찰제는 일본형 절충형경찰제도라고 하며, 일본은 광역자치단체 단위의 경찰위원회가 자치경찰을 관리 운영한다.

(3) 자치경찰의 도입 필요성

① 지방자치의 종합행정성 제고로 완전한 지방자치 구현

지방자치단체는 주민의 복리증진 뿐 아니라, 주민의 생명과 재산의 보호를 위한 종합행정 실시단체이다. 그러나 우리나라는 그동안 자치경찰제가 시행되지 않음으로써 치안서비스에 대한 주민들의 기대를 충족시키지 못하고 종합행정을 실천하는데 필수적인 경찰력을 확보하지 못해 종합행정의 실천력, 집행력이 매우 떨어져왔던 것이 현실이다. 따라서 자치경찰제 실시로 주민생활과 밀접한 치안서비스를 자치단체의 권한과 책임하에 자율적으로 처리할 수 있는 경찰권(집행력)을 확보함으로써 주민의 기대에 부응하는 진정한 의미의 종합행정을 온전히 수행할 수 있다.

② 주민과 함께하는 친근한 자치경찰상 정립

자치경찰제는 무엇보다도 국가경찰의 일원구조로부터 나오는 불가피한 폐해를 제도적으로 개선하는 것이다. 그러나 우리나라는 그동안 국민들에게 경찰은 '범죄와의 투쟁자'(Crime fighter)로만 비쳐짐으로써 자치경찰제를 통해 경찰의 대민서비스를 질적으로 제고시키고 중앙경찰의 권력을 분산시킬 필요가 있다. 또한 자치경찰은 경찰에 대한 주민의 참여를 확대함으로써 지역주민의 의사에 부합되면서 주민의 안전을 지켜주는 친근한 경찰상을 정립할 수 있다. 늘 가까이에서, 다가가 도움을 줄 수 있는 '평화 지킴이'(Peace keeper), '서비스 제공자'(Service giver)로 경찰이 자리매김하게 되며, 지역사회경찰활동(Community policing)을 통해 협력치안체제를 강화하고 지역사회의 자발적인 협력을 이끌어 냄으로써 경찰활동의 효율성도 높일 수 있다.

③ 주민의사와 지역특성을 고려한 '맞춤형 치안서비스' 제공

국가경찰이 민생치안 등 주민보호 보다는 중앙정부 입장에 중점을 두어온 치안행정을 펼쳐왔다는 비판이 있어 왔다. 이러한 비판은 중앙집권적 국가경찰제도의 부작용으로 나타나는 것이다. 예를 들면, 노사분규, 대규모 집회시위 등 국가적인 치안수요에 대처하는 경찰의 필요성을 인정하면서도, 늦은 밤 부녀자가 골목길을 마음 놓고 다닐 수 있다거나 동네에 좀도둑이나 불량배가 없으며, 자녀를 안심하고 학교에 보낼 수 있는 지역이 되기를 주민들은 더 바라고 있다. 그러나 지금까지 지방자치단체는 지역치안에 대해 아무런 권한과 책임도 지지 않았다. 따라서 자치경찰제를 시행하게 되면, 자치단체는 "주인 있는 지역치안행정, 지역주민에게 봉사하는 치안 행정"을 추진할 수 있는 권한과 책임을 갖게 된다. 또한 지역적 특성과 필요에 따라 적절히 운용하여 주민요구에 맞는 '맞춤형 치안서비스'를 제공할 수 있게 된다.

④ 체감치안 개선 및 국가전체적인 치안역량 강화

현행 경찰법상[1] 지방경찰청은 시·도지사에 속한다고 하나 명목에 불과할 뿐 실제로는 중앙정부의 감독을 받는 지방경찰이다. 따라서 지방경찰은 주민참여·통제와는 거리가 있다. 중앙의 지시와 지침에 충실하다 보면 지역주민들이 느끼는 체감과는 동떨어지게 되고 주민들은 주민대로 치안에 대한 주인의식도 없이, 국가로부터의 시책만을 기다리는 피동적인 입장에 서게 된다. 그러나 자치경찰제는 지역주민들의 참여와 통제가 보장되어, 우리 지역의 치안은 내가 한다는 주인의식도 생겨날 것이다. 나아가 자치경찰은 국가경찰이 업무과부하로 인해 불가피하게 소홀할 수밖에 없었던 주민생활 주변의 치안수요에 대응하고 지방자치단체가 지역별 특화된 치안서비스를 제공함으로써 지역치안에 대한 주민만족도를 향상시킬 것이다. 국가경찰도 이러한 상황에서 주민으로부터 신뢰와 사랑을 잃지 않기 위해서라도 자치경찰과의 선의의 경쟁과 협력에 응하지 않을 수 없게 된다. 이러한 활동을

---

1 경찰법 제2조 ②경찰청의 사무를 지역적으로 분담 수행하기 위하여 특별시장·광역시장 및 도지사(이하 시도지사라 한다.) 소속하에 지방경찰청을 두고 지방경찰청장 소속하에 경찰서를 둔다.

통해 치안의 사각지대를 해소하고, 주민들의 체감치안도도 향상되어 전국적인 치안역량은 대폭 강화될 것이다.

2) 자치경찰의 원리

(1) 역할분담의 원리

자치경찰제도는 국가경찰과 자치경찰의 역할 분담에 의하여 국가의 전체적인 치안역량을 강화하기 위한 것이다. 국가와 지방간의 조화로운 역할분담을 추진함으로써 경찰본연의 임무인 국민의 생명과 신체 및 재산 보호와 공공의 안녕과 질서의 유지를 보다 충실히 수행토록 하는 제도적 기반을 마련하게 된다. 또 국가경찰사무와 자치경찰사무의 구분을 통해 국가경찰사무는 중앙정부가, 자치경찰사무는 지방정부가 수행하도록 함으로써 경찰운영의 효율성을 높인다.

(2) 분권화의 원리

중앙집권화된 경찰권을 지방으로 이양, 지역치안은 그 지역경찰 스스로의 책임하에 실정에 맞게 자율적으로 수행하도록 하게 함으로서 경찰운영체제의 효율성을 높이고, 지역주민위주의 봉사행정을 도모한다. 경찰권의 합리적인 분권을 통해 경찰활동의 민주성과 중립성, 봉사성을 확보한다. 중앙의 획일적인 간섭에서 벗어나, 지방실정에 적합한 경찰행정이 수행될 수 있도록 그 집행권을 지방에 분산시키기 위한 것이며, 중앙집권화된 경찰권을 지방에 이양함으로써, 지역치안은 그 지역경찰의 책임하에 자율적으로 수행토록 하여 지역주민 위주의 봉사행정을 실현하게 된다.

(3) 지역사회경찰활동의 원리

지역사회경찰활동(Community Policing)이란 경찰의 주도적·일방적인 주민과의 관계를 지양하고 지역사회 경찰문제를 경찰과 시민이 공동으로 해결해 나간다는 원리에 기초한 경찰활동이다. 자치경찰제는 치안행정에 대한 지역주민의 참여와 협력적인 치안체제를 구축함으로써 주민밀착형 경찰상을 정립한다. 지역주민의 생활안전욕구를 충족시키면서 동시에 국가적 치안도 효율적으로 수행할 수 있는 새로운 경찰체제를 확립하기 위한 것이며, 국가·자치경찰 상호 기능 보완을 통해 주민 대응성 제고 및 치안 자치권을 보장할 수 있는 경찰체제이다.

(4) 민주화·중립화의 원리

민주화의 원리는 지역주민의 참여로 주민의사가 치안행정에 적극 반영되도록 함으로서 주민에 의한 경찰행정이 되도록 하며, 중립화의 원리는 중앙정치권의 영향에 좌우되지 않고 오로지 지역주민의 편익을 위한 법집행과 불편부당한 치안행정을 구현하는 것이다.

3) 자치경찰의 기대효과

(1) 주민만족의 치안서비스 제공

자치단체장이 일반행정뿐만 아니라, 치안에 대해서도 선거를 통하여 심판을 받게 되므로 경찰행정에 많은 인적·물적 자원을 배분하게 된다. 또한 자치단체가 자치경찰을 관리함으로서 주민의 의사와 욕구를 반영할 수 있고, 지역주민의 일상생활안전 예컨대, 생명·신체 및 재산의 보호에 경찰업무의 중점이 옮겨지게 되어 지역특성에 맞는 경찰활동이 이루어진다. 또한 경찰관도 주민편익 위주로 의식과 행태가 변화되어 주민의 민원을 적극적으로 받아들이고, 이를 수용하고, 개선하는 방향으로 업무를 수행하게 된다(경찰청. 1999. 2).

(2) 주민협력의 활성화

대다수 경찰관이 자치단체 소속의 지방경찰관이 됨으로써 애향심을 갖게 되고, 중앙의 획일적 지시에 벗어나게 되어 치안행정을 지역실정에 맞게 주민과 함께 모색하게 됨으로서 민경협력치안이 내실화된다.

(3) 깨끗하고 효율적인 경찰행정 실현에 기여

경찰의 위법·부당한 처분에 대한 주민의 감시활동이 활성화될 뿐만 아니라, 그 시정조치도 실효성 있게 보장될 수 있어 비리와 부정을 억제할 수 있다. 또한 지역단위의 조직이므로 필요한 경우 조직운영상의 개혁이 쉬워지며, 경직되고 비능률적인 중앙집권적 관료주의의 병폐를 해소할 수 있다.

4) 외국의 자치경찰제도

(1) 미   국

① 개   관

미국의 경찰은 기초단위의 자치적인 경찰조직을 근간으로 하지만, 연방정부·주정부도 법집행기관 즉, 경찰기관을 독자적으로 운영하고 있다. 기초자치단체 경찰이 먼저 설치·운영되고, 나중에 군·주(郡·州) 및 연방경찰(聯邦警察)이 창설되는 "아래에서 위로"의 특이한 역사적·문화적 과정을 거쳤다. 1838년 보스턴에 도시경찰이 탄생된 후, 1905년 펜실베니아주(州)의 주(州)경찰 및 1908년 연방 수사국(FBI)의 신설을 계기로 연방 각 부처 및 각 주(州)에 다양한 형태의 법집행기관이 설립되었다(최종술. 1999.141－161).

미국의 법집행(경찰)기관(Police, Law Enforcement Agency)은 연방경찰이 약 395개, 주(State)경찰 49개, 시·읍경찰이 11,989개, 군(County)경찰이 3,080개로서 약 15,513개가 있다.

기본적으로 미국은 『연방헌법 수정 제10조』[2]에 의하여 경찰권이 주(州)에 부과되어 있다. 연방정부가 주(州)의 권한을 모두 흡수하지 않을 것임을 국민에게 다짐하기 위하여 채택된 수정헌법 제10조는 주(州)와 인민이 연방정부에 의존하지 않

---

2 헌법에 의하여 합중국에 위임되지 아니하였거나 각 주에 의하여 금지되지 아니한 권한들은 각 주나 인민이 보유한다(The power not delegated to the United States by the Constitution, nor prohibited by it to the States, are reserved to the States respectively, or to the people)

은 모든 권한을 보유한다는 점을 천명하고 있다. 주(州)에 따라서는 경찰기능을 직접 담당하는 곳도 있고, 카운티(County)나 주의 창조물(Creature of the State)인 시·읍·면(City, Town, Village 등 Municipalities)에 배분하여 담당하는 곳도 있다.

자치경찰 운영은 자치단체별로 상이하고 다양하다. 자치경찰의 공식적 책임자는 단체장이며, 자치경찰기관의 장은 단체장이 임명하거나 주민이 직접 선출하기도 한다. 경찰기관의 운영은 합의제 및 독임제 형태로 운영되고 있다. 포괄적 자치경찰사무의 수행을 원칙으로 하나, 국가적·광역적 경찰사무에 대해서는 연방·주정부 경찰의 관할권을 인정하고 있다.

② 조직과 운영체계

경찰조직 및 운영체제는 먼저, 연방정부의 각 부처마다 필요에 따라 다양한 형태로 경찰기관을 설치·운영하는 연방경찰(Federal Law Enforcement Agency)이 있다.

둘째, 주경찰(State Law Enforcement Agency)이 있다. 고속도로 순찰대와 일반경찰업무를 수행하는 주경찰국으로 구성되고, 주경찰국장은 주지사가 임명한다.

셋째, 도시경찰(Muncipal Police)이다. 자치제 경찰로서 경찰관수는 적게는 1,055명(Pittsburg), 많게는 27,478명(New York City)까지 분포하고, 대부분 단체장이 임명하며 합의제 경찰위원회 또는 독임제 경찰국장이 관리·운영한다.

넷째, 기초자치단체 단위(邑, 郡 등)의 경찰이다. 독자적인 경찰조직을 가지고 자기 지역 치안유지를 담당한다. 군 보안관(County Sheriff, Police)은 임명직 또는 주민직선으로 선출한다.

자치단체 경찰의 재정(예산)은 해당 자치단체에서 전적으로 부담하고, 소규모의 마을단위 자치단체 경찰은 비용부담을 조건으로 인접 도시경찰 또는 군(County)경찰에 업무를 위탁시키는 경우도 있다.

(2) 영   국

① 개   관

영국은 지방분권주의에 기초한 자치경찰제를 실시하고 있다. 고대로부터 자경

대장(Constable) 등 주민야경제도를 모태로 기초자치단체 단위의 자치경찰을 유지하다가, 1964년 『경찰법』으로 자치경찰단위를 기초자치단체에서 광역자치단체로 조정하였다. 그리고 수도경찰청은 1829년 창설시부터 수도경찰의 특수성을 고려, 내무성장관 직속 국가경찰로 운영되었으나, 2000년에 자치경찰화되었다.

② 경찰기구

기술 및 통신의 발달과 범죄의 광역화·전문화에 대응하기 위해 필요한 중앙통제 장치들이 확산되었다. 경찰기관의 정치적 중립성 유지·경영부실이나 인사불공정 등 역기능 해소를 담당할 위원회제도 등과 같은 제도적 보완장치들이 고안되었다.

먼저 중앙경찰기구로는 내무성 직속으로 수도경찰청·과학수사연구소·경찰대학(Police staff College)·경찰정보센터(Police Information Technology Organization : PITO)를 직접 관장, 운영하고 자치경찰위원 선임(전체17명 중 5명), 국가보조금 책정(최고 50%까지), 경감 이상 간부교육·정책연구 및 과학 수사지원을 통해 지방경찰을 지도·조정·통제한다. 독립된 관리위원회(Service Authority) 산하에는 국가범죄수사대(National Crime Sqad: NCS), 국가범죄정보국(National Criminal Intelligence Service: NCIS)을 운영한다. 국가범죄수사대장 및 국가범죄정보국장은 관리위원회가 내무성장관의 승인을 얻어 각각 임면한다.

둘째, 지방경찰기구는 도(County)단위로 지방경찰청을 설치하여, 독립된 지방경찰위원회의 관리하에 두고, 내무성장관·지방경찰위원회·지방경찰청장간 3각체제(Tripartite System)를 구축함으로써 권한과 책임을 분담하고 견제와 균형을 도모한다. 지방경찰청장(또는 경찰국장)은 지방경찰위원회가 임면한다(최종술. 1999.141–161).

자치경찰활동을 보면, 기본적인 임무는 법의 집행을 지원 또는 실행하고 공공질서를 유지하며, 범죄를 예방하고 범법자를 체포하는 것이다. 경찰예산은 도(County) 25%, 중앙정부 75%(내무성: 50%, 기타부서: 25%)의 비율로 부담하고, 편성한다. 지방의회의 관여는 예산부담과 관련하여 경찰위원회로 하여금 출석, 질의에 답변토록 하는 것에 그친다.

(3) 일　　본

① 개　　관

일본은 역사적 배경과 현실성을 고려하여 중앙집권적 국가경찰과 지방분권적 자치경찰을 조화시킨 절충형(또는 혼합형) 경찰제도를 채택하고 있다. 경찰체제가 국가경찰과 광역단위의 자치경찰로 이원화된 구조이다. 민주경찰의 이념에 기초하여 중앙과 지방에 공안위원회 제도를 유지하고, 도·도·부·현 경찰에 대해서 원칙적으로 자치적 성격을 부여하고 있다. 경찰운영의 단위를 도·도·부·현으로 하고, 경찰조직을 모두 도·도·부·현 경찰로 일원화하였다. 중앙의 경찰기관에서 국가가 책임을 분담할 특정사항을 명문화하고, 국가공안위원회의 위원장을 총리대신으로 하여 치안행정 책임을 명확화 하였다.

② 구　　성

일본 경찰의 조직은 국가경찰과 도·도·부·현(都·道·府·縣) 자치경찰로 구성되고, 국가경찰로 경찰청·관구경찰국, 자치경찰로 동경도 경시청, 도·부·현 경찰본부를 운영하고 있다. 총리 소속의 국가공안위원회(위원 5명)가 국가경찰을 관리하고 있으며, 자치경찰에 대한 지휘·조정·감독을 위해 관구경찰국을 운영하고 있다. 도·도·부·현(都·道·府·縣) 지사 소속 지방공안위원회가 자치경찰을 관리하고 있다(일본 경찰법 제38조, 제39조 제1항).

도·부·현(道·府·縣) 경찰본부장은 국가공안위원회가 도·부·현 공안위원회의 동의를 얻어 임명한다. 다만 도(都)경시총감은 국가공안위원회가 도(都)공안위원회의 동의를 얻은 후 내각총리대신의 승인을 거쳐 임명한다(일본 경찰법 제49조). 동경도 경시청 및 도·부·현 경찰본부 산하에 경찰서를 운용하며, 자치경찰사무를 수행하되 위임사무에 대해서는 국가경찰의 지휘·감독을 받아 수행한다.

도·도·부·현(都·道·府·縣) 경찰에는 경찰관, 사무리원(事務吏員), 기술리원 기타 소요 직원을 두고 있으며, 도·도·부·현 경찰의 직원 중에서 경시정(警視正) 이상의 경찰관(이를 「지방경무관」이라고 함)은 일반직 국가공무원이고, 그 외의 도·도·

부·현 경찰의 직원(이를 「지방경찰직원」이라고 함)의 임용 및 급여, 근무시간, 기타 근무조건 및 복무에 관하여는 조례 또는 인사위원회 규칙으로 정한다. 경시총감·경찰본부장 및 방면본부장 이외의 경시정 이상의 경찰관은 국가공안위원회가 도·도·부·현 공안위원회의 동의를 얻어 임면하고, 기타의 직원은 경시총감 또는 경찰본부장이 각각 도·도·부·현 공안위원회의 의견을 들어 임명한다.

(4) 독   일

① 개   관

독일경찰은 주(州)를 단위로 한 경찰체제 채택하고 있다. 제2차 세계대전 후, 경찰조직들은 독일 고유의 풍토에 맞게 변화되어 각 주(州)를 중심으로 한 경찰체제의 방향으로 개편되었다. 1949년 독일기본법에서 지방경찰 행정권을 주(州)정부의 권한에 속하도록 하여 주(州)단위로 경찰제도를 채택하였다. 1970년대 이후 테러범죄가 증가하면서 독일경찰의 현대화가 추진되었고, 이때 연방범죄수사국, 연방국경수비대 등을 중심으로 전국적인 조직의 단일화와 협력관계가 추진되었다.

독일은 각 주(州)의 내무부를 중심으로 한 경찰체제이다. 주(州)경찰로는 16개 주(州)에서 주(州)헌법에 따라 독자적으로 주(州)경찰을 운영하고, 주(州)내무부 소속하에 치안경찰(정복경찰), 수사경찰(사복경찰), 기동경찰, 수상경찰로 구분하여 편성하고 있다. 자치단체인 「게마」수준에서는 행정관청 등도 자치경찰의 기능을 포괄적으로 수행한다. 자치단체와 자치경찰은 지역사회를 중심으로 자율적인 경찰활동을 같이 전개하고 있어 주민들로부터 신뢰를 받고 있다.

② 조직과 운영체제

먼저 연방경찰로는 연방내무부 소속하에 연방헌법보호국·연방국경수비대·연방수사국을 설치·운영하고 있다.

주 경찰은 첫째, 사법경찰(수사경찰 또는 사복경찰)이 있다. 정복을 착용하지 않고 사복을 입고 근무하며, 범죄의 수사 및 예방업무를 담당한다. 둘째, 보안경찰(치안경찰 또는 정복경찰)이다. 전통적·전형적 경찰업무를 수행하는 기능을 가지며, 각주 각급경찰서에서 정복을 착용하고, 순찰근무, 교통근무, 지역근무, 경제사범단속 등의 제반 경찰업무를 수행하는 일반경찰관이다. 셋째, 기동경찰이다. 폭동이나 시위 등 전국적 긴급 치안상황에 대처하기 위하여 연방과 각 주정부간의 행정협정(1950년)에 의하여 설립되었다. 넷째, 수상경찰이다. 수상로 및 내수면, 항구 등에서 경찰업무를 수행하고, 일반경찰관서와 분리되어 각주의 내무부장관에 직속된다(최종술. 2011).

독일 각 주의 경찰활동은 "목표에 의한 경찰활동(direction by objective, 목표관리)"을 지향하면서, 경찰조직과 운영의 합리화 유지하고 있다. 수사업무에 관한 연방과 주정부 간의 협력사항에 관한 내용을 제외한 경무, 교통, 방범, 경비업무 등에 대해서는 전적으로 주경찰의 사무로 인정된다. 주경찰 예산은 주가 부담하는 것이 원칙이며, 연방경찰에 관한 예산은 연방에서 집행한다.

5) 우리나라 자치경찰제도의 도입 논의와 한계

(1) 우리나라의 자치경찰제 도입 논의

우리나라는 전국적으로 중앙집권적 국가경찰체제를 유지하고 있으며, 자치경찰제도를 전국적으로 실시하지 않고 있다. 그러나 대통령 선거 때마다 자치경찰제 도입이 대통령선거공약으로 제시되어 왔다.

먼저, 1998년 『국민의 정부』 출범 이후, 자치경찰제 도입은 대통령의 공약사항이라하여 곧 실현될 듯 하다가 흐지부지되었다. 즉, 1998년 3월, 당시 정부는 경찰청에 「경찰제도 개선기획단」을 구성해 자치경찰제 연구를 시작하고, 그 해 10월에는 「경찰개혁위원회」로 확대, 개편해 자치경찰제 논의를 본격화하였다. 그 결과 이듬해인 1999년 1월에는 일본식 절충형 경찰체제를 골격으로 한 자치경찰제 도입 방안이 정리되어 「경찰법 개정안」까지 마련되었다. 이에 당·정협의에서는 의원입법으로 정기국회를 통과시켜 2000년 상반기 내지는 하반기부터 시행한다는 일정을 잡아 놓았었다. 그러나, 수사권 현실화를 둘러싼 경찰과 검찰과의 갈등, 자치경찰의 재정부담 등을 둘러싼 지방자치단체의 반발을 초래하였고, 정부와 정치권 그리고 경찰내부의 추진의지가 약화됨으로서 국회에 상정조차 못한 채, 모든 것이 2000년 4·13 총선 이후로 연기되었다.

그 이후 대통령 선거 때마다 자치경찰제의 도입이 선거공약사항으로 제시되었지만, 여전히 실현을 하지 못한 채 지금까지 이르고 있다. 그러나 제주특별자치도는 2006년부터 자치경찰제를 도입, 운영해 오고 있다. 그러면 제주자치경찰에 대해서 살펴보면 다음과 같다.

(2) 제주자치경찰제도

① 연   혁

우리나라는 전국적으로 국가경찰체제를 유지하고 있지만, 제주특별자치도는 자치경찰을 운영하고 있다. 제주자치경찰제는 2005년 5월 20일 정부의 제주특별자치도 기본구상에 근거하여 제주의 자치경찰제도 도입을 발표함에 따라 정부와 제주도에서 입법을 추진하였고, 2006년 2월 21일 「제주특별자치도 설치 및 국제자유도시 조성을 위한 특별법」[3]에 제주자치경찰의 설치를 제도화하였다. 이에 따라 2006년 3월 11일에는 제주자치경찰제 시행을 위한 세부실행계획이 확정되고, 2006년 6월 30일에 제주자치경찰제 시행과 관련된 6개 법률이 국회를 통과하였다. 그리고 2006년 7월 1일 제주특별자치도 및 제주자치경찰이 출범하게 되었다.

② 운영체제

제주자치경찰은 제주특별자치도에 기획·조정을 담당하는 『자치경찰단』, 그리고 서귀포 행정시에는 집행기구 성격의 『자치경찰대』를 설치·운영하고 있다. 제주자치경찰단의 기구는 1단 1대 5과 11 담당으로 구성되어 있다. 즉, 자치경찰단은 서귀포지역경찰대, 경찰정책과, 교통생활안전과, 관광경찰과, 주차지도과, 교통정

---

3 「제주특별자치도 설치 및 국제자유도시 조성을 위한 특별법」은 제주도의 지역적 역사적 인문적 특성을 살리고, 자율과 책임, 창의성과 다양성을 바탕으로 고도의 자치권이 보장되는 제주특별자치도를 설치하여 실질적인 지방분권을 보장하고, 행정규제의 폭넓은 완화 및 국제적 기준의 적용 등을 통하여 국제자유도시를 조성함으로서 국가발전에 이바지 함을 목적으로 제정됨(법률 제 7849호, 2006. 2. 21).

보센터로 구성되어 있다.

제주자치경찰은 크게 법률상 고유사무, 국가경찰과 협약사무, 그리고 교통정보센터사무를 수행하며, 자치경찰공무원의 신분 및 인사는 「자치경찰공무원 임용·인사 등 조례와 규칙」 등에 근거하고 있다. 「제주특별자치도특별법」 제122조(재정지원)에서 국가는 제주자치도가 자치경찰을 설치·운영하는데 필요한 경비를 지원할 수 있도록 하고 있다.

(3) 우리나라 자치경찰제 도입의 한계

그동안 자치경찰제 도입에 대한 논의는 끊임없이 있었지만, 도입방안에 대해서 각 국가기관별로 다양한 의견이 표출되어 합의에 이르지 못하고 있는 실정이다. 자치경찰제 도입에 따른 이해관계를 가진 국가 및 지방자치단체들은 각 기관의 입장이 반영된 다양한 방안을 제시하고 있다. 서로 다른 자치경찰제 도입방안으로 인하여 각 기관들간의 갈등이 표출되어 합의에 이르지 못하는 것이다. 예컨대, 도입단위에 있어서 기초자치단체에서는 시·군·자치구 중심의 자치경찰제 도입방안을 제시하고 있고, 특별시·광역시·도는 광역단위의 자치경찰제 도입방안을 제시하고 있다. 자치경찰의 사무에 대해서 경찰청과 행정자치부는 생활안전 사무, 경비사무, 특별사법경찰사무 등 기본적인 자치경찰사무 중심으로 사무의 배분 방안을 제시하고 있으나, 광역자치단체에서는 현재의 국가경찰사무에 대한 대폭적인 이양을 제안하고 있다.

이러한 이유로 우리나라 자치경찰제 도입방안에 대한 합의가 이루어지지 못함으로서 자치경찰제의 도입이 계속 지연되고 있다. 자치경찰제는 지방의 실정에 맞는 경찰활동을 통하여 주민의 생활안전 등을 비롯한 치안서비스 제공을 위한 것이다. 즉, 주민에 의한, 주민을 위한, 주민의 경찰활동을 하기 위한 것이라는 관점에서 우리나라의 실정에 가장 적합한 한국적 자치경찰제 모형이 만들어져야 한다.

3. 교육자치제도

1) 의미와 필요성

(1) 의   미

헌법 제31조 제4항은 교육의 자주성, 전문성, 정치적 중립성 등이 법률로 보장된다고 선언하고 있다. 또한 교육기본법 제5조는 국가 및 지방자치단체는 교육의 자주성 및 전문성을 보장하여야 하며, 동법 제6조에는 교육은 교육 본래의 목적에 따라 그 기능을 다하도록 운영되어야 하며, 어떠한 정치적 파당적 또는 개인적 편견의 전파를 위한 방편으로 이용되어서는 아니된다고 명시하고 있다. 이러한 법 정신을 구현하기 위한 제도가 바로 교육자치제도이다

일반적으로 교육자치란 교육당사자들의 자주적인 의사결정, 자주적인 참여에 의한 교육이 이루어지는 것을 말한다. 즉, 교육자치제는 교육의 본래 목적을 달성하기 위하여 교육의 자주성을 보장하고 교육행정의 민주화를 실현하며 나아가 교육행정의 전문성과 특수성을 실현시키는 제도이다. 따라서 교육행정의 자주성과 전문성 확보를 위한 일반행정으로부터의 분리 독립, 지방 실정에 맞는 교육행정을 구현하기 위한 중앙으로부터의 지방분권, 지역단위의 교육을 기획하고 운영하기 위한 주민들의 의사 반영 등의 특성이 있다.

이러한 관점에서 교육자치는 지방자치의 원리에 근거하고 있다. 즉, 중앙정부의 최소한 통제하에서 일정지역을 기초로 하는 자치단체의 사무 중 교육, 학예에 관한 사무를 자기사무로 하여 자기의 권능과 책임 하에 주민이 부담한 조세를 주종으로 한 자주적 재원을 가지고, 주민이 선정한 자신의 기관 즉, 교육위원회, 교육행정기관 등에 의하여 주민의 의사에 따라 사무를 집행하고 실현하는 것이다.

또한 지방분권의 원리에 근거하고 있다. 즉, 공정한 민의에 따라 각기 실정에 맞는 교육행정을 실현하기 위하여 필요 적절한 기구의 설치와 시책을 수립, 실시하여야 하고(교육법 제14조 제1항), 주민통제의 원리에 근거하여 지방자치단체에 의회를

두는 것을 전제로 교육, 학예에 관한 주요 의안을 처리할 뿐만 아니라 교육위원의 선출권을 갖는다. 그리고 교육행정독립의 원리에 근거하여 교육의 자주성, 전문성 및 정치적 중립성 보장을 필수적인 요건으로 하고 있다. 요컨대, 교육자치는 지방 분권의 원리에 따라 교육의 자주성과 전문성 그리고 정치적 중립성을 교육행정면 에서 보장하기 위한 제도이다.

교육자치는 자치단위에 따라 중앙교육자치, 지방교육자치, 학교자치 등으로 구 분된다. 현재 우리나라는 광역단위를 중심으로 지방교육자치제도가 실시되고 있으 며, 교육의 자주성, 전문성, 정치적 중립성 보장을 천명한 헌법정신에 근거하고 지 방자치의 기본 원리를 초중등의 학교교육 행정 분야에 적용한 것이다.

(2) 필 요 성

① 교육행정의 자주성과 정치적 중립성 확보

교육자치는 교육행정의 자주성, 정치적 중립성을 확보하기 위하여 필요하다. 교육의 자주성은 학문 및 사상면의 당파성을 배제하고, 정치권력의 지배를 배제하 며, 교육의 목적과 방법 등은 교육을 받을 그 지역 주민들의 의사에 의해서 결정되 고, 운영되어야 한다는 것이다. 정치적 중립성은 교육규모의 확대에 따라 공권력에 의 의존이 높아짐에 따라 교육의 자주성 보장을 위해 교육내용의 중립, 교사의 중 립, 교육행정제도의 중립을 통하여 부당한 정치권력의 지배를 받지 않는 것이다.

② 교육행정의 특수성 확보

교육자치는 교육의 특수성을 확보하기 위하여 필요하다. 교육은 인간을 대상으 로 인격적 · 윤리적 작용이 이루어지므로 교육행정은 일반행정에서의 권력적 강제 보다는 민주적 지도, 조언이 중심을 이룬다. 따라서 일반행정의 경우처럼, 강제적 인 행정행위에 의한 것보다는 인격적 · 윤리적 판단을 하는 자유재량의 범위가 광범 위하게 허용되어야 한다. 그리고 교육은 그 효과가 장기적이며, 계속적인 과정을 통해 나타나므로 일반행정과는 달리 구분되어야 한다.

③ 교육행정에 대한 전문적인 관리

교육행정에 대한 전문적인 관리를 위하여 교육자치가 필요하다. 교육활동의 중심이 민주적 참여와 전문적인 지도, 조언이므로 교육 및 교육행정에 관한 전문적 이해를 가진 사람이 행정을 담당해야 한다.

④ 교육행정에 대한 주민참여와 지역적 특성의 존중

민주적인 교육행정은 교육 정책결정에 대한 주민의 참여를 본질로 하여 지역단위로 주민의 참여와 통제를 받고, 국민의 의사에 맞는 교육행정이 실시되어야 한다. 또한 중앙의 획일적인 행정만으로는 지역적 특성을 존중하고, 개발하기 어렵기 때문에 지역적 특성의 존중 및 특성의 개발이 필요하다.

2) 교육자치의 원리

교육자치제도의 주된 원리로서는 지방분권의 원리, 주민참여의 원리, 교육행정 독립의 원리, 자주성 존중의 원리, 전문적 관리의 원리가 있다(이혜숙. 2008).

(1) 지방분권의 원리

교육자치제도는 교육정책의 결정과 중요 시책의 집행에 있어 중앙집권을 지양하고, 지방으로의 권한 분산과 이양을 지향해야 한다. 즉, 교육행정 예컨대, 교육활동의 계획, 운영, 평가 등에 있어서 중앙정부에 의한 획일적 통제와 처리를 지양하고 적정하게 책임을 분산 및 권한의 이양을 통하여 각 지방의 실정에 맞고 지방의 특수성을 반영해야 한다. 국가적 차원에서 통일성을 지양하고, 다양한 지역적 특수성에 따라서 지역주민의 자율성을 향상시켜야 한다.

(2) 주민참여의 원리

교육자치는 교육정책을 민의에 따라 결정하고, 운영해야 한다. 이를 위해서 교육정책의 심의, 의결, 집행과정에 지역사회 주민의 대표가 참여하는 제도적 장치가 마련되어야 한다. 즉, 지방주민의 대표로 구성되는 교육위원회에 지방교육의 정책 결정권이 귀속되어야 한다. 이것은 주민이 그들의 대표를 통하여 교육정책을 결정 하므로 궁극적으로 대의 민주정치의 이념과 일맥상통한다. 주민의 참여와 통제를 통하여 교육에 대한 광범위한 민의가 교육정책의 의결과정에 반영되는 것이다.

(3) 교육행정 독립의 원리

교육행정 독립의 원리는 교육행정이 일반행정과 분리 독립되어야 한다는 것이 다. 이것을 자주성 존중의 원리라고 한다. 자주성 존중의 원리에 근거하여 교육행 정을 일반행정으로부터 분리시키고, 교육 및 교육행정의 자주성과 정치적 중립성 을 확보해야 한다. 교육의 정치적 중립성 보장차원에서 교육행정을 일반행정에서 주관하는 것은 바람직하지 않으며, 또한 교육행정은 인간을 대상으로 장기간에 걸 쳐 인성적·도덕적 작용을 주된 내용으로 하는 교육활동을 지원해야 하므로 일반행 정과 다른 특수성이 있다.

(4) 전문적 관리의 원리

전문적 관리의 원리는 교육행정이 교육의 본질과 특수성에 대한 이해에 기초 하여 운영되어야 한다는 것이다. 즉, 전문적인 식견을 가진 전문가에 의해 관리되 어야 한다

교육의 주체인 교원은 전문적 교육을 받은 전문직이며, 교육의 대상인 학생은 계속적인 성장과 발달, 신체적·정서적 변화가 심한 특수성을 지닌 집단이다. 그리 고 교육내용이나 교수·학습방법 등 교육행정의 내용과 대상도 일반행정의 대상과 는 다른 성격의 특수성이 있다. 따라서 교육행정은 교육의 본질과 특수성에 대한 전문적인 식견을 가진 사람에 의해 관리 운영되어야 한다.

3) 기대효과

지방 교육자치는 민주화의 실현과 동시에 교육의 본질을 실현하기 위한 것이

다. 이러한 맥락에서 지방 교육자치 제도가 가지는 기대효과는 다음과 같다.

(1) 교육의 독자성 보장

교육은 교육 자체가 갖는 독특한 성격과 내용을 가지는 바, 지방 교육자치제는 이를 보장하기에 용이하다. 교육이 가지고 있는 독특한 성격은 인간을 인간답게 기르는 일이기 때문에 그 대상이 인간이고 교육하는 것도 인간이다. 따라서 각 개인의 개성이 중시되고 비가시적 잠재력을 고려한 교육으로서 획일성을 극복해야 한다. 지방교육의 자치제도는 지역이 가지는 문제점과 특성을 교육정책이나 교육의 내용에 포함하기 용이하며 실용성이 높아질 수 있다.

(2) 교육의 이념 실현

공교육의 이념은 각 개인들로 하여금 개성의 신장과 자아실현 그리고 이를 바탕으로 한 질서 정연한 사회를 구성하는데 궁극적인 목적이 있다. 교육의 지방자치는 교육에 대한 권한을 지방정부에 위임함으로써 교육이념이 궁극적으로 추구하는 사회 발전과 학습자들의 개성의 신장과 잠재능력의 개발에 용이하도록 다양화하고 자율적인 노력과 전문성을 신장하는 효과가 있다.

(3) 교육의 정치적 중립성 실현

교육이 정치적으로 중립성을 지녀야 하는 것은 현실적으로 가장 절실한 문제다. 공교육을 실시하는 학교는 어떠한 현실적이 힘이나 불편부당한 세력들에 의해서 방향이 설정되어서는 안 된다. 지방 교육자치제도는 교육이 이러한 정치권력으로부터 벗어나 주민의 자율적인 관심과 자주적인 통치 영역으로 들어감으로써 교육을 정치적 권력으로부터 보호하고 고유의 기능을 수행하고 방향을 추구하게 된다.

(4) 민주성의 실현

민주주의의 기본은 교육에 의해서 인격을 완성하고 자주적 생활 능력과 공인으로서 자질을 구비하도록 하는 것이다. 민주주의를 유지하고 발전시킬 수 있는 것은 곧 인간의 생활이 민주적일 때 가능하고 발전할 수 있으며 이러한 역할행위의 가장 바람직한 장소는 가정과 학교이다. 민주주의를 바탕으로 하는 사회를 원한다면 학교교육이 민주적이고 교육행정이 민주적이어야 한다. 지방 교육자치는 개인적·지역적 특수성을 고려한 다양한 교육을 실현하며 보다 높은 평등 사상을 실현하는데 용이하다.

(5) 교육에 대한 책임 의식 향상

자신의 현실뿐 아니라 보다 객관적이고 타당성 있는 희망적인 미래를 위해서는 스스로의 교육에 대하여 책임질 수 있는 풍토가 요구된다. 지방 교육자치제도는 곧 그들 자신의 교육 문제를 적극적으로 책임지고 교육의 문제를 해결하고자 하는 의지를 향상시킨다.

(6) 지역의 특수성을 고려한 교육

지방 교육자치는 지방의 교육적 역할을 지방자치 단체에게 대폭적으로 위임하여 스스로의 책임하에 하려는 제도이므로 지역의 특수성을 고려한 교육이 가능하다. 즉, 지역적 특수성을 다양한 방법으로 반영할 수 있는 교육은 보다 많은 지역 주민들의 관심을 유발시킬 수 있고 효과적인 교육의 결과를 사회 현장으로 되돌려 줄 수 있기 때문에 학교와 지역 사회가 상호 보완적으로 발전할 수 있다.

4) 외국의 지방 교육자치제도

(1) 미   국

미국은 주단위·학교구단위로 매우 다양한 제도가 형성·운영되고 있다(이인회 외 1명. 2014. 56-61)

① 주 단 위

연방수정헌법 제10조에 따라 주정부가 교육에 대한 최고·최종 책임을 가진다. 주별로 매우 다양한 지방교육행정제도가 형성·운영되고 있다.

지방 교육자치의 의결기관으로서 주의회가 있고, 집행기관으로서 주지사와 교육위원회가 있다. 교육위원회(State Board of Education)는 주 의회의 위임을 받아 초·중등교육, 직업교육 및 고등교육에 이르기까지 교육에 관한 총체적 책임을 수행한다. 주 의회에 제출할 교육법안 및 교육예산편성안의 거부권 및 제출권은 주지사가 보유하고 있다.

교육위원회는 위스콘신(Wisconsin) 주를 제외한 49개 주에서 설치·운영되고 있다. 교육위원의 선출은 주민선출, 주지사 임명, 주 의회 임명의 형태가 있다. 권한은 대체적으로 교육에 관한 심의·의결 기능과 자문기능을 수행하지만, 중요한 정책결정은 교육감, 주지사를 거쳐 주 의회에서 최종 의결한다.

주 교육감(State Superintendent of Public Instruction)의 지위는 주 정부마다 매우 다양하여 3개 유형의 유형 즉, Commissioner, Secretary, Chief Executive Officer 형이 있다. 선임방식은 주민직선, 주교육위원회 임명, 주지사 임명의 형태가 있다.

② 지역학교구 단위

먼저, 지역학교구 교육위원회(Local Board of Education)는 주 헌법 및 주 법에 따라 주교육위원회의 지도·감독을 받아 당해 지역학교구의 교육을 운영하는 준지방자치단체이다. 교육위원의 선임은 주민직선(대부분 비정당 기반)이 많으나 단체장이 일부 또는 전부를 임명하는 곳도 있다(예: 뉴욕주) 권한은 조례 제정권, 조세징수권, 교육감·학교행정가·교원 등 임명권, 교육정책 개발, 교육프로그램 결정 등이 있다. 기관 성격은 합의제 집행기관과 최종의결기관으로서의 성격을 동시에 가진다(이인회 외 1명, 2004).

다음으로 지역학교구 교육감(Local Superintendent)이 있는데, 지역학교구 교육위원회에서 공모하여 채용하고, 경우에 따라 중간해고가 가능하다. 따라서 교육위원회에 대한 종속적 지위와 제한적 역할에 머무르고 있다(이인회 외 1명. 2014).

(2) 영   국

영국의 지방교육자치는 기초단위에서만 시행하고 있으며, 지방의회의 상임위원회로 교육위원회가 설치되어 있다.

① 지방의회의 교육위원회(Education Committee)

지방의회의 분과위원회(상임위원회)로 기초단위에서만 설치되어 있으며, 광역단위에서는 설치되어 있지 않다. 교육분과위원회 위원정수는 약 20~40명이며, 분과위원회 내 소위원회 활동이 활발하고, 임기는 4년이다. 교육분과위원회 정원의 50% 이상은 지방의원이 겸직하되, 정원의 50% 이내 범위 내에서 외부 전문가를 선임한다. 교육분과위원회 내에 여러 개의 소위원회를 두어 안건별로 심의·의결하고, 교육위원회 또는 지방의회의 최종 의결을 거치지 않더라고 교육(국)장이 이를 시행할 수 있는 선결처분권이 있다. 권한은 세입·세출 및 기채의 결정권 이외의 교육업무를 독자적으로 수행한다. 기초의회의 기관이지만, 상당한 수준의 독립성을 인정받고 있어 위임형 의결기관의 성격이 강하다.

② 교육(국)장

교육(국)장은 기초의회 교육상임위원회의 보조기관으로서 그 선임방식은 교육상임위원회가 교육 또는 교육행정경력을 가진 전문가 중에서 교육고용부장관과의 협의를 거쳐 임명하고, 임무는 교육국(Education Department)의 책임자로서 사무관리를 수행한다.

(3) 일   본

일본은 광역단위인 도·도·부·현과 기초단위인 시·정·촌의 2층적인 지방 교육자치제도를 운영하고 있으며, 1956년 이후 지방교육행정과 일반행정과 연계가 강화되었다.

① 의결기관

의결기관으로 지방의회가 있는데, 통상 지방의회의 상임위원회로 문교위원회를 두고 있다.

② 집행기관

집행기관으로 교육위원회가 있는데, 합의제 집행기관으로 5명(3인 이상이 동일 정당 소속 불가)으로 구성되어 있으며, 교육위원은 지방자치단체장이 지방의회의 동의를 얻어 임명하고, 임기는 4년이다. 권한을 보면, 먼저, 도·도·부·현 교육위원회의 경우, 시·정·촌 교육장 임명 승인 및 공립 소·중·고교 설립, 시·정·촌 의무학교의 학급 아동수 기준 학급편제 인가 등이 있다. 둘째, 시·정·촌 교육위원회의 경우, 학령부 작성, 취학의무의 유예·면제, 각종 자료의 도·도·부·현 교육위원회 보고 등을 수행한다.

교육위원회의 보조기관으로 교육감을 두고 있다. 선임방식을 보면, 도도부현은 문부대신이, 시정촌은 도·도·부·현 교육위원회의 승인을 받아 시·정·촌 교육위원회에서 임명한다. 자격은 상근의 일반직 공무원으로서 교육경영 전문가, 교육에 관한 전문적 식견을 가짐과 동시에 행정적으로 통달한 자로 하고, 임무는 교육위원회의 권한을 위임받아 구체적 사무처리, 교육위원회의 모든 회의에 출석하여 전문적 입장에서 조언을 수행한다.

(4) 독　　일

독일은 주 정부가 교육에 대한 최종 책임을 가지며, 연방은 권한이 없다. 주 교육행정은 광역(Kreis, 관구) 즉, 주 정부단위로 설치 운영되고, 기초단위(Gemeinde)로 지방교육자치제도가 운영되고 있다. 독립된 교육행정기관 없이, 일반행정기관이 담당한다.

① 주 교육기관

먼저, 교육의결기관으로 주 의회가 있다. 권한은 교육에 관한 입법권을 행사하고, 연방은 교육입법권이 없다. 설치는 별도 의결기관 없이 주의회에서 결정한다. 다음으로 교육집행기관인 문화부장관(주지사의 보조기관)이 있다. 권한은 내부적 교육사무(Innere Schulangelegenheiten), 특히 교육의 목적, 내용, 수업 운용방식 및 구성, 학교감독 등이며, 설치는 함부르크, 브레멘, 베를린 등 도시국가는 단층제이며, 도시국가를 제외하고는 일반적으로 상급, 중급, 하급 교육청으로 구성되어 있다. 상급은 주 문화부장관, 중급은 관구장(Regierungspräsident), 하급은 학교감독관(Schulämter 혹은 Schulräter)이 맡고 있다.

② 지방자치단체 교육행정기관

지방자치단체 교육행정기관으로 기초지방자치단체(Gemeinde)가 있다. 권한은 외부적 교육사무("äußere" Schulangelegenheiten), 학교의 설치, 인적, 물적 설비, 재정지원(교사급료는 주정부 소관)을 수행한다. 교육의결기관으로 지방의회가 있으며, 일반적으로 교육상임위원회가 설치되어 전문가 참여가 가능하다. 교육집행기관은 지방자치단체장이며, 일반적인 보조기관으로 학교·청소년·스포츠국(과)을 설치하고 있다.

5) 우리나라의 교육자치제도와 개선방안

(1) 개 요

현행 우리나라 교육자치제는 「지방자치법」과 「지방교육자치에관한법률」에 근거하여 시행되고 있다. 먼저, 시·도교육위원회와 시·도의회가 교육에 관한 의결기능을 수행하고, 교육감이 시·도의 교육·학예에 관한 사무를 관장하며, 시·도교육감의 하급행정기관으로 182개 지역교육청을 설치·운영하고 있다.

즉, 의결기구는 시·도의회 교육위원회(시·도의회 상임위원회)가 있는데, 교육의원(시·도의원보다 1인 많도록 구성)와 시·도의원으로 구성되어 있다. 둘째, 집행기구으로서 교육감이 있는데, 시·도의 교육·학예에 관한 사무의 집행기관이며, 그 소속으로 각급학교 등 교육기관 및 교육지원청이 설치되어 있다. 또한 지방자치단체와의 연계·협력을 위해 지방교육행정협의회가 있고, 교육감 상호간의 교류와 협력

표 10-1 **지방교육자치의 조직도(김용일. 2000)**

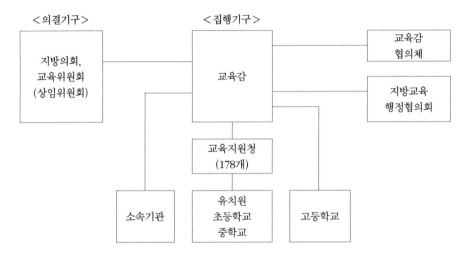

증진을 위해 교육감 협의체가 있다.

(2) 교육위원회

우리나라는 시·도의회의 위임형 의결기관 또는 전심기관으로 시·도의회와 분리된 교육위원회를 설치·운영하고 있다. 교육위원회의 주요 기능은 당해 시·도의 교육·학예에 관한 의안과 청원 등 심의·의결, 소관사항 중 일부는 시·도의회 전심기관으로서 심의하고, 최종 의결은 시·도의회 본회의에서 실시한다. 일부사항은 최종의결로 시·도의회 의결과 동일하게 간주한다. 교육위원회 구성 및 선출은 시·도의회 의원 및 이와 별도로 선출된 교육의원으로 구성하되 교육의원이 과반수가 되도록 구성하고, 교육의원의 선출은 전체 주민직선으로 선출된다.

(3) 교 육 감

교육감은 시·도의 교육·학예에 관한 사무의 집행기관이다. 교육감 선출은 주민직선으로 선출하고, 공직선거법의 시·도지사 선거에 관한 규정을 준용하되 정당은 교육감선거에 후보자를 추천할 수 없다.

(4) 하급 교육행정기관

하급교육행정기관으로 교육지원청이 있다. 교육지원청은 1개 또는 2개 이상의 시·군 및 자치구를 관할구역으로 하는 시·도교육청의 하급교육행정기관이다. 기능은 유치원 및 초·중학교 운영에 관한 지도·감독과 조례·교육규칙이 위임한 사항을 수행하며, 중학교 이하 각급학교의 지도·감독업무를 교육감으로부터 위임받아 처리한다. 교육지원청에는 교육전문직, 일반직, 기능직 공무원들이 근무하고 있으며, 교육장은 장학관으로 보하고, 교육감이 임명한다.

(5) 기타 기구

먼저, 지방자치단체의 교육·학예에 관한 사무를 효율적으로 처리하기 위하여 지방자치단체와 교육청간 지방교육행정협의회를 설치하고 있다. 구성·운영에 관하여 필요한 사항은 교육감과 시·도지사가 협의하여 조례로 정한다.

둘째, 교육감 협의체가 있다. 교육감은 상호간의 교류와 협력을 증진하고, 공동의 문제를 협의하기 위하여 전국적인 협의체를 설립할 수 있다. 지방 교육자치에 직접적 영향을 미치는 법령 등에 관하여 교육과학기술부장관을 거쳐 정부에 의견을 제출할 수 있다. 설립신고와 운영 그 밖의 필요한 사항은 대통령령으로 정한다.

(6) 문제점과 개선방안

현행 지방교육자치제도의 문제점을 살펴보면 다음과 같다.

첫째, 교육선거와 정치선거간의 동시선거로 인해 교육자치의 본질이 훼손될 수 있다는 점이다. 둘째, 교육의원 선거가 평등권과 선거권을 침해할 수 있는 제도라는 것이다. 셋째, 교육위원회의 구성이 집행기관에 대응하는 의결기관이 되지 못하고 정치에 예속되는 상황에 처할 수 있다는 점이다. 넷째, 주민의 대표성에 의해 선출된 교육감의 자격과 권한은 법률상으로는 이전과 별 차이가 없다는 것이다. 따라서 실질적인 지방교육자치가 되지 못하는 문제점을 가지고 있다.

이와 같은 문제점의 개선 방안은 먼저, 지방교육자치제도의 본질에 더욱 부합하도록 개선되어야 한다. 즉, 교육의 가치를 존중하는 제도가 되어야 하고, 지방이 아니라 지역교육이라는 의미로 지방교육자치제도를 개선해야 한다. 그리고 지방교육자치제도가 제도로서 타당성을 갖추기 위해서는 집행기관과 의결기관의 적절한 견제와 협력 체제가 구축된 지방교육자치제가 되도록 개선되어야 한다.

생각해 볼 문제

❶ 자치경찰제의 도입이 필요한 이유에 대해서 각자의 의견을 제시하시오.

❷ 우리나라 자치경찰제의 도입에 대한 각자의 의견을 제시하시오. 단, 찬성과 반대의 입장에서 그 이유를 설명하시오.

	의　　견
찬성의 입장	
반대의 입장	

❸ 교육자치를 실시해야 할 진정한 이유에 대한 각자의 의견을 제시하시오.

참고문헌

경찰청. 1999. 『자치경찰제의 이해』. 경찰청 개혁위원회.

권세훈. 2015. "지방분권과 교육자치의 실현을 위한 법적 과제." 『지방자치법연구』 15(2) 통권 (46). 한국지방자치법학회.

김성열. 2015. "지방교육자치제의 성과와 과제." 『인문논총』 37 (2015. 6). 경남대학교 언론출판국.

김용일. 2000. 『지방교육자치의 현실과 '이상': 지방교육자치제도의 정치학』. 문음사.

김현조. 2008. 『지방자치론』. 대영문화사.

나민주. 2000. "지방교육 자치역량 강화방안 연구: 교육전문직원 및 교육행정공무원을 중심으로." 한국지방교육연구소.

박수정. 2014. 『한국 지방교육자치 연구: 동향과 전망』. 학지사.

신현석. 2014. "교육자치와 일반자치의 관계 분석 및 미래 방향." 『교육행정학연구』 32(2)(통권 (95)). 한국교육행정학회.

육동일. 2012. "지방자치와 교육자치의 연계를 위한 교육감 선거제도 개선에 관한 연구." 『한국지방자치연구』 14(2)(통권 (39)). 대한지방자치학회.

이강웅 외 2명. 2016. 『현대행정론』. 도서출판 지누.

이인회 외 1명. 2014. "한국과 미국의 지방교육자치 구조의 비교." 『한국콘텐츠학회논문지』 14(4). 한국콘텐츠학회.

이황우. 2000. 『경찰행정학』. 박영사.

이혜숙. 2008. "지방교육행정과 일반행정의 관계 정립 방안 연구." 서울시정개발연구원.

전제상 외. 1992. "교육자치제 운영실태 및 개선방안." 『한국교총 정책연구』 58.

채우석. "지방자치단체의 교육자치권에 대한 중앙정부의 규제와 협력." 『지방자치법연구』 13(4)(통권 (40)). 한국지방자치법학회.

제10장 지방정치와 자치

최용환. 2012. "지방자치단체의 기능재정립: 교육자치제를 중심으로." 충북발전연구원.

최종술. 2011. "자치경찰제의 도입방안 지방분권촉진위원회 연구보고서." 지방분권촉진위원회.

최종술. 2010. "역대정부의 자치경찰제 도입방안과 비교 연구." 『지방정부연구』 13(4). 한국지방정부학회.

최종술. 1999. "바람직한 자치경찰제의 모형에 관한 연구." 『한국행정학회보』 33(2). 한국행정학회.

한국지방행정연구원. 2010. "일반자치와 교육자치의 연계확대 방안." 한국지방행정연구원.

사례1: "서울시정을 살펴봤더니 전시행정, 삽질행정 줄이면 우리 아이들에게 충분히 친환경 무상급식을 시킬 수 있다...[중략] 경남·전북 등 재정자립도가 낮은 지방자치단체장도 의지만 있으면 무상급식을 실시할 수 있다." (한명숙, 2010년 5월 4일, 친환경무상급식 풀뿌리 국민연대 정책 협약식)

민주당이 다수 의석을 점령한 시의회가 지난해 말 전면 무상급식을 적용한 예산을 일방적으로 통과시킨 이후 오[세훈] 시장은 의회와의 공식적인 대화를 단절하고 있는 상태다...[중략] 오 시장은 최근 라디오 프로그램에 출연해 "무상급식 반대 의견을 관철시키기 위해 시 의회와 추경 편성 방안을 논의하지 않을 방침"이라고 밝혔다. (뉴데일리, 2011년 4월 12일자)

서울시의회 민주당은 노인 정책도 보편적 복지 개념을 도입해야 한다며 새 조례안을 발의했습니다. 임대주택 제공과 무료 대중교통 이용 등을 골자로 해 또다시 거센 복지논란을 예고하고 있습니다. (MBN뉴스, 2011년 6월 21일자)

사례2: "지방재정이 감내할 수 없는 무상복지는 지방은 물론 국가재정을 파탄으로 몰고 갈 것...[중략] 무상복지에 대한 전반적인 점검과 정책 변화가 필요한 시

점이다." (홍준표, 2014년 11월 19일, 경남 도의회 본회의 연설)

　　사례3: "성남시는 어르신 모시기 좋은 도시를 만들려고 노인 일자리사업, 전국
최대 규모의 노인여가시설인 판교노인종합복지관 건립 추진 등 성남시만의 독특한
사업을 추진하고 있다...[중략] 성남의 역사를 만들어 오신 어르신들이 행복하고 건
강한 노후를 보낼 수 있도록 전국 최고의 노인복지정책을 펴나가겠다." (이재명,
2016년 5월 11일, 어버이날 행사 기념식 연설)

　　복지에 대한 일반적 관심은 대부분 중앙정부 복지에 집중되는 경향이 있다. 그
러나 흔히 간과되고 있는 사실은, 제1차 세계대전 이전 서유럽 국가들의 빈민구제
등 초기 형태의 사회보장을 책임지는 주체는 지방정부였다는 것이다. 특히, 지방정
부가 어느 정도의 자치권을 가지고 있던 독일, 영국, 미국 등지에서 지방정부차원
에서의 복지는 중앙정부의 그것보다 더 큰 수준으로 보장되었다(Ashford 1984;
Steinmetz 1990).
　　1991년 지방자치제도의 부활과 1995년 제1차 동시지방선거의 실시 이후 한국
의 지방정부는 점점 더 높은 수준의 자치권을 누리고 있으며, 지방정부의 역할확대
에 대한 국민적 기대가 높아지고 있는 실정이다. 복지에 대한 관심이 점점 커지는
것에 비례하여, 복지에 대한 지방정부의 역할 또한 중요하게 여겨지고 있으며, 일
련의 제도 변화를 통해 지방정부의 역할 및 권한이 확대되고 있는 추세이다. 2003
년 사회복지사업법 개정으로 복지 서비스에 대한 지방정부의 책임이 강화되었으
며, 2005년 국고보조사업의 지방이양으로 사회복지사업의 분권화가 본격화되었다.
이에 따라, 한국의 지방정부는 지역사회 최전선에서 복지서비스의 전달자이자 관
리자로서 역할하고 있으며, 때로는 자체사업을 통해 복지서비스의 기획부터 관리
까지 모든 것을 담당하기도 한다. 한국은 사회복지분야에서 지방정부의 역할이 비
교적 큰 몇 안 되는 국가 중 하나이기도 하다.[1]

---

1 국제통화기금(International Monetary Fund; IMF)의 정부재정통계(Government Finance
　Statistics; GFS)에 따르면, 중앙-지방을 아우르는 모든 수준에서의 정부(general government)

이에 따라, 한국에서는 전술한 사례들에서 보여지는 바와 같이, 지방정부 차원에서 여러 가지 복지관련 정치 이슈가 등장한 바 있다. 즉, 지방정치가 사회복지정책에 영향을 미치고 있다는 것이다.

본 장에서는 이 책의 초반부에 다루어진 지방정치에 대한 이론적 논의를 바탕으로, 지방정치가 복지에 어떠한 영향을 미치는지에 대해서 살펴보고자 한다.

1. 일반 현황

분권화의 진전에 따라 지방정부의 사회복지지출은 가파르게 늘어나는 모습을 보였다. 예컨대, 1999년 기초지방정부의 총 지출대비 복지지출 비중은 평균적으로 약 12.7%였으나, 2013년에는 평균 약 30%에 육박하는 비중을 보여 2배가 넘는 수준의 지출증가양상을 보였다. 광역정부의 복지비 지출 비중 또한 1999년 약 11.2%에서 2013년 26.2%로 가파르게 상승하였다. 그런데 흥미로운 사실은, 복지비 지출 비중의 표준편차 또한 증가했다는 것이다. 기초지방정부의 경우, 1999년 약 7.3% 정도였던 표준편차가 2013년에는 약 15%로 증가하였고, 광역정부의 경우에도 1999년 약 2.6%에서 2013년 약 4.6%로 증가하였다. 즉, 지방정부간 복지지출 비중의 차이가 증가한다는 것이다.

왜 이러한 차이가 생기는 것일까? 어떤 지방정부는 다른 지방정부에 비해 더 높은 수준의 복지정책을 추구하고 있다. 그리고, 이러한 차이는 단순히 복지재정의 차이에서만 기인하는 것도 아니다.

복지지출 대비 지방정부 복지지출의 비율이 20%가 넘는 나라로는 한국 외에도 핀란드, 아이슬란드, 노르웨이, 스웨덴, 그리고 영국이 있다. 북유럽 3국의 복지재정에 관해서는 김인춘(2013)을 참조하시오.

제11장 지방정치와 복지

1) 사회복지 예산편성 운용기준

지방재정법 제38조에 따라, 행정자치부는 매해 지방정부의 예산편성운용기준을 마련하고, 각 지방정부는 이에 근거하여 기능별, 사업별, 또는 성질별로 항목을 구분하여 예산을 편성한다. 이러한 편성에 따르면, 지방정부의 사회복지분야 예산은 기초생활보장, 취약계층지원, 보육·가족 및 여성, 노인·청소년, 노동, 보훈, 그리고 주택 부문을 포함한다.

- 기초생활보장 부문 예산은 국민기초생활보장 사업과 같이 주민 최저 생계 및 기초생활보장을 위한 업무에 사용되는 예산을 일컫는다.
- 취약계층지원 예산은 장애인·아동 등 취약계층 및 노숙자·부랑인의 보호 및 복지증진을 위한 업무에 사용된다.
- 보육·가족 및 여성 부문 예산은 양성평등, 가정폭력·성폭력 방지 및 피해자 보호, 아동·보육 관련 업무 등 여성의 권익증진과 보육인프라 구축 및 보육료 지원에 사용된다.
- 노인·청소년 부문 예산은 노인 생활안정, 의료보장 및 일자리 지원과 같은 노인 복지 증진과 청소년 육성·보호·활동지원을 위한 업무를 위해 사용된다.
- 노동 부문 예산: 실업대책 및 공공근로사업, 능력개발융자지원, 직업능력개발과 같은 고용 안정 및 촉진을 위한 대책과 근로자 복지 증진, 그리고 고용보험 및 직업재활지원, 산재보험 업무 등 노동 부문 예산 또한 사회복지 예산으로 분류된다.
- 보훈 부문 예산: 국가유공자와 그 유족, 제대군인 및 5·18 민주유공자에 대한 보훈사업 또한 사회복지 예산으로 분류된다.
- 주택 부문 예산: 임대주택건설, 수요자 융자지원, 서민주택구입 및 전세자금·매입임대, 서민 주거 안정 및 주거 환경 개선에 사용되는 주택 부문 예산이 사회복지 예산에 포함된다.

연구 목적 또는 연구자의 판단에 따라, 사회복지는 교육과 보건 분야를 포괄하여 설명되기도 한다(예를 들면, Persson and Tabellini 2005; Haggard and Kaufman 2008; Roh 2012). 이러한 경우, 유아 및 초중등교육, 고등교육, 그리고 평생·직업 교육 부문에 관한 예산과 보건의료 및 식품의약안전 부문에 관한 예산 또한 사회복지정책의 일환으로 설명된다. 한국과 같이 공교육이 대부분을 차지하고 있는 나라에서 교육 분야 예산은 차등적 세금으로 충당되어 모두에게 동등하게 제공되는 복지의 일부라 볼 수 있다. 보건 분야 또한 국민 전체의 보건위생 및 건강증진을 위한 공공복지 서비스의 일부로 볼 수 있다.

2) 국고보조사업과 자체사업

지방정부의 예산은 크게 국고보조사업과 자체사업으로 나뉘어 사용되는데, 이는 사회복지사업에도 마찬가지로 적용된다. 국고보조사업은 중앙정부가 국가적 차원에서 결정한 복지정책에 대해 지방정부가 서비스제공의 책임을 지는 형태의 사업을 의미한다. 이러한 경우 사업에 대한 재정은 국고보조금 및 지방정부의 매칭으로 충당된다. 반면에, 자체사업은 지방정부 자체 재원을 통해 마련되는 사업으로, 지방정부가 서비스에 대한 정책 결정부터 제공까지 모든 절차에 걸쳐 책임을 지고 있다. 복지는 국가정책에 의해 국민들에게 제공되는 측면이 많기 때문에, 지방정부의 사회복지사업에 있어 국고보조사업의 비율이 매우 높다. 한국보건사회연구원의 복지재정DB에 따르면, 2012년 기준으로 지방정부의 자체사업비는 전체 복지사업비 대비 14.6%를 차지하고 있다(고경환 외 2013).

그런데, 여기에도 지방정부간 편차가 존재한다. 즉, 어떤 지방정부는 높은 수준의 자체적 복지사업을 시행하는 반면에, 어떤 지방정부는 국고보조사업 이외 다른 자체 복지사업을 거의 시행하지 않고 있다. 기초지방정부의 상위 10%는 30.4%의 비율로 자체적 복지사업을 시행하고 있으나, 하위 10%는 단 3%만이 자체사업이다. 가장 높은 수준의 자체복지사업을 시행하고 있는 기초지방정부는 경기 과천시(50.3%)였으며, 가장 낮은 수준의 자체사업을 시행하고 있는 곳은 부산 영도구

(1.7%)였다. 대체적으로 재정자립도가 높은 지방정부에서 높은 수준의 자체적 복지사업을 시행하였으나, 그렇다고 이러한 상관관계가 강하게 나타나는 것은 아니다. 전국 244개의 기초지방정부 중, 과천시의 재정자립도는 37위였고, 부산 영도구는 194위였다.

국고보조사업은 또다시 법정 국고보조사업과 비법정 국고보조사업으로 나뉠 수 있다. 법정 국고보조사업은『보조금 관리에 관한 법률』및 그 시행령에서 국고보조금과 이에 대한 지방비 매칭 비율이 명시되어 있는 사업으로, 지방정부는 국고보조금을 받는 사업에 대한 매칭부담액을 의무적으로 계상하여야 한다.[2] 총 121개의 법정 국고보조사업 중 29개가 복지관련 사업인데,「국민기초생활 보장법」,「장애인 복지법」,「기초연금법」,「한부모 가족지원법」등, 주요 법률에 의해 명시된 국가적 사업들이 대부분이다.[3] 김성주(2013)에 따르면, 사회복지 국고보조사업 중 약 80%가 법정 사업이다.

반면에, 비법정 국고보조사업은 국고보조금과 지방비 매칭 비율이 명시되지 않은 사업으로, 둘 간의 비율은 법정 국고 보조율을 '참고'하여 정하도록 되어있다. 사정이 이렇다 보니, 비법정 사업은 정책결정자들의 판단에 의존하는 구조이다. 비법정 국고보조사업의 명칭 및 국비 보조율은 매해 기획재정부의 예산안 편성지침에 의해 공표되거나 예산으로 정해지고, 지방정부는 주어진 예산 내에서 지방비 매칭에 따른 재정 부담을 감내해야 하기 때문에, 국고보조사업 중 어떤 분야의 사업을 신청할 것인지를 결정해야 한다.

---

2 그런데, 실제로 지원되는 국고보조금이 법으로 정해진 국비 보조율에 못 미치는 사례가 다수 보고되고 있다(유영성·이원희 2005; 연합뉴스 2013년 8월 4일자).
3 한편,『보조금 관리에 관한 법률 시행령』에는 국고보조금 지급 제외 대상 항목이 있는데, 총 163개의 항목 중 68개가 복지관련 사업이다. 이들은 2005년 국고보조사업의 지방이양 대상사업들로, 지방사무성격이 강한 복지사업들이 모두 지방정부 자체사업으로 이양되었다.

3) 예산과 결산

지방정부의 복지정책을 분석하는데 있어, 사회복지예산과 결산을 구분하는 것이 중요하다. 지금까지 한국 지방정부의 복지지출에 관한 대다수의 선행연구들은 "예산에 편성된 복지 분야 세출"을 분석하였다(예를 들면, 조수현 2009; 서상범·홍석자 2010; 서재권 2015). 그러나 이는 "복지에 사용되어질 것으로 계획된 예산"이며, 지방정부가 실제로 어떠한 복지정책을 집행했는지에 대한 정보를 담는데 한계가 있다. 예산에 대한 집행이 항상 계획대로 이루어지는 것은 아니다. 정책결정자들의 우선순위에 따라 후순위로 밀린 정책은 추가경정예산 및 예산 이·전용(移·轉用)의 방식을 통해 예산의 삭감이 이루어지기도 하며, 반대로 정책결정자들이 중요하게 생각하는 정책은 당초 계획했던 예산보다 더 높은 수준의 지출이 이루어질 수 있다. 따라서, 지방정부의 "실제 집행된 복지지출"을 분석하기 위해서는 예산보다 결산 자료가 더 유용하다.

예를 들면 <표 11-1>에서 나타나는 바와 같이, 2013년도 경기 용인시의 복지 분야 예산액은 3885억 1천 8백만원으로 총 예산의 27.4%를 차지하지만, 복지 분야 결산액은 3726억 3천 5백만원으로 줄어 총 지출의 25.4%를 차지한다. 전남 순천시의 2013년도 복지 분야 예산액은 1779억 3천 3백만원으로 총 예산의 23.9%를 차지하는 반면, 결산액은 1814억 3천 7백만원으로 늘어 총 지출의 26.4%를 차지한다. 이렇듯, 예산과 결산에는 적지 않은 차이가 존재한다.

한편, 서재권(2015)은 결산이 단체장 재량권의 결과이고 예산은 지방의회 심의

표 11-1 2013년도 경기 용인시와 전남 순천시의 복지 분야 예산과 결산 차이 (단위: 백만원)

	예산			결산			예산과 결산 차이
	총합	복지 분야	백분율	총합	복지 분야	백분율	
용인	1,417,769	388,518	27.4%	1,463,750	372,635	25.4%	−2.0%
순천	745,404	177,933	23.9%	688,661	181,437	26.4%	2.5%

출처: 지방재정고(http://lofin.moi.go.kr)

권이 일정부분 작동한 결과이므로, 지방의회와 관련된 사회복지정책을 분석하기 위해서는 사회복지 결산이 아닌 예산을 그 변수로 삼아야 한다고 주장하나, 이는 재정의 본질과 거리가 있는 주장이다. 예산과 결산의 차이는 추경예산 또는 예산의 이·전용에 의해서 발생하는데, 이들은 대부분 의회의 승인을 필요로 한다. 예산 전용의 경우 단체장의 재량권이 사용될 수 있으나, 전용이 가능한 범위 자체가 정책사업 내 단위사업 간, 혹은 그 보다 더 작은 단위 간으로 매우 작다. 앞서 살펴본 바와 같이, '사회복지비'는 여러 가지 '부문'에 대한 '정책사업'비를 모두 포괄하는 개념인데, '정책사업' 이상의 단위에서 계획된 예산과 다르게 집행되고자 할 때에는 모두 의회의 승인을 필요로 하며, 정책사업 내 단위/세부/편성목 사업간 예산의 전용만이 단체장의 재량권으로 가능하다. 따라서, 지방정부의 사회복지정책은 그것이 단체장과 연결되던 의회와 연결되던 상관없이 복지예산이 아닌 결산에서 반영된다고 봐야 하며, 이는 외국 연구자들이 복지 예산(revenue)이 아닌 지출(expenditure 또는 spending)에 주목하는 이유와 일맥상통한다.[4]

　지금까지 지방정부의 복지에 대한 일반 현황을 알아보았다. 그러면, 왜 어떤 지방정부는 다른 지방정부에 비해 더 높은 수준의 복지정책과 서비스를 제공하는가? 1991년 지방자치제의 부활과 1995년 동시지방선거 이후 지방정부의 자치권은 모두 공통적으로 신장되었다. 그럼에도 불구하고, 왜 지방정부간 정책적 선택의 차이가 존재하는가? 이에 대한 해답은 주로 세 가지로 제시되고 있다. 첫째, 지역사회 복지수요의 차이가 정책적 선택의 차이를 가져온다. 둘째, 지방정부간 자원(resource)의 차이가 복지정책의 차이를 가져온다. 셋째, 지방정치가 복지의 차이를 가져온다.

---

4 해외의 연구자들은 지출을 통해 복지정책수준(welfare policy generosity)을 분석하였으며(예를 들면, Persson and Tabellini 2005; Scheve and Stasavage 2006; Huber et al. 2008), 복지예산을 이용한 연구는 없다. 한국 지방정부의 복지정책수준을 결산자료를 통해 분석한 연구로는 김범수·노정호(2014)와 김욱 외(2014)가 있다.

2. 지역사회 복지수요

1) 산업화의 진전과 새로운 욕구

서구유럽 복지국가의 발전을 설명하는 가장 오래된 시각 중 하나는 산업화의 논리(the logic of industrialization)이다. 농어업 중심 사회에서는 한정된 지역 내에서 대가족 단위의 노동력 제공이 있었기 때문에, 농어민이 다치거나 병약해짐으로 인해 일시적 혹은 영구적으로 노동력을 제공할 수 없는 상태가 되어 소득을 얻을 수 없는 상태가 되었을 때 가족은 이들을 돌봐주는 기능을 할 수 있었다. 그러나, 산업사회에서는 도시화가 진전되고 가족들이 더 이상 한정된 지역에서 대가족을 이루어 같은 일을 하면서 지내지 못하는 상황이 되었으며, 이에 따라 노동자들은 노동력을 제공하면서 발생할 수 있는 산업재해나 실업과 같은 여러 가지 위험에 노출되었을 때 더 이상 대가족에 의존할 수 없게 되었다. 이로 인해 과거 농경사회와는 다르게 고용주나 국가로부터 복지 제공을 요구하게 되었으며, 국가 또한 산업사회에서 노동력을 일정 부분 유지하기 위해 이러한 새로운 욕구를 수용할 동인(動因; incentive)이 있었다(Kerr et al. 1960; Wilensky 1975).

이러한 시각에 비추어 보면, 지방정부 복지지출은 산업화 및 도시화의 정도와 관련이 있다. 산업화가 진전된 지역의 경우 그렇지 않은 지역에 비해 더 높은 수준의 복지 욕구가 존재할 것이다.

2) 지방자치와 민주주의

지방자치제의 부활은 민주주의의 발전과 분명한 관련이 있다. 지역 단위에서부터 선거를 통한 대표자의 선출은 풀뿌리 민주주의의 구현이라 볼 수 있는데, 이는 지역사회 복지 수요가 정책결정자들로 하여금 보다 쉽게 인지되고 정책 아젠다화 됨을 의미한다. 따라서, 지방정치의 장은 중앙정치의 장에서보다 유권자들의 복지 수요가 정책으로 연결될 확률이 높다.

지역사회 내 복지에 대한 수요가 크다면, 지방정부의 정책결정자들은 재선을 위해 이들 수요를 충족시키고자 노력할 것이다. 예를 들면, 노령인구가 많은 지역에서 노인 회관 건립 등 노인복지의 증대가 이루어질 확률이 높다. 국민기초생활수급자나 장애인이 많은 지역을 관할하는 지방정부는 그렇지 않은 정부에 비해 더 높은 수준의 복지비 지출이 있을 것이다.

3) 지역사회 복지수요와 지방정부 복지지출

지역사회 복지수요는 주로 각 지역의 인구적 특성에 의해 측정되고 변수(變數; variable)화된다. 이를테면, 노인인구, 기초생활수급자, 장애인 비율이 높다는 얘기는 이들의 복지 수요가 크다는 얘기로 치환될 수 있다. 인구밀도 또한 복지수요와 연관되는데, 이는 앞서 언급한 산업화 및 도시화의 정도와 관련이 있다(Horiuchi and Lee 2008; 김범수·노정호 2014).[5]

이와 같은 복지 수요 변수들은 지방정부 복지지출에 중요한 영향을 미치는 것으로 보고되고 있다(예를 들면, 강윤호 2002; 진재문 2006; 장동호 2007). 간과되지 말아야 할 점은, 복지 수요 변수들이 지방정부 복지지출에 영향을 미치는 이유에는, 지역사회 복지수요를 지방정부 정책결정자들이 보다 쉽게 인지하고 정책에 반영한다는 풀뿌리 민주주의의 구현 이외에도, 지방정부의 국가 주요 복지 사업에 대한 서비스 전달자로서의 역할 또한 있다는 것이다. 각 지방정부는 국가 복지 사업 대상자를 파악할 의무가 있으며, 이렇게 파악된 대상자들에게 국가 차원에서 결정된 복지 서비스를 제공한다. 따라서, 지역 사회 복지 수요를 대변하는 인구학적 변수들이 지방정부 복지지출에 미치는 영향력을 온전히 풀뿌리 민주주의 구현의 증거라 해석하기엔 무리가 있다. 지방 정부가 제공하는 복지 서비스에는 지방 정부의 정책적

---

5 상당수의 기존 연구에서 도, 광역시, 시, 군, 구와 같은 지방정부의 '유형'을 통해 산업화 및 도시화의 정도를 측정하고 있다(이를 테면, 김수완 1998; 강윤호 2001). 이들에 따르면, 일반적으로 산업화가 덜 된 작고 가난한 지역에서는 지역경제개발에 대한 집합적 욕구가 높고, 산업화·도시화 된 크고 부유한 지역에서는 복지 및 문화 사업에 대한 욕구가 높다고 한다.

의지 뿐만 아니라 중앙 정부가 세워놓은 정책 공식(公式; formula)에 따른 서비스 전달도 포함하기 때문이다. 예를 들면, 국가의 주요 정책 중 하나인 기초연금은 만 65세 이상 전체 노인의 소득 하위 70%에게 기초연금법에 의해 정해진 공식에 따라 일정 금액이 지원된다. 따라서, 지역사회 내 높은 노인 인구 비율은 그만큼 국가의 기초연금 정책에 의해 지출되는 복지비 비율을 높이게 된다. 물론, 노인 회관 건립이나 노인 일자리 사업, 노인 여가 프로그램 등, 법정 국고보조사업이 아닌 노인 복지의 경우 지방정부의 정책적 의지로 보는 것이 타당하다. 지방정부의 정책적 의지만을 오롯이 분석하기 위해서 지방정부의 자체적 복지사업 및 비법정 국고보조사업만을 따로 떼어내서 분석하는 방법도 있으나, 이러한 방식은 연구자들로 하여금 자료의 한계에 직면하게 한다. 2016년 6월 현재 한국에는 17개의 광역정부와 226개의 기초정부가 존재하는데, 이들 각각의 자체사업 및 비법정 국고보조사업을 따로 구분해 내는 것은 쉽지 않다. 지방정부 정책결정자들은 매년 각자의 의지 및 사정에 따라 다양한 방식의 자체 복지사업을 추진한다. 비법정 국고보조사업의 경우, 지방비를 일정 비율 매칭 해야 하기 때문에, 이 또한 매년 각 지방정부의 의지 및 사정에 따라 복지 분야 국고보조사업을 신청하기도 하고, 다른 분야, 이를테면 개발 분야 국고보조사업을 신청하기도 한다. 이를 매년 243개 지방정부를 대상으로 구분해 내는 것은 그것 자체로 어려운 일이다. 몇몇 지방정부만을 대상으로 구분하여 분석할 수 있으나, 그렇게 되면 분석결과를 해석하는데 있어 한계에 직면하게 된다. 경기 고양시와 대전 대덕구만을 대상으로 삼으면 두 지방정부의 정책적 의지만을 분석하는 것이 되고, 이를 한국 지방정부의 정책적 의지라 일반화하기는 어렵기 때문이다. 따라서, 대부분의 연구자들은 법정－비법정 국고보조사업 및 자체사업을 모두 포함하는 지방정부 복지지출을 분석 대상으로 삼으며, 이를 지방정부의 정책의지 및 국가 차원에서 결정된 복지 서비스 전달 기능 모두를 포괄하는 복지정책으로 해석한다.

　　분명한 것은 지방정부의 복지 서비스 제공에 있어 지역사회 수요가 영향력을 미치고 있다는 사실이고, 따라서 지방정부의 복지를 분석하기 위해서 지역사회 수요는 반드시 고려해야 한다는 것이다. 지방정부의 전체 복지지출을 통해 지방정부의 정책적 의지를 분석하기 위해서는 지역사회 복지 수요 변수들의 영향력을 통제함으로써 앞으로 후술할 다른 변수들의 영향력을 측정할 수 있다. 지역사회 복지 수요 변수들은 국가 차원에서 설정된 공식(公式)에 의한 복지 서비스 제공에 영향을 미치기 때문에, 이러한 수요 요인의 영향력을 통제하면 지방정부 전체 복지 서비스 중 국가 정책에 의한 서비스 전달 부분을 솎아내고(partial out) 지방정부의 정책적 의지 부분을 분석할 수 있다. 이는 지방정부와 복지, 특히 지방정치와 복지에 관한 연구들이 다변량 회귀분석(multivariate regression analysis)을 포함한 다양하고 정교한 통계분석을 필수적으로 수반하는 이유이다.

지방정치와 복지에 관한 연구는 복잡한 통계기법을 요구하기 때문에, 이를 자세히 소개하는 것은 본 교과서의 범위를 벗어난다. 따라서, 본 장에서는 지방정치와 복지에 관한 선행연구를 자세히 설명하지는 않을 것이다. 그러나, 지역사회 복지수요가 지방정부 복지정책에 중요한 결정요인이 된다는 것은 아무리 강조해도 지나치지 않는다. 또 한 가지 중요한 점은, 지역사회 복지수요가 국가 차원에서 결정된 복지 서비스를 지방정부가 전달함에 있어 영향을 미치기 때문에, 이러한 영향력을 적절한 통계기법을 통해 통제함으로써 후술하는 다른 변수들의 영향력을 지방정부의 정책적 의지로 해석할 수 있다는 것이다.

3. 자원과 재정력

지방정부 재원의 차이는 복지사업에 투입할 수 있는 자원의 차이로 연결된다. 그리고 이는 지방정부의 복지 수준에 영향을 준다. 물론, "어떤 지방정부는 재정구조가 건전한데도 불구하고 복지사업에 인색한 반면 다른 지방정부는 재정구조가 열악함에도 불구하고 지역주민들의 복지욕구에 따라 복지지출을 감행"하기도 한다.[6] 그러나 전술한 바와 같이, 일반적으로 어떤 지방정부는 다른 지방정부에 비해 훨씬

---

6 최병호 한국보건사회연구원장의 복지재정DB 발간사.

더 높은 수준으로 자체적 복지사업을 펼치고 있었다. 그리고 이는 지방정부의 재정력 및 재정자립도와 다소 연관이 있었다. 재정이 뒷받침되지 못하면 그만큼 지방정부의 사회복지사업에 제한이 생길 수밖에 없다.

지방자치단체 안의 경제활동인구는 지방정부의 세원이 된다. 따라서, 경제활동인구라는 또 다른 인구적 특성이 지방정부의 자원 규모에 중요한 영향을 미친다. 그런데, 경제활동인구 비율은 산업화와도 관련이 있다. 보다 산업화되고 도시화된 지역에 더 많은 경제활동인구가 거주한다. 앞서 산업화 및 도시화가 진전될수록 복지에 대한 집합적 욕구가 커진다는 이론을 언급한 바 있다. 산업화는 이러한 복지에의 욕구 뿐만 아니라, 지방정부의 세원 및 자원의 크기에도 영향을 미친다. 비교복지국가 연구에서는 복지국가 팽창의 주된 요인 중 하나로 산업화와 이에 따른 소득수준의 증가를 들고 있다(Wagner 1893; Wilensky 1975; Kuhnle and Alestalo 2000). 소득 수준의 증가와 이로 인한 재정력의 확대는 정부로 하여금 보다 높은 수준의 복지서비스를 제공할 수 있는 여력을 제공해준다.

유사한 논의로 경제 상황 역시 복지에 영향을 줄 수 있다. 서유럽 복지국가의 급격한 팽창은 2차 세계대전 이후 경제 호황기에 이루어졌으며, 1970년대 석유파동 이후 1990년대에 이르는 기간 동안에는 복지국가를 축소하려는 여러 시도가 있었다. 이렇게 보았을 때, 경제 상황은 분명 정부의 사회복지 정책을 위한 자원 확보에 영향을 줄 수 있다.

이를 지방정부의 상황으로 치환해 본다면, 각 지역의 경제적 상황이 각 지방정부의 사회복지 정책 추구에 영향을 미칠 수 있다. 2016년 한국 조선업의 위기는 울산, 거제, 진해, 영암과 같은 조선업 지역경제에 상당한 타격을 주었으며, 이는 세수 절벽으로 이어져 지방정부 재정력을 크게 악화시켰다.[7]

---

7 연합뉴스, 2016년 4월 27일자.

4. 지방정치와 복지

II장과 III장에서의 논의를 통해 지역사회 복지수요와 자원 및 재정력의 크기가 왜 어떤 지방정부는 다른 지방정부보다 더 높은 수준의 복지 서비스를 제공하는지에 대한 해답을 일정부분 제시할 수 있었다. 그런데, 재정력이 좋은 부유한 지방정부가 항상 높은 수준의 복지서비스를 제공하는 것은 아니다. 마찬가지로, 기초생활수급자 비율이 높은 지역에서 항상 높은 수준의 복지 지출이 이루어지는 것도 아니다. 이는 지방정치가 복지영역에 개입하고 있기 때문이다.

복지정책을 정치가 개입해서는 안 되는 행정사무라 생각하기 쉽다. 그러나, 정치적 진보와 보수를 결정짓는 가장 핵심적인 차이가 부자로부터 세금을 거두어 가난한 사람들에게 복지를 제공하는 데 있어 어느 정도의 가치를 두느냐에 있다는 것을 상기해 볼 때, 복지정책은 여러 가지 공공정책 가운데 가장 정치적인 정책이다. 따라서 유권자들 사이에 복지정책에 관한 다양한 의견의 차이가 존재하며, 이는 정책을 결정짓는 입법부와 행정부의 정치인들에게도 동일하게 적용된다.

앞서 살펴본 바와 같이, 지방정부의 복지 정책은 상당부분 법정 국고보조사업으로 이루어져 있다. I장에서의 논의를 다시 언급하자면, 한국 지방정부의 사회복지사업 중 약 15%가 지방정부의 자체사업이고, 나머지 85%는 모두 국고보조사업이다. 그리고, 국고보조사업 중 약 80%는 지방정부가 법으로 정해진 매칭부담액을 의무적으로 계상(計上)해야 하는 법정 국고보조사업이며, 나머지 20%가 정책결정자들의 판단에 의존하는 비법정 국고보조사업이다.

지방정부 복지정책의 상당부분이 법정 국고보조사업이라는 사실 때문에 우리는 지방복지가 모두 중앙정부 차원에서의 정치에 의해 결정되고 지방정치는 개입할 여지가 없다는 해석에 도달할 수도 있다. 이러한 해석은 매우 순진한 것인데, 그 이유는 다음 네 가지와 같다. 첫째, 법정 국고보조사업은 전체 지방정부 복지사업의 약 70% 정도에 해당하는데, 지방정치가 개입할 여지가 있는 나머지 30%는 그리 낮은 비율이 아니다.8 둘째, 30%가 낮은 비율이라 가정하더라도, 지방정부의 사회복지비 지출액을 생각해 보면 절대 낮은 액수가 아니다. 한국보건사회연구원의 지방재정DB에 따르면, 평균적으로 200억이 넘는 예산이 기초지방정부의 자체 복지사업에 투입되고 있다. 셋째, I장에서 언급한 바와 같이, 지방정부의 자체 복지사업은 전체 약 15%에 해당하지만, 각 지방정부 간 편차가 상당히 크다. 경기 의왕시, 강원 정선군, 충북 증평군 등에서는 전체 복지예산 대비 자체사업 비중이 30%를 넘고 있으나, 광주 북구, 부산 사하구 등에서는 자체사업 비중이 3%도 채 되지 못하고 있다. 자체사업 비중 기준으로 상위 10%와 하위 10%간 차이가 무려 27.4%나 되고 있다(고경환 외 2013). 이는 지방 정부에서 지방정치가 개입할 여지가 상당히 크다는 것을 보여주고 있으며, 특히 몇몇 지방정부에서는 자체사업에 대한 정치적 결정이 매우 중요하게 작용할 수 있음을 보여주고 있다. 넷째, 국고보조금 자체가 정치적으로 결정될 가능성이 매우 큰데, 이러한 정치적 결정에 지방정치가 개입될 가능성이 크다. 전상경(2007)에 따르면, 국고보조금은 매년 국가 예산에서 그 총액이 결정되기 때문에 재원이 한정적이고 불안정하며, 따라서 보조금을 획득하기 위한 정치적 경쟁이 불가피하다.

왜 어떤 지방정부는 다른 지방정부에 비해 더 높은 수준의 복지 서비스를 제공하는가에 대한 정치적 설명에는 다음 세 가지가 존재한다. 첫째, 지방정부의 정파성(政派性; partisanship) 혹은 이념(理念; ideology)에 의해 복지정책 수준이 결정된다는 이론이 있고, 둘째, 중앙정부와 지방정부간 관계에 의해 결정된다는 이론이 있으며, 마지막으로 셋째, 정치제도의 변화가 지방정부 복지지출에 영향을 준다는 설명이 있다.

1) 정당정치

복지 분야 연구에 있어 정당정치가설(partisan hypothesis)이 존재하는데, 이는 정

---

8 전체 지방정부 복지사업의 약 85%가 국고보조사업이고, 이중 약 80%가 법정사업이라면, 전체 지방정부 복지사업의 약 68% 정도가 법정 국고보조사업이라 볼 수 있다(0.85×0.80 = 0.68).

부 집권자의 정당성 또는 정파성이 복지정책의 수준을 결정한다는 가설이다 (Bradley et al. 2003; Allan and Scruggs 2004). 정치적 진보와 보수는 유권자들 사이에 서도 존재하지만, 그 유권자들의 지지를 바탕으로 하는 정치엘리트들의 모임인 정 당에서도 그 차이가 존재한다. 보수 정당은 상대적으로 부유한 사람들의 지지를 받 으며 경제성장 및 기회의 균등에 더 많은 관심을 가지는 반면에 진보 정당은 상대 적으로 가난한 사람들을 지지기반으로 삼으며 사회복지와 재분배에 관심을 갖는 다. 따라서, 어떤 정당이 집권하느냐에 따라 복지 서비스의 수준이 달라질 수 있다.

정당가설과 복지에 관한 두 가지 이론

● 권력자원론(Power Resources Theory)

복지정치의 정당가설은 권력자원론의 틀 속에서 이해될 수 있다(Korpi, 1974; Stephens 1979). 권력자원론은 복지국가 연구에 있어 가장 많이 거론되는 이론으로, 사회 속에 친복지 성향을 보이는 노동자의 조직적 힘이 강할수록, 그리고 이들을 지 지기반으로 하는 진보 정당이 정권을 획득하거나 더 많은 의석을 확보할수록 더 높은 수준의 복지 서비스가 제공된다는 이론이다. 반면에 노조의 힘이 약하고 기업가를 위 시한 경제적 부유층의 힘이 강하거나, 이들을 지지기반으로 하는 보수 정당이 정권을 획득하면 이들은 복지보다는 성장과 시장 자율에 기반을 둔 정책을 추구하게 된다는 것이다.

● 민주주의의 경제학 이론(An Economic Theory of Democracy)

반면, 공공선택학파(Public Choice School)의 앤써니 다운즈(Anthony Downs)는 그 의 저서 민주주의의 경제학 이론에서 정당의 이념적 강령(綱領; platform) 자체가 변할 수 있음을 주장하였다(Downs 1957). 이 이론에 따르면, 정당에 있어 합리적 선택 (rational choice)은 보다 더 많은 득표를 얻어 더 많은 의석을 확보하는 일이고, 따라 서 정당은 초기 강령으로부터 유권자들이 가장 많이 분포된 이념으로 이동하게 된다 는 것이다. 일반적으로 정규분포(normal distribution)를 따르는 유권자 이념분포에서 진보정당은 더 많은 득표를 위해 점점 더 보수화되고, 보수정당 또한 마찬가지의 이유로 점점 더 진보화되어, 종국에는 정당 간에 정책적 차이가 없어지게 된다.

위의 두 가지 이론은 복지의 정당가설에 대한 서로 다른 예측을 가능케 한다. 권력자원론에 따르면, 정부의 이념 또는 정파성은 복지수준을 결정짓는 중요 결정요인이 된다. 반면 다운즈의 경제이론에 따르면, 정부의 정파성은 복지정책에 어떠한 영향도 미치지 못한다.

한국의 정당들은 지역주의에 기반하기 때문에 서구유럽의 정당들처럼 이념적 차이가 뚜렷하지 않은 것이 사실이다. 그러나, "이념적 협애성"이라는 한국 정당정치의 특성은 2000년대 들어 분명하게 희석되었다(강원택 2012). 지역주의 정당체계는 여전히 존재하나 과거에 비해 점차 약해지는 것이 사실이고, 각 정당의 이념적 지향성이 서로 차이점을 보이고 있는 것 또한 사실이다(정진민 2003; 박찬표 2008). 앞서 언급한 바와 같이, 복지정책은 정치적 진보와 보수를 가르는 핵심 가치와 관련되어 있는데, 이러한 특성에 의해 2000년대 들어서 정당 간에는 복지정책에 있어 뚜렷한 이념적 차이를 보이기 시작하였다(최영준 2011). 물론, 민주당을 유럽의 좌파 정당과 비견할 수 없지만, 새누리당과의 상대적 관점에서 보면 분명 복지 및 시장의 자율에 관한 분명한 시각차가 존재한다. 따라서, 복지정치의 정당가설을 한국에 적용하기에 큰 문제는 없다.

복지정치의 정당가설은 지방정치에도 적용될 수 있다. 2010년 지방선거에서의 무상급식 논란은 이를 선명하게 시사한다. 진보정당과 보수정당은 보편적 복지와 선별적 복지라는 이념적 정책 경쟁을 펼친 바 있다. 지방정부는 예산을 편성하고 집행하는 자치단체와 이를 승인하고 감시하는 지방의회로 구성되어있다. 그리고, 지방자치단체장과 지방의원들은 대부분 정당에 소속되어 있다. 이들 핵심 정책결정자들은 결단코 행정사무자들이 아니라 정치행위자들이다. 그리고 이들은 자신의 신념과 유사한 정당에 속해있거나, 자신이 속한 정당의 정책적 지향을 고려하여 행동한다. 누가 지방정부의 권력을 가지고 있는가에 따라 지방정부의 복지 수준이 결정된다.

지방정치 수준에 있어 복지의 정당가설은 매우 안정적으로 입증되었다. 김범수·

노정호(2014)는 2003년부터 2011년에 이르는 기간 동안 전수에 해당하는 한국의 모든 기초지방정부를 분석하였는데, 이들에 따르면 첫째, 열린우리당과 민주당을 포함하는 '민주당 계열'의 자치단체장은 한나라당, 새누리당, 친박연합, 그리고 미래연합을 포함하는 '한나라당 계열'의 자치단체장에 비해 더 높은 수준의 복지정책을 집행하는 것으로 나타났다. 이는 상대적 좌파 정당이 상대적 우파 정당에 비해 더 높은 수준의 복지 서비스를 제공한다고 해석될 수 있다. 둘째, 민주당 계열 정당 소속 의원이 지방의회에 더 많은 의석률을 차지할수록 복지비 지출이 증가하였다. 이와 유사한 연구 결과가 서울특별시와 6개 광역시만을 대상으로 한 연구에서도 보고되었다(김지윤·이병하 2013; 김욱 외 2014).[9] 셋째, 유럽의 기준으로도 분명히 좌파인 민주노동당 소속 단체장 역시 한나라당 계열의 단체장에 비해 더 높은 수준의 복지정책을 집행하는 것으로 나타났다. 부산·울산·경남 지역만을 대상으로 한 서재권(2015)의 연구에서도 유사한 결과를 보고하고 있다.

2) 중앙정부와 지방정부의 관계

지방 분권화된 국가에서 모든 지방정부는 중앙정부와 제도적으로 연결되어있다. 특히, 재정적 측면에서 중앙정부와 지방정부는 중앙세와 지방세 비율 설정 및 국고보조금 배분 등을 통해 서로 유기적으로 연결되어 있다. 앞서 언급한 바와 같이, 국고보조금의 배분에는 정치적 경쟁이 불가피하다(전상경 2007). 지방정부의 자체사업을 통한 정책적 결정 또한 중앙정부와의 관계에 의해 영향을 받을 수 있다. 본 절에서는 중앙정부와 지방정부의 관계가 지방정부 복지 수준에 어떠한 영향을 미칠 수 있는지에 대해서 살펴보고자 한다.

중앙정부의 정치인들과 모든 지방정부의 정책결정자들이 복지에 관한 이상과 신념을 서로 공유하고 있다면, 중앙과 지방간 복지 관련 갈등은 일어나지 않을 것이다. 그러나, 2016년 현재 총 17개의 광역지방정부(세종특별자치시 포함)와 226개의

---

9 김지윤·이병하(2013)는 한나라당의 의석률이 높아질수록 사회복지비 예산이 줄어듦을 발견하였다.

기초지방정부 정치인들이 모두 중앙정부 정책결정자들과 같은 이상을 공유할 수는 없다. 여기에서 여러 가지 갈등이 야기되는데, 지방자치의 가치와 의미가 보존되지 않는 이상 지방정부의 복지정책은 중앙정부에 의해 영향을 받을 수밖에 없다.

한 예로, 이명박 정부 시절 2012년 사회보장기본법 전부개정(법률 제11238호)은 지방정부의 정책결정자가 새로운 복지정책을 추진하거나 기존 정책을 수정할 때 보건복지부장관과 반드시 사전에 협의해야 함을 의무화하였다. 법안의 취지는 복지 서비스가 반드시 필요한 곳에 사용될 수 있도록 조정하며 사업 효과가 불분명한 선심성 복지를 억제함에 있다. 그러나, 법안의 설계 자체가 지방정부의 복지정책에 관한 자율성을 제한하게 되어 있고, 따라서, 중앙정부와 원만한 관계에 있는 지방정부 — 예를 들면, 대통령과 같은 정당 소속의 단체장이 있는 지방정부 — 가 복지정책을 추진(확대 또는 축소)하는데 있어 수월할 수밖에 없는 구조이다. 물론, 성남시의 사례에서 보여지는 바와 같이, 중앙정부의 반대에도 불구하고 지방정부 정책결정자들의 신념에 따라 복지정책을 추진하는 경우도 있으며, 이 법 자체가 지방자치의 심각한 훼손이라 주장하는 정치인 및 학자들이 적지 않기 때문에, 이 법에 의해 발생하는 중앙정부의 지방복지에 대한 영향력은 점차 사라질 것으로 보인다.[10] 그러나, 2016년 현재 이 법의 존재는 중앙정부와 지방정부간 정치적 관계가 지방복지에 영향을 줄 수 있음을 보여주는 매우 분명한 사례임에는 틀림없다.

3) 정치제도의 변화

한국에서 정치제도 변경에 관한 논의는 대부분 규범적인 수준에서 이루어지고 있다. 예를 들면, 제20대 국회의원 선거 직후부터 정치권 전반에 논의되고 있는 헌법 개정 이슈에 있어 중요하게 다루어지고 있는 것은 대통령 중임제, 이원집정부제, 의원내각제 등 특정 권력구조 양식에 대한 찬성과 반대이며, 이러한 찬반 논의는 견제와 균형의 원리를 통한 권력 집중 방지 및 정당간 협치(協治)라는 규범적 측면에서 진행되고 있다.

---

10 "성남시, 정부 반대 '3대 무상복지사업' 강행"(연합뉴스, 2016년 1월 4일자).

그러나, 정치제도의 변경은 경험적 측면에서 여러 가지 정책적 변화를 야기할 수 있다. 왜냐하면, 정치제도의 변화가 민주주의 체계 안에서 행위자들의 유인구조 (誘因構造; incentive structure)를 변화시키기 때문이다. 예를 들면, 라이프하트(Lijphart 1999; 2012)는 단순다수제 선거제도보다 비례대표제가 정당간 연합의 유인이 더 크기 때문에 여성의 사회적 지위, 민주주의의 질적 향상, 투표율의 향상, 평등문제 해결 등 '더 친절한 민주주의(kinder, gentler form of democracy)'를 가져온다고 주장하였다. 뒤베르제(Duverger 1954; 1986)는 미국과 같은 100% 단순다수제와 네덜란드식 100% 비례대표제(1국 1선거구)를 양쪽 끝에 배치한 축(軸; axis)에서 단순다수제에 가까운 국가일수록 2당제의 정당체계를 갖게 될 확률이 높고, 반대로 비례대표제에 가까울수록 다당제를 갖게 될 확률이 높다고 주장하였다. 단순다수제 하에서는 지역구당 단 한 명의 정치인만이 당선되기 때문에 유권자들은 자신이 가장 지지하는 정당의 승리 확률이 낮을 때 그들의 표를 낭비하기보다 덜 나쁜(less evil) 정당의 후보자에게 투표할 유인이 있기 때문이다.[11] 이처럼 정치제도의 변화는 규범적 측면의 논쟁을 넘어서 경험적 측면에서 여러 가지 변화를 야기할 수 있다.

복지정책 또한 정치제도의 변경에 의해 영향을 받는다. 1995년 지방자치제 실시 이후, 가장 뚜렷한 지방정치 관련 제도 변경은 2006년 기초의원 선거제도 변화를 들 수 있는데, 이는 정당공천제의 도입과 선거구 크기의 확대로 요약될 수 있다. 이 중, 정당공천제는 지방정부 차원에서의 복지수준에 영향을 주었다.

정당공천제의 도입이 지방정부의 복지수준에 영향을 주는 첫 번째 방식은 지방의회 구성원들의 변화에 따른 복지의 확대이다. 기존 연구에 따르면, 일반적으로 무정파 선거는 정파 선거에 비해 지역사회 유지나 토호(土豪) 세력과 같은 경제적 부유층의 정계 진출을 보다 용이하게 한다(Feld and Lutz 1972). 정당이 관여하지 않기 때문에, 보다 많은 자원을 투입할 수 있는 후보자가 선거에서 승리하기 쉬운 구조이기 때문이다. 이렇게 금권선거를 통해 당선된 의원들은 지역사회 복지보다는 자신과 자신의 조직(표)의 이해관계에 보다 더 관심을 갖게 되기 쉽다. 따라서, 정

---

11 이 주장은 후세 학자들에 의해 정밀하게 분석되었고, 그 결과 사회과학에서는 매우 드물게 '뒤베르제의 법칙(Duverger's Law)'이라는 이름으로 '법칙'화 되었다(Cox 1997; Eggers 2015).

당공천제의 실시는 의회를 보다 전문적인 인물들로 구성하게 함으로써 지역민들의 다양한 이해를 반영할 수 있는 제도적 장치의 마련이라 평가 될 수 있다(이상묵 2008; 이상묵·박신영 2010). 그리고 이는 과거 지역사회 토호 중심의 의회에 비해 더 높은 수준의 복지를 유도할 수 있다(김욱 외 2014).

둘째, 정당공천제의 도입은 지방의원들의 중앙 예속화를 가져올 수 있으며, 이에 따라 지방정부 복지정책이 당의 규율과 이념에 의해 영향을 받을 수 있다. 무정파 의회의 경우, 정당의 공천을 받을 필요가 없기 때문에 자신의 소신 또는 이익에 따라 복지정책을 추진할 수 있으나, 정당공천제 하에서는 자신의 소신이 당의 규율 및 강령과 차이가 있다고 해서 당의 이익과 이념을 무시할 수 없게 된다. 정당공천제는 앞서 언급했던 복지의 정당가설이 더 강하게 나타날 수 있는 조건이 된다(김지윤·이병하 2013).

한편, 2006년 기초의원 선거에서는 정당공천제 도입 뿐만 아니라 선거구제의 확대 개편도 있었다. 그 이전에는 기초의원 선거구가 1인 소선거구제였으나, 이후 2-4인의 중선거구로 확대되었으며, 전체 의원정수의 10%에 해당하는 수에 대해 비례대표제를 통해 각 시군구 단위에서 선출하는 방식으로의 전환이 있었다. 페르손과 타벨리니(Persson and Tabellini 2002; 2005)에 따르면, 1인 소선거구제 하에서 정치인들은 (재)당선을 위해 그 지역의 유권자들에 이익이 될 수 있는 과녁정책(貫革政策; targeted program)을 추구하지만, 선거구의 크기가 커지면 커질수록 보다 넓은 지역의 유권자들에게 이익이 될 수 있는 정책을 추구한다. 따라서 비례대표제와 같이 전국이 하나의 선거구일 경우 정치인들은 복지정책과 같은 광범위정책(廣範圍政策; broad program)을 추구하게 되며, 선거구의 크기(district magnitude)와 복지지출수준 간 양(陽; +)의 상관관계가 존재한다(Milesi-Ferretti et al. 2002).

선거구 확대와 복지지출간 관계에 관한 이론은 2006년 기초의원 선거제도의 변화에 적용될 수는 없다. 기초의원 선거구의 확대는 매우 한정된 수준에서의 확장이었기 때문이다. 예를 들면, 기존에는 종로구 청운동, 효자동, 사직동, 무악동, 교남동에서 각각 한 명의 당선자만을 뽑는 방식에서 이들을 통합한 종로구 가선거구에서 2명의 기초의원을 뽑는 방식으로의 전환이었기 때문에, 지역적 과녁(geographical target) 범위의 확대가 제한적이며, 따라서 복지정책의 확장을 가져오기엔 무리가 있다. 그러나, 향후 보다 넓은 수준에서의 선거구 확대 – 이를테면 전면적 비례대표제의 도입 – 가 이루어진다면, 이것이 가져오는 지방복지정책의 변화를 예상해 보는 것은 가능하다고 본다.

5. 맺 음 말

본 장은 이 책의 초반부에서 다루어진 지방정치에 관한 이론적 논의를 바탕으로 지방정치가 복지에 어떠한 영향을 미치는지에 대한 일종의 응용적 논의를 담고 있다. 본 장은 기본적으로 왜 어떤 지방정부는 다른 지방정부에 비해 더 높은 수준의 복지 서비스를 제공하는지에 대한 해답을 제시하고 있으며, 지역사회의 복지 수요 및 재정력과 더불어 지방정치가 복지의 영역에 중요한 영향력을 행사하고 있음을 논의하고 있다.

흔히들 복지를 행정사무로 생각하기 쉬우나, 사실 복지정책은 공공정책 중 가장 정치적인 정책이다. 뿐만 아니라, 지방정부의 복지정책은 지방 차원에서의 정치와 더불어 중앙 정치와의 관계 및 정치 제도의 변화 또한 다차원적으로 고려해야만 이해할 수 있다.

본 장에서 살펴본 지방 정치의 복지정책에 대한 효과는 결국 정책결정자가 누구인지에 따라 복지 서비스의 수준이 달라진다고 응축적으로 설명될 수 있다. 지방정부의 예산 편성 및 집행권을 보유하고 있는 자치단체장과 예산의 심의·의결 및 예·결산 승인권을 보유하고 있는 지방의회 구성원들의 소속 정당, 또는 이들과 중앙정부와의 관계 등에 의해 복지 수준이 결정된다는 것이다. 또한, 정치 제도의 변화는 단체장 및 지방의원들의 충원 메커니즘을 변경 시켜 지방정부 정책결정자들의 집합적 특성을 변화시키거나 정치인들의 유인구조(incentive structure)를 변화시켜, 그들의 변화된 결정에 의해 복지정책이 변화하게 된다.

이렇듯 지방정치와 복지는 반드시 단순하지만은 않은 방식으로 연결되어 있다.

그러나 한 가지 분명한 사실은, 시민들의 일상생활과 밀접한 연관이 있는 지역사회 복지는 그들의 정치참여에 의해 지대한 영향을 받는다는 것이다. 유권자들의 지방선거에서의 선택은 곧 지방정부의 복지정책을 결정할 대표자에 대한 선택이다. 지방정부의 결정권자들은 지극히 정치적인 복지정책을 비정치적인 사무로 취급할 이유가 없다. 지역사회 복지가 삶을 살아가는데 중요하다 생각하는 지역 시민은 지방선거에서의 투표참여 또한 중요하게 여겨야 한다.

복지를 둘러싼 중앙-지방간 정치적 갈등: 쟁점과 과제

박근혜 정부 출범 이후 복지를 둘러싼 중앙과 지방간 정치적 갈등의 양상이 지속되고 있다. 갈등의 원인이 되는 여러 가지 복지 현안이 있으나, 여기서는 우리 사회에서 가장 많은 관심의 대상이 되고 있는 두 가지 이슈에 대해 간략하게 살펴보고자 한다.

• 복지 사업에 의한 지방정부 예산의 경직성 문제

앞서 언급한 바와 같이, 지방정부 복지의 많은 부분이 법정 국고보조사업이며, 이는 중앙정부 차원에서 결정된 복지 정책에 대해 지방정부가 전달자로서 서비스를 제공하는 사업이다. 그런데 국고보조율이 법으로 정해져 있기 때문에, 지방정부는 국가의 핵심 복지 사업에 대해 의무적으로 매칭비를 편성해야 한다. 이에 따라 지방정부는 자신들이 결정하지 않은 사안에 대해 예산을 편성해야 하고, 국가 차원에서의 갑작스런 복지의 확대는 지방정부 예산의 경직성을 가져온다고 주장한다.

지방정부의 정책결정자들은 기초연금, 무상보육 등 국가 차원에서의 복지 확장이 지방정부 예산의 경직성을 가져와 이른바 '복지 디폴트'의 우려가 있다고 주장한다.[12] 반면 중앙정부는 지방정부가 충분히 예산을 확보할 수 있음에도 불구하고 이를 회피하고 있다고 주장한다.

이를 논리적으로 살펴보면, 예산 편성 및 집행의 어려움에 대한 중앙정부와 지방정부간 인식의 차이가 갈등의 원인인데, 이의 본질은 지방자치의 가치에 대한 문제로 수렴한다. 중앙정부에서는 지방정부가 유권자들에게 호감을 얻기 쉬운 선심성 정책들

---

12 전국시장·군수·구청장협의회, 프레스 센터 기자회견, 2014년 9월 4일.

을 추진하기 위해 복지정책을 외면한다고 주장한다. 예를 들면, 2014년 9월 당시 김현숙 새누리당 원내 대표는 "서울시의 경우 SOC사업 중 하나인 경전철 사업만 총사업비가 8조 5천533억 원에 이르고, 민자를 유치한다 해도 서울시가 3조원 이상 부담해야 하는 상황이다. SOC투자에는 쓸 예산이 있으면서 복지예산에 쓸 돈이 없다는 것은 앞뒤가 맞지 않다"고 주장했다(서울자치신문, 2014년 9월 29일자). 이는 분명 일리가 있는 주장으로, 지방정부는 '복지 디폴트'의 원인을 중앙정부의 탓으로 돌리려 하지만, 국가 차원에서의 복지의 확장으로 지역구민들의 복지가 향상될 수 있는 기회가 있음에도 불구하고 이를 추진할 사업비가 없다면서 경전철 개발 사업비에는 막대한 예산을 편성하는 건 이해하기 어렵다. 사실, 자치단체 예산 규모 대비 자체수입 및 자주재원(지방교부세, 조정교부금 및 재정보전금과 같이 자치단체가 자주적으로 결정할 수 있는 재원)의 비율로 측정되는 재정자주도가 절대적 기준에서 누리과정이나 기초연금에 의한 국가 차원에서의 복지의 확산이 지방정부의 '디폴트'를 가져올 정도로 나쁘지는 않다. 2016년 현재 지방정부의 재정자주도 평균은 약 74%이며, 가장 자립성이 약한 유형인 자치'구'의 경우에도 평균 약 47%의 재정자주도를 보이고 있다.

그러나, 지방정부의 입장에서는 자신들의 결정이 아닌 정책에 대해 예산을 배정하기가 쉽지 않다. 즉, 문제의 본질은 지방의 자율성이 없는 복지의 확대에 있다는 것이다. 국가에서 결정한 복지에 대해 지방정부는 일정비율의 매칭비를 의무적으로 계상해야 하는데, 지방은 복지 이외에도 지역 개발 등 여러 가지 사업에 대한 구상이 있다. 그런데, 중앙에서 갑작스레 혹은 수요 예측이 제대로 되지 않은 상태에서 복지를 확대하게 되면 지방정부의 입장에서는 예산 운용에 어려움을 겪을 수밖에 없으며, 따라서 자신들이 계획하고 결정한 사업 추진에 영향을 받게 되는 것이다. 그나마 기초연금이나 0-2세 무상보육과 같은 법정 국고보조금 복지사업의 경우 국고보조금이 일정부분 지방정부에 지원된다(서울 35%, 지방 65%). 그러나, 3-5세 누리과정은 2013년 시행령의 개정으로 보육비를 '지방교육재정교부금'으로 충당하도록 법안이 개정되었다. 이에 따라 누리과정에 해당하는 무상보육은 각 시도 교육청에서 전액 예산을 편성해야 하는 상황이다. 이에 따라 지방정부와 중앙정부 간 갈등이 발생하게 되며, 누리과정을 둘러싼 중앙과 지방간 갈등은 기초연금 및 무상 보육보다도 더 깊고 오래도록 지속되고 있다.

• 지방정부의 복지사업 신설/변경시 중앙정부와의 협의 의무화

법정 국고보조사업 및 누리과정을 둘러싼 중앙과 지방간 예산 갈등 문제는 언뜻 중앙정부의 복지 확대를 지방정부가 반대하는 것처럼 보일 수 있다. 그러나 중앙정부가 항상 지방정부보다 친복지적일 수는 없으며, 갈등의 본질은 지방자치의 가치에 대한 문제에 있다. 앞서 언급한 바와 같이, 2012년 사회보장기본법 전부개정에 의해 지방정부에게는 새로운 복지사업을 신설하거나 기존 복지사업을 변경할 때 중앙정부와 협의해야 할 의무가 부과되었다. 중앙정부와의 협의 의무화는 중복되는 복지 및 선심성 복지를 사전에 차단하고 우리 사회에서 필요한 곳에 적절한 사회보장 서비스를 제공하고자 하는 취지로 만들어진 것이라 하는데, 무엇이 선심성이고 무엇이 필요한 복지인지에 대한 판단 자체가 정치적일 수밖에 없고, 따라서 이를 중앙정부와 협의한다는 것은 복지에 대한 지방의 자치권을 침해할 소지가 있다. 실제로 중앙정부는 서울시와 성남시 등에서 추진하고 있는 청년복지 사업을 선심성 복지로 판단하고 이에 대해 대법원 제소 등 강경하게 반대하고 있다. 지방정부 입장에서는 30%가 넘는 청년실업률을 목도하면서 청년층이 복지 사각지대의 핵심이라는 판단을 할 수 있으나, 중앙정부는 다른 판단을 할 수 있다. 결국, 지방정부의 자체적 복지 사업에 대해서도 중앙－지방간 정치적 갈등이 발생하게 되는 것이다.

이 두 가지 쟁점사안에 있어 문제의 핵심은 복지정책에 대한 지방정부의 자치를 어느 정도로 인정해야 하는가에 있다. 지방정부는 중앙의 정치적 결정 때문에 자신들이 결정한 사업을 포기하고 싶어 하지 않는 것으로 보이며, 중앙정부는 복지 이니셔티브를 최대한 유지하기를 원하는 것으로 보인다.

결국, 복지를 둘러싼 중앙－지방간 정치적 갈등을 없애기 위해서는 지방자치의 범위에 대한 공감대의 형성이 중요하다. 장기적인 관점에서 국가 차원에서의 복지정책은 지방비 매칭 없이 중앙조직에 의한 수요 예측 및 서비스 공급을 총괄하는 방식으로의 변화를 생각해 볼 수 있다. 이는 국가차원에서의 복지를 기본으로 지방정부의 복지가 부족한 부분을 메우는 미국식 복지 체제와 유사하며, 중앙－지방간 복지 문제를 둘러싼 정치적 갈등이 줄어들 여지가 있다.

❶ 우리지역사회의 복지 서비스 수준에 대해 어떻게 생각하는가?
   (1) 필요 이상으로 지나치게 제공되고 있다;
   (2) 적당한 수준으로 제공되고 있다;
   (3) 불충분하게 제공되고 있다.

   그 이유를 다음의 요인들을 통해 생각해 보시오.
   ① 지역사회 복지수요
   ② 자원과 재정력
   ③ 기초단체장/광역단체장의 당적
   ④ 기초의회/광역의회의 다수를 차지하고 있는 정당
   ⑤ 중앙정부–지방정부간 관계
   ⑥ 그밖에 다른 요인

❷ 우리지역사회의 복지 서비스 수준에 대해 어떻게 생각하는가?
   (1) 필요 이상으로 지나치게 제공되고 있다;
   (2) 적당한 수준으로 제공되고 있다;
   (3) 불충분하게 제공되고 있다.

   지난번 지방선거에서 투표했나? 어느 후보에 투표했나? 투표한 후보가 당선이 되었나? 지방선거에서의 선택은 곧 지방정부의 복지정책을 결정할 대표자에 대한 선택이다. 지방선거에서의 참여와 선택에 대해 다시 한 번 생각해 볼 필요가 있다.

참고문헌

강원택. 2012. "제19대 국회의원의 이념 성향과 정책 태도." 『의정연구』 18(2): 5-38.

강윤호. 2001. "지방자치 실시가 지방정부 사회복지지출에 미친 영향." 『지방정부연구』 5(1): 109-126.

_____. 2002. "지방정부의 정책선호와 그 결정요인." 『한국행정학보』 36(4): 227-241.

고경환·강지원·정창수·김선희. 2013. 『복지재정 DB 구축과 지표분석』. 한국보건사회연구원 연구보고서. 2013-25.

김범수·노정호. 2014. "지방정부 복지지출에 미치는 정당요인 분석." 『한국정치학회보』 48: 57-78.

김성주. 2013. 『사회복지분야 국고보조금의 개선방안』. 한국지방행정연구원 연구보고서.

김수완. 1998. "지방자치제는 지방정부의 복지예산을 증가시켰는가?" 『비판사회정책』 (4): 75-110.

김욱·김범수·노정호. 2014. "선거제도와 복지정책: 2006년 기초의원 선거제도 변화에 따른 기초지방정부 복지지출 분석." 『동서연구』 26: 27-53.

김인춘. 2013. 『북유럽 국가들의 복지재정 제도 연구』 한국지방세연구원 정책연구보고서.

김지윤·이병하. 2013. "기초자치단체에서 사회복지비 지출의 정치적 요인에 관한 연구." 『의정연구』 19(1): 39-71.

박찬표. 2008. "제17대 국회의 정당 경쟁 구도 분석." 『한국정당학회보』 7(2): 5-40.

서상범·홍석자. 2010. "한국 지방자치단체의 사회복지예산 결정요인에 관한 연구: 「참여정부」의 분권교부세를 중심으로." 『사회복지정책』 37: 151-177.

서재권. 2015. "지방정부 사회복지비 지출의 정치, 제도적 결정요인: 부산, 울산, 경남지역 지방의원 정당공천제 도입 효과를 중심으로." 『의정연구』 45: 234-274.

유영성·이원희. 2005. "국고보조금 운영의 개선 방안." 한국지방정부학회 2005년 하계 학술

발표논문집 569-589.

이상묵. 2008. "지방선거제도 변화와 지방정치엘리트의 충원양상."『한국행정학보』 42(1): 123-147.

이상묵·박신영. 2010. "일반논문: 정당공천제와 지방의 정당정치발전: 기초지방선거를 중심으로."『글로벌정치연구』 3(1): 37-66.

장동호. 2007. "기초지방정부 사회복지비 지출비중의 변화요인 탐색."『한국사회복지학』 59(1): 239-351.

전상경. 2007.『현대지방재정론』. 박영사.

정진민. 2003. "한국 사회의 이념성향과 정당체계의 재편성."『한국정당학회보』 2(1): 95-118.

조수현. 2009. "지방정부 사회복지예산 결정의 메커니즘과 구조적 맥락."『지방행정연구』 23: 101-131.

진재문. 2006. "지방정부의 사회복지예산 결정요인 연구: 1995-2003년 광역시, 도를 중심으로."『사회복지정책』 24: 5-30.

최영준. 2011. "한국 복지정책과 복지정치의 발전."『아세아연구』 54(2): 7-41.

함영진. 2013. "지방자치단체 복지 노력도에 미치는 영향 요인 분석: 노동관련 시, 군, 구 자체 복지사업 예산을 중심으로."『한국지방재정논집』 18: 25-50.

행정자치부.『지방자치단체 예산편성 운영기준 및 기금운용계획 수립기준』.

Allan, James P., and Lyle Scruggs. 2004. "Political Partisanship and Welfare State Reform in Advanced Industrial Societies." *American Journal of Political Science* 48(3): 496-512.

Ashford, Douglas E. 1984. "The Structural Comparison of Social Policy and Intergov-ernmental Politics." *Policy & Politics* 12(4): 369-390.

Bradley, David et al. 2003. "Distribution and Redistribution in Postindustrial Democracies." *World Politics* 55(2): 193-228.

Clark, Kerr, John T. Dunlop, Frederick H. Harbison, and Charles A. Myers. 1960. *Industrialism and Industrial Man: The Problems of Labor and Management in Economic Growth*. Cambridge, MA: Harvard University Press.

Cox, Gary W. 1997. 7 *Making Votes Count: Strategic Coordination in the World's Electoral Systems*. Cambridge Univ Press.

Downs, Anthony. 1957. *An Economic Theory of Democracy*. New York, NY: Harper and Row.

Duverger, Maurice. 1956. *Political Parties: Their Organization and Activity in the Modern State.* New York, NY: Wiley.

_____. 1986. "Duverger's Law: Forty Years Later." In *Electoral Laws and Their Political Consequences*, eds. Bernard Grofman and Lijphart. Agathon Press, 69−84.

Eggers, Andrew C. 2015. "Proportionality and Turnout: Evidence from French Municipalities." *Comparative Political Studies* 48(2): 135−167.

Feld, Richard D., and Donald S. Lutz. 1972. "Recruitment to the Houston City Council." *The Journal of Politics* 34(3): 924−933.

Haggard, Stephan, and Robert R. Kaufman. 2008. *Development, Democracy, and Welfare States: Latin America, East Asia, and Eastern Europe.* Princeton, NJ: Princeton University Press.

Horiuchi, Yusaku, and Seungjoo Lee. 2007. "The Presidency, Regionalism, and Distributive Politics in South Korea." *Comparative Political Studies* 41(6): 861−82.

Huber, Evelyne, Thomas Mustillo, and John D. Stephens. 2008. "Politics and Social Spending in Latin America." *The Journal of Politics* 70(2): 420−436.

Korpi, Walter. 1974. "Conflict, Power and Relative Deprivation." *American Political Science Review* 68(4): 1569−1578.

Kuhnle, Stein, and Matti Alestalo. 2003. "Introduction: Growth, Adjustments and Survival of European Welfare States." In T*he Survival of the European Welfare State*, London: Routledge, 3−18.

Lijphart, Arend. 1999. *Patterns of Democracy: Government Forms and Performance in Thirty−Six Democracies.* New Haven, CT: Yale University Press.

_____. 2012. *Patterns of Democracy: Government Forms and Performance in Thirty−Six Countries.* New Haven, CT: Yale University Press.

Milesi−Ferretti, Gian Maria, Roberto Perotti, and Massimo Rostagno. 2002. "Electoral Systems and Public Spending." *Quarterly Journal of Economics* 609−657.

Persson, Torsten, and Guido Tabellini. 2002. *Political Economics: Explaining Economic Policy.* Cambridge, MA: The MIT Press.

_____. 2005. *The Economic Effects of Constitutions.* Cambridge, MA: The MIT Press.

Roh, Jungho. 2012. "Economic Crisis, Democratization, and Welfare State Generosity in

South Korea, 1972~2005: Evidence from Structural Break Estimation." *Korean Social Science Journal* 39(2): 55-78.

Scheve, Kenneth, and David Stasavage. 2006. "Religion and Preferences for Social Insurance." *Quarterly Journal of Political Science* 1(3): 255-286.

Steinmetz, George. 1990. "The Local Welfare State: Two Strategies for Social Domination in Urban Imperial Germany." *American Sociological Review* 55(6): 891-911.

Stephens, John D. 1979. *The Transition from Capitalism to Socialism*. London: Macmillan.

Wagner, Adolph. 1893. *Grundlegung Der Politischen Ökonomie*. 3rd ed. Leipzig: CF Winter.

Wilensky, Harold L. 1975. *The Welfare State and Equality: Structural and Ideological Roots of Public Expenditure*. Berkeley, CA: University of California Press.

CHAPTER

12 지방정치와 지역경제

1. 지방정치와 지역경제 발전의 새로운 패러다임을 위하여[1]

　2014년 제 6회 동시지방선거는 여러 가지 측면에서 정치적 의미를 부여했다. 야당의 압승 가능성에 대한 국민의 선택은 절묘한 분할, 혹은 승자도 패자도 없는 지형을 만들어 냈다는 평가가 지배적이었다. 그러나 수도권을 떠나 지역으로 갈수록 절묘한 균형이나 적절한 수준의 여야 균등 분할이라는 의미가 다소 누그러지며, 몇몇 지역에서는 한쪽의 다소 일방적인 우위로 귀결되었다. 대구, 경북, 부산, 경남은 새누리당이 대전, 충남, 충북, 강원, 호남은 새정치연합이 일방적인 승리를 거두었다. 이러한 정치지형의 변화는 기존의 지방선거의 결과외적인 의미와는 다른 중요한 내부적 변화와 의미를 갖는다. 그렇다면 그러한 변화는 과연 어떤 의미와 내용을 담고 있으며, 무엇을 지향하려고 하는 가에 대한 좀 더 진지한 고민이 필요하다.

　이번 장에서 논의하고자 하는 주제는 바로 지역에 기반한 지역경제와 지역정치의 상관성을 새로운 패러다임의 전환이라는 측면에서 모색해보고자 한다. 새로운 변화에 맞는 패러다임 설정이라는 목적 아래 지방의 대도시나 중소도시에 적합

---

　1 이번 항은 다음의 논문 중에서 발췌하고 논문의 성격에 맞게 재구성하여 서술한 것임. 김종법. 2015. "지속가능한 지방발전을 위한 새로운 패러다임." 『한국지방정치학회보』(제8권 2호).

한 지방발전의 새로운 패러다임을 모색하고자 한다.[2] 그렇다고 지방발전에 대한 새로운 패러다임의 모색이 이전에 없던 것을 완전히 새롭게 출발하거나 가상의 이상적인 도시를 새로이 만들자는 급진적이고 혁명적인 전환과 변화는 결코 아니다. '발전'과 '성장'이라는 단어와 개념의 전환을 통해 지금까지의 지방의 주요 도시들에 적합하면서도, 그곳에 거주하고 있는 모든 시민들의 삶의 질이 더욱 향상될 수 있는 도시의 미래를 모색하고자 하는 것이다.

이를 위해 이번 장에서는 다음과 같은 구성을 통해 그 내용을 서술하고자 한다. 첫 번째는 6.4 동시지방선거에서 제시되었던 새누리당과 새정치연합의 공약을 비교하여 공약에서 제시하고 있는 '성장'과 '발전' 개념을 비교하고, 두 번째는 이탈리아 지역발전정책과 클러스터모델을 소개하면서 그러한 제도가 갖는 의미에 대해서도 설명할 것이다. 세 번째는 지역발전을 위한 지방정치의 제도화를 위한 사례 제시로 지역협약과 협동조합을 설명하고, 두 제도의 적용 가능성을 모색할 것이다. 네 번째는 결론 부분으로 지역경제를 위한 지방정치의 패러다임의 전환과 제도화에 대한 간략한 의견을 결론으로 대신하고자 한다.

2008년 말부터 시작된 글로벌 경제위기가 여전히 한국사회를 맴돌고 있고, 수출지향의 경제구조 패러다임에서 한 발자국도 빠져나오지 못하고 있는 현재의 상황은 한국형 경제발전 시스템에 대한 재검토와 구조적인 문제의 점검이 필요하다는 의견이 제기되고 있다. 특히 삼성이나 현대와 같은 재벌 중심의 성장모델이 갖는 한계와 자본과 금융시장의 완벽한 개방 상황으로 나아가고 있는 한국 경제와 발전 방향에 대한 지방자치와 지방정치 수준에서 제시할 수 있는 대안의 가능성도 모색하고자 한다.

이번 장에서 제시하게 될 내용과 새로운 모델 및 대안이 위기에 빠진 한국경제를 단숨에 바꾸거나 획기적인 정책이라는 주관적인 주장을 하자는 것은 아니다. 다만 적어도 현재의 그리고 앞으로도 계속 제기될 수밖에 없는 성장과 발전의 개념

---

2 패러다임이라는 용어는 사용에 있어 다소 주의를 요할 필요가 있는데, 본 논문에서 제시하고 있는 패러다임이라는 의미는 사전적인 의미보다는 그동안 많은 사람들이 고정적인 관념으로 생각해왔던 '발전'이나 '성장' 개념의 질적 변화를 의미한다고 할 것이다. −저자 주−

과 내용을 바꾸는데 이번 장에서 제시하고 있는 다양한 제안들이 지방정치나 지방
자치의 지속가능한 발전에 대한 새로운 검토와 대안을 모색하는데 단초와 계기를
제시할 수 있게 되기를 바랄뿐이다. 특히 무언가를 외형적으로 건설하거나 만들어
내는 것이 성장과 발전이라는 1970년대와 1980년대식 모델의 전환은 21세기 대한
민국의 새로운 성장 동력과 발전에 대한 진지한 고민이 시작될 수 있다면, 그것만
으로도 이 글의 실용적인 의의를 찾을 수 있을 것이다.

2. '발전'과 '성장'의 의미 비교

1) 6.4 동시지방선거의 주요 정당 공약 비교

6.4 지방선거의 주요 쟁점은 '세월호 사건'이라는 최대 쟁점을 두고 치러진 선
거였다는 점에서 정책 대결 자체가 쉽지 않은 선거였다. 실제로 집권당인 새누리당
은 가능하면 이를 쟁점화하지 않고 지역 별로 차별적인 정책과 공약을 제시하여
선거에 임하였다. 이에 반해 새정치연합은 세월호 사건을 쟁점화하고 국민생활 안
정이라는 정책을 통해 집권 여당과의 정책적 차별성을 부각시키기보다는 쟁점을
통한 실정에 대한 정권 심판을 호소하는 전략으로 선거에 임하였다.

'세월호 정국'이라는 변수로 인해 지방선거가 갖는 지방자치의 보장이나 독자
적인 지역발전 전략은 사실상 의미가 없었다. 여당과 야당 모두 '안전'이라는 가치
를 최우선에 두면서 박근혜 정부에 대한 중간심판이냐 아니냐 하는 원칙을 통해
선거에 임했다는 측면에서 보자면 지방선거의 의미가 퇴색되었다. 결국 정권에 대
한 중간평가의 성격이 크게 작용할 것이라는 일반적인 예측이 주를 이루면서 선거
가 실시되었다. 이러한 상황과 변수는 지방선거 자체의 의미를 퇴색시켰을 뿐만 아
니라 지역에 적합한 선거 전략 자체가 중앙당 차원에서 작동하지 않게 된 이유이
기도 하다. 따라서 지역 차원의 정책이라는 것이 기존의 '성장'과 '발전' 패러다임
을 답습하거나 반복하는 수준에 불과했다. 이런 이유로 야당의 승리를 점치는 전문

그림 12-1 전국 226개 기초단체장 현황

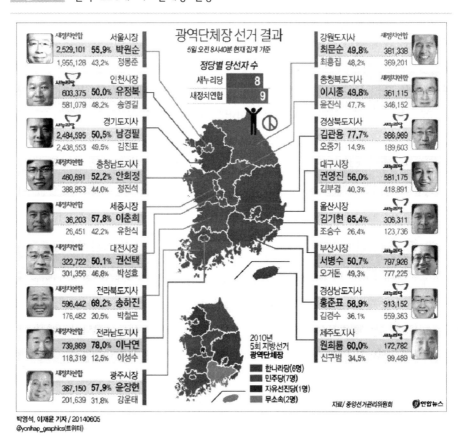

광역단체장 선거 결과
5일 오전 8시40분 현재 집계 기준

정당별 당선자 수
새누리당 8
새정치연합 9

지역	정당	득표	%	당선자
서울시장	새정치연합	2,529,101	55.9%	박원순
		1,955,128	43.2%	정몽준
인천시장	새누리당	603,375	50.0%	유정복
		581,079	48.2%	송영길
경기도지사	새누리당	2,484,595	50.5%	남경필
		2,436,553	49.5%	김진표
충청남도지사	새정치연합	460,691	52.2%	안희정
		388,853	44.0%	정진석
세종시장	새정치연합	36,203	57.8%	이춘희
		26,451	42.2%	유한식
대전시장	새정치연합	322,722	50.1%	권선택
		301,356	46.8%	박성효
전라북도지사	새정치연합	596,442	69.2%	송하진
		176,482	20.5%	박철곤
전라남도지사	새정치연합	739,869	78.0%	이낙연
		118,319	12.5%	이성수
광주시장	새정치연합	367,150	57.9%	윤장현
		201,639	31.8%	강운태
강원도지사	새정치연합	381,338	49.8%	최문순
		369,201	48.2%	최흥집
충청북도지사	새정치연합	361,115	49.8%	이시종
		346,152	47.7%	윤진식
경상북도지사	새누리당	986,989	77.7%	김관용
		189,603	14.9%	오중기
대구시장	새누리당	581,175	56.0%	권영진
		418,891	40.3%	김부겸
울산시장	새누리당	306,311	65.4%	김기현
		123,736	26.4%	조승수
부산시장	새누리당	797,926	50.7%	서병수
		777,225	49.3%	오거돈
경상남도지사	새누리당	913,152	58.9%	홍준표
		559,363	36.1%	김경수
제주도지사	새누리당	172,782	60.0%	원희룡
		99,489	34.5%	신구범

2010년
5회 지방선거
광역단체장
■ 한나라당(6명)
■ 민주당(7명)
■ 자유선진당(1명)
■ 무소속(2명)

자료/ 중앙선거관리위원회
연합뉴스

박영석, 이재윤 기자 / 20140605
@yonhap_graphics(트위터)

가들과 정치 평론가들이 다수일 수밖에 없었다.

　　그러나 많은 전문가들의 예상과는 달리 전국적인 분포에서 보자면 오히려 새누리당의 선전 혹은 승리라는 표현이 더 적절할 만큼의 예상을 뛰어 넘는 결과를 가져왔다. 언론사별로 다소 간의 차이가 있겠지만, 선거 결과를 평가하고 국민의 판단에 대해서는 비교적 일치하는 의견이 제시되었다. 그런데 중앙선거관리위원회에 신고한 두 정당의 공약집을 보면 공약 자체의 분명한 정책적인 차이보다는 비숫한 강령과 공약 하에 세부적으로 조금씩 다른 정책들을 선보이고 있다.

여기서 전체적인 공약에 대한 평가를 진행하는 것은 아니지만, 주요 공약을 간략하게 비교하면서 새누리당과 새정치연합이 제시하고 있는 성장과 발전의 의미에 대해 간략하게 살펴보면 다음과 같다. 먼저 새누리당의 중앙당 차원의 공약에는 안전한 대한민국과 일자리와 경제 활성화를 주요 목표로 제시하고 있다. 이에 반해 새정치연합은 안전하고 건강한 대한민국 만들기라는 목적 아래, 실생활에 직결되는 공약들을 내세우면서 생활밀착형 공약들을 주로 제시하고 있다. 중앙당 차원의 공약 차이가 있음에도 불구하고 실제 선거 전에 발생했던 쟁점은 정책보다는 세월호 사건이었다는 점에서 다소 아쉬운 부분이 남는다.

표 12-1 6.4 동시지방선거 두 개 정당(새누리/새정치연합)의 공약 비교표

	새누리당	새정치연합
중앙당	1. 국민안전 최우선 2. 가족행복 2014 3. 복지체감 100℃ 4. 건강한 지방자치 5. 지역경제 활성화 6. 늘어나는 일자리 7. 화이팅 중소기업·소상공인 8. 비정상의 정상화 9. 살기좋은 농어촌 10. 힘찬 미래	1. "사람보다는 이윤을 생각하는 탐욕"과 "국민보다는 조직을 생각하는 풍토"를 종식시켜, 국민의 생명권과 행복권을 철저히 보장하는 "새로운 내 나라", "사람 안전"을 최우선으로 하는 안전한 대한민국 만들기 2. 보호자 간병이 필요 없는 환자안심병원 만들기 3. 공공성 강화로 안심 보육 실현 4. 교통비 부담 경감 및 출퇴근 시간 단축 5. 생활임금제 도입 및 상시적 업무 정규직 채용 6. 효도하는 정당, 당당한 노후생활 실현 지원 7. 학부모의 교육비 부담 경감 추진 8. 전월세난 해소 및 세입자 보호 9. 국민 세금 부담 완화 10. 지역균형발전 추진
서울	1. 동부간선도로 일부 지하화 2. 창동 차량기지 이전 3. 강북에 엔터프라이즈존 지정 4. 은평−종로−성북−강북−도봉북한산벨트 친환경관광특구 5. 경전철공사 적극 추진	1. 심야전용버스 확충으로 심야시간대 교통 편의성 확립 2. 한양도성 세계문화유산 등재 추진 3. 도심특화산업 활성화 4. 석면가루 안 날리는 쾌적하고 안전한 서울 지하철

제12장 지방정치와 지역경제

	6. 23개 간선도로 조속 완공 7. 공공기관 이전부지 창조산업 단지 조성 8. 30곳의 유휴부지 신규투자 추진 9. 용산 국제업무지구 단계적 추진 10. 뉴타운사업 선별적 추진과 재개발 재건축 규제 완화 11. 다가구 매입, 재개발 재건축 활성화를 통해 임대주택 10만호 공급 12. 마곡지구 대표적 산업·창조적 건축 단지	5. 보행친화·자연친화 서울 조성
인 천	1. 인천경제자유구역 규제 완화 및 지원 강화 2. 인천항 경쟁력 제고 3. 경인고속도로 통행료 폐지 조속 추진 4. 인천보훈병원 건립 추진 지원 5. GTX 송도–청량리 구간 추진	1. 인천아시아경기대회를 인천 도약의 계기로 활용 2. 주거비 보육비 걱정 없는 '누구나 집' 5만호 공급 3. 인천 제2의료원 설립으로 공공의료 기반 확대 4. 모든 버스 버스정류장 지하철에 무상와이파이 구축 5. 서해평화고속도로 건설 추진을 통한 한반도 평화경제벨트 구축
대 전	1. 충남도청 이전부지 활성화 추진 2. 대전역 명품역사 건립 및 역세권 개발 3. 첨단산업 융성을 위한 국제과학비니스벨트 조성 4. 대전 산업단지 재생사업 착수 5. 충청권 광역철도 대전시 통과구간(신탄진–계룡시)전철화 사업 조기 착공	1. 국제과학비지니스벨트 사업의 성공적 추진 2. 구 도청부지의 적극적 활용으로 원도심 활성화 3. 충청권 광역 철도망 조기착공으로 대전의 대중교통체계 개선 4. 대전지방의료원 설립으로 취약지역 의료 안전망 구축 5. 마사회 마권장외발매소 외곽 이전
대 구	1. 대구 광역권 철도망 구축 2. 국가 첨단의료허브 구축 3. K–2 공군기지 이전 지원 4. 신성장동력 사업 육성으로 첨단산업 도시화 추진 5. 국가산단연결 광역철도망 구축	1. 산업화세력과 민주화세력의 화해와 통합을 위한 컨벤션센터 건립 2. 대구 시민들의 안전하고 건강한 물 제공 3. 대구시를 첨단공구산업의 메카로 조성 4. 대구를 중소기업 중심도시로 육성 5. 명품문화도시로 거듭나는 대구 만들기
부 산	1. 사상 스마트벨리 조성 추진 2. 부산 전통산업 고도화 3. 동북아 문화·예술 컨텐츠 중심도시 4. 방사선 의·과학벨트 구축 차질없이 추진 5. 부전 철도시설 이전 지원	1. 해양특화산업 집중 육성 2. 지지부진한 부산 북항재개발사업 해결 3. 도시재생 사업 활성화 및 도심철도 이전 추진 4. 수산업 부흥 지원 5. 낙동강 하구역 생태 복원
광 주	1. 인구 250만 광역벨트화 창조 생산도시 육성 2. 자동차 10만대 생산기지 및 클러스터 구축	1. 국립 아시아문화전당의 2015년 성공적인 개관 지원

| 3. 창조적 문화콘텐츠 활성화를 위한 인프라 구축
4. 남해안 철도고속화 사업 단계적 추진 | 2. 차세대 친환경 자동차 생산기지 육성
3. 광주 상품거래소 설립 추진
4. 2015광주하계U대회, 2019세계수영선수권 대회의 성공적 개최 지원 |

출처: 중앙선거관리위원회 두 당의 선거공약집 중 저자 발췌 정리

중앙당 차원의 공약을 보면 양 당간의 공약은 어느 정도 확연한 차이를 보인다. 안전이라는 요소를 중시하는 점은 세월호 국면이 가져다 준 공통분모이지만, 그 외의 경우 일정 수준의 지향점이 다르다는 점을 볼 수 있다. 그런데 주요 광역 도시들로 좁혀서 양 당의 공약을 비교해보면 그리 큰 차이를 보이지 않는다. 특히 대부분의 공약이 지역발전이라는 명목으로 제안된 토목 중심의 건설사업과 각종 단지조성이라는 외형적인 개발전략에 대한 것이 대부분이라는 사실을 확인할 수 있다.

새누리당의 공약과 새정치연합의 주요 광역 도시들의 세부 공약에서 미세한 차이는 존재하지만, 큰 틀에서 보자면 결국 무언가를 외형적으로 만들거나 세우는 방식이 개발이고 발전이라는 기본적인 윤곽은 유지되고 있다고 평가할 수 있다. 물론 지방의 광역시가 서울이나 부산 혹은 수도권에 비하면 여전히 개발에 목말라 있고, 스카이라인을 장식할 멋지고 높은 건축물들이 장밋빛 미래를 위한 청사진이라고 생각할 수 있다. 지역 주민들 역시 그러한 방식이 곧 지역의 개발과 성장을 가져올 수 있는 최선의 방식으로 인식할 수도 있을 것이다.

그러나 그것은 끊임없는 이해관계의 갈등을 불러일으킬 소지와 함께, 지방자치단체와 관련 기업들 간의 정경유착형 밀착 구조를 안고 갈 수밖에 없는 불투명한 구조의 고착화 가능성을 더욱 높일 뿐이다. 설사 그러한 방식이 당장의 이익을 초래할 수도 있고, 자치단체장 입장에서는 재선이나 삼선에 유리할지 몰라도 지역에 거주하는 주민이나 시민들은 장기적으로 보면 경제적으로나 사회적으로 그다지 커다란 실익이 없을지도 모른다는 점을 간과하고 있다. 그것은 현재 우리사회의 경쟁 구조나 외형 중심의 수치나 통계를 중시하는 사회 전반의 분위기와 무관하지 않겠지만, 이런 구조 아래에서는 빈익빈 부익부와 사회 계층 간의 갈등이 더욱 커지고

제12장 지방정치와 지역경제

격차가 벌어질 수밖에 없다는 사실을 이해해야 할 것이다.

이와 같은 외형적인 사업 중심의 개발과 성장 전략의 이면에 간과되고 있는 중요한 사실의 하나는 도시발전계획이나 지방발전계획이 대부분의 경우 외형적인 성장 중심으로 수립되면서, 도시 혹은 지방 자체의 특성에 적합하고 독립적인 내형적인 성장과 삶의 질을 향상시키는 질적 성장과 발전에 매우 취약하다는 점이다. 이러한 원인에는 여러 가지가 있을 수 있겠지만, 가장 큰 원인의 하나는 '성장'과 '발전' 개념에 대한 인식의 오류와 지역 특성에 맞지 않은 다소 천편일률적인 경제개발계획에 익숙한 타성 및 지자체 단체장들의 가시적인 성과 위주의 정책과 사업에 가장 커다란 원인이 있을 것이다.

따라서 '발전'이나 '성장'이라는 개념과 인식의 전환이 필요하다. 그래야만 지역의 낙후나 저발전이라는 것을 양적 혹은 외형적으로 평가하지 않고, 삶의 질을 향상시키고 보다 편안한 삶의 인프라를 구축하는 방식으로 지방 경제를 발전시키고 이끌어 나갈 수 있을 것이다.

3. 이탈리아 지역발전정책과 클러스터모델의 소개와 의미[3]

1) '제 3의 이탈리아'와 클러스터

이탈리아 중소기업형 지역개발정책과 관련하여 세계적으로 주목받았던 사례가 제 3의 이탈리아(La Terza Italia)라고 하는 것이다. 1980년대 중반 이후 지역을 거점으로 한 지역경제개발정책의 성공사례로 주목을 받으면서 경제학에서 이야기하는 산업지구(Industrial district)론으로 설명하거나,[4] 보다 직접적으로 이탈리아 형을 독

---

3 이번 장의 내용들은 다음의 논문 중에서 본 논문에 적합한 부분만을 발췌하여 재구성하여 정리한 것이다. 김종법. 2008. "지역혁신개발정책 사례연구: '제 3의 이탈리아'와 에밀리아 로마냐 주 패션 산업을 중심으로", 『이탈리아어문학』. 이탈리아어문학회(2008년 4월 30일)

4 19세기의 경제학자 알프레드 마샬(Mashall)에 의해 처음으로 사용되고 제기된 개념이다. 대기업의 대량생산방식과 중소기업들의 공간적 집적에 의한 산업지구방식을 설명하면서 처음으로 제기

립적인 이론으로 이야기하는 이들도 있다.[5] 또한 최근에는 신산업지구, 신산업공
간, 산업클러스터, 기술지구, 지역혁신체제 등의 새로운 개념과 이론으로 설명하려
는 시도들이 있다.

이러한 논의들과 이론화에는 무엇보다 이탈리아 산업발달과정의 경험과 특화
및 전문화 수준에서 관련 산업 간의 연계라는 독특한 특성들이 종합적으로 이루어
낸 결과라는 사실이다. 더군다나 이탈리아라는 지정학적 특수성은 기존의 산업지
구이론으로 설명하기에 다소 무리가 따르는 것도 사실이다. 이탈리아의 경우 중앙
정부의 종합적이고 체계적인 정책에 의해 이러한 지역개발정책이 작동하는 것도
아니기 때문에 산업지구론만으로는 설명하기 힘든 다른 요인들이 존재한다.

최근 이와 같은 부족함을 메우면서 가장 근접하게 이탈리아적인 지역발전모델
을 설명하는 것이 허스트(Hirst) 등이 주장하는 "공공과 민간의 파트너십(Public –
Private Partnership)"에 의한 '지역 거버넌스(Local Governance)'이다.[6] 거버넌스라는
용어는 최근 지방분권이나 시민사회의 역할 증대 등을 거론할 때 자주 등장하는
개념이다. 주로 정부에 의한 일방적인 통치와는 다소 상반되는 유형으로 해당 이해
당사자들이나 관련단체 및 지역의 사회 구성 주체와의 광범위한 협의와 공동노력
을 통해 최종적인 정책이나 지향점들을 도출하는 통치의 새로운 유형으로 해석할
수 있다.

이탈리아의 경우 지방자치단체, 지역의 중소기업, 해당 산업의 전문성, 생산
자동화 문제, 여성인력의 활용, 산학연계와 생산네트워크의 연결 등의 여러 요소들

하였다.

5 여기에는 다양한 유형의 이론가들이 있는데, 베카티니(G. Becattini)와 같은 이는 제3 이탈리아의
  산업지구를 마샬이 이야기하는 산업지구와 유사하게 보고 "제품생산과정을 여러 단계로 분리하여
  생산하는 중소기업들의 영역적 체계"로 정의하고 있다. 그리고 스포르치(F. Sforzi)는 산업지구를
  "특정산업으로 전문화된 소기업들의 집적체"로 설명한다. 세이블(C. Sabel)은 소규모 기업들로
  구성된 마샬리안 산업지구와 대기업들이 조직의 각 부분에 자율성을 부여하는 형태로 재조직된
  결과로 나타난 지역생산 네트워크로 구분하고 있다. 권오혁, 2003, "제3 이탈리아 산업지구 발전
  과정에 대한 비교연구", 유럽지역연구회 편, 『유럽의 지역발전정책』(서울; 한울 아카데미, p. 341
  재인용).

6 Hirst, Paul. 2000, "Democracy and Governance", in Pierre, Jon. ed., 2000, *Debating
  Governance*(Oxford: Oxford University Press, ch. 2).

을 종합할 필요가 있다. 이를 '지역 거버넌스'와 동일하게 이야기할 수 있을 것인 가는 좀 더 신중한 접근이 필요하다. 물론 외형적으로 보면 분명 "공공과 민간의 파트너십"에 의한 산업지구 운영이라고 이야기 할 수 있지만, 에밀리아 로마냐 주 의 경우를 보면 이러한 개념이나 용어 자체를 직접적으로 적용하기에는 다소 무리 가 있다고 볼 수 있다.

이러한 관점에서 여기서는 이탈리아적인 산업적 특징을 충분히 고려하면서 지 역단위의 개발공사들이 존재하고 있다는 점을 부각시켜 '지역개발공사 주도 거버 넌스' 형으로 정의하고자 한다. 에밀리아 로마냐 주의 ERVET은 바로 이러한 유형 으로 설명이 가능한 전형적인 모델이다. 실제로 ERVET의 구성이나 활동은 지역 거버넌스의 특징을 유지하면서 지역개발의 주체로서 정책적으로나 기능적으로 특 별한 기능을 수행하고 있다. 따라서 이러한 점에 착안하여 이탈리아의 산업지구 모 델을 설명하고, 어떠한 구조와 방식으로 운영되고 있는지 실제적 사례를 통해 살펴 보고자 한다.

4. ERVET과 에밀리아 로마냐 형 클러스터

볼로냐가 주도인 에밀리아 로마냐는 이탈리아 중부에 위치한 주로 전통적으로 전자, 기계, 섬유, 식품, 의료기기, 세라믹 산업 등이 발전되어 있다. 총 420,401개 의 회사가 생산 활동을 하고 있는데, 이는 주에 거주하는 인구 9.87명당 1개의 기 업(2004년 기준)이 있다는 것을 말해준다.[7] 에밀리아 로마냐 주는 여러 가지 측면에 서 이탈리아 평균보다 경제지표들이 양호한데, 실업률(3.7%)이나 1인당 소득액 (26,413 유로) 등에서 이탈리아 평균치(이탈리아 전체 실업률 8%나 일인당 국민소득액 21,611

---

7 P. Maccani, 2006, *The role of a regional development agency in the improvement of regional territorial policies*, ERVET(이 자료는 ERVET 지역혁신담당 책임자인 P. Maccani의 ERVET 보고서로 2006년 9월 ERVET 방문 시 브리핑 받은 자료이다. 이하 관련 통계나 수치 등 은 이 보고서를 참조하였다.).

유로)를 웃도는 경제력을 갖고 있다. 이 지역에서 한 가지 특이한 점은 여성고용비율(여성 실업률이 5%인데 이탈리아 평균인 10.6%에 비하면 절반의 수준이다)과 여성의 경제활동 참여율(63.4%로 이탈리아 평균 51.3%에 비하면 10% 이상이 높다) 등에서 다른 이탈리아의 지역들보다 훨씬 높은 비율을 나타내고 있다는 것이다.

이와 같은 양호한 경제지표를 유지하고 나타낼 수 있는 요인에는 여러 가지가 있겠지만, 다른 무엇보다도 에밀리아 로마냐 주의 지역개발정책을 책임지고 있는 ERVET의 존재가 두드러진 특징으로 볼 수 있다. 1970년 이후 변화하는 경제적 환경에 대응하기 위해 주법(州法)으로 탄생한 공사 성격의 기구이다.[8] 각 지역의 특화된 산업 군을 중심으로 보다 전문화된 산업지구 혹은 클러스터의 육성을 목적으로 활동하였다. 에밀리아 로마냐 주의 각 현이나 자치도시(Comune)별 중심 산업 군과 특화 분야들은 다음과 같다.

표 12-2 에밀리아 로마냐 주의 산업지구와 분야

지　　역	산업부문	중소기업(50인 이하) 비율(%)
피아첸자Picenza	기계장비	20.0
파르마Parma	식품	98.1
레지오 에밀리아Reggio Emilia	농기계	85.2
카르피Carpi	니트웨어	99.3
사수올로Sassuolo(모데나)	세라믹	55.7
미란돌로Miraldola(모데나)	의료기기	85.0
볼로냐	포장기계	80.0
푸지냐노Fuginagno(라벤나)	신발	93.7
포를리Forli	인테리어가구	97.0
리미니Rimini	목재생산기계	87.2

자료: ERVET

<표 12-2>에서와 같이 에밀리아 로마냐의 주력 산업이 대기업 형보다는

---

8 Regional Law n. 44 of 18/12/1973에 근거하여 설립하였다.

중소기업 형이 많으며, 실제로 피아첸자를 제외하고는 대부분 지역에서 중소기업의 비율이 상당히 높다는 것을 알 수 있다. 이들 분야별 특화된 산업지역들은 주로 50년대 이후 새로운 경제발전 시기에 지역에서 발전되고 있던 주력 사업을 육성하는 과정에서 자연스럽게 형성된 경우(주로 카르피, 파르마, 사수올로 등의 예)도 있고, 특정한 동기(미란돌라, 푸지냐노, 볼로냐 등의 경우)에 의해 산업지구들이 형성된 경우도 있다. 그러나 무엇보다 이들 산업지구의 활동을 가능하게 했던 것은 ERVET 산하에 조직된 9개의 "실질 서비스 센터Real Service Center"이다. 총 9개의 서비스 센터는 해당 산업지구 안에 설립되어 관련 산업이나 기업들을 연계하고 해당 산업 발전을 위하여 지역에 적합한 특정 서비스를 제공하고 있다.

표 12-3 ERVET 산하 9개의 서비스 센터

서비스 센터	주 업무	고용인 수	설립년도
Centro ceramico	세라믹 타일과 기계 시험 및 연구개발	38	1976
CITER	니트웨어 및 기계 연구개발	12	1981
CERCAL	신발 제품 연구개발	5	1984
CESMA	농기계 연구개발	3	1986
Nuova QUASCO	건설관련 인증 및 연구개발	17	1986
CERMET	품질인증기관	90	1986
ASTER	지역기술이전 연구개발	30	1986
DEMOCENTER	설비 및 기계 자동화 연구개발	26	1991
QUASAP	공공사업 수주 및 발주 관리	미확인	미확인

자료: ERVET

이들 "실질 서비스 센터Real Service Center"의 역할은 기관별로 다소 차이가 있지만, 일반적으로 인적자원의 교육, 제품 및 생산 공정에 대한 인증, 시장 분석 및 예측, 마케팅, 제품 실험, 기술이전, 제품과 생산과정의 혁신, 조직과 기구의 혁신, 정보 및 상담 등의 업무를 담당하고 있다. 서비스 센터의 주주들은 ERVET을 비롯하여 지방자치단체, 해당 산업협회, 사기업, 지방 상공회의소이다.

1980년대와 90년대까지 이와 같은 ERVET과 서비스 센터의 활동 및 법률적 지위는 2003년에 또 다른 전기를 맞았다. 2003년 개정된 주법에 따르면 주정부와 해당 지방자치단체 및 해당 지역의 단체들로부터 출자를 받을 수 있도록 하였다. 따라서 새롭게 은행이나 지역경제연합회 등의 주체적 참여가 증가하였다. 이러한 변화된 위상에 따라 조직 역시 조정과 혁신을 통해 새롭게 탄생하였다.

ERVET을 움직이는 이들은 사장뿐만 아니라 3년 임기의 7인 지도위원회와 부처별 책임을 맡고 있는 9명의 팀장 역할이 중요하다. 이외에 감사위원회가 주요한 역할을 맡고 있다. ERVET 내부에서의 활동과 연간계획 및 감사는 다음과 같은 내용으로 전개된다. 일반적으로 1년에 한 번 개최되는 주주총회에서 연간계획을 작성하고, 매월 열리는 정기회의에서 지도위원회와 팀장들이 모여 경과보고와 진행사항을 점검하며, 3개월마다 내부감사위원회의 감사를 받으면서 6개월마다 독립적인 외부감사회사의 감사를 받도록 되어있다.

이를 통해 해당기업과 산업부문에 기술적 지원, 목표활동, 파트너십과 네트워크 구축, 조정과 분석활동 등을 수행하게 된다. 이는 이전의 ERVET의 위상과 활동보다 더욱 강력한 지방 거버넌스 시스템을 구축할 수 있게 되었고, 이를 전담하게 될 기구로 ERVET의 활동과 역할이 더욱 중대하였다는 것을 의미한다. 특히 지역발전 프로그램을 1년9과 3년 단위로 작성하여 실행하고, 지역발전을 위한 정책적 제안과 조정 활동, 지역 내의 산업네트워크를 구축하기 위한 기술적 지원, 해외로부터의 직접투자 유치 등의 활동을 집중적으로 벌이게 되었다.

이와 같은 새롭게 정립된 ERVET의 법적 지위를 통해 에밀리아 로마냐 주의 각 지역별 산업지구를 더욱 탄탄하게 운용할 수 있게 되었다. 이는 이전보다 변화하는 외부환경에 좀 더 적응할 수 있는 탄력적이고 합리적인 경영이 가능하게 되었다는 것을 의미한다. 실제로 ERVET과 ERVET 산하의 서비스 센터를 중심으로

---

9 주요한 내용은 다음과 같다: 1. 지역혁신개발 정책에 대한 모니터링, 디자인, 운영. 2. 파트너십의 개발과 운용. 3. 분야별 지역혁신개발 정책의 개발과 시행. 4. 유럽연합 차원에서의 국가별 지역별 네트워크 구축 5. e-정부의 실현. 6. 지역 차원의 마케팅. 7. 재정지원 프로젝트. 8. 지역개발 정책을 위한 EU 정책과의 연계. 9. 연구개발 프로그램 등의 3년 계획의 세부적 사항들을 지역에 맞게 개발하여 시행.

산학연계와 지역기업들을 직접적으로 연결하는 네트워크를 구축하는데 성공적이라는 평가를 받고 있다. 이러한 점을 고려하면 이탈리아의 에밀리아 로마냐 주의 경우에서 볼 수 있는 지역혁신정책과 클러스터의 유형을 '지역개발공사 주도 거버넌스' 형으로 부를 수 있을 것이다.

5. 지역발전을 위한 지방정치의 제도화: 지역협약과 협동조합[10]

1) 협동조합 도시의 가능성과 의미

(1) 협동조합이란?

한국 사회에서 협동조합은 최근까지도 불온한 단체 혹은 사회주의성향의 이적 단체쯤으로 여겨졌던 것이 사실이다. 그러나 2012년 12월 협동조합기본법이 시행됨에 따라 한국사회의 자영업과 중소규모 기업의 형태를 바꿀 수도 있는 기틀이 마련되었다. 5인 이상이면 누구나 협동조합을 설립할 수 있게 된 법안의 기본 취지를 이해한다면 더더욱 협동조합이 불러일으킬 변화와 바람은 조용하지만 가늠하기 힘들 만큼 큰 것이기도 하다.

협동조합기본법이 시행된 뒤 현재까지 한국사회에 나타난 현상은 두 가지 정도로 요약할 수 있다. 하나는 협동조합 설립이 유행처럼 번져 일종의 '협동조합설립 붐' 현상이 일어나면서 다소 극단적인 형태의 장단점이 동시에 나타나고 있다는 점이다. 한쪽에서는 너무 쉽게 협동조합을 설립하는 것이고, 다른 한편에서는 협동조합이 자영업자와 소규모 기업의 모든 문제를 해결할 수 있는 만병통치 처방전과 같은 맹목적인 과신이 존재한다는 점이다. 마치 유행처럼 번져 지나칠 정도의 협동조합 설립이 가져올 현상은 현실에서나 미래를 위해서도 그리 바람직한 것은 아니다. 두 번째는 협동조합 설립의 열풍 이면에 담긴 부정적인 현상, 다시 말하면 협

---

10 이번 장은 다음의 글을 책의 성격에 맞게 재구성하였음. 김종법. 2016. "협동조합도시를 통한 공존의 미래도시 대전". 염명배 외. 『대전미래신성장동력 발굴Ⅱ』, 대전발전연구원.

동조합 설립이 지나치게 급하게 준비 없이 이루어지면서 발생하는 부정적인 인식의 확산 현상이다. 이러한 인식의 확산은 협동조합의 운영이나 조직 그리고 구조 자체의 문제가 내재한 것이 아닐까 라는 잘못된 인식을 심어줄 수 있다. 따라서 협동조합 설립 과정에서의 보다 철저한 준비와 계획이 필요할 것이다.

그렇다면 이러한 협동조합이 과연 어떤 의미와 내용을 갖는지에 대해서 좀 더 구체적으로 알아볼 필요가 있다. 협동조합에 대한 연구나 실체는 우리나라보다는 해외에서, 특히 유럽에서 가장 먼저 발전했기에 가능하면 이를 토대로 협동조합의 내용을 먼저 살펴볼 것이다. 이를 통해 국내의 협동조합기본법에서 규정하고 있는 협동조합의 구체적인 내용과 의미를 구체적으로 분석해보고자 한다. 또한 어째서 광역시나 지방의 대도시에서 협동조합은 왜 필요한 것인지, 어떤 방식으로 전개될 수 있을지에 대하여 미래지향적인 차원에서 몇 가지 제안으로 결론을 갈음하고자 한다.

국제사회에서 협동조합을 가장 간결하게 정의하고 있는 것은 국제협동조합연맹(ICA)의 규정이다. 국제협동조합에서 규정하고 있는 협동조합은 "공동으로 소유하고 민주적으로 운영하는 사업체를 통하여 공통의 경제적·사회적·문화적 필요와 욕구를 충족시키고자 하는 사람들이 자발적으로 결성한 자율조직"이다.(ICA 홈페이지 참조) 이 정의에 따르면 협동조합의 가장 중요한 특성은 세 가지 정도로 압축될 수 있다. 민주적 운영, 공동소유 사업체, 자발적 결성의 자율조직이라는 특성인데, 이는 한국사회에서도 기본적으로 지켜져야 할 내용이자 원칙일 것이다. 특히 국제 협동조합연맹은 이를 보다 세분화 시켜 협동조합 설립과 운영의 7가지 원칙을 제시하고 있는데, 다음의 표는 이를 정리한 것이다.

이에 반해 한국의 협동조합기본법은 협동조합을 "재화 또는 용역의 구매, 생산, 판매, 제공 등을 협동으로 영위함으로써 조합원의 권익을 향상하고 지역사회에 공헌하고자 하는 사업조직"으로 규정하고 있다. 국제적인 기준의 협동조합 정의가 민주적인 자율조직으로서의 사업체와 조합원이라는 구성 형태에 중점을 두고 있는 데 반하여, 한국의 협동조합 정의가 경제적인 목적과 지역이라는 범위에 좀 더 집중하고 있다는 점이 다소 다를 뿐 내용적으로나 구조적으로 비슷한 의미를 담고

표 12-4 국제협동조합연맹의 협동조합 7대 원칙

순　서	7대 원칙
제1 원칙	자발적이고 개방적인 방식으로 구성된 조합원 제도
제2 원칙	조합원에 의한 민주적인 관리와 운영
제3 원칙	조합원의 경제적 참여
제4 원칙	자율성과 독립성 유지
제5 원칙	교육과 훈련 및 정보의 제공
제6 원칙	협동조합 상호 간의 협력과 공조
제7 원칙	지역사회에 대한 기여와 공헌

자료: 저자 정리

있다. 결국 이러한 의미를 살려서 지역 중심의 협동조합에 중점을 두자면 지방의 대도시에 협종조합 형식을 도입한 자영업과 서비스업 발전 방안의 제안은 충분한 의미를 가질 수 있을 것이다.

2) 협동조합도시를 위한 조건과 환경

일반적으로 협동조합이 발전하고 오랜 전통을 이어온 곳들의 일반적인 특징은 상생과 공존이라는 원칙이 적자생존이나 경쟁에서의 우위라는 자본주의적 논리와 적절하게 어우러져 있다는 점일 것이다. 이는 자유시장경제의 논리에만 익숙한 우리에게는 다소 낯선 원칙이며, 이러한 점 때문에 실제로 한국사회에서 노동조합을 사회주의성향의 조직이나 공산주의의 논리에 의해 바라보는 우를 범하고 있다.

협동조합이라는 조직과 형태는 거대자본의 논리에 맞선 자생적이고 자율적인 경쟁력 있는 공동체 사업조직이자 형태이다. 이를 지역과 업종 등에 적용하여 적절하면서도 특정한 사회적 책임을 다하기 위해 만든 조직으로 볼 수 있다. 따라서 협동조직을 활성화하고, 협동조직을 경제 시스템에서 활성화시키기 위해서는 몇 가지 전제조건과 환경이 잘 갖추어질 필요가 있다. 이번 항에서는 이러한 협동조합 설립의 기본 조건과 환경을 한국의 상황에 맞게 서술해보고, 이를 토대로 지방 혹

은 지방 광역시의 정치·경제·사회·문화적 여건과 환경에서 협동조합이라는 형태
와 방법이 도시발전에 어느 정도의 적합성과 유용성이 있을 것인지를 검토하고 분
석하고자 한다.

　일반적으로 지방의 많은 도시들의 경제적 여건과 환경은 서비스산업이 70%
전후를 차지하는 구조라는 사실이다. 이러한 환경에서 새로운 제조업이나 토목사
업 위주의 자체적인 경쟁력 강화는 쉽지 않은 측면이 있다. 결국 중요한 것은 현재
의 여건에서 가장 특화시킬 수 있으면서 동시에 부가가치 창출이 가능한 산업으로
재편과 그 방법을 모색하는 것이다. 이러한 조건과 환경은 자영업 중심의 서비스
산업과 서비스 산업 자체의 경쟁력이 취약하다는 사실을 의미한다. 좀 더 구체적으
로 해석하면 도시 구조 자체가 서비스업에 의존도가 높고 경제활동 인구의 대부분
은 그러한 서비스업에 종사하고 있으며, 경제위기 상황에서는 실질소득이 감소하
면서 전반적인 구매력이 떨어지고 이는 시의 재정 자립도까지 영향을 미치게 되는
악순환구조가 이어진다는 사실이다. 따라서 이러한 취약한 산업구조와 도시 기반
을 강화하기 위해서는 질적인 토대에 대한 전반적인 재조정과 장기적인 관점에서
도시 산업경쟁력을 강화하는 방안이 모색될 필요가 있다.

　그러한 모색과 전환의 한 방법이 바로 이번 장에서 제시하는 조합도시로 전환
할 수 있는 기반을 갖추는 미래지향적인 구조변화에 대한 것이다. 대부분의 도시 구
조에서 이중적이고 이질적으로 나누어져 있는 원도심과 신도심을 적절하게 특화시
키면서도 지역적인 산업구조의 특징을 최대화할 수 있는 방법으로 협동도시를 제안
하고자 한다. 아래의 내용은 현재 시행되고 있는 협동조합기본법 상의 주요 내용을
통해 협동도시의 가능성이 무엇인가를 탐색하고 있다(사회적경제센터: www.cen-
ter4se.org '협동조합기본법' 가이드 참조).

　먼저 가장 중요한 점은 협동조합의 의결권 사항으로 주식회사와 달리 구성원
인 조합원이 1인 1표의 권리를 갖는다는 점이다. 이는 자본의 대소나 출자금의 크
기와는 무관한 조합원의 민주적 의결권을 보장하는 조항이며, 1인 자영업자나 소
규모 상공인들의 자율적인 운영과 책임이 보장되는 근거이기도 하다. 협동조합기
본법 22조에 따르면 '조합원 1인의 출자좌수는 총 출자좌수의 100분의 30을 넘어

서는 아니 된다'고 규정하고 있으며, 이를 근거로 출자금액 제한도 없으며 1주 1표 제인 주식회사보다 협동조합이 민주적으로 운영될 수 있다고 평가받는다.

둘째는 협동조합의 법인체 성격에 대한 것이다. 한국에서 창립하고자 하는 국 내 협동조합 법인은 크게 보아 2가지 성격을 가지고 있다. 우리가 아는 일반적인 협동조합은 그 법인체의 성격이 영리활동을 기반으로 하는 법인이다. 그러나 협동 조합 앞에 '사회적'이라는 수식어가 붙는 사회적 협동조합은 비영리법인체라는 성 격을 갖는다. 그러한 이유 때문에 설립을 위한 조건도 다소 다르다. 일반 협동조합 은 운영하고자 하는 사업 범주에 제한이 없으며, 해당 지역 관할부서에 단순 신고 만으로 협동조합을 설립할 수 있다. 이에 반해 사회적 협동조합은 공익사업의 비율 이 총사업비율의 40% 이상을 수행해야 하며, 주무부처인 기획재정부 장관의 '설립 인가'를 받아야 한다. 따라서 후자가 보다 더 공익성이 강조되고 있으며, 공공성을 앞세운 법인 활동을 특징으로 하고 있다.

사회적 협동조합의 경우 공익성이 일정 부분 담보되어야 하는 특징으로 인해 관리기관의 감독을 받는다. 특히 중앙정부 부처의 실태조사를 통해 협동조합 운영 의 공익성과 내용을 보고하게 되어 있는데, 3년 주기의 실태조사를 받는다. 일반 협동조합 역시 실태조사를 받으며, 실태조사의 결과는 공포되며 국회 소관 상임위 원회에 보고된다. 협동조합 관련정책을 총괄하는 기관은 기획재정부와 시·도지사 등이다. 또한 국회 소관 상임위 역시 협동조합기본법 개정이나 보완 시 참고하기 위한 피보고 기관이기도 하다.

그러나 협동조합이 갖는 자립적이고 자율적이며 자치조직의 성격은 국가로부 터의 지원이나 보호를 의미하지는 않는다. 더군다나 오남용의 소지가 있는 금융과 보험업 등의 영역은 설립이 불가할 뿐만 아니라 위반 시 설립의 취소와 같은 관리 감독이 뒤따른다. 그렇지만 설립을 위한 기본 요건인 조합원 수를 특정 인원 이상 한정하지는 않고 있다. 협동조합기본법에 따르면 협동조합 설립의 최소 인원은 5 명이다. 이는 기존의 대표적인 협동조합이라 할 수 있는 농협이나 수협 및 생활협 동조합의 최소 기준(농협·수협은 최소 1000명, 생협은 최소 300명)보다는 상당히 완화된 것이며, 자영업자들이나 단일 품종의 상점이나 회사들이 보다 쉽게 협동조합을 꾸릴 수 있는 방식으로 규정한 것이다.

이렇게 설립 가능한 협동조합은 기존의 별도 협동조합과는 다르며, 이들 별도의 협동조합은 총 8가지로 농협·수협·신협·중기협·생협·새마을·엽연초·산림 협동조합은 각각의 성격을 규정하고 있는 개별 협동조합법에 의거 설립과 운용을 한다. 따라서 기존 협동조합과도 다른 내용과 성격을 가진 협동조합은 지역과 동종 업계에 다양한 효과와 활력을 가져올 것으로 기대하고 있다. 이는 현재 한국 사회가 겪고 있는 여러 어려움을 조금이라도 해소함과 동시에 노동과 복지의 한 축을 담당할 수 있는 제도화의 근간을 이루게 될 것이다.

안정적인 일자리와 지속적인 상생과 공존의 경제 활성화, 기업의 사회적 의무와 사회적 책임의 달성, 일자리 제공을 통한 복지 문제의 경감, 여성 및 취약 계층의 안정적인 일자리 제공 등의 다양한 사회적 효과를 불러올 것으로 기대한다. 이러한 기대의 이면에는 협동조합 잉여금 적립 제도가 중요한 재정적인 토대의 역할을 할 것이라는 기대감이 있다. 기본법에 의하면 협동조합은 잉여금의 10% 이상을 적립해야 한다고 규정하고 있다. 이에 더하여 사회적 협동조합의 경우에는 30% 이상을 적립해야 한다고 규정하고 있다. 또한 협동조합은 자기자본의 3배까지, 즉 자기자본의 300%까지 적립해야 하는 의무가 있다. 이렇게 충당된 적립금은 직원들의 교육과 훈련, 불황 등의 위기상황에 쓰이도록 규정하고 있다. 이런 점 때문에 경제위기나 불황 시기에도 협동조합의 독특한 내성과 강한 생존력이 주목받았던 것이다.

이와 같은 협동조합기본법을 구성하고 있는 내용들은 서비스업이나 자영업이 많은 곳, 그리고 소규모 기업이 많은 곳 등에서 보다 효율적일 수 있다는 것을 알 수 있다. 또한 유통업이 발달하고 경제위기나 불황에 민감한 지역 역시 협동조합으로 인한 경제 활성화와 독자 생존능력의 배양이라는 목적을 실현하는데 적합한 구조라는 점을 알 수 있다. 결국 전국의 대부분 광역시가 인접 도시들과의 연계방식으로 자생력이 있는 업종별 협동조합의 방식을 통하여 보다 촘촘한 산업구조를 재구성한다면 도시 자체의 자력갱생과 지역경쟁력 확보는 가능하다고 판단된다.

3) 지역협약 시스템과 적용 가능성

협동조합과 함께 이번 항에서 제시하고자 하는 또 다른 제도는 지역협약 시스템이다. 원래 지역협약은 지방과 주정부 차원에서 시작되었던 지역협약을 의미한다. 특히 지역협약의 원래 목적은 5인에서 10인 정도의 소수 기업이나 2-3명의 종업원이 속해 있는 상점이나 자영업 등을 대상으로 노조 가입이 어려운 노동자를 지역 차원에서 하나로 묶어 노동자의 기본적인 권리 보호 차원에서 시작된 것이었다. 지역협약을 할 수 있기 위해서는 전국 단위의 협약 제도가 있어야 하는데, 한국의 경우 전국 단위 노사정협의회가 존재하지 않기 때문에 사실 쉽지 않은 제도이다.

그러나 지방의 광역시 단위로 지역 차원에서 일정 기간 마다(예를 들면 4년마다, 혹은 2년마다) 해당 지역의 지방자치단체와 지역의 산업체 및 노동자 단체들이 사용자 단체와 지역에 맞는 협약을 체결한다면 충분히 시행 가능할 것이다. 지역(광역시나 주 단위)별 교섭은 모든 유형의 노동자들이 지방 자치단체장들과 사용자들이 모인 위원회에서 해당 지역의 산업구조나 경제활동 환경에 맞게 노동조건과 임금 등을 결정하여 제도화하는 것이다. 통합적인 지역별 협약을 통해 노동자의 안정적인 일자리를 보장하고, 노동을 통한 복지의 해결이라는 목적을 달성할 수 있기 때문에 기업과 지방자치단체 모두에게 이익이 될 수 있는 조건과 환경을 만들어낼 수 있다.

유럽의 몇몇 국가에서 시행되고 있는 지역협약이라는 제도를 실질적으로 한국에 직접 도입하기에는 무리가 있다. 그러나 민주노총이나 한국노총이 중앙 차원에서 전국적인 노동조건 결정의 중앙 교섭단체라는 점을 감안하면, 향후 지방정치와 지방자치단체 중심의 지역 경제와 노동정책을 위한 기초 제도로서 지역협약은 충분한 정책적인 함의를 가질 수 있을 것이다. 그것은 중앙 차원의 노동정책이 제대로 운영되고 있는 가에 대한 통제(이행검사)와 모니터링이 가능하며, 독특한 지역의 특성이 반영되는 기업이나 지역 단위 개별 교섭의 이행을 위한 방향과 노선을 확정할 수 있게 될 것이다.

또한 향후 지역이 중심이 될 지방정치 시대에 노동과 복지 정책 역시 상당 부분 지역적인 특성에 맞추어 이관될 가능성이 높다는 측면에서 노동자의 지역복지 정책과 연계할 수 있다는 점 역시 지역협약의 필요성을 확인할 수 있다. 도나 광역시 중심의 지역협약이 지역에 적합한 한국의 지역노동정책 수립에 중요한 역할을 할 수 있는 제도와 시스템으로서 역할을 해야 할 당위성과 필요성을 제기하고 있는 것이다. 보다 세부적인 구조와 조직 및 시스템의 운용 등에서는 다른 연구를 필요로 하는 것이지만, 현재 한국의 노동시장이 유연화 되면서 발생하고 있는 문제점들을 개선하고 노동을 통한 일자리 보장의 원칙이 지켜질 수 있는 정책으로서 지역협약 시스템을 좀 더 연구할 필요가 있을 것이다.

6. 결론: 지역경제를 위한 지방정치의 제도화

지금까지 살펴본 내용을 요약하면 주요 광역시의 정치·경제·사회·문화적 기반은 서울이나 수도권 지역과는 분명 차이가 있다. 그러나 지역을 발전시키고 삶의 안정적인 기반을 확충시키기 위해서 '성장'이나 '개발' 중심의 기존의 도시발전 방향과 정책을 통해서는 한계가 분명히 존재한다. 단순한 토지 개발이나 고층 건물의 건설이나 증축 등을 통해서는 지방의 도시와 그 공간에 살고 있는 시민들이 수용할 수 있는 경제적 이익 창출의 한계를 넘어서기 어렵다. 결국 이전과는 다른 성장과 발전 논의의 새로운 패러다임이 요구되는 것이다.

따라서 지속가능한 발전이라는 명제 아래 지역의 새로운 발전과 성장을 위한 패러다임에는 적어도 다음과 같은 두 가지 방향성과 내용을 포함해야 할 것이다. 첫째는 지속가능한 발전의 의미를 외형이나 토목사업에서 찾는 것이 아니라 실질적인 성장을 주도하고 이끌어 줄 수 있는 콘텐츠의 개발과 접목 차원에서 찾아야 한다는 점이다. 둘째는 이를 위해 각 지역에 맞는 지역발전을 위한 공사나 단체들을 합리적으로 통폐합하거나 기능을 조정하여 새로운 지역발전공사로 전환시킬 필요가 있다. 이를 통해 앞서 제시한 협동조합이나 지역협약과 같은 장기적인 제도의 도입과 운영이 필요하다.

첫 번째 방향성에는 70% 전후의 비중을 갖고 있는 서비스업 비중을 점차로 줄여나가면서, 그에 걸맞는 새로운 콘텐츠를 지속적으로 생산하는 내용을 담아야 할 것이다. 예를 들면 대구, 광주, 대전, 인천 등의 도시마다 각 도시를 상징할 수 있는 도시 아이템을 전면에 내세우고 이를 중심으로 선택과 집중 전략을 수립하는 것이다. 예를 들면 대전의 경우 "과학 – 문화 도시 대전"이라는 특성을 살리기 위해 도시의 과학적 기반을 집중하여 지원하면서, 이를 융복합학의 접목이라는 차원에서 문화를 어떤 방식으로 접목시킬 것인가를 장기적으로 고민하는 대책을 수립하는 것이다. 그것은 대전의 지정학적 의미와 기능을 최대한 활용하여 과학과 문화의 모든 지식산업의 메카라는 목적을 설정하고 이에 맞는 중장기적인 도시발전모델을 마련하는 것이다.

두 번째 방향성에는 지역발전공사와 같은 지역 공사나 기구의 역량을 강화하고 싱크 탱크의 기능과 역할을 강화하기 위한 조직 개편이나 확장이 필요하다. 일반적으로 광역시마다 설립되어 있는 발전연구원들의 장기적인 정책수립 능력과 역량을 강화하는데 보다 집중적인 투자와 지원이 시급하다. 이는 중장기 정책수립이 가능한 지역발전공사의 역할과 기능으로 확대 재편해야 한다는 것이다. 특히 국가 정책과의 조율이나 부응하는 지역정책보다는 지역에 합당한 새로운 기반 산업을 육성하고, 지역의 재정적인 부를 증진시킬 수 있는 세계적인 경쟁력을 갖춘 중소기업을 유치하며, 이를 집중적으로 육성하는 방법 등을 선택할 필요가 있다.

물론 지금까지 제시하고 있는 몇 가지 전략적인 접근과 방법의 제안이 이루어지기 위해서는 몇몇 한계나 장애들이 존재한다. 기존 조직과의 조화나 융합의 문제, 도시의 주인인 시민들에게 충분한 설명과 설득이 선행되어야 할 뿐만 아니라, 이러한 변화가 장기적인 관점에서 도시의 진정한 지속가능발전을 가져올 수 있다는 치밀한 비전과 전략을 준비해야 할 것이다. 이를 위해서는 모든 구성원의 협조와 지방자치단체장들의 통찰력 있는 지도력 등이 함께 어우러질 수 있는 효율적이고 합리적인 자치와 협치가 필요할 것이다.

❶ 자신이 살고 있는 지역 경제가 중앙정부의 경제정책과 어느 정도 부합하고 있다고 생각하고 있습니까? 부합한다면 어떤 점들이, 부합하지 않는다면 어떤 부분이 무슨 이유에서인지 설명해주십시오.

❷ 자신의 지역 경제 정책이나 방향이 지역의 경제적 조건이나 환경과 맞게 진행되고 만들어진다고 생각하십니까? 부합하지 않는다면 가장 큰 원인은 무엇이라고 생각하십니까?

❸ 자신이 살고 있는 지역경제를 활성화하고 발전시키기 위해 본인은 어떤 생각과 아이디어를 가지고 있는지 제시해 보십시오.

참고문헌

권오혁, 2003. "제3 이탈리아 산업지구 발전과정에 대한 비교연구." 유럽지역연구회 편. 『유럽
　　　의 지역발전정책』. 서울; 한울 아카데미.
김종법. 2016. "협동조합도시를 통한 공존의 미래도시 대전." 염명배 외. 『대전미래신성장동
　　　력발굴 Ⅱ』. 대전발전연구원.
김종법. 2015. "지속가능한 지방발전을 위한 새로운 패러다임." 『한국지방정치학회보』 8(2).
김종법. 1997. 『섬유/패션 강국 이탈리아 스터디』. 서울: 한국섬유신문사.

Baldassari. R. 1984. "Decentramento produttivo e ristrutturazione industriale." in
　　　『Economia e Politica Industria』. No. 11.
Censis, 1993. *Moda e comunicazione*. Milano: Angeli.
NavarettiG. B. 1992. *Trade policy and foreign investment in textile and clothing: an
　　　analytical framework*. Torino; Centro studi Luca d´Angliano.
Maccani P. 2006. *The role of a regional development agency in the improvement of
　　　regional territorial policies*. Bologna: ERVET.
Ginsborg P. 1998. *L'Italia del tempo presente−Famiglia, società civile, Stato 1980−
　　　1996*. Torino: Einaudi.

Regional Law n. 44 of 18/12/1973
www.sistemamodaitalia.it
www.istat.it
www.federtessile.it

찾아보기

제12장 지방정치와 지역경제

저자 약력

강 원 택
런던정경대(LSE) 정치학 박사
한국정치, 선거, 정당
서울대학교 정치외교학부 교수
한국정치학회장(2016)

주 인 석
동아대학교 정치외교학과, Universty of Muenster 정치학 박사
유럽정치, 정당정치
동아대학교 정치외교학과 교수

박 재 욱
연세대학교 정치외교학과 정치학 박사
지방정치
신라대학교 공공인재학부 교수, 한국지방정부학회장(2015)

정 상 호
고려대학교 정치학 박사
한국정치, 비교정치
서원대학교 사회교육과 교수, 한국정치연구회 회장, 한국지방정치학회 이사

서 복 경
고려대학교 정치외교학과 박사
정치과정
서강대학교 현대정치연구소 연구원

하 세 헌
일본 도호쿠대학 법학 박사
비교정치, 지방정치
경북대학교 정치외교학과 교수, 경북대학교 사회과학대학 학장, 지방정치학회 회장 역임

황 아 란
뉴욕 주립대(스토니브룩) 정치학 박사
지방정치, 선거
부산대학교 공공정책학부 교수, 한국지방정부학회 이사, 한국선거학회 부회장

장 우 영

건국대학교 정치학 박사

비교정치, 정치커뮤니케이션

대구가톨릭대학교·정치외교학과 교수, 국회 입법조사처 조사분석지원위원,
　대구시선거방송토론위원회 위원

하 승 우

경희대학교 정치학 박사

정치사상, 지방정치

풀뿌리자치연구소 이음 소장, 땡땡책협동조합 공동이사장

원 구 환

연세대학교 행정학 박사

지방재정, 공기업

한남대학교 행정학과 교수, 한국지방공기업학회 회장(2015~2016)

최 종 술

동국대학교 경찰행정학과 법학 박사

경찰학(자치경찰론, 경찰제도사, 경찰인사관리론)

동의대학교 경찰행정학과 교수, 동의대학교 경찰행정학부장, 지방자치발전위원회 실무위원

노 정 호

연세대학교 정치외교학과 학사 및 석사, MIT 정치학 박사

비교정치, 정치경제, 정치학방법론

국민대학교 정치외교학과 조교수

김 종 법

이탈리아 토리노 국립대학 국가연구박사(Dottorato di Ricerca)

정치사상, 정치기구

대전대학교 글로벌융합창의학부 교수, 한국국제정치학회 총무이사(2016)

지방정치의 이해 2

초판발행   2016년 9월 10일
중판발행   2022년 2월 10일

엮은이   강원택
펴낸이   안종만 · 안상준

편 집   한두희
기획/마케팅   이영조
표지디자인   권효진
제 작   고철민 · 조영환

펴낸곳   (주) 박영사
                서울특별시 금천구 가산디지털2로 53, 210호(가산동, 한라시그마밸리)
                등록 1959. 3. 11. 제300-1959-1호(倫)
전 화   02)733-6771
f a x   02)736-4818
e-mail   pys@pybook.co.kr
homepage   www.pybook.co.kr
ISBN   979-11-303-0342-0 94340
                979-11-303-0340-6   (세트)

정 가   22,000원